XIONG-NU (Hun) EMPIRE
ХҮННҮ (ХҮН) ГҮРЭН
(209 B.C.-A.D.93 (156) / МЭӨ 209-МЭ 93(156) он)
90°
120°
150°
60°
150°
30°
120°
Yenisey
Ob
Lena
Angara
KYRGYZ
TINGLING
SCYTHS
SOYON MOUNTAINS
ALTAI MOUNTAINS
Lake Baikal
Har moron
Argun
Onon
Lake Khuvsgul
Selenge
Orkhon
Tuul
Kherlen
Tes
Lake Uvs
Khovd
Zavkhan
XIANBEI
Lake Hulun
KHANGAI Mts
EMPIRE
Chinggai
Nen
Songhua
ILOU
BUYEO
Turfan
Kumul
Gobi Desert
Gobi Desert
Shar Us
WUHUAN
Liaodong
Liaoxi
GOJOSEON
SAMNAN
JAPANES TRIBES
Yang
Lake Lop
Throma
Yellow
Lake Hoh
CHIANG
Yellow
Loyang
Changan
HAN EMPIRE
Brahmaputra
Yangtse
VIETS
TIEN
K.OF NAMYIETS
Irrawaddy
Salween
Mekong
South China Sea
CHAMPA
FUNAN

D. Terbishdagva

Im Jahr des Roten Affen

Über den Autor:
Dendev Terbishdagva wurde 1956, im »Jahr des Roten Affen«, in eine kinderreiche mongolische Nomadenfamilie geboren, in einem Ort in der Steppe und den Bergen. Nach seinem Schulabschluss studierte er Lebensmitteltechnologie an der Berliner Humboldt-Universität und arbeitete anschließend als Technologe und Betriebsdirektor im Fleischkombinat in Ulaanbaatar, das durch DDR-Hilfe aufgebaut wurde. 1988 kehrte er in die DDR zurück und arbeitete als Übersetzer und Betreuer an der FDJ-Jugendhochschule am Bogensee und erlebte mit seiner Familie den Mauerfall direkt. 1990 begann er ein Marktwirtschaftsstudium, danach arbeitete er in der Kreisverwaltung von Bernau. Er war einer der ersten erfolgreichen Privatunternehmer der Mongolei. Von 2000 bis 2002 war er Vizeminister und von 2002 bis 2004 Botschafter der Mongolei in Deutschland. Zurück in der Mongolei, war er viermal Parlamentsabgeordneter, Vorsitzender des Wirtschaftsausschusses, 16 Jahre lang stellvertretender und Vorsitzender der Mongolisch-Deutschen Parlamentariergruppe, Minister, Vizepremierminister und stellvertretender Parteivorsitzender.

D. Terbishdagva

IM JAHR DES ROTEN AFFEN

Ein Nomade zwischen Jurte und Brandenburger Tor

neues leben

INHALT

VORWORT

Die Mongolei war für mich immer eines der geheimnisvollsten Länder dieser Welt. Tatsächlich wusste man in der Bundesrepublik Deutschland recht wenig über dieses flächenmäßig riesige Land. Auch mein Bild war geprägt von der Geschichte eines Dschingis Khan und all den Geschichten, die sich um seine Zeit rankten. Erst mit der demokratischen Revolution – und so ging es sicher vielen meiner Landsleute – lernten wir diesen Teil der Welt besser kennen.

Seit der demokratischen Revolution von 1990 hat die Friedrich-Ebert-Stiftung den mongolischen Transformationsprozess aktiv begleitet. Bei der Ausgestaltung von Demokratie und Marktwirtschaft konnte in den rund 25 Jahren eine enge und vertrauensvolle Zusammenarbeit mit den verschiedenen Partnern aus Politik, Gewerkschaft und Zivilgesellschaft aufgebaut werden – eine Verbindung, die bis heute hält und auch wirtschaftlich schwierige Zeiten überdauert hat. Insbesondere das Engagement und die Expertise der Stiftung in Fragen des Sozialstaats, der Gestaltung freier Medien oder einer demokratisch verfassten Parteienlandschaft werden in der Mongolei sehr geschätzt.

Die große Offenheit der mongolischen Partner für die Erfahrungen und Konzepte aus Deutschland und anderen Ländern, aber auch die oftmals persönlichen Verbindungen vieler Mongolen zu Deutschland und zur deutschen Sprache machten die Zusammenarbeit sehr erfolgreich.

In dieser Zeit wurde auch mein persönliches Interesse an diesem Land geweckt. Voller Respekt nahm ich wahr, wie konsequent der Weg der Demokratisierung gegangen wurde. Genauso habe ich das Geschick bewundert, wie sich die Mongolei einen eigenen demokratischen Weg zwischen den mächtigen Nachbarn China und Russland erarbeitet hat. Endlich konnte ich als Vorstandsvorsitzender der Friedrich-Ebert-Stiftung im Juni 2018 die Mongolei besuchen. Das Land und noch mehr seine Menschen haben mich begeistert. Die Gastlichkeit, die Offenheit und der vielfach deutlich zu spürende, besondere Kontakt zwischen den Menschen in der Mongolei und den Deutschen haben mich berührt. Dies galt für meine Kontakte mit dem Premierminister genauso wie mit vielen Menschen in Ulaanbaatar und – bei einer Reise durch das Land – mit vielen Bürgern.

Ein traditionelles Volksfest, das zu Ehren meiner Delegation und mir gegeben wurde, war Ausdruck der Gastfreundschaft, der großen Kultur und zugleich des selbstbewussten Blickes in die Zukunft. Wettbewerbe im Bogenschießen, ein Pferderennen und ein großes Turnier im Ringen zeugten von der Nähe der Menschen zu ihrer Kultur. In der Tradition verwurzelt und der Zukunft zugewandt waren meine bleibenden Eindrücke.

Ich wünsche mir sehr, diese Kontakte und die guten Beziehungen fortzusetzen. Es ist mir ein Anliegen, Seiner Exzellenz Dendev Terbishdagva für seine Beiträge zur Völkerfreundschaft zwischen Mongolen und Deutschen, zunächst in Ost und West, dann im wiedervereinigten Deutschland zu danken.

Dendev Terbishdagva kann als Vorbild für die guten deutsch-mongolischen Beziehungen gesehen werden. Als Absolvent der Humboldt-Universität in Berlin und Augenzeuge des Mauerfalls hat er Jahre später im wiedervereinigten Deutschland als mongolischer Botschafter (2002–2004) die Beziehungen beider Länder gepflegt und Brücken geschlagen. In seinem Heimatland engagiert sich Dendev Terbishdagva seit 1990 intensiv für den Transformationsprozess. Sicherlich auch geprägt von den Eindrücken des Lebens in der DDR, des Mauerfalls und der Wiedervereinigung avancierte er hierbei zu einer zentralen Figur, die in den deutschen Erfahrungen Orientierung für die Politik in der Mongolei findet. In wichtigen Staatsämtern und als langjähriger Parlamentsabgeordneter hat er daher immer wieder deutlich gemacht, dass Freiheit und soziale Gerechtigkeit die Voraussetzungen für das Gelingen der Demokratie sind.

Das vorliegende Buch ist Ausdruck für eine besondere Völkerfreundschaft und den herausragenden Beitrag dazu von Dendev Terbishdagva. Dafür danke ich Ihnen und wünsche alles Gute und unseren Völkern eine friedliche Zukunft und weiterhin ein freundschaftliches Miteinander.

Kurt Georg Beck
Ministerpräsident a. D.
Vorstandsvorsitzender der Friedrich-Ebert-Stiftung

Einleitung

WENN DER RAUCH NACH OBEN STEIGT

Anhand des Schornsteinrauches kann ein Nomadenmongole auch heute noch die Wetterlage bestimmen. Wenn der Rauch gerade nach oben steigt, bleibt der Wind den ganzen Tag still, wenn der Rauch seitlich strömt, wird der Wind stärker, es wird bewölkt und regnerisch. Die Nomaden vermuten, wenn der Ruß im Kessel über dem brennenden Ofen von allein versucht abzugehen und es nicht ganz schafft, wird es einen Sturm geben. Kälte droht, wenn die Flamme des Feuers im Ofen rötlich aussieht, scheint sie hell, kündigt sich Wärme an. Wenn Schafswolle und gegerbtes Leder feucht werden, wird es regnen. Durch die Beobachtung der Natur und der Landschaft, der Tiere und der Vegetation können sich die Nomaden mit dem Wetter verständigen. Sie ist eine ihrer Lebensweisheiten.

Ihre Beobachtungen und Erfindungen haben sich durch die extremen Lebensbedingungen entwickelt. Die Mongolei ist weit entfernt von Meeren und Seen. Sie befindet sich im Zentrum Nordasiens und hat um sich herum nur hohe Berge, Wüsten und Steppen. Durchschnittlich liegt sie 1500 Meter über dem Meeresspiegel und weist auch dadurch extreme kontinentale Klimabedingungen auf. Der Jahresdurchschnitt der Temperaturen beträgt 0,2 Grad Celsius, gemessen über die vier Jahreszeiten. In den Wintermonaten schwankt die Temperatur zwischen minus 10 und minus 40 Grad Celsius, in den Sommermonaten zwischen plus 10 und plus 40 Grad Celsius: keine leichten Bedingungen für die Lebewesen in dieser Natur. Hirtennomaden beobachten sehr genau den Wetterumschwung und die Gesetzmäßigkeiten der Natur. Dadurch erlangten sie die Fähigkeit, sich schnell an die Gegebenheiten anzupassen. Daher vertreten Wissenschaftler heute die Auffassung, dass die Besonderheit des »starken Staates der Nomaden« darin besteht, sich schnell an die sich verändernde Geschehnisse anpassen zu können. Der Prozess des

Sich-Gewöhnens und Anpassens ist nicht nur physisch und substanziell zu verstehen, sondern auch psychisch und instinktiv. Dank der schroffen, harten, scharfen und kantigen »Laune der Natur« erwarben die Menschen eine nützliche Anpassungsfähigkeit, wie sie sich auch durch Tapferkeit und Kühnheit auszeichnen. Diese Einschätzung von mir ist nicht übertrieben. Diese Eigenschaften zeigten sich einst in den mongolischen Eroberungskriegen, aber auch heute im Eifer des weltweiten Wettbewerbs auf unserem Planeten. Nur rund drei Millionen Menschen sind Mongolen. Unter ihnen gibt es Goldmedaillengewinner bei Olympia, IQ-Weltmeister, Schachmeister, Astronauten, viele große Meister des Sumo-Ringkampfs, klassische Sänger, Balletttänzer, Zirkusartisten, exzellente Pianisten und Geigenspieler, Soldaten in Friedenssicherungseinsätzen, Wissenschaftler, die in Nobelpreisteams mitgearbeitet haben und viele andere, die in allen Ecken der Welt ihre ausgezeichneten Fähigkeiten demonstrieren. Junge Mongolen genießen durch ihr Können weltweite Anerkennung. Der Ex-Ministerpräsident D. Byambasuren drückt es so aus:

»Die Lebensfähigkeit der Nomaden ist das größte geistige Erbe der Mongolen. Die Kultur und Zivilisation haben ihre hohe Wertigkeit bislang nicht verloren, weil die Mongolen durch das Nomadenleben von den anderen unabhängig sind, und weil ihre Selbstständigkeit und ihre Selbstbestimmtheit dominieren. Auch haben die Mongolen eine ökologische Wahrnehmung. Nomaden begutachten ihre Heimat sowie die Lebenswelt und die Viehrassen der Herde. Dank seines ausgeprägten Sachverstandes ist ein mongolischer Hirte ein absoluter Experte auf seinem Gebiet. Natürlich hat er in diesem Sinne nicht Mathematik oder etwas anderes studiert. Aber die Hirten sind sehr begabt im Vorausschauen des Alltagslebens, womit sie ihr Leben im Großen und Ganzen gut organisieren.«

Das Buch von Lü Jiamin »Der Zorn der Wölfe« ist in beinahe 40 Sprachen übersetzt worden. Dieser chinesische Schriftsteller beschreibt darin die Allverbundenheit der Mongolen mit der Natur: »Die Steppennomaden schätzen das große Leben der Gräser und der Natur viel mehr als das unantastbare Leben des Menschen. Die Sesshaften schätzten das individuelle Leben und das winzige Leben viel mehr als das ›Ganze‹.

Aber können die kleinen Leben weiter existieren, wenn das große Leben vergehen würde?«

In dem Buch ist ein Gespräch mit einem alten mongolischen Hirten aufgezeichnet, das die Besonderheiten der Hirtennomaden und ihrer Öko-Philosophie, die sie in ihrer Heimat bewahren, widerspiegelt. Mein guter Freund, der Wissenschaftler B. Dshadambaa kam zu dem Schluss: »Das mobile Leben der Nomaden ist der Grund für die kontinuierliche Veränderung. Dieser Wandel ist der Kern für unsere Entwicklung.«

Wir Freunde sitzen oft zusammen. Eins der vielen Gespräche verlief so: »Globalisierung ist gegenwärtig weltweit ein wichtiges Gesprächsthema. Ich würde der Mongolei wünschen, dass sich diese Tendenzen nicht unbedingt auf sie übertragen, sondern dass die Mongolei ihre Besonderheit beibehält und weitertragen kann. Heutzutage hat es einen weltweiten Seltenheitswert, ein Nomadenvolk zu sein. Zwanzig Prozent der mongolischen Bevölkerung sind Nomaden geblieben. Woher kommt heute die ansonsten allgegenwärtige Berechenbarkeit des Lebens?«

»Das Leben der Menschheit ist grob in sesshafte und nomadische Zivilisationen zu unterscheiden. Dank der Globalisierung funktioniert glücklicherweise die freie Zivilisation als Alternative zu der ›normalen‹. Es wäre richtig, wenn die Mongolen sich auf eine freie Zivilisation einigen würden, denn die Mongolei kann der Schauplatz für eine freie Zivilisation sein. Das heißt, der Parallelismus der Sesshaften und der Nomaden bildete als Einheit das ›Allleben‹. Nun ist die Zeit gekommen, dass die Welt ihren Blick auf die Mongolei richtet.« Über diese Themen unterhielten wir uns ständig: Was kann die Welt von der Mongolei lernen? Ich glaube, ich liege nicht falsch, wenn ich annehme, dass Flexibilität, Authentizität und Ursprünglichkeit des Erlebens zu den positiven Eigenschaften gehören, die sich in der Mongolei besser erhalten haben als in vielen sesshaften Kulturen, auch wenn sich die Mongolei natürlich in einem Übergangsprozess befindet. Wie ich es mit meinem Freund Dshadambaa erörtert hatte, treffen hier zwei grundverschiedene Lebensweisen aufeinander, die ein unterschiedliches Konzept von »Wahrnehmung« und »Wirklichkeit« haben:

»Nomaden nehmen Veränderungen stets hellwach zur Kenntnis. So reitet ein Junge schnell durch das weite Tal zur Schule und sieht währenddessen die Bewegungen von Landschaft, Wetter, Vegetation und Tieren mit anderen Augen. Er erkennt diese Bewegung nur durch seine Beobachtung und kann sie so auch durch sein inneres Auge betrachten. Andere Kinder reisen nur im Auto zwischen den Häusern und verbringen ihre Zeit oft vor dem Computer oder vor dem Fernseher. Dadurch wird jede Bewegung reduziert, und Bewegungsmangel und Stillstand verlangsamen das Denken und das Gedächtnis. Die Folge ist, dass das Wesen oder der Kern der Sache nicht angemessen erkannt werden kann. Deswegen zieht es die sesshaften Menschen gegenwärtig wieder vermehrt in die Natur, und sie verbringen ihren Urlaub in den Graslandschaften. Sesshafte Menschen zügeln das reale Leben der Wirklichkeit.«

»Das ist wirklich wahr. Schon früher konnte ein sechsjähriges Schulkind allein eine weite Strecke zur Schule reiten, ohne Probleme. Auch heute noch laufen viele Schulkinder in der Mongolei weite Strecken zu Fuß, um in die Schule zu kommen. Hirtenkinder haben ein viel ausgeprägteres Beharrungs- und Durchhaltevermögen als Stadtkinder.«

»Leben bedeutet für die Mongolen ›Kulturzelle‹. Ihre Lebensweisheit wird geprägt durch selbstständiges Nachdenken. Beobachtungen, Überlegungen, Einleben und sich anpassen auf dem ewigen Kreisrund, das macht das Leben der Nomaden aus. Deshalb sind die Nomaden so verwegen, kühn, kämpferisch und hartnäckig. Auch die Mongolen leben nach dem Motto ›Besser der Kopf der Bremse sein als der Schwanz des Löwen!‹. Das heißt, dass man durch kluge Selbstständigkeit im Leben immer sein eigener Herr ist.«

Mit einem anderen Wissenschaftler, mit G. Chuluunbaatar, habe ich über diese Kultur der ständigen Veränderung ebenfalls diskutiert. Er meinte, es sei ertragreicher und besser, wenn man versuchen würde, die traditionelle Denkkultur der Mongolen in der Vergangenheit aufzudecken. Dazu betont er die dualistische Grundkonzeption, die als bestimmender Ansatz einer Lebensphilosophie der Mongolen in vielen Bereichen ihren Niederschlag gefunden hat:

»Die nationale Identität des Geistes der Mongolen und ihre Entwicklungsphilosophie haben sich mit den alten Mongolen vor langer Zeit gebildet. Ihre Elemente sind die Lebensweise und die hauptsächlichen Aktivitäten des Daseins, wobei der Himmel und die Erde als die grundlegenden beiden Anfänge angesehen werden: Demzufolge hat jedes Ding zwei Ursprünge, die sich gegenseitig bestimmen. Ein solcher Dualismus, bei dem die Gegenpole von Himmel und Erde den Beziehungsrahmen menschlicher Entfaltung darstellen, prägt die mongolische Denkkultur in vielerlei Hinsicht.

Auch die Chronologie ›Die geheime Geschichte der Mongolen‹, die alte Quellen, Märchen, Legenden, literarische Schriften, archäologische Funde und anderer Materialien ausgewertet, weist auf dieses Prinzip einer wechselseitigen Harmonie und Balance hin. Philosophische Schulen aus dem Westen bestimmen die religiöse Strömung des Tengrismus: ›Tenger‹ steht im Mongolischen für ›Himmel‹ als eine transzendentale Auslegung der auf Ober- und Unterwelt basierenden Vorstellung des Kosmos als übergeordnete Einheit. Als solche ist der Tengrismus aber nicht nur eine spirituelle Weiterentwicklung schamanischer Traditionen, sondern er lässt sich in metaphysische und erkenntnistheoretische Strukturen überführen. An diese können etwa der Buddhismus oder Lamaismus anknüpfen, denn die Lehre der zwei Dinge bzw. Ursachen, also die ›wei-Anfänge‹ und die ›wei-Charaktere‹, ist allgemeingültig und wird durch die jeweiligen Beschreibungen der einzelnen Religionen oder Weltanschauungen nur unterschiedlich definiert. Vergleichbare Denkmuster sind westlichen Lesern sicherlich unter dem chinesischen Konzept von ›Yin und Yang‹ bekannter. Zwei Dinge, die sich gegenseitig bedingen, gelten aber auch im mongolischen Staat und greifen somit von der religiösen Vorlage auf ein national geprägtes Kulturverständnis über: Denn was heißt es, dass zwei Dinge in der Geschichte der Staatszeremonie der Mongolei bestimmend sind, nämlich die Kraft des Buches und die Fähigkeit, selbstständige Gesetzmäßigkeit zu entwickeln? Hier sehen wir Ansätze zur Entwicklung einer eigenständigen Denkkultur, angereichert durch den mongolischen Buddhismus. Auf der Grundlage eines dualistischen Prinzips verschmelzen religiöse und politische Elemente. So widerspiegelt sich der Einheitsgedanke des ursprünglich Vielen am Beispiel des Himmels in der irdischen Struktur der politischen Herrschaft und ebnet praktisch den Weg für die nationale Identität der Mongolen. Insbesondere die Kernlehre der bedingten und bedingenden Harmonie ist untrennbar mit der Staatlichkeit der Mongolei verbunden.«

Die Kraft des Buches – als Kodex des Allgemeinen – und die eigenständige Gesetzmäßigkeit des Handelns – als das Recht des Individuums – sind miteinander in Einklang zu bringen. Darin einen Auftrag der Staatlichkeit zu sehen – welch faszinierender Gedanke, den G. Chuluunbaatar mir hier eröffnet.

»Gutes Erbgut bedeutet Weisheit«, so lautet ein Spruch der Mongolen. Gedanklich schritt ich auf diesem feinen Pfad und gelangte zu dem Begriff »Geist«, als ich mich fragte, welche Eigenschaften des Geistes im Erbgut stecken. Gibt es am Ende sogar so etwas wie eine genetische Besonderheit der Mongolen, die nur unser Volk auszeichnet?

Die wissenschaftlichen Untersuchungen hierzu stehen vermutlich noch am Anfang, und die Ergebnisse sind zu ungenau, um etwas Verbindliches sagen zu können. So sehr eine genetische Identität manchen Nationalisten gefallen würde – ich finde wesentlich spannender, wie umfassend die Verwandtschaftsbeziehungen über die Grenzen hinweg von der Forschung nachgewiesen wurden: Paläoanthropologie, Molekulargenetik und Geschichtswissenschaft berichten uns, dass die die Hunnu anthropologisch sowohl mit den Siedlern aus der Zeit der Quadrat-Gräber aus dem Zentrum der Mongolei als auch mit den alten Mongolen aus dem Mittelalter und den heutigen Mongolen verwandt sind. Über Zeiten und Räume hinweg haben hier verschiedene Kulturen miteinander im Austausch gestanden und sich gegenseitig inspiriert: Ich weiß nicht, ob es ein Mongolisches Gen gibt, aber ich bin sicher, dass die Lebensweise und das kulturelle Schaffen der Mongolen im Wechsel der historischen Begebenheiten prägend für sehr viele Menschen gewesen sind. Wir sollten nach diesem Erbe der Mongolen für die Menschheit suchen, nicht nach nationalistisch motivierter Genetik. Denn die Herrschaft und das Wachen über die Steppe und die nomadische Lebensweise in Harmonie mit der Natur sind viel weitreichendere und wegweisendere Besonderheiten mongolischer Daseinsweise als biologische Determination es je sein könnte. Genau hierin sehe ich einen Auftrag für die moderne Mongolei: nämlich Zeuge der Harmonie zu sein, mit der Menschen unterschiedlichster Traditionen miteinander leben können. Und dieses Leben im Einklang mit der Natur gestalten – auch das ist eine Herausforderung, der wir Mongolen uns mit besonderer Erfahrung stellen können. Denn das Erbe einer jahrhundertelangen Anpassung an die Natur, an ein Leben mit, in und von ihr, geht nicht durch ein paar Jahre zügelloser Unachtsamkeit verloren. Nur gebietet es die Ehrlichkeit, vor uns selbst einzugestehen, dass viele Mongolen allzu nachlässig mit der Natur umgehen, ihr nicht mehr die Ehrfurcht und den Respekt bezeugen, den wir ihr schulden, und dass das Etikett von der »Naturgemäßheit unseres Lebens« nicht zum Alibi für Verschwendung und Vergeudung werden darf, die heutzutage in der Mongolei um sich greifen, wenn es um Naturschutz geht. Hier müssen wir extrem wachsam sein, uns wachrütteln und wieder ehrlich machen gegenüber uns selbst und anderen. Dann kann es gelingen, aus den einstigen Kriegern der Steppe nunmehr Wächter der Steppe zu machen: Wächter einer Tradition der Harmonie und des Miteinanders, das in ökologischer, anthropologischer und kultureller Hinsicht das große Vermächtnis der Mongolei für die Menschheit darstellt.

Die Anthropologin G. Tserenkhand merkte hierzu treffend an: »Die Steppennomaden gründeten das Großreich der Welt, herrschten über die Sesshaften und spielten eine große Rolle bei den Vermittlungen zwischen beiden Kulturformen. Gegenwärtig sind die Steppennomaden notgedrungen durch die Dominanz der Sesshaften in die westlich geprägte Marktwirtschaft gedrängt worden: durch die Verringerung und Verwüstung des Weidelandes und unter den Wellen der Globalisierung kam es zu dieser Entwicklung. Faktisch machen Steppennomaden nur noch 0,5 Prozent der Weltbevölkerung aus, und die heutigen sogenannten Nomaden sind die Aborigines aus Australien, die Beduinen, die Massai, die Pygmäen, die Tuaregs, die Mongolen, die Tibeter und die Saami.«

Ein Nachfahre dieser nomadischen Kultur der Mongolen bin ich.

Ein krummer Finger

Die frühen Sonnenstrahlen erleuchten den Wald, der unser Haus in Bayanbulag bei Ulaanbaatar umgibt. An diesem Morgen brachte er seine Schönheit stärker zur Geltung.

Ich genieße oft den Schein der aufgehenden Sonne am frühen Morgen, denn die Natur, die uns reichlich mit ihrer Schönheit beschenkt, bringt viele alte, mir lieb gewordene Erinnerungen zurück. Um meine Gedanken und Erinnerungen aufs Papier zu bringen, ergreife ich den Stift. Aus dem Augenwinkel sehe ich den verkümmerten kleinen Finger an meiner rechten Hand. Warum fange ich nicht gleich hiermit zu erzählen an?

Schneesturm. Jedes Mal, wenn ich dieses Wort höre, zieht sich mein Magen zusammen. Es ist eine kalte Erinnerung aus meiner frühesten Kindheit: ein Schneesturm, bei dem durch das Gewirbel der Schneeflocken Himmel und Erde nicht mehr zu unterscheiden waren. Noch nie hatte ich so viel Schnee in meinen noch kurzen Leben gesehen. Der Sturm, der alles verdunkelte, klang wie Wolfsgeheul, er wütete gleich einer gesichtslosen Kraft und brüllte in meine Ohren.

Wie einen Grashalm, fast vom Wind weggeweht, hatte mich, den kleinen Jungen, der sich mit all seiner Kraft an einem Zaun festklammerte, die nackte Angst fest im Griff. Wenn ich meine Hand nur ein wenig gelockert hätte, wäre ich von der pechschwarzen Schlucht, die sich um mich herum auftat, verschluckt worden. Aus vollem Hals schrie ich, den Zaunpfahl immer fest umklammert. Ein angstverkrampfter Schluckauf mischte sich mit meinen Tränen. Sie sind Zeugen für die Ursache meines verkrümmten Fingers, und zugleich ist dieses Erlebnis auch eine Lehre dafür, dass man im Leben niemals aufgeben darf.

In jenem Jahr wurde das altmongolische Neujahrsfest »Tsagaan Sar« in einem besonders schneereichen Winter gefeiert. Meine Eltern waren noch jung und hatten viele ältere Verwandte, denen sie zum Fest ihre Ehrerbietung erweisen mussten. Ich war erst ein kleiner Knirps von vielleicht drei, vier Jahren und sollte mit meinen Geschwistern zu Hause bleiben. Es gibt ein altes mongolisches Sprichwort, das besagt: »Wenn man Aufmerksamkeit erregen möchte, dann weinen die kleinen Kinder, und die alten Menschen verweisen auf ihr baldiges Sterben.« Nun, ich wurde dem Sprichwort gerecht und heulte laut, damit meine Eltern mich mitnahmen. Doch sie blieben bei ihrer Entscheidung, ohne mich zu gehen. »Mein Kind, es ist sehr kalt und es schneit viel, aber wir bringen dir Geschenke mit«, versprachen sie, um mich zu beruhigen, und brachen auf. Doch ihre Worte beruhigten mich gar nicht. Eigentlich sollten meine älteren Geschwister auf mich aufpassen, aber sie waren tief in ihr Spiel versunken. So konnte ich mich leise hinausschleichen, um meine Eltern zu suchen. Das ging allerdings gründlich schief: Ich kannte mich in der Nachbarschaft nicht aus, denn erst vor kurzem waren wir von der Steppe in das Zentrum des Verwaltungsbezirks (Sum) Erdenemandal gezogen. So verirrte ich mich im Schneesturm.

Die Aufmerksamkeit, mit der die nomadisch lebenden Mongolen ihre Umwelt beobachten, ist beispiellos. Das war meine Rettung. Denn das Heulen des Schneesturms und das Meckern des Viehs übertönten fast meine kleine schwache Stimme, die um Hilfe rief. Dennoch haben achtsame Leute das kleine schreiende Kind gehört, denn die Nomaden sind naturverbundene Menschen, die jedes Geräusch unterscheiden können. »Was ist das? Das hört sich an wie ein weinendes Kind!« Rufend kamen Leute aus ihren Jurten heraus und fanden mich weinend an einen Zaunpfahl fest geklammert. Meine Hände waren mit Tränen und Rotz verschmiert. Sie waren erfroren und ich hatte kein Gefühl mehr in den Fingern. Kaum auszudenken, was passiert wäre, wenn diese Leute, die mit ihrer Familie in der nahe gelegenen Jurte Neujahr feierten, mich nicht entdeckt hätten oder auch nur ein wenig später gekommen wären. Meine barmherzigen Retter legten meine Hände so schnell wie möglich in Milchschnaps, denn so behandeln wir in der Mongolei seit Jahrhunderten Erfrierungen. Weil sie keine passenden Bandagen hatten, verbanden sie meine Finger mit einem langen, blauen Seidentuch, das die Mongolen »Khadag« nennen.

Die Hände mit einem Khadag zu verbinden, mag auf den ersten Blick als nichts Besonderes erscheinen. Aber in der Mongolei wird der Khadag verehrt. Bevor wir trinken, opfern wir die ersten Tropfen der Milch, indem wir sie mit unseren Fingern gen Himmel und Erde sprengen. Wir sprechen dann auch von einem »weißen Khadag«, so heilig ist uns das Seidentuch. Dass meine Retter nicht lange überlegten, bevor sie meine Hände mit ihrem kostbaren Khadag verbanden, beweist ihre Gutherzigkeit und Großzügigkeit. Es zeigt, wie viel Gutes im Menschen stecken kann. Das bezeugen nicht nur Sprichwörter, sondern auch Taten. Und es muss erwähnt werden, dass die Mongolen für ihre Hilfe keine Gegenleistung fordern, ansonsten gilt es nicht als gute Tat. Die Nomaden sind jederzeit bereit, einem Erfrierenden sogar ihr letztes Kleidungsstück zu geben oder einem Reisenden, dem sein Pferd abhandengekommen ist, mit einem Reittier auszuhelfen, auch wenn sie selbst kaum mehr haben.

So hatte die Mongolei während des Koreakrieges Hunderte Waisenkinder aufgenommen, obwohl die Nomaden selbst unter einem harten Winter litten, in dem viel Vieh starb. Als diese Kinder nach Kriegsende in ihre Heimat zurückkehrten, vergossen die Mongolen Tränen, als ob sie ihre eigenen Kinder verabschiedeten.

Nachdem man mir warmen Tee und Suppe gegeben hatte und das Schlimmste überstanden schien, ließ man nach meiner Familie suchen. Die Nachricht erreichte meine schockierten Eltern und sie eilten herbei, um mich abzuholen. Sie zeigten sich gegenüber der fürsorglichen Familie, die mein Leben aus dem Schneesturm gerettet hatte, zutiefst dankbar, und wir besuchten uns noch viele Jahre gegenseitig. Wegen der schlechten und langen Kommunikationswege brach der Kontakt nach unserem Umzug in die Hauptstadt leider ab.

Aus Angst vor Schmerzen ließ ich niemanden an meine verbundene Hand heran. Weil ich den krumm gewickelten Verband zu lange trug, heilte auch mein Finger krumm. Mein verwachsener kleiner Finger erinnert mich bis heute an mein trotzköpfiges Verhalten und meine schrankenlose Kindheit.

Später rieten mir mongolische und ausländische Ärzte, den Finger begradigen zu lassen. Heutzutage werden sogar viel schwierigere Eingriffe vorgenommen. Doch ließ ich mich nicht überzeugen, daran je etwas zu ändern. Warum auch? Mein armer Finger mag vielleicht nicht unbedingt schön für andere aussehen, aber er ist ein Zeuge der Zeit, als meine Welt heil und unsere Familie intakt war. Und auch zum Andenken an die guten Leute, die mich in dem grausigen Sturm den Klauen des Todes

Reiten ist der Stolz eines jeden mongolischen Mannes. Jedes Mal, wenn ich auf dem Land bin, reite ich gern ein Pferd. Erdenemandal sum, Arkhangai Aimak, 2019

entrissen und gepflegt haben, werde ich diesen Finger niemals ändern. Er ist mir umso mehr ans Herz gewachsen. Wir Menschen sind doch nur ein kleiner Farbtupfer im großen Bild der Natur. Dies wurde mir durch meinen Finger schon sehr früh bewusst.

Wir Mongolen gehen davon aus, dass die ersten fünf Lebensjahre eines Menschen die wichtigsten sind. Dort werden die Grundlagen für die weitere Entwicklung von Geist und Charakter gelegt. Man ist so formbar wie ein Stück Knete, das mit zunehmendem Alter aushärtet. In der Mongolei lernt man bereits als Kind, wie man Rennpferde reitet oder Tiere hütet. Wir sagen daher: »Ein Reitpferd entwickelt sich aus dem Fohlen, und ein verwöhntes Kind ist härter als ein Stiernacken.« Ich stimme dem vollkommen zu, denn ich erlebte am eigenen Leibe, ohne dass ich es wollte, wie man sich seinen Platz im Leben erkämpfen muss.

In der Tiefe meiner Seele liegen Erinnerungen, wie die an meinen krummen Finger. In den Tälern und auf den Gipfeln eines reichen Lebens habe ich gekämpft, ohne in die Knie zu gehen. In diesem Buch hole ich verborgene und fast vergessene, fröhliche und schmerzhafte Erinnerungen wieder hervor. Ich blicke zurück auf schwierige Entscheidungen und Ziele, die ich erreichen wollte. Ich denke dabei an die folgenden Zeilen, die ich einmal gelesen habe: »Wenn deine Finger und Hände niemals die Hitze des Lebens gespürt haben, wirst du nicht vollkommen geboren sein.« Der Lebensweg eines Menschen, vor allem der eines Politikers, ist gepflastert mit Erfolgen und Fehltritten, Fortschritten und Rückschritten, Siegen und Niederlagen, Aufregungen und großen wie kleinen Aufgaben, Aufstieg und Abstieg, Glück und Unglück, Respekt und Neid, Veränderung und Verrat. In diesem Buch werde ich noch einmal den Weg meines Lebens beschreiben. Wenn dieses Buch, welches ich aus ganzem Herzen, mit Geist, Zeit und Kraft geschrieben habe, Ihnen, verehrte Leser, nur einen Geistesblitz, eine Erleuchtung oder eine neue Einsicht schenkt, dann habe ich mein Ziel erreicht.

Liebe Leser, ich ergreife Ihre Hand und möchte, dass Sie mich auf dem Pfad meiner persönlichen Erinnerungen begleiten – und gemeinsam eine Reise nicht nur durch mein Leben, sondern auch durch die Kultur und Geschichte der Mongolei unternehmen. Historische Wege kreuzen sich so mit persönlichen Eindrücken und weisen den Pfad in die Zukunft. Ich hoffe, dass auch Sie sich ab und an umdrehen und auf Ihren Pfad zurückblicken. Vor vielen Jahren habe ich angefangen, Wort für Wort, Zeile für Zeile niederzuschreiben, habe Belege gesammelt und habe immer wieder meine Aufzeichnungen erweitert. Die Sonnenaufgänge und -untergänge, die Tage, die wie Sand aus der Hand rieselten, werden hier als mein Manifest für die Nachwelt hinterlegt. Die Volksweisheit, dass jeder Tropfen den Ozean vergrößert, war mein Antrieb zu diesem Buch.

Vor der Berliner Mauer, 2017

1. Kapitel

FELDHERR OHNE DENKMAL UND MAUSOLEUM

Meine Geschichte möchte ich nicht anders beginnen als mit dem Gedenken an eine friedliche Revolution – die Wende von 1989. Dass sich solch grundlegenden Umbrüche friedlich ereignen, ist alles andere als selbstverständlich, gerade auch mit Blick auf die deutsche Geschichte. Aber dafür, dass Friede als kostbarstes Gut das Vermächtnis einer ganzen Epoche sein kann, gab es schon vor vielen Jahrhunderten ein eindrucksvolles Beispiel, und so fängt meine Erzählung eigentlich im 13. Jahrhundert an.

Anlässlich des 800. Jahrestages der Staatsgründung des Mongolischen Reichs erschien 2007 das Buch »Great Mongolian State«, in dem die Staatsoberhäupter aus aller Welt ihre Glückwünsche niederschrieben. Einer der Gratulanten war Ilham Alijew, damals Präsident von Aserbaidschan: »In einer undenkbar kurzen Zeit hat das Reich von Dschingis Khan die Landkarte der Weltpolitik von ihren Wurzeln aus geändert.«

Damit schuf Dschingis Khan etwas Einzigartiges und erreichte Undenkbares. Seine Werke gingen in die Geschichte ein. Das wissen wir. Historische Personen werden nach ihren besonderen Leistungen bewertet und danach, welche Neuerungen von ihnen ausgingen. Unsere Vorfahren hatten ein Reich mit dem größten zusammenhängenden Territorium zu Land geschaffen, das die Geschichte kennt – und sie beeinflussten die anderen Länder in ihrer Entwicklung.

Der ehemalige Bundespräsident von Österreich, Heinz Fischer, betonte: »Meiner Meinung nach ist das von Dschingis Khan eingeführte Verwaltungssystem der Mongolen seit dem Großreich des 13. Jahrhunderts viel bedeutsamer als seine militärischen und kriegerischen Errungenschaften. Es ist mit dem heutigen Stand vergleichbar. Fast zeitgleich mit dem Verwaltungssystem Dschingis Khans entstand das moderne und einflussreiche Verwaltungssystem von Kaiser Friedrich im Heiligen Römischen Reich Deutscher Nation auf dem Gebiet von Italien und Deutschland. Jedoch war das Verwaltungssystem des Mongolen-Reichs im 13. Jahrhundert viel umfassender als das unter Kaiser Friedrich dem Zweiten. Dschingis Khans Nachfolger Ögedei und die darauffolgenden Khane arbeiteten im Sinne der vereinten Staatskultur und ließen die Staatsverwaltung durch schriftlich niedergelegte Verfahrensprotokolle durchführen. Diese verwaltete Ordnung funktionierte nicht nur in dem mongolischen Großreich, diese Art der Verwaltungsordnung konnte auch in den von turkstämmigen Völkern besiedelten Gebieten Zentralasiens (Tureg), Persiens, Tibets und Russlands in den jeweiligen Schriften der Länder übernommen und verwendet werden. Dank der vereinten Verwaltungsordnung überdauerte die souveräne und friedliche Lage bis zur Mitte des 14. Jahrhunderts.«

Und auch in kultureller Hinsicht wurde das Mongolische Reich gewürdigt: »Bereits vor 800 Jahren stellte man aus heutiger Sicht moderne Gegenstände her. Lange bevor die Europäer nach Asien kamen,

Die Berliner Mauer am Brandenburger Tor, als für die ganze Welt eine Zeitenwende eintrat.

beherrschte ein asiatisches Volk ein Drittel des damals bekannten Festlandes unserer Welt. Ich kann das kaum glauben, aber ich bewundere dieses Geschehen. Was für mich so bewundernswert ist, ist ihre gesamte Lebensart und -weise. So nomadisch-einfach waren die wunderbar geschickten Reiter und das Bogenschießen ein großer Nutzen. Diese Menschen gingen als Sieger über die bestens organisierten und zivilisierten Länder von damals hervor. Sie besiegten sie, und das bewundere ich.« Diese Einschätzung stammt von dem malaysischen Wahlkönig Yang di-Pertuan Agong XII.

Einen nicht zu überschätzenden Wendepunkt in der Bewertung, vor allem aber im Hinblick auf den Fokus des Forschungsinteresses, stellte exemplarisch dieser Band von 2007 dar, weil Dschingis Khan und das Mongolenreich über viele Jahrzehnte vor allem aus militärgeschichtlicher Sicht gesehen und in sonstigen Berichten vor dem Hintergrund grausamer Kriege betrachtet wurden.

In diesem Licht ist zum Beispiel noch die Einschätzung des antikolonialen Widerstandskämpfers und ersten Ministerpräsidenten Indiens, Jawaharlal Nehru (1889–1964), zu sehen: »Dschingis ist ein großer Militärherr der Geschichte und ein guter Wegbereiter. Mit ihm verglichen erscheinen Alexander der Große und Cäsar winzig. Dschingis selbst war nicht nur ein großer Militärführer, er schulte auch viele großartige Militärbefehlshaber und brachte ihnen seine militärischen Strategien, Taktiken und Talente bei. Sie waren weit, sehr weit weg vom eigenen Land, lebten inmitten ihrer Feinde und besiegten die verfeindeten Übermächtigen. Wäre Alexander der Große nach Dschingis Khan geboren wurden, hätte er einiges von ihm lernen können.«

Ich habe mit D. Tserensodnom, A. Ochir und S. Narangerel viel über Dschingis Khan und die mongolischen Eroberungen gesprochen und verdanke ihnen wichtige Erkenntnisse. Am bedeutendsten ist wahrscheinlich die Einsicht in die kulturstiftende Rolle des mongolischen Großreiches, jenseits der kriegerischen Feldzüge.

Ich bin fest davon überzeugt, dass diese neue Sicht auf die »alte« Mongolei auch geeignet ist, uns eine gute Erzählung für die Zukunft der »neuen« Mongolei zu ermöglichen – eine Vision, die ich später unter dem Begriff der »Starken Mongolei« etwas näher ausführen möchte.

Mit 45 Jahren gründete Dschingis Khan sein Land, das »Mongolische Reich«, und verabschiedete das Gesetzbuch »Jassa«, dessen Einhaltung er penibel kontrollierte und somit der Herrschaft von Recht und Gesetz zu einer umfassenden Blüte verhalf. Diese Errungenschaft wurde weltweit bekannt und erfuhr 1995 nicht zuletzt in der *Washington Post* Anerkennung: Dschingis Khan wurde zur Kulturperson des Millenniumsjahres 2000 erklärt. Das Erbe dieser herausragenden Zeit im 13. Jahrhundert wurde auch von der UNO gewürdigt: Sie verabschiedete einen Erlass, dass das 800-jährige Jubiläum der Staatsgründung der Großen Mongolei weltweit gefeiert werden sollte.

Wie konnte Dschingis Khan, mit seiner großen Persönlichkeit, als einzelner Mensch auf der Weltbühne so bekannt werden? Welche Neuerungen schuf er und was bewirkte und beeinflusste er während seines Lebens? All diese Geschichten kann man nicht auf einmal zusammenfassen und niederschreiben, aber ich möchte einige davon hier stichpunktartig erwähnen, um anhand ihrer auch die Wandlung in der Wahrnehmung der Mongolei zu illustrieren.

Friedliche Eroberung

»Mongolische Soldaten eroberten 25 Jahre lang fremde Länder und ihre Bewohner. Weit mehr als die Römer, welche 400 Jahre lang gegen andere Länder kämpften. Mongolische Pferde ließen das Wasser von Bächen, Weihern und Flüssen zwischen dem Pazifik und dem Mittelmeer durch ihre Hufe überschwappen.« Auch wenn der Verfasser dieser Zeilen unbekannt ist, spüren wir noch die ungeheure Achtung, die dem Eroberungsgeschick der Mongolen entgegengebracht wurde. So schrieb auch der französische Denker Charles de Secondat, Baron de Montesquieu (1689–1755): »In Asien wurde ein mächtiges Reich gegründet. In Europa wurde nie so ein großes Reich errichtet.« Und dass Gewalt und Schrecken fast Synonyme für die Mongolen waren, glaubt man noch bei dem englischen Historiker und Schriftsteller Edward Gibbon (1737–1794) in »Verfall und Untergang des römischen Imperiums« zu lesen: »In den Händen der Folgegenerationen von Dschingis Khan zitterte der

Erdkreis. Die Sultane gaben ihre Kronen ab, die Kaiser-Reiche gingen nieder [...].«

Um diesem Pathos ein wenig zu entkommen, habe ich meine Gesprächspartner immer wieder gebeten, mich zu den Fakten zurückzuführen, was ich hier zusammenfassend wiedergebe:

Dschingis Khan vereinigte viele verstreute Stämme aus Zentralasien, dem heutigen mongolischen Gebiet, und gründete 1206 das Mongolische Reich, so erzählt die Geschichte. Während seines Eroberungszuges 1227 gegen die Tanguten starb Dschingis Khan. Zu diesem Zeitpunkt erstreckte sich die Mongolei über ein Gebiet von 26 Millionen Quadratkilometer. 1279 besaß das Mongolische Großreich 16 Prozent des Festlandes unserer Erde – jeder vierte Erdenbewohner lebte auf mongolischem Territorium. Zum mongolischen Großreich gehörten, aus heutiger Sicht, die Territorien Russland, Südkorea, Nordkorea, Volksrepublik China, Indien, Türkei, Kasachstan, Weißrussland, Syrien, Afghanistan, Pakistan und viele andere, insgesamt 28 Länder. Obwohl die damaligen Mongolen unzählige Städte, Siedlungen und Länder und deren Bewohner eroberten, waren es nie mehr als 250 000 Soldaten, aus denen das Heer bestand.

Über jene Zeit schrieben islamische und westliche Wissenschaftler viele Jahrhunderte, dass Dschingis Khan ein blutrünstiger Mörder gewesen sei, der keine Gnade kannte und ein brutaler, barbarischer Zerstörer gewesen sein musste. Sein Weg sei von Blut gezeichnet gewesen. Man sollte diese Behauptungen nicht von vornherein ablehnen, auch wenn eine tendenziöse Absicht hinter ihnen steckt. Fakt ist, wenn sich einer gegen Dschingis Khan auflehnte, dann wurde ihm der Krieg erklärt. Doch das einfache Volk wurde nicht von ihm vernichtet. Zu Zeiten Dschingis Khans gab es die Möglichkeit, dass die Sesshaften und die Nomadisierenden nachbarschaftlich zusammenlebten und eine gegenüber allen Religionen faire Politik praktiziert wurde. Seitens der Mongolen wurde den Ansiedlern angeboten, dass sie weiterhin ihre Religion und ihren Glauben ausüben, in ihren Städten leben und ihre Ernte behalten durften. Dschingis Khans Anliegen war, dass die Fremden die mongolische Staatsangehörigkeit erhielten, weswegen es meist zu Kapitulationen ohne Gegenwehr kam. So wird in den historischen Quellen über folgenden Erlass berichtet: »Ihre Lebensart darf man nicht stören, jeder Stamm kann seine Religion weiter ausleben, jeder mongolische Soldat muss vor der Religion den nötigen Respekt haben und Kirchen und Klöster durften nicht angegriffen werden.«

Viele Wissenschaftler erkannten während ihrer Forschungen, dass die vielen Kriege nicht unbedingt von Dschingis Khan begonnen wurden. Ein Beispiel: Die nach Sartuul gesandten 400 Boten wurden von dem Stadtbesitzer Otrar ermordet. Otrar verstieß gegen den Vertrag, den Sultan Khan mit Dschingis Khan früher geschlossen hatte, schnitt dem Oberboten den Bart ab und schickte ihn zurück. Dschingis Khan wollte nicht sofort den Krieg erklären und sandte Uhunag, einen weiteren Boten, mit dem Schreiben: »Der Herrscher von Otrar soll kommen und sich vor Gericht stellen.« Auch Uhunag wurde getötet, als er mit dieser Nachricht ankam. Erst dann rief Dschingis Khan die große Versammlung aus und ritt zum Clan der Sartuul, um ihn zu erobern. Auf dem Weg dorthin steckten Dschingis Khan und seine Soldaten keine Städte und Siedlungen in Brand und ermordeten auch keine Menschen. Wer sich jedoch gegen ihn richtete, der wurde allerdings niedergemacht. Wer frühzeitig kapitulierte, den ließ er in Ruhe. So berichten es die historischen Quellen.

Ich will die Eroberungskriege – von denen schon Marco Polo spricht (»Ohne Gewalt und Raub, nur mit dem Gefühl, sie zu sich zu holen, eroberte Dschingis acht Regionen.«) – nicht verharmlosen oder relativieren. Ich möchte nur mit Blick auf die jüngste Geschichte fragen: Auch in der bildungskulturell fortgeschrittenen Zeit des 20.Jahrhunderts verlangten die zwei Weltkriege zahlreiche Opfer und hinterließen unzählige bombardierte Städte. 80 Prozent der polnischen Stadt Warschau und der deutschen Stadt Berlin wurden durch Bombardierungen zerstört. Viele europäische Städte wurden zu Trümmerhaufen. Amerikanische Atombomben fielen auf die japanischen Städte Hiroshima und Nagasaki. Wie viele Tausende verloren unter diesen Trümmern ihr Leben? Und ist das 21. Jahrhundert ein Zeitalter des Friedens geworden? Sind wir in unserer Zeit so viel fortschrittlicher, dass wir die Kriege der damaligen Mongolei aus ihrem Kontext lösen können und sie als »barbarische« Angriffe verurteilen müssen?

Dieser Sicht könnte man entgegenhalten, dass die mongolischen Eroberungen nicht nur Machterweitung um ihrer selbst willen waren, sondern auch Kultur und Handel beförderten. So sagt der japanische Historiker S. Masaaki: »Viele Völker, die ihren Handel auf einem ganz anderen Niveau betrieben, konnten mit Hilfe der Mongolei im Sinne der etablierten Zentralmacht neue Handelswege schaffen. Man könnte dies als die euroasiatische Handelszone bezeichnen. Dieses Modell entspräche dem einer ersten vereinten weltweiten Handelsorganisation. Dschingis Khan brachte die Rebellen und Meuterer auf den Gebieten des Altan Uls (der Goldenen Horde) und Turkmenistans zum Stillstand und positionierte Posten entlang des Handelsweges, welche die Sicherheit der Händler und Käufer überwachen sollten. Dadurch kam es nicht mehr zu Raubüberfällen, und die Handelsreisenden konnten ohne Barrieren in die Mongolei einreisen.«

Noch ein weiteres Beispiel hierfür möchte ich erwähnen: Den Nomadenkulturen, die weit entlegener sind als die der Sesshaften, brachten die islamischen Händler Seide, Stoffe und andere Güter. Als sie in ihre Heimat zurückkehren wollten, nahmen sie einen Brief an den Schah Choresmiens mit: »Unsere Grenzen rücken immer näher zusammen, sie wurden von Feinden gereinigt und unter einer Führung vereint. Unsere beiden Seiten leben nun unmittelbar nachbarschaftlich. Wir beide bereiten füreinander einen harmonischen Weg, und falls unruhige Zeiten kommen, strecken wir unsere Hände hilfsbereit zueinander aus. Wer auf diesem Handelsweg unterwegs ist, braucht keine Angst zu haben. Auf ihm sollen die Händler, die die Welt zum Blühen bringen, auf ihrem Hin- und Rückweg entlastet werden und friedlich reisen. Dieses Ziel müssen wir anstreben. Wenn wir dafür bereit sind, haben wir keine Angst und keine Barrieren. Damit vermeiden wir die Ursachen für Korruption, Bestechung und Missverständnisse.«

Dschingis Khan sandte seinen Bediensteten zu den islamischen Händlern. Nach der Chronologie »Die Geheime Geschichte der Mongolei« war der Ausgang dieser Aktion blutig. Einhundert Händler und Boten sowie einige Kamele transportierten Gold, Silber und andere Waren, als sie auf ihrem Weg ausgeraubt und ermordet wurden. Dschingis Khan glaubte zunächst nicht, dass dies vom Schah Choresmiens organisiert worden sei und sandte nochmals drei Boten auf denselben Weg. Nach deren Ermordung wurde allerdings klar, dass die Täter auf Befehl des Schahs von Choresmien handelten. Als Dschingis Khan von diesem grauenvollen Geschehen hörte, kam er allein zu dem Berg Burkhan Khaldun. Drei Tage und drei Nächte sprach er zum Himmel: »Ach, mein Himmel, das Elend der Tadschiken und Tureg ist keineswegs von mir abhängig.« Inbrünstig schreiend und weinend opferte er. Als er vom Berg Burkhan Khaldun zurückkam, schickte er seine die Erde bedeckende Armee in Richtung der Heimat des Verräters. Unterwegs hatte er Übernachtungen an bestimmten Orten eingeplant. So hielt er in dem Gebiet der heutigen Ortschaft Tsenkher Sum im Arkhangai Aimak (»Aimak« ist eine monoglische Verwaltungsprovinz, unterteilt in mehrere »Sum«) und ehrte durch ein Opfergebet das Gebirgsmassiv Suvraga, das auf einer Höhe von 3117 Metern über dem Meeresspiegel liegt. Sein Gedanke hinter dieser Übernachtung war: »Ich will jeden Morgen durch ein Opfer ehren und jeden Tag beten. Meine Kinder und Kindeskinder sollen seinen Dank erfahren.« Suvraga war für Dschingis Khan der zweitgrößte Opferberg nach dem Berg Burkhan Khaldun.

An dieses Versprechen dachte ich, als wir, der Wissenschaftler D. Tserensodnom und ich, uns Ende August 2018 während einer Expedition am Berg Suvraga unterhielten. Wir wanderten durch die Bergmassive und suchten betend das Gute für unser Land und für die Menschheit und baten um eine günstige Zukunft: für unsere Wünsche und das Gelingen unserer Arbeit.

Choresmien hatte damals fast 20 Millionen Einwohner und ein kulturelles Leben, welches insgesamt wohl stärker entwickelt war als das der Mongolen. Als Folge der oben geschilderten Umstände wurde Choresmien jedoch von den Mongolen erobert und weitgehend zerstört: Seitdem erklären die islamische Welt und viele Historiker, Dschingis Khan sei ein blutgieriger Mörder und Zerstörer der zivilisierten Kultur. Glaubt man dem russischen Wissenschaftler Lew Nikolajewitsch Gumiljow (1912–1992), dann wirkt dies noch heute nach: »Der Islam arbeitet den Hass und die schleichende Rache gegen die Mongolen auf.«

Nun sind solche Wertungen mit Vorsicht zu genießen, stehen sie doch selbst in einer Kulturgeschichte der Auseinandersetzung mit islamischer Expansion. Gumiljow zumindest betont den wesentlich toleranten Charakter mongolischer Herrschaft: »Die Mongolen versuchten nie, die Sesshaften zu erobern und zu besitzen. Sie befestigten nur ihre Grenzen, beschützten sie vor den mächtigen und brutalen Feinden ihrer heimatlichen Gebiete und Gewässer und wollten eigentlich nicht mehr und nicht weniger, als nur das Leben genießen.«

Ich kann das nur aus heutiger Sicht beurteilen und sagen, dass es sicher viele Mongolen gibt, auf die das zutrifft, wenn auch nicht streng wissenschaftlich betrachtet. Aber dass die Geschichtsschreibung in ihrer Interpretation regional unterschiedlich auf die mongolische Geschichte reagiert, führt vor allem im westeuropäischen Diskurs zu einem veränderten Bild. Ich möchte stellvertretend nur auf den renommierten deutschen Mongolisten Udo Barkmann verweisen: »Die Dschingis-Khan-Forschung und die Forschung über das Großreich der Mongolei ist im Western vorangekommen. Demzufolge wurden unser altes Wissen und unsere früheren Vorstellungen über Dschingis Khan in der westlichen Welt komplett revidiert. Wir vermuten nicht mehr, Dschingis Khan sei brutal, barbarisch und mörderisch gewesen. Nur, wenn man diese Annahmen fallen lässt, kann man zu einem ausgewogeneren Bild kommen, wie es etwa der englische Wissenschaftler Robert Marshall in seinem 1992 erschienenen ›Storm from the East‹ tut: ›Das mongolische Reich war zum Lebensende Dschingis Khans um ein Vielfaches größer als das Reich Alexanders des Großen und doppelt so weit ausgedehnt wie das Römische Reich. Dschingis Khans Reich hatte denselben Einfluss und dieselbe Wirkung wie die Griechen und die Römer. Egal, nach welchen Kriterien, Dschingis Khan ist eine herausragende Persönlichkeit der Welt. Ebenso wie Alexander der Große, Timur, Napolcon und andere Eroberer genoss Dschingis Khan Privilegien. Er erlangte durch seine Errungenschaften, seine Erfindungen sowie sein Handeln Ruhm.‹«

Um dies zu belegen, zitiert er aus dem Buch »Gengis Khan and the Making of the Modern World« von Jack Weatherford: »Obwohl Dschingis Khan großartige Errungenschaften hervorgebracht hat, ist er nicht wie andere Khane, die sich auf Porträts verewigten, sich ein Denkmal errichteten und ihre Namen auf Münzen prägen ließen. Er ließ keine Sudra über sich herausgeben, keine Gedichte schreiben oder Lieder über sich singen und hatte keine Villa und keinen Tempel auf seinen Namen registriert. Gemäß seinem Testament baute man ihm kein Mausoleum, kein Kloster und keine Pyramide. Er wurde sogar ohne Grabstein beigesetzt.« Fürwahr, ein Lobpreis für einen großartigen Menschen, der ein einfaches Leben führte.

In den 140 Jahren des Mongolischen Großreiches war die Welt innerhalb der Grenzen dieses Reiches friedlich und der Handel blühte. »Die Seidenstraße entlang gab es Räuber. Sie heißen die Großväter der Berge«, schrieb Marco Polo. Jedenfalls hatte Dschingis Khan die Handelswege von den Wegelagerern befreit. Dafür errichtete er Pferdeposten und man konnte zwischen Asien und Europa frei reisen.

Die hinterlassenen Spuren unseres Groß-Khans zeugen eindeutig von seiner geleisteten Arbeit, deren Ergebnisse die Jahrhunderte überdauerten. Dschingis Khan wollte kein einziges Denkmal für sich errichten lassen, aber er hinterließ Frieden für alle Völker. Das ist mit keinem Denkmal vergleichbar. Er eroberte eine Hemisphäre und zeigte dann, wie diese im Frieden regiert werden konnte. Könnten wir die historischen Ereignisse der damaligen Eroberungszüge adäquat betrachten und die historische Wahrheit aufdecken, könnten wir dann sagen: Das war und ist »die Kultur des Dschingis«? Und gäbe es weltweit Zeugnisse dieser Kultur – eines friedlichen Zusammenlebens verschiedener Kulturen, Völker und Religionen, auch außerhalb der direkten Einflusssphäre Dschingis Khans? So etwas wie eine »Pax Mongolica« als Paradigma interkultureller Toleranz? Diese Frage wartet auf ihre Beantwortung.

Anhand all dieser Kommentare und Erzählungen ziehe ich meine Zwischenbilanz und komme zu dem Schluss, dass Dschingis Khan als Erster ein Reich mit so einem umfassenden Territorium gründete – was immer unbestritten war –, dass seine wahre Größe aber darin lag, ein Reich zu gründen, das einen großen Beitrag für die Entwicklung der ganzen Welt leistete, wodurch in den drauffolgenden Jahren Frieden und Ruhe herrschte. Es scheint mir nicht unangemessen, dass diese Ära den Namen »Friede nach mongolischem Beispiel« verdient.

Einsiedler und Berater

Frieden, zumal ein so dauerhafter wie im Mongolischen Reich, fällt nicht vom Himmel. Daher war eine der zentralen Fragen, die ich mit Wissenschaftlern wie A. Ochir, D. Tserensodnom und anderen immer wieder erörtert habe, welche Bedingungen zum einen für einen solchen Frieden notwendig gewesen sind. Und zum anderen: Welche dieser Voraussetzungen könnten wir daraus für unsere heutige Zeit als unabdingbar ableiten?

Ich glaube nicht, dass wir unsere Fragen vollständig klären konnten, aber meine Gespräche haben eines ganz deutlich gezeigt: Der Respekt vor dem Gesetz ist sehr bedeutend. Vor allem, dass der Staat die Gerechtigkeit als ein ganz wesentliches Ziel begreift, um derentwillen er Herrschaft als Herrschaft des Rechts installieren muss.

Infolge der Verordnung Dschingis Khans erbrachte Shikhikhutag, einer von Dschingis Khans neun Staatsmännern, eine herausragende Leistung. Zur Fixierung des Gewohnheitsrechts, das von Richtern jeweils unterschiedlich ausgelegt wurde, ließ er die »Ikh Zasag« (Jassa), eine Kodifikation des Rechts, anfertigen. Von einer solchen Zusammenfassung der Rechtssätze in einem einheitlichen Gesetzeswerk hatten die einfachen Bürger und die verbündeten Fürsten dieselben Rechte, Pflichten und Strafen zu erwarten, und damit war sie etwas Besonderes. Die Strafen der »Ikh Zasag« waren äußerst hart. Falls ein Soldat während des Krieges etwas fallen ließ, musste es der nächste Mann aufheben und demjenigen reichen, der es fallen gelassen hatte. Wer dagegen verstieß, wurde mit dem Tode bestraft. Diese strengen Regeln des »Ikh Zasag« waren die Basis, auf die sich das Großreich stützte und durch die es ein friedliebendes, ruhiges und stabiles Land wurde. Europäische Reisende lobten es für seine hohe Organisationskultur und für die disziplinierte Ordnung, die die Bürger des Großreiches an den Tag legten. »Die Mongolen siegten in den Kampfarenen nicht wegen der Quantität ihrer Soldaten, sondern dank ihrer Disziplin und ihres Organisationsgeschicks«, schrieb Jawaharlal Nehru. Während der Dauer des Großreichs wurden die Minister und Marschälle aufgrund ihrer Talente, Fähigkeiten und

Fertigkeiten ausgewählt und besaßen weiterhin ihre selbstbestimmte Religion. Dank der »Ikh Zasag« war es verboten, Frauen zu verkaufen oder zu stehlen und Kämpfe unter den Mongolen zu führen. Unter den Bürgern waren Diebstahl und Raub absolut verboten, und wer dagegen verstieß, musste mit einer hohen Strafe rechnen. Frauen, die Wertsachen am Leib trugen, konnten Wege von Landesgrenze zu Landesgrenze problemlos nutzen. Auch das wurde mit dieser Kodifikation beschlossen.

In den Regionen des Landes platzierte man Sicherheitsposten und Pferdestationen, weshalb die individuelle Sicherheit von Händlern, Boten und Besuchern garantiert war. Dank dieser Posten konnten die Händler von China bis nach Nahost und Europa ohne Schwierigkeiten reisen. Als Dschingis Khan das Staatssiegel einführte, begründete er damit die Entwicklung in Richtung einer eigenen mongolischen Schrift. Auch wurden Juristen, Lehrer und Künstler von der Steuer befreit, um nur ein paar Beispiele für die Förderung kulturell wichtiger Bereiche zu nennen.

Je weiter die Expansion der Großmongolei voranschritt, desto differenzierter und erlesener wurden die Gesetze, die Gepflogenheiten und auch die Gewohnheiten. Diese beeinflussten sich gegenseitig und spielten eine große Rolle für die Beziehungen mit anderen Gesellschaften. Das einheitliche Gesetzeswerk war kein Ausdruck der Einseitigkeit der Gesellschaft, sondern eine Einigkeit der vielfältigen Beziehungen. Es ist bislang nicht als ganzes Werk übermittelt, aber durch die Chronologie »Die Geheime Geschichte der Mongolen«, das Werk »Universalhistorie« von Raschīd ad-Dīn, das Buch »Historie des Welteroberers« von Ata Malik Juveynī und »Die Geschichte vom Volk der Bogenschießer« von Marak wurden zumindest wesentliche Teile der Kodifikation überliefert. Im Jahre 1320 fand der Historiker Makris aus Ägypten im »Land der Goldenen Horde« den wahrscheinlich wichtigsten Teil der »Ikh Zasag«, in dem es um die Rechtmäßigkeit geht. Unsere mongolischen Wissenschaftler untersuchen diese Kodifikation seit längerem intensiv.

Die Verordnungen und Inhalte der »Ikh Zasag« wirken bis in die Gegenwart. 1206, neun Jahre vor der englischen »Magna Carta Libertatum«, die im Jahr 1215 veröffentlicht wurde, erschien diese schriftliche Kodifikation – ein wunderbares Fundament der Weltordnung, die vor 800 Jahren funktionierte und als Kodex in den mongolischen Ländern praktiziert wurde. Aber Gesetze sind dem Wandel unterworfen und vergänglich, wenn sie nicht geachtet und befolgt werden. So kommt der schwedische Missionar und Kaufmann Frans August Larson (1870–1957), der viele Jahre in der Mongolei lebte und später seine autobiografischen Bücher »Larson, Herzog der Mongolei« und »Die Mongolei und mein Leben inmitten der Mongolen« schrieb, zu der ernüchternden Erkenntnis: »Dschingis Khan verabschiedete ein äußerst kluges Gesetz. Sein Gesetz ist vergessen worden.«

Der Jurist S. Narangerel schrieb in seinem Buch »Der Geist des Gesetzes oder Dschingis Khan und die Mongolen«: »Dschingis Khans Kodifikation mit seinem überaus klugen Gesetz wird sich im Wesentlichen beweisen. Der Grundinhalt und dessen Moral ist zu schützen. Die Strafe muss angemessen sein. Durch das Gesetz Dschingis Khans wurden die Mongolen ein treues und gerechtes Volk.« Eine Bestätigung seiner Einschätzung fand Narangerel bei dem berühmten russischen Mongolisten Nikolas N. Poppe (1897–1991): »Die Mongolen tragen keine Münzen am Leib. Deshalb zahlte ich den Preis für meinen Proviant, einen Hammel, passend. Ich hatte immer eine Holztruhe für meine Münzen bei mir. Mongolen sind sehr neugierig. In jeder neuen Siedlung wurde ich gefragt, was ich da bei mir hätte. Mein Begleiter Dagva erklärte ihnen, dass wir Geld darin aufbewahren und die Einwohner nahmen Abstand. Danach interessierten sie sich nicht mehr für die Kiste. Als wir in einer Siedlung ankamen, erfuhr ich, dass es etwa 60 Kilometer entfernt einen Felsen mit Zeichnungen gibt. Diesen wollte ich sehen. Wir wollten dahin reiten und einen Tag später zurückkommen. Ich fragte Dagva, was wir mit der Truhe voller Münzen machen sollten, und er sagte, wir können sie ruhig in der Siedlung lassen, niemand würde sich daran bedienen. Tatsächlich, als wir am nächsten Tag zurückkamen, hatte niemand die Truhe berührt. Alles war noch da.«

Ich wünschte, ich könnte das von den Verhältnissen in der heutigen Mongolei auch noch sagen. Unsere Mongolen damals, vor der sozialistischen Zeit, kannten scheinbar fast keinen Diebstahl. Sie hielten ihre Versprechen und besaßen eine hohe Moral. Diese Moral war der Schlüssel für die Einigkeit und Stärke der Mongolen.

Obwohl Dschingis Khan selbst unbegrenzte Macht hatte, schätzte er das Wissen und die Wissenschaft, hörte den Rat der Weisen und versuchte ihre Vorschläge umzusetzen. Dschingis Khan stellte deswegen ein beratendes Gremium zusammen. Zu diesem gehörten herausragende politische Denker sowie Weise und Wissenschaftler, von denen er sich in seiner Entscheidungsfindung unterstützen ließ. Einer seiner Berater war Yelü Chucai, ein Angehöriger des Herrscherhauses der Kitan. Während seinerEroberung der Mittel-Hauptstadt des Goldenen Landes, heute die Stadt Peking, nahm er Chucai in Gefangenschaft. Dschingis Khan verehrte und respektierte seine außergewöhnliche Weisheit und ließ sich von ihm beraten. Seitdem diente Yelü Chucai treu dem mongolischen Staat und war von 1219 bis 1225 mit Dschingis Khan während seiner westlichen Eroberungen unterwegs. Außerdem lernte er die mongolischen Kriegs- und Eroberungstaktiken und wurde ein Experte sowohl für strategische Fragen als auch für die Zivilverwaltung. Chucai spielte insgesamt eine große Rolle bei der Konsolidierung der Großen Mongolei, und Dschingis Khan erklärte seinen Kindern: »Chucai ist ein vom Himmel beschertes Geschenk für unsere Familie. Im Bezug auf die Kriegsstrategien und das Funktionieren des Volkes können wir ihm vertrauen.«

Dschingis Khans Bevollmächtigter war Tatatungaa, ein Uigure. Tatatungaa war ebenfalls ein Siegelbevollmächtigter von Tayan Khan. Im Jahre 1204 eroberte Dschingis Khan den Naiman-Aimak und besiegte Tayan Khan – das Land ging unter. Tatatungaa trug das goldene Siegel in seiner Brusttasche mit sich, als er von mongolischen Soldaten gefangen genommen wurde. Sie brachten ihn zu einer Audienz zu Dschingis Khan. Diesem gefiel die gerechte Art Tatatungaas, wünschte sich, dass er bei ihm bliebe und fragte ihn, was für eine Funktion das Siegel habe. Tatatungaa erklärte ihm, das Siegel sei eine Münze für die Fürsten, mit der dokumentiert und beurkundet wurde, wie das Getreide geerntet und verteilt werden sollte. Das beeindruckte Dschingis Khan und er ernannte Tatatungaa zu seinem »Siegelmeister«, seinem Bevollmächtigten.

Tatatungaa beherrschte viele Schriften und brachte Dschingis Khan, dessen Kindern und Geschwistern die Schrift der Uiguren bei. Dank seiner Bemühungen wurden Khasar und Dsutshi sowie Berater Shikhikhutag und Zagaadai und andere junge Männer zu schriftkundigen und gebildeten Menschen. Auch zur Zeit Ögedei Khans war Tatatungaa ohne Unterbrechung als Bevollmächtigter tätig und kümmerte sich um die Alltagsgeschäfte wie z.B. um Gold, Silber und Seide, was die Khan-Familie brauchte. Seine Frau wurde die Amme für Dschingis Khans Sohn Kharatshara. Tatatungaa wurde zu einem historisch wichtigen Menschen und war für unsere mongolische Schriftkultur eine entscheidende Persönlichkeit.

Dschingis Khan ließ auch den heiligen Einsiedler Chan Chun Bumba, dem ein großer Ruf vorauseilte, zu sich rufen und lud ihn ein, seine Weisheiten zu lehren. So berichtet es eine Geschichte. Obwohl der Einsiedler einst die Einladung der Fürsten aus dem Goldenen Land und der Song-Dynastie ablehnte, folgte er der Einladung Dschingis Khans und machte sich auf die Reise zu ihm. Dschingis Khan war schon auf dem Weg nach Choresmien, und Chan Chun Bumba folgte ihm. Er durchquerte 1221 das mongolische Land und konnte 1222 Dschingis Khan im heutigen Usbekistan in der Stadt Samarkand einholen. Seine Reise dauerte über den Winter bis in den Mai des darauffolgenden Jahres, bis er zu einer Audienz bei Dschingis Khan kam und dort zwei Jahre lang blieb. Der Großkhan sprach zu Chan Chun Bumba: »Sie, wissensreicher Weiser, kamen von weither zu uns. Haben Sie für mich ein Mittel für das ewige Leben?« Chan Chun Bumba entgegnete ihm: »Für den ewigen Leib gibt es kein Mittel, aber das Leben kann man verewigen.« Dschingis Khan schätzte sehr, dass Bumbas Aussage der Wahrheit entsprach, wie ein Schüler von Bumba berichtet.

Chan Chun Bumba verfasste einen anschaulichen Bericht über seine Audienz bei dem Großkhan sowie über sein Reise- und Zielland. Seine Aussagen widerlegen das Bild islamischer Historiker, die über die »arme und aussterbende« Mongolei und die »ausgerotteten« Mongolen berichten. Chan Chun Bumbas Berichte stellten einen Wechsel in der zeitgenössischen Literatur über die Mongolen dar. Eine Randbemerkung erlaube ich mir noch: Der heilige Einsiedler Chan Chun Bumba prophezeite: »Der Großkhan und ich sterben zeitlich nah beieinander.« Diese Prophezeiung hielt ein Schüler Bumbas fest. Und tatsächlich wird berichtet, dass der heilige Einsiedler Chan Chun Bumba am 10. Februar 1148 geboren wurde und am 23. Juni 1227 verstarb, also kurz vor Dschingis Khans Tod, den wir für Ende August 1227 vermuten.

Dschingis Khan wählte seine Ratgeber und Berater lediglich nach deren Kenntnissen aus und ließ sich von Weisen und Gelehrten beraten, unabhängig von deren Herkunft, Religion, materiellen Besitztümern oder speziellen Befugnissen. Seine Brüder, Gefolgsleute und Kindeskinder waren ebenso umgeben von Gelehrten, und Dschingis Khan veranlasste seine Nachfolger, dass jenen Wissenskundigen die Ehre teilhaftig wurde, ihre Studien auszuüben und alle Lehren weiter zu praktizieren.

Zudem besaß Dschingis Khan eine herausragende Menschenkenntnis. Er konnte die Menschen, die ihn umgaben, sinnvoll auswählen. Boortshi, Zelme, Mukhuli, Zev Subeedei und Borokhul – so hießen einige seiner Recken. Die anderen, die sein Vertrauen gewinnen konnten, waren gerechte und verwegene Menschen, die keine Gier kannten und sich bei Entscheidungen immer für den goldenen Mittelweg entschieden. Das heißt, dass er viele Menschen mit integrem Charakter um sich sammelte. Was wäre, wenn Dschingis Khan ebenso wie einige unserer heutigen »Staatslenker« verschroben, wankelmütig, andere ausnutzend, unehrlich, vorteilssuchend zwischen den Parteien, inkonsequent, rücksichtslos und unzuverlässig gewesen wäre? Wer hätte ihm lebenslang die Treue gehalten und wäre sprichwörtlich für ihn durch Wasser und und Feuer gegangen? Dschingis Khan vertraute seinen kämpferischen Freunden, und er gewann im Gegenzug auch deren Vertrauen.

Eine andere Begebenheit illustriert diesen Charakterzug: Auf einem Kriegsschauplatz fand er seinen Sohn Ögedei nach mühevoller Suche nicht. Doch er bekam heraus, dass zwei seiner Krieger, Boortshi und Borokhul, mit seinem Sohn unterwegs waren. Diese zwei würden meinen Sohn weder im Leben noch im Sterben in Stich lassen, dachte er und machte sich keine Sorgen mehr. Nach einer Weile kamen die treuen Freunde mit seinem Sohn zurück.

Der Großkhan gründete den gerechtesten Staat der Welt und fand Erfolg und Glück in diesem Staat. Die Mongolen folgern daraus, dass, wenn man ungerecht im Alltag ist, das Unglück in das eigene Leben kommt. Seine Gefolgsmänner und seine Bevollmächtigten hatte Dschingis Khan nach ihrer Aufrichtigkeit und nach ihren Fähigkeiten ausgewählt. Er hatte Vertrauen und Respekt gegenüber dem Wissen, Können und Fleiß der anderen. Diesbezüglich ergänzt der Mongolist Udo Barkmann

»Dschingis Khans Blutsverwandte hatten fast nie hohe Staatsposten inne.«

Dschingis Khan empfand mit den Einwohnern der unterschiedlichen Stämme unter seiner Herrschaft Mitleid und handelte nachsichtig. Kein Stamm und kein Volk wurden aus ihrer ursprünglichen Heimat vertrieben, diskriminiert oder beleidigt. Den von ihm beherrschten Sesshaften wurde kein Umzug und keine Nomadenkultur auferlegt. Keinem anderen Land wurde seine Identität, Lebensart und -weise, Sprache und Schrift, Religion und Glaube oder Tradition sowie Mentalität willkürlich genommen. Über dieses Vorgehen schrieb Marco Polo: »Falls irgendein Mensch oder ein Bauer aus einem unbekannten Land nicht ernten konnte, lebte er in Not und Elend. Unter Dschingis Khan wurde dieser Mensch von der Jahressteuer befreit und erhielt durch eine Stiftung Nahrung und Lebensmittel. Ebenso bekamen sie vom Staat Samen für das nächste Jahr. Falls die Hirten durch einen Schneesturm oder eine andere Naturkatastrophe oder durch verschiedene Tierkrankheiten in einen Notstand gerieten, wurden sie ebenfalls von der Jahressteuer befreit. Solche Hirten bekamen die Tiere für ein erneutes Wachstum und Lebensmittel. Es gab einige solcher Gaben. An die armen Menschen wurde jeden Tag Getreide, Reis, Hirse und Roggen verteilt. Die Unterstützung stand ihnen das ganze Jahr zur Verfügung. Nicht nur die Armen, sondern das ganze Volk schätzte den Großkhan mit seinem weichen Herzen und seiner mitfühlenden Menschlichkeit.«

Ich habe diese »unbekanntere« Seite Dschingis Khans mit dem Historiker A. Ochir beleuchtet, der mir bestätigte, dass die Ordnung und der Friede zwar um den Preis harter Strafen erkauft wurden, diese aber Akzeptanz fanden, weil sie auf dem Boden einer gerechten Haltung standen – sie waren vorhersehbar und daher auch vermeidbar. Willkür fehlte dem mongolischen Rechtsempfinden. Das war Teil einer Einstellung war, die durchaus planvoll vorging. A. Ochir sagte dazu: »Dschingis Khan war barmherzig, aber hielt auch jederzeit die härtesten Strafen für Verräter bereit und zog daraus die Lehre für die Öffentlichkeit. Das war eine eindeutige Belehrung für die damaligen Mongolen. Er traf seine Entscheidungen im Voraus und bereitete sich frühzeitig darauf vor. Dadurch konnte er seine Erfolge erzielen. Ein Beleg dafür sind die Ruinen des Klosters Tschinga in Shargiin Gobi. 1212 verabschiedete Dschingis Khan eine Verordnung und beauftragte den Minister Tschinga, das Kloster zu bauen. Daher der Name Tschinga. Das Kloster wurde für die Mongolen zu einem Knotenpunkt Mittelasiens. Bereits mehr als zehn Jahre im Voraus plante Dschingis Khan, das Kloster als Knotenpunkt für das Vordringen in fremde Gebiete zu nutzen. Dort errichtete er metallurgische Werkstätten, im Gebirge Tagnyn wurde Eisenerz abgebaut und in der Fabrik geschmolzen. Dies berichten historische Quellen, und während unserer Ausgrabungen in dem Gebiet fanden wir Eisenschlacke und Gegenstände aus Eisen.«

Der Historiker Sh. Natsagdorj schreibt in seinem Buch »Dschingis Khan und seine Lebensgeschichte«: »Dschingis Khan informierte sich, bevor er einen Krieg anfing, über das fremde Land. Mit Hilfe von Händlern informierte er sich über dessen äußere und innere Lage sowie über die Schwächen und Stärken seiner Streitkräfte und über die Seelen seiner Bürger. Da überlegte er bereits, wie vorzugehen ist und auf welche Punkte man während des Krieges sein Augenmerk besonders richten sollte.«

Weitsicht, Strategie und Planung im Voraus – was für die kriegerischen Erfolge der Mongolei wegweisend war, wurde es auch in der Verwaltung. Die Gleichheit vor dem Gesetz, mit dessen Kodifizierung den Verwaltungsbeamten ein wirksames Instrument in die Hand gegeben wurde, um im gesamten mongolischen Reich Recht sprechen zu können, war eine unmittelbare Folge aus der Erkenntnis, dass Berechenbarkeit der Institutionen die Stärke des Herrschenden betont. Die mongolische Verwaltung funktionierte, weil der Staat – personifiziert in der Gestalt des Khans – das Ziel des inneren Friedens nicht durch kriegerische Gewalt, sondern durch Freiheit, Toleranz und Großmut beförderte. »Wenn ihr ihre Herzen sammelt, wohin dann mit ihren Köpfen?« Diese Worte setzte Dschingis Khan in die Tat um. Der Mensch merkt dadurch auch, dass er äußerst aufmerksam erkennen muss, welche Stärken seine Seele hat.

Seitdem sind einige hundert Jahre vergangen. Ich glaube, die Faszination Dschingis Khans und seiner Staatsführung wird so lange weiterbestehen, wie die Mongolei sich an die grundlegende Einheit von Recht, Freiheit und Friede erinnert und diese auch praktiziert.

Überwundene Angst

Der 9. November 1989 war ein Donnerstag. Bis heute zieht dieses Datum die Weltöffentlichkeit in seinen Bann. Das deutsche Volk, das 1961 nun auch sichtbar durch eine Mauer in Ost und West geteilt worden war, in dem der Kalte Krieg Familien trennte und auf dessen Boden sich Sozialismus und Kapitalismus feindlich gegenüberstanden, erlebte auf einmal, wie dieses Symbol der Spaltung bröckelte und in sich zusammenfiel. Auf den dunklen Tag, an dem eine Mauer gebaut wurde, die lange Zeit unerschütterlich schien, folgte sehr spät der lichte Tag, an dem die scheinbar unüberwindbare Mauer unter den Hammerschlägen und Jubelschreien von Jung und Alt zerbröselte. Auch wenn es manchmal anders scheint, steht die Zeit niemals still und bringt schließlich auch die unüberwindbarsten Mauern zum Einsturz.

An jenem Novemberabend zeigten sich auf den Gesichtern der Menschenmassen, die zur Berliner Mauer strömten, Ablehnung, aufgestaute Wut, Empörung und eine große Entschlossenheit, aber auch Hoffnung und Freude. Vor ihren Augen fiel die Grenze, die 28 Jahre zwei Welten voneinander getrennt hatte. Wo früher Soldaten wachten und Schüsse fielen, tanzten und sangen nun die Menschen und umarmten sich.

Die Soldaten und Offiziere, die noch ein paar Monate vorher den Befehl hatten, unerlaubte Grenzübertritte durch den Gebrauch der Schusswaffe zu verhindern (der Befehl war erst im April 1989 von Honecker aufgehoben worden), blickten verwundert auf die Geschehnisse, die unerwartet, aber doch wie von selbst ihren Lauf genommen hatten. Niemand hatte den Befehl gegeben, die Mauer niederzureißen. Niemand hatte irgendjemanden dafür angeheuert. Aber mit dem Erlass der DDR-Regierung zur Grenzöffnung und Reisefreiheit für ihre Bürger war die Mauer obsolet geworden. Das fühlten auch die Menschen und stürmten vorwärts wie eine Naturgewalt. Eine solche Bewegung wie in Berlin am 9. November 1989, getragen von aufwallenden Gefühlen und einem unbeirrbaren Willen, kann nichts und niemand aufhalten.

Auch ich wollte dabei sein. Zunächst verängstigte mich das ungewohnte Schauspiel. Doch schon bald hallte auch in meiner Brust der

Schrei nach Freiheit und Demokratie. Und als ich nach langem Warten die Mauer berührte, wurde ich von meinen Gefühlen überwältigt.

Ich erinnerte mich, wo es vorher schon ein ähnliches Schauspiel gegeben hatte. In Vietnam, das lange in Süd und Nord geteilt war und wo Kriege das Blut der Brüder fließen ließen, vereinten sich am 30. April 1975 nach dem Fall von Saigon beide Landesteile.

Über den Vietnamkrieg wurde damals in der mongolischen Presse ununterbrochen berichtet. Die Parteinahme war eindeutig: Was hatten die Amerikaner auch in der vormals französischen Kolonie zu suchen? Wie viele amerikanische Flugzeuge, Panzer und Schiffe wurden zerstört? Wie viele amerikanische Soldaten hatten ihr Leben verloren? Wir waren davon überzeugt, dass die imperialistischen Amerikaner zu Recht verlieren und unsere vietnamesischen Brüder gewinnen würden. Daher gab es bei uns ein Lied, in dem es hieß: »Du – Amerikanischer Soldat hör zu, hör gut zu! Auf dieser goldenen Welt ist Vietnam nicht alleine.«

Obwohl wir Kinder waren, wollten wir unsere vietnamesischen Altersgenossen unterstützten. Wir schickten ihnen Briefe und Geschenke und beteiligten uns an vielen Anti-Kriegs-Aktionen. Als Pioniere sprachen wir unseren Schwur, trugen mit Stolz unser dreieckiges, rotes Pionierhalstuch und ein Abzeichen mit dem Bildnis Suche-Bators, des Gründungsvaters der Mongolischen Volksrepublik, und veranstalteten Aktionen in unserem Quartier. Damals mangelte es an vielem und es war schwierig, guten Stoff für rote Halstücher zu finden. Besonders schick gekleidetet war man mit einem solchen Tuch aus der Sowjetunion. Sowjetische Pioniertücher erinnerten an die Unterstützung von über 10.000 Rotarmisten für die Mongolei seit dem Erringen der Unabhängigkeit von China im Jahr 1921. Mit solch einem schönen Tuch hatte mich mein großer Bruder für meine guten schulischen Leistungen belohnt. Nun wollte ich es ihm gleichtun und gab mein rotes Halstuch mit einem persönlichen Brief in der vietnamesischen Botschaft ab, damit ein vietnamesisches Kind mein Halstuch tragen konnte.

Die Erinnerung an Vietnam löste bei mir im Herbst 1989 gemischte Gefühle aus. Die Wiedervereinigung Vietnams war nach einem langen, blutigen Krieg erfolgt. Wie würde es nun in Deutschland, wo ich lebte, ausgehen? Die Berliner Mauer hatte seit 1961 weit mehr als hundert

Menschenleben gefordert. Doch jetzt stand das Monument aus Beton ruhig und geduldig da und erzitterte unter den Schlägen von Hämmern und Eisenstangen.

An diesem Tag wurde mein Glauben an den Sozialismus und dessen Endziel, den Kommunismus, vollkommen erschüttert. Mit der Mauer wurden auch meine Erwartungen an das Leben und meine gesetzten Ziele für die Zukunft zerstört. Ich dachte an meine Heimat. Wie würde sich die Mongolei, die zu diesem Zeitpunkt zwar formal unabhängig, wirtschaftlich und politisch aber ein sowjetischer Satellitenstaat war, entwickeln? Welchen Beitrag könnte ich leisten? Und wie könnte ich mir einen Platz im Leben sichern?

Der Mauerfall eröffnete mir und Millionen von Menschen eine neue Welt. Bis dahin war die Berliner Mauer das Wahrzeichen einer in Ost und West geteilten Welt. Sie war ein Zeugnis der großen Umwälzungen im 20. Jahrhundert. Die Berliner Mauer war ein Produkt der Großmachtpolitik der Nachkriegszeit und des Kalten Krieges.

Als ich noch zur Schule ging, wusste ich nur wenig über die Ereignisse, die zur Spaltung Deutschlands und zum Mauerbau geführt hatten. Damals war es für uns nicht möglich, sich Informationen frei zu beschaffen. Im Schulunterricht wurde verleugnet oder schlechtgemacht, was wir heute als richtig ansehen. Wir durften noch nicht einmal die Namen bedeutender Persönlichkeiten der mongolischen Geschichte aus der Zeit vor der Revolution aussprechen. Was wir lernten, das bestimmten die Kommunistische Partei der Sowjetunion und ihre mongolische Schwester, die Mongolische Revolutionäre Volkspartei (MRVP). Wie in der DDR und den anderen sozialistischen Ländern gab es auch bei uns zahlreiche »weiße Flecke« in der offiziellen Geschichtsschreibung. Doch in meinem letzten Jahr auf der Mittelschule hatte ich einen Geschichtslehrer, Baatar, der für diese Zeit als Freidenker, ja fast Oppositioneller gelten konnte. Baatar sagte uns, dass wir unsere eigene Geschichte erforschen sollten. Wer etwas über die Geschichte der Mongolischen Volksrepublik lernen wollte, sollte beispielsweise zwei Bücher über die Konferenzen von Jalta und Potsdam am Ende des Zweiten Weltkriegs lesen. Dort nämlich entschieden die Verbündeten der Anti-Hitler-Koalition auch über die völkerrechtliche Anerkennung der Mongolei. Natürlich folgten wir der Empfehlung unseres Lehrers. Es war eine für diese Zeit wirklich außergewöhnliche Lektüre. Wir lasen, wie sich im Februar 1945 auf der Krim die Führer der Sowjetunion, der USA und Großbritanniens trafen, um über die europäische Nachkriegsordnung zu entscheiden. Es wurde beschrieben, wie der amerikanische Präsident Roosevelt und der britische Premierminister Churchill den Obersten Befehlshaber der Roten Armee, Stalin, darum baten, dass sich die Sowjetunion im Kampf gegen Japan beteiligte. Stalin soll dafür drei Bedingungen gestellt haben. Eine davon war die Anerkennung der Souveränität der Mongolischen Volksrepublik. Nach dem Kriegsende in Europa trafen sich die Großen Drei im Juli und August 1945 in Potsdam. Sie verhandelten nicht nur über die Aufteilung Deutschlands, sondern auch erneut über die Unabhängigkeit der Mongolei. Nach Stalins Aufforderung stimmten der neue US-Präsident Truman und der ebenfalls neue britische Premierminister Attlee diesem Vorschlag zu, und sie teilten diesen Beschluss China mit. Das waren damals für uns ganz neue Informationen, über die öffentlich nicht gesprochen werden durfte. Denn alles unterlag einer strengen Zensur: Über die kapitalistischen Mächte USA und Großbritannien wurde nur abwertend gesprochen, die Sowjetunion hingegen strahlte in einem hellen Licht. Dass die USA und Großbritannien die Unabhängigkeit der Mongolei nach dem Zweiten Weltkrieg unterstützt hatten, passte nicht ins offizielle Geschichtsbild.

Die Lektüre lehrte mich, auch wenn ich nur ein Mittelschüler war, dass mächtige Staaten die Weltpolitik zu ihrem eigenen Vorteil bestimmen. Ich lernte aber auch, dass Stalin bei der Anerkennung der mongolischen Unabhängigkeit eine wichtige Rolle gespielt hatte.

Natürlich wollten wir diese bedeutenden Informationen teilen. Ich versammelte meine Klassenkameraden zu Hause und wir sprachen über unser neu erworbenes historisches Wissen, aber auch über die Erzählungen der Älteren. Wir sprachen darüber, welche mongolischen Reiche es gegeben hatte, wie sie gegründet wurden und wieder auseinanderfielen. Wir sprachen über das Schicksal der Inneren Mongolei, Burjatiens und Tuvas – alles an die Mongolei angrenzende Gebiete mit mongolischstämmiger Bevölkerung. Wann immer sich die Gelegenheit ergab, fragten wir den Alten und unseren Geschichtslehrern Löcher in den Bauch. Unsere Familien begannen sich Sorgen zu machen, dass wir etwas erzählen könnten, das gegen die eherne Parteilinie verstieß und uns, aber auch sie selbst in eine schwierige Situation bringen könnte. Aber einige Wenige erzählten uns dennoch offen von vielen interessanten historischen Begebenheiten, die wir sogleich zu unseren Klassenkameraden trugen. So wurden meine Freunde und ich fast zu Historikern.

In Deutschland führte das Potsdamer Abkommen dazu, dass zwei Staaten entstanden, die sich in Politik, Wirtschaft, Recht und Kultur voneinander unterschieden wie Tag und Nacht. Die Mauer, vor deren Errichtung mehr als zwei Millionen Menschen von Ost- nach Westdeutschland geflüchtet waren, war somit keine normale Mauer: Sie war das Wahrzeichen für die Trennlinie zwischen zwei Weltsystemen, ein Symbol für den Eisernen Vorhangs in Europa, von dem Winston Churchill bereits 1946 gesprochen hatte.

Für uns junge mongolische Studenten in der DDR war die Mauer dennoch Alltag und Normalität. Gewiss, beim Anblick dieser monströsen Grenzanlage mischten sich bei uns immer auch Angst und stille Zweifel am Sinn dieses Bauwerks, ebenso wie bei der DDR-Propagandasendung »Der Schwarze Kanal«, die wir uns jeden Montag im Fernsehen anschauten. Ich erinnere mich noch ganz genau daran, wie zu Beginn jeder Sendung der Bundesadler mit dem schwarz-weiß-roten Brustband, den Farben des Kaiserreichs und des Dritten Reichs, sich auf der Fernsehantenne niederließ. Im Hintergrund erklangen elektronische Töne, die an den Rhythmus des Deutschlandliedes erinnerten. Die Sendung war als Konterpropaganda gegen den Einfluss des Westfernsehens und -radios gedacht und verbreitete seit 1960 die Sichtweise der SED-Führung. Ende der achtziger Jahre zeigte sich jedoch, dass diese Form der Propaganda immer schlechter funktionierte. Immer montags wurden in vielen ostdeutschen Städten Demonstrationen abgehalten. Der Wunsch einer wachsenden Zahl von Menschen nach Demokratie und Freiheit trat immer deutlicher hervor. Doch die SED-Führung hielt an ihrer verkrusteten Politik fest, ebenso an der Teilung Deutschlands durch eine Mauer in Berlin und die Grenzanlagen im Rest des Landes.

Auch in meiner Heimat wurde seit 1930 eine unsichtbare Mauer der Ideologie aufgebaut, die Hand in Hand mit einem grausamen Blutvergießen ging. Über 700 buddhistische Tempel wurden in der Zeit der stalinistischen Säuberungen dem Erdboden gleichgemacht. Über 30 000 unschuldige Zivilisten, Mönche, Nachfahren von Dschingis Khan, Regierungs- und Staatsdiener und viele Intellektuelle wurden in diesen unvorstellbar blutrünstigen Jahren kaltblütig erschossen. Ich fragte mich, wie sich ein Volk so brutal gegen seine sozialen und religiösen Fundamente wenden konnte.

Die historischen Dokumente verweisen auf Stalin: Er stellte für die Unterstützung der Unabhängigkeit der Mongolei durch die Sowjetunion die Bedingung, alle Elemente religiöser Herrschaftsausübung zu beseitigen. Stalin soll bei Zusammentreffen mit der mongolischen Führung im Jahr 1933 mehrere Male gesagt haben: »Eure Mönche haben in eurem Staat einen eigenen Staat aufgebaut. Dschingis Khan hätte das nicht erlaubt. Er hätte sie umgebracht!« Und weiter: »Man kann nicht erkennen, wer zurzeit die Macht hat, der Staat oder die Mönche. So kann es nicht weitergehen. Ihr müsst sie streng unter Kontrolle halten. Ihr habt den Staat von Peldschidiin Genden und den Mönchsstaat. Ihr braucht nur eine Regierung, die gegen die Mönche kämpfen kann. Nur so ein Staat wird unser Partner.« Das waren Stalins Forderungen, und es wurde jemand gesucht, der diese schreckliche Aufgabe übernehmen würde. Doch der damaligen Premierminister Peldschidiin Genden (1892–1937) und sein Nachfolger Anandyn Amar (1886–1941) weigerten sich, Stalins Ansinnen nachzukommen.

Auf Druck Stalins wurden sie faktisch entmachtet und der Innenminister Kh. Tschoibalsan (1895–1952) führte als neuer starker Mann die Verfolgung der Mönche und die Zerstörung der Klöster durch. Genden und Amar wurden in Moskau später ermordet. Vor seiner Erschießung sagte Amar: »Ich respektiere das russische Volk. Aber ich hasse die Kommunisten. Ihr habt von Anfang an versucht, unser kleines, armes Land zu kolonisieren und versucht es immer noch. Ich bin kein Vaterlandsverräter. Wenn wir wirklich ein souveräner Staat sind, hat nur das mongolische Gesetz das Recht, mich zu verurteilen.« Auch wenn Amar nicht aufgab, fiel er dem Recht des Stärkeren zum Opfer.

An der Hinrichtung des Premierministers Amar kann man vieles erkennen. Auch wenn es mutige Menschen wie Amar gibt, wird sich immer jemand finden, der bereit ist, für Machtgewinn und Machterhalt jedes Verbrechen zu begehen. Personen wie Marschall Tschoibalsan, der während der Revolution viel dazu beigetragen hatte, die Unabhängigkeit der Mongolei zu sichern, und von 1936 bis zu seinem Tod 1952 als Premierminister der Mongolei amtierte, wusch in der Zeit der stalinistischen Säuberungen seine Hände in Blut. Tschoibalsan fehlte es nicht an Personen, die für den erhofften eigenen Vorteil bereit waren, alles zu tun, was man von ihnen verlangte. Tschoibalsan und seine Anhänger verbreiteten Angst und Schrecken. Dies ist eine der traurigsten Zeiten der mongolischen Geschichte, in der Verwandte, enge Freunde, Kameraden denunziert, verhaftet, gefoltert und ermordet wurden. In der ganzen Mongolei herrschte die Furcht davor, als Nächster dieser Willkürherrschaft zum Opfer zu fallen. Hier konnte man wieder einmal sehen, dass das wichtigste Herrschaftsinstrument der Diktatur die Angst der vielen ist. Die Angst der Menschen ist, wie ein mongolisches Sprichwort sagt, wie das Messer in der Hand des Verrückten. Auf Deutsch würde man wohl sagen: Die Angst vor dem Wolf macht diesen größer, als er tatsächlich ist.

Die Menschen in der DDR überwanden 1989 ihre Angst, als sie in Berlin die Mauer erstürmten. Sie freuten und umarmten sich. Ich, ein einfacher Mongole, stand staunend in der fröhlichen Menschenmenge, wo Fremde sich in den Armen lagen und Sektkorken knallten. Ich konnte mein Glück kaum fassen. Aus einem fernen Land eigentlich zum Lernen und Lehren gekommen, war ich Augenzeuge, wie sich Ost und West friedlich vereinigten. Die Zeit schien sich zu beschleunigen. Immer mehr Menschen strömten zur Mauer und bearbeiteten sie mit ihren mitgebrachten Werkzeugen. Ich guckte mir das Schauspiel eine Weile an und war voller Stolz auf die Deutschen, die in nur einer Nacht eine Politik und Ideologie, die ihnen die Freiheit beträchtlich eingeschränkt hatte, in Trümmer legen konnten. Ich hatte mir nicht vorstellen können, dass Jahrzehnte währende Gegensätze so schnell und mit solcher Herzlichkeit überwunden werden konnten. Die Freude der Menschen steckte mich an. Einige Tage später sollte ich an die Mauer zurückkehren, um mir zur Erinnerung ein Stück aus ihr herauszuschlagen. Der mongolischen Tradition folgend wickelte ich es in ein seidenes Tuch, meinen Khadag. Noch immer bin ich im Besitz dieses historischen Stücks. Als Buddhisten haben wir Mongolen oft eine Gebetsstelle, »Takhil« genannt, in unserem Haus. »Takhil« ist ein Wort aus dem Sanskrit und steht für Freude. Worüber freut man sich? Die Antwort des Gottes Bodhisattva lautet: über ehrenvolle Menschen, fromme Mönche und Gebete. An unserer Gebetsstelle bringen wir den Göttern seltene und wertvolle Gegenstände und die ersten Portionen von Speisen und Getränken als Opfer dar. Dort, zwischen den Opfergaben und Gebetskerzen, die ewig brennen müssen und für Erinnerung und gute Vorzeichen stehen, beten wir für Verwandte und andere nahestehende Menschen. An diesem besonderen Ort bewahre ich mein Stück der Berliner Mauer auf. Es erinnert mich daran, dafür zu beten, dass es niemals wieder eine Mauer gebe, die ein ganzes Volk teilt, und dass die Menschen miteinander in Harmonie leben.

Vor dem 9. November hatten die Ostdeutschen aufmerksam Gorbatschows Politik der Perestroika in der Sowjetunion beobachtet. Dort wurde ausführlich und in aller Öffentlichkeit über eine neue Politik und die Fehler der alten berichtet und gesprochen. Das war ein wichtiger Beitrag zu den Entwicklungen in Ostdeutschland, die schließlich zur Wiedervereinigung führten. Bereits Mitte der Achtziger erklangen auch in der Mongolei Worte wie Perestroika und Glasnost, die politische und gesellschaftliche Veränderungen in Aussicht stellten. Sogar in der Parteizeitung »Unen«, auf Deutsch »Wahrheit«, dem Sprachrohr der Staatspartei MRVP, wurde in aller Offenheit Kritik an den herrschenden Zuständen geübt und ein demokratischer Geist zur Schau gestellt. Dadurch ermutigt, wurde auch die Berichterstattung der übrigen Presse kritischer. Es erschienen immer mehr kritische Berichte und Sendungen. Das wiederum weckte die Initiative der Bürger. Alle Welt sprach von Veränderungen. Das veraltete Gesellschaftssystem war reif für den Untergang. Als junger Mensch wurde ich von der heraufziehenden neuen Zeit voll vereinnahmt.

In der Mongolei galt die DDR als sozialistisches Vorbild. Dass dieses Paradebeispiel des Sozialismus nun in seinen Grundfesten erschüttert wurde, zeigte, so wie man die goldene Sonne mit der Hand nicht verbergen kann, dass eine neue Zeit anbrach. Die Demokratiebewegung in Ostdeutschland schlug überall hohe Wellen. Die sozialistische Gesellschaftsform, die politische Ordnung, alles, was den Namen »Sozialismus« trug, wurde kritisiert. Offen wurde gefordert, die überalterte Führung auszutauschen. Die Vorherrschaft der SED wurde in Frage gestellt und auch in der Partei brachen Konflikte aus.

Wer zu spät kommt ...

Vor dem Mauerfall mobilisierte die Staats- und Parteiführung ihre letzten Kraftreserven, um sich an der Macht zu halten. Doch es war unübersehbar, dass das Volk genug hatte: Die veraltete DDR-Führung spürte nicht den Wind der Veränderung, sie lenkte nicht ein. In diese Zeit fiel der Staatsbesuch von Michail Gorbatschow zum 40. Jahrestag der DDR Anfang Oktober 1989. Die Presse, das Volk und die Demokratiebewegung hielten gebannt die Luft an, was wohl der Führer des sozialistischen Lagers sagen würde. Wird der Kurs der DDR-Führung beibehalten? Erwähnt er die Frage der beiden deutschen Staaten? Wer große Erwartungen hatte, wurde enttäuscht. Gorbatschow machte nur die Bemerkung, die er zwar nicht wörtlich so formulierte, die aber so um die Welt ging: »Wer zu spät kommt, den bestraft das Leben.« Nach dieser Bemerkung kippte die Stimmung in der DDR. Das Land bewegte sich fast unaufhaltsam in Richtung Grenzöffnung und Wiedervereinigung. Wie ein Lauffeuer breiteten sich die Demonstrationen in der ganzen DDR aus, die Sicherheitskräfte waren überfordert, und von der Sowjetunion kam keine Unterstützung mehr wie etwa 1968 in der Tschechoslowakei. Damit war das Schicksal der DDR-Führung letztlich entschieden. Der Rücktritt Erich Honeckers und der ganzen DDR-Führung wurde gefordert. Die Parteispitze setzte zwar die Volkspolizei noch gegen die Demonstranten ein, doch das fachte die Proteste nur zusätzlich an. Vor der Anwendung von Waffengewalt schreckten die Machthabenden zurück. Je mehr Öl sie ins Feuer gossen, desto offensichtlicher wurde ihre Rat- und Hilflosigkeit. Zu Hunderten, ja sogar zu Tausenden flohen die Menschen, wie vom Teufel gejagt, über die sozialistischen Bruderländer Ungarn und

Tschechoslowakei in den Westen. Auf allen Ebenen wurde deutlich, dass die Massenflucht nicht mehr zu stoppen war, vor allem, nachdem die österreichisch-ungarische Grenze im September geöffnet worden war und die Einreise in die Tschechoslowakei kaum unterbunden werden konnte. Die Botschaftsbesetzung in Prag machte das Ausmaß der Fluchtbewegung wie in einem Brennglas deutlich.

Die Montagsdemonstrationen, der Rücktritt Erich Honeckers, die Entwicklungen in Ungarn und der Tschechoslowakei – all das fand meine ungeteilte Aufmerksamkeit. Mir reichten die Pressemitteilungen und Nachrichten nicht aus. Ich entschloss mich, alles mit eigenen Augen zu sehen und nahm an einer Demonstration in Berlin teil. Die Demokratiebewegung, die Aufbruchsstimmung und die aufwiegelnden Reden erweckten in meinem Herzen und in meiner Seele Verlangen und Hoffnung. Ständig dachte ich an meine Heimat und wie wohl die Situation dort war? Nach dem Hörensagen von mongolischen Besuchern und Freunden wehte auch in der Mongolei der Wind der Veränderung. Dsch. Batmönch, seit 1974 Nachfolger von Ju. Tsedenbal und seitdem

Michail Gorbatschow und Erich Honecker; trotz Niedergangserscheinungen im sozialistischen Lager noch mit historischem Optimismus.

Generalsekretär der MRVP und Vorsitzender des Großen Volkskhurals, also unseres Parlamentes, leitete eine schrittweise Öffnung der Wirtschaft ein.

Doch Gorbatschows Worte und Politik hatten noch viel weitreichendere Konsequenzen. Nicht alle waren so positiv wie die deutsche Wiedervereinigung. Der Vielvölkerstaat Sowjetunion, zu dem die Mongolei nie gehörte, zerfiel. Von den 15 Sowjetrepubliken, die vor kurzem noch demselben Land angehört hatten, standen sich einige auf einmal feindlich gegenüber. Krieg und Zerstörung waren die Folge. Und es dauert bis heute an: Russland und die Ukraine zum Beispiel haben auch heute noch ein schwieriges Verhältnis zueinander. Mich hat es immer betroffen gemacht, dass ein so wichtiger und einflussreicher Staat zerfallen und mancherorts Hass an seine Stelle getreten ist. Auch wenn es aus heutiger Sicht leichter nachvollziehbar ist, habe ich mich seinerzeit oft gefragt: Warum konnte sich die damalige Sowjetunion nicht zu etwas Ähnlichem wie die Europäische Union entwickeln? Die Ausgangsbedingungen waren doch nicht schlecht, denn immerhin hatte man mit Russisch eine gemeinsame Sprache und kulturelle Anknüpfungspunkte, wie es auch starke wirtschaftliche und politische Verbindungen gab. Erst später wurde deutlich, wie sehr die politisch postulierte Gleichheit der sowjetischen Völker die tatsächlichen Unterschiede überdeckt und die mehr oder weniger latente Dominanz des Russischen in vieler Hinsicht den Erhalt einer föderalen Struktur gleichberechtigter Unionsstaaten zum Erliegen gebracht hatte, bevor diese wirklich entstehen konnte.

Als Günter Schabowski als Sprecher der SED-Führung am 9. November seine folgenschwere Pressekonferenz abhielt und die sofortige Reisefreiheit für DDR-Bürger verkündete, feierte das Volk auf den Straßen. Ich war mittendrin, mit freudig klopfendem Herzen.

In der gleichen überschwänglichen Stimmung umarmten wir unsere Nachbarn und fühlten, wie auch die inneren Mauern fielen. Über Nacht verschwanden fast alle physischen Grenzabsperrungen. Als in den folgenden Tagen deutlich wurde, dass die Sowjetunion keinen Widerstand gegen eine Öffnung der DDR leistete und sich in Ostberlin nicht wiederholen würde, was 1989 auf dem chinesischen Tiananmen-Platz geschehen war, wich auch die letzte Anspannung aus mir. Das vertraute Gefühl, immer auf etwas zu warten, verschwand. Nach kurzer Zeit skandierten die Ostdeutschen nun nicht mehr »Wir sind das Volk«, sondern auch »Wir sind ein Volk«.

Ich, der Mongole, der Ausländer in der DDR, war vor Freude für das mir nahegewordene deutsche Volk fast wie in Trance. Einheit und Zusammenhalt spielen für Mongolen eine wichtige Rolle. Mit den Wünschen der Deutschen in diesen Monaten konnte ich mich gut identifizieren. Die Träume und Ziele meiner deutschen Freunde endlich erfüllt zu sehen, ließ mich vor Glückseligkeit strahlen. Nun war klar, dass ein völlig neues Kapitel in der Geschichte beginnen würde.

Am 3. Dezember desselben Jahres wurde zum ersten Mal eine friedliche Demonstration in der Stadt Erdenet, nordwestlich der mongolischen Hauptstadt Ulanbaatar, gegen den sowjetischen Einfluss in der Mongolei und die Einparteienherrschaft der MRVP abgehalten. Die Demonstrationen breiteten sich über alle Aimaks, wie die großen Verwaltungsbezirke des Landes genannt werden, aus. Am 7. Dezember verlangte ein Teil der Lehrer und Studenten des Aimaks Khovd im Westen der Mongolei den Rücktritt des Zentralkomitees der MRVP. Auch in der Hauptstadt Ulaanbaatar fanden anschließend erstmalig Demonstrationen statt. Vor dem Kinderkulturpalast forderten die Demonstranten der neu gegründeten Mongolischen Demokratischen Allianz ein Mehrparteiensystem, die Wahrung der Menschenrechte und baldige Neuwahlen. Als ich davon erfuhr, traute ich meinen Ohren nicht. Immer und immer wieder griff ich zum Telefon und brachte mich auf den neuesten Stand des politischen Geschehens in meinem Heimatland.

Der gesellschaftliche Umbruch ergriff jedes der sozialistischen Länder. »Eine Mauer oder Grenze, die Freiheit, Hoffnung und Wahrheit einschließt, passt nirgendwohin«, hatte ein weiser Mensch gesagt. Deutschland, Berlin, ein Volk, eine Nation, und darüber hinaus Europa sahen im November 1989, wie eine Mauer, die Ideologien trennte, niedergerissen wurde. Von den ursprünglichen 167,8 Kilometern, von Stacheldraht umgeben und von scharfen Hunden und bewaffneten Soldaten auf Wachtürmen beschützt, blieben nur noch drei Wachposten als Mahnmale übrig. Nichts symbolisierte den Kalten Krieg so sehr wie die Berliner Mauer. Und mit ihrem Fall ging auch dessen Ende einher. Der Sturm der

Demokratie wehte auch durch meine Heimat. Die Mauern fielen überall. Jene Mauern, die man mit Händen ergreifen konnte, aber auch jene, die sich in unseren Köpfen versteckten.

Wiedergeburt

Am 22. Dezember 1989 öffneten DDR-Ministerpräsident Hans Modrow und Bundeskanzler Helmut Kohl offiziell das Brandenburger Tor. Meine Frau, unsere Kinder und ich, wir waren Zeugen dieses Ereignisses. Das Gefühl der Unsicherheit, dass der Lauf der Dinge doch noch plötzlich und mit Gewalt geändert werden könnte, fiel von uns ab. Wir entschieden uns eines Tages, uns ein eigenes Stück aus der Mauer zu schlagen. Wir hatten zwar keinen Vorschlaghammer oder anderes schweres Werkzeug, aber mit einem einfachen Hammer ging die ganze Familie zur Berliner Mauer.

Auf dem Weg dorthin fühlte ich eine Veränderung in mir. Da war etwas Neues, das ich vorher noch nicht gefühlt hatte. Ich fühlte mich wie neugeboren. Nicht nur die Berliner Mauer wurde im Herbst 1989 eingerissen, sondern auch meine innere Mauer. Ich beschloss, von nun an nicht mehr unter Zwang und mit Befehl und Gehorsam, sondern nach meinen eigenen Wünschen und Vorstellungen zu leben. Dieses Verlangen war lange in mir gewachsen, doch durch die historischen Ereignisse wurde es zum bestimmenden Gefühl. In meinem jungen Herzen erklang das Marschlied »Was mach ich jetzt, was mach ich jetzt, fürs Morgen, schreite mutig voran, noch mutiger voraus!«. Mit diesem neuen Mut umfasste ich den Griff des Hammers in meiner Hand und schritt zur Mauer. Dort angelangt, erfolgte eine erste Ernüchterung. Mit meinem einfachen Hammer wollte es einfach nicht gelingen, ein Stück aus der Mauer zu schlagen. Der Beton zerbröselte unter den Hammerschlägen. Nach vielen vergeblichen Versuchen gelang es mir endlich, ein größeres Stück herauszubrechen. Bis heute halte ich dieses Mauerstück in Ehren.

In dieser Zeit dramatischer Veränderungen arbeitete ich als Dozent und Dolmetscher an der FDJ-Jugendhochschule »Wilhelm Pieck« am Bogensee bei Bernau, nicht weit entfernt von Berlin. Die Dozenten,

Ich wickle die Stücke, die ich von der Berliner Mauer genommen habe, in mein blaues Khadag und bewahre sie an einem Ehrenplatz auf.

Professoren und Gastlektoren aus den Führungsetagen der DDR hatten bislang den Sozialismus und dessen Wohltaten stets in hohen Tönen gelobt. Nun war auch aus ihrem Mund Kritik zu vernehmen. Nach dem 9. November waren sie erkennbar verunsichert. Bei kritischen Fragen stockte ihre Stimme und sie gaben ausweichende Antworten. Manch einer stand regelrecht unter Schock. In dieser Übergangszeit wurde aber auch deutlich, dass an unserer politischen Schule nur wenige eine Wiedervereinigung der beiden deutschen Staaten wünschten. Sie wollten, in Einklang mit der SED, dass es weiterhin zwei deutsche Staaten mit unterschiedlichen Gesellschaftsmodellen gebe, die sich aber stärker füreinander öffneten. Eine Wiedervereinigung Deutschlands sei auch nach dem Mauerfall aufgrund der großen Gegensätze zwischen Ost und West nicht möglich. Das war auch der Tenor der Lehrveranstaltungen für die in- und ausländischen Studenten in den nächsten Wochen.

An unserer Schule wurden nicht nur leitende Funktionäre der FDJ, sondern seit Mitte der siebziger Jahre auch Kader aus den sozialistischen Bruderstaaten und linksgerichteten Partei- und Jugendorganisationen anderer Länder aus verschiedenen Ecken der Welt ausgebildet. Das Grundstück des historischen Schulgebäudes war von Wäldern umgeben und sehr idyllisch gelegen. Die Geschichte der Anlage war ein Spiegelbild der wechselhaften deutschen Geschichte im 20. Jahrhundert. Ende des 19. Jahrhunderts ging das Gut des märkischen Adeligen Wilhelm von

Redern in den Besitz der Stadt Berlin über. Diese schenkte das Gut Bogensee dem NS-Propagandaminister Joseph Goebbels, der seinen Landsitz ausgiebig nutzte. In Bogensee schrieb Goebbels Reden für Hitler, verbrachte Zeit mit seiner Geliebten und empfing Prominenz aus Politik und Kultur. Nach dem Zweiten Weltkrieg wurde das Gelände vorübergehend als Militärlazarett genutzt, bevor es 1946 in den Besitz der DDR-Jugendorganisation FDJ überging. 1950 wurde der FDJ-Jugendhochschule der Name des ersten und einzigen Präsidenten der DDR Wilhelm Pieck verliehen. In der näheren Umgebung war eine Vielzahl besonderer Einrichtungen angesiedelt, wie das internationale Pionierferienlager, die Gewerkschaftshochschule, die Wohnhäuser der SED-Führung und das Staatsjagdrevier, wo sich die DDR-Elite und internationale Gäste die Zeit vertrieben.

Die Anlage wurde über die Jahre erweitert und beherbergte neben den deutschen auch über 300 Studenten von sozialistischen Parteien, Jugendorganisationen und Bewegungen aus über 60 Ländern. Hier wurden jedes Jahr die zukünftigen Führungskräfte des Sozialismus innerhalb von zehn Monaten weitergebildet. In Vorlesungen, Seminaren und Praktika wurden die theoretischen Grundlagen des wissenschaftlichen Kommunismus, Marxismus-Leninismus, Philosophie, Politökonomie, die Geschichte der DDR, SED und FDJ sowie die Arbeitsweise der Institutionen von Staat und Partei sowie der Jugendorganisation vermittelt.

Mit internationalen Studenten der Jugendhochschule am Bogensee, 1988

Im Frühjahr wurden die Prüfungen abgehalten und die Diplome ausgeteilt. Nach dem Abschluss kehrten alle ausländische Studenten wieder in ihre Heimat zurück. Wenn ein neues Studienjahr begann, kamen neue Gruppen.

Auch unsere Schule folgte den gesellschaftlichen Umschwüngen und veränderte das Abschlussprogramm. Der Unterricht wurde über den ganzen Winter 1989/90 fortgesetzt, obwohl es unklar war, ob es noch bis zum Frühling weitergehen würde, ja es schien sogar die Schließung bald bevorzustehen. Alle an der Schule, Studenten wie Lehrer, schienen ungeduldig auf eine Entscheidung zu warten, viele in dem Gefühl, dass eine solche politische Schule eigentlich nicht mehr benötigt wurde. Nicht nur die ausländischen Betreuer wie wir, sondern auch die deutschen Lehrer, Professoren und die Schulleitung zweifelten immer stärker an dem Lehrprogramm, manche auch an sich selbst. Einige verfielen in Depression, verloren ihr Vertrauen, und manche suchten Trost im Alkohol. Sie liefen angeheitert oder betrunken auf dem Schulgelände herum. Mir kam von deutschen Lehrern auch zu Ohren, dass der Rektor unserer Schule physisch angeschlagen war, trank und gar nicht mehr zur Arbeit kam. Eigentlich immer lächelnd und voller Vertrauen in die Lehre des Marxismus-Leninismus, war der Rektor nun am Boden zerstört und mit seinen hängenden Schultern nicht mehr wiederzuerkennen. Nicht nur er, sondern auch alle anderen, vor allem die ML-Lehrer, waren schwer betroffen. Eigentlich kein Wunder: In ihren Vorträgen hatten er und seine Kollegen inbrünstig Lenins Worte zitiert: »Die Lehre von Marx ist allmächtig, weil sie wahr ist.« Alles, woran er sein ganzes Leben geglaubt hatte, war nun plötzlich auf den Kopf gestellt. Da war es durchaus verständlich, dass er und andere den Halt verloren. Meiner Meinung nach war der größte Verlust für diese Menschen nicht materieller Art: Der Vertrauensverlust hatte sie am schwersten getroffen, das Gefühl, nicht mehr gebraucht zu werden. Und tatsächlich verloren wir alle eines Morgens unsere Arbeit. Von einem Tag auf den anderen wurden die Professoren, die den Eliten Vorlesungen hielten, arbeitslos, genau wie wir, die ausländischen Angestellten, auch. Was sollen wir machen, wie sieht die Zukunft aus? Das waren zwei der tausend Fragen, die in meinem Kopf herumschwirrten, ohne dass ich Antworten fand. Ein einmaliges Kündigungsgeld, drei Monatsgehälter, wurde allen Lehrern und Betreuern ausgezahlt. Wir ausländischen Lehrer und Betreuer, die auf Einladung der FDJ in die DDR gekommen waren, bekamen den gleichen Geldbetrag ausgezahlt.

Mit der Schließung der Schule verloren meine Frau und ich unsere Arbeitsplätze. Die Schulverwaltung teilte uns mit, dass es den ausländischen Lehrern freistehe, in ihre jeweilige Heimat zurückzukehren. Wenn aber der Wunsch bestünde, in Deutschland weiterzuleben und zu arbeiten, würden die jeweiligen Behörden eine entsprechende Erlaubnis erteilen. Unsere deutschen Freunde wie Siegfried Kayser, Karl Siebert, Michael Fritzsch, Rudi Schumacher und deren Familien sowie Nachbarn und gute Bekannte, mit denen wir uns während des Studiums und darüber hinaus angefreundet hatten, gaben uns den Ratschlag, zunächst in Deutschland zu bleiben. Sie waren optimistisch, was die Zukunft des wiedervereinigten Deutschlands anging. Wir dachten auch an unsere Kinder, die in Deutschland zum Kindergarten und zur Schule gingen und die wir nicht aus ihrer vertrauten Umgebung reißen wollten. Ich dachte sogar, dass wir gegenüber den Ostdeutschen im Vorteil seien. Sollten wir in der Marktwirtschaft in Deutschland nicht zurechtkommen, könnten wir immer noch in unsere Heimat zurückkehren. Ich war nicht nur neugierig darauf, in der neuen Gesellschaft zu leben, sondern wollte den direkten Vergleich beider Gesellschaftssysteme hautnah studieren. So entschlossen wir uns, in Deutschland zu bleiben. Ohne Probleme wurde uns eine unbefristete Aufenthalts- und Arbeitsgenehmigung ausgestellt.

Manche deutschen Freunde verfielen in Schwermut. Ich konnte sie gut verstehen. Der Staat, in und für den sie lebten und dem sie vertrauten, löste sich auf, ihre Zukunft schien ungewiss. Obwohl sie hochgebildete und intelligente Menschen waren, hatten sie jetzt keine Arbeit mehr. Viele fühlten sich nur noch als Menschen zweiter Klasse im eigenen Land. Manche fragten uns auch, warum wir denn nicht heimgehen würden angesichts der vielen Probleme, die schon die Einheimischen hier hatten.

Währenddessen wurden rassistische und faschistische Tendenzen im Osten des Landes immer stärker. Wir wurden zwar nicht immer offen angefeindet, aber etliche Male wurden wir angeschrien, wir »Schlitzaugen« sollten doch abhauen.

Eines Tages kam unsere Tochter Tegshee nach der Schule mit verschmutzter und zerissener Kleidung und ohne ihr Fahrrad weinend nach Hause. Einige Jugendliche mit Naziabzeichen auf ihrer Kleidung hatten sich zusammengetan, sie angepöbelt, ihr ins Gesicht gespuckt und ihr Fahrrad weggenommen. Wir haben versucht, sie zu beruhigen und sagten, dass wir sie genau deshalb zum Karate-Unterricht schickten: Nur damit du dich selbst verteidigen kannst! Wir sind keine Almosenbettler, wir leben hier nach dem Gesetz des Landes, wir zahlen unsere Steuern, also haben wir jedes Recht, hier zu sein. Sei kein ängstlicher Tropf. Ich schimpfte ein wenig und sagte, dass sie solchen Leuten zeigen sollte, was sie drauf hat. Einige Tage später traf sie auf dem Schulweg wieder auf die gleiche Gruppe von Unruhestiftern. Und wieder wurde sie beleidigt und man versuchte, ihr die Lederjacke wegzunehmen. Sie suchte sich einen der größeren Jungs aus, sprang ihn an und schlug ihn so kräftig auf seine Niere, dass er gleich zu Boden ging. Den anderen beiden, die noch gelacht hatten, verging sofort das Lachen und sie rannten weg. Ich war stolz auf meine kleine, sanfte Tochter. Wir sind alle als Menschen geboren. Es gibt keinen Grund, andere zu unterdrücken und schon gar kein Recht, Schwächere zu drangsalieren und zu beleidigen.

Wir kannten in dieser Zeit viele verschiedene Leute, Hochschulrektoren, hohe Partei- und Ministerialbeamte, die auch arbeitslos waren. Es war wirklich eine trostlose Zeit. Und dennoch, wir hatten in kurzer Zeit unsere eigenen Geschäfte aufgebaut. Wir organisierten Warenlieferungen in die Mongolei, wir fuhren einen gebrauchten Mercedes und kauften so viele Lebensmittel ein, wie wir für den ständigen Strom an Gästen aus der Heimat brauchten. Natürlich zog das die Aufmerksamkeit der Nachbarn auf sich. Wenn wir unser Auto wuschen, wurde gesagt, warum wir es denn so oft putzten, wenn wir einkaufen waren, wurde gesagt, warum wir den so viel bräuchten und so weiter. Die Menschen, die sich vorher keine Angst um ihr Einkommen machen mussten, waren sicher neidisch auf die ausländische Nachbarfamilie im Mehrfamilienhaus, die so unbekümmert weiterleben konnte. Wir haben auf diese Worte nie reagiert. In dieser Zeit gab es überall Vietnamesen, die auf der Straße westliche Zigarettenmarken wie Kent, Marlboro, Camel usw. illegal verkauften. Deutsche Passanten fragten auch uns oft nach billigeren Zigaretten, sogar die Polizei durchsuchte einige Male unsere Taschen auf der Straße. Persönliche Alltagserlebnisse, die man auch als »alltäglichen Rassismus« bezeichnen kann.

Noch unter der letzten DDR-Regierung wurde beschlossen, dass Ausländern, die schon in Deutschland arbeiteten, eine langfristige Aufenthalts- und Arbeitserlaubnis erteilt wird. Somit bestand für uns die Möglichkeit, die gleichen Lebens- und Arbeitschancen wie die Deutschen wahrzunehmen. Eine ausschlaggebende Entscheidung, die meine Frau und ich damals für unsere Zukunft und die unserer Kinder trafen, war, diese Erlaubnis zu beantragen.

Der Entschluss in Deutschland zu bleiben hatte vor allem mit der Planung unserer Zukunft in der Mongolei zu tun: Wir konnten unseren Verwandten und Freunden von Deutschland aus mehr helfen. Außerdem waren unsere Kinder klein und gingen in den Kindergarten und in die Schule. Durch den Aufenthalt in Deutschland konnten wir bessere Möglichkeiten für die Ausbildung und Entwicklung unserer Kinder schaffen, an deren Zukunft wir in erster Linie denken mussten. Natürlich hörten wir auch auf die Ratschläge unserer engsten Freunde, und so beschlossen wir mutig, eine Weile in Deutschland zu bleiben. Wie lange wir in Deutschland leben würden, wussten wir damals noch nicht.

Wohlstand, ein eigenes Auto, ein eigenes Heim, eigene Geschäftstätigkeit usw. waren ferne Zukunftsmusik, aber selbstständig in der Gesellschaft einen Platz zu finden, war schon ein verführerischer Gedanke. Neue, interessante Ideen entwickeln, von anderen Menschen lernen und der Wunsch nach Selbstveränderung griffen auf meine Frau und mich über. Etliche Arbeitskollegen, mit denen wir gearbeitet haben, bereiteten sich mit Fortbildungen auf die freie Marktwirtschaft vor. Vor allem die Gesellschaftswissensschaftler unserer Schule nahmen an den notwendigen weiterbildenden Kursen für die neue Marktwirtschaft teil. Das Leben ist reichhaltig. Auch ich hatte mehr als deutlich verstanden, dass ich optimitisch in die Zukunft blicken und ein anderer Mensch werden musste. »Der neue Terbishdagva« ging nicht in die Heimat zurück, er blieb mit der Familie in Deutschland, im »neuen« Deutschland.

Aus heutiger Sicht erscheinen viele der damaligen Umbrüche natürlich und fast unumgänglich. Aber als es passierte, war die Umstellung viel weniger vorhersehbar – und die Auswirkungen waren kaum vorstellbar, egal, wie sehr unsere Lehrer, Studenten, Studienkameraden und andere Freunde vor 1989 der Meinung waren, dass die Führungsspitze veraltet sei und Veränderungen notwendig wären. Niemand hatte geahnt, dass sie in dem Augenblick, in dem die Wiedervereinigung stattfand, sofort arbeitslos würden. Niemand wusste, was der nächste Tag bringen würde – eine völlig andere Situation verglichen mit der Zeit, als wir fest daran glaubten, dass die Gesellschaft in der Zukunft vom Sozialismus zum Kommunismus voranschreiten würde, natürlich gesetzmäßig und in 5-Jahresplan-Schritten.

In Wirklichkeit hatten wir ja noch nichts von der Welt gesehen, als wir Anfang der achziger Jahre zum Studium in die DDR aufbrachen: Jemand, der in Berlin war oder sogar in Moskau, wurde als etwas besonderes angesehen, denn im Vergleich zu anderen sozialistischen Ländern war die Mongolei äußerst abgeschieden. Und das nicht nur in geografischer Hinsicht, sondern auch aus wirtschaftlicher und sozialer Perspektive. Man konnte zum Beispiel damals nur 30 Rubel oder 130 Tugrig (das entsprach ungefähr 100 DDR-Mark) umtauschen, wenn man in den »Westen« – also damals in die DDR – reisen wollte. Daher musste man andere Waren zum Umtausch mitnehmen, damit man mehr Geld hatte. Wie in einem Abenteuerfilm versteckten die Studenten, die in der Sowjetunion studierten, Mützen, Mäntel, Jacken, Handschuhe aus Schaffell, Leder und auch aus Murmeltierfell, selbst gemachte Jeans, Porzellanwaren, Briefmarken und alles Mögliche, was sich gut verkaufen ließ. Die fünf Tage Zugreise von Ulaanbaatar nach Moskau, und die zwei Tage von dort aus nach Berlin, verbrachten wir mit Kartenspielen, Gitarrenmusik und Gesang oder dem Lesen von Büchern und damit, unsere Informationen auszutauschen. Einer, der einmal an einem Bahnhof flink hinaussprang, um auf dem anderen Gleis einem Händler etwas abzukaufen oder zu verkaufen, kam in die verzwickte Situation, dass ein anderer Zug genau dazwischen einrollte und er nicht mehr zürückkommen konnte. Um seinen Zug nicht zu verpassen, krabbelte er unter dem anderen Zug durch, als dieser gerade losfuhr. Zum Glück schaffte er es noch.

Wir, fast noch unwissende Kinder, hatten unterwegs viel zum Sehen und Bestaunen. Im Zugrestaurant bestellte sich jeder Borschtsch und wir erhielten eine kleine, saure Suppe, in der etwas Unbekanntes schwamm. Später fand ich heraus, dass es wohl Oliven gewesen sein mussten, die so seltsam schmeckten. In Moskau hatten wir immer Zwischenstopp, und alles war dort unheimlich groß und anders. Viele Sachen waren völlig neu für uns. Ich wurde in den Schließeinrichtungen des Metroeingangs eingeklemmt, weil ich versuchte, von der falschen Seite zu bezahlen – das Los eines Linkshänders. So sammelten wir erste Erfahrungen im Ausland. Auf uns Nomadenkinder passten die Worte des Gedichts »In ein fernes Land, um zu lernen« des bekannten mongolischen Schriftstellers D. Natsagdorj (1906–1937) genau: »Menschenkind bringt Wissen nach Hause aus der weiten Ferne, die Zugvögel nicht erreichen können.«

Und so erging es uns später erneut im Jahr der deutschen Wiedervereinigung.

Offenbarung

Als Nomadenkind war ich an den täglichen blauen Himmel gewöhnt, die glühend strahlende Sonne und bei Nacht an den klaren Himmel mit tausenden Sternen, der einem fast auf den Kopf fiel. Bei meiner ersten Ankunft empfing mich die DDR mit einem mir unbekannten Grau. Das Wetter, die Gebäude, alles schien wie in einen Nebel gehüllt. Ich erschrak: Das war also Berlin, der Gegenstand lang gehegter Wünsche, die Hauptstadt der DDR. Was ich mir als eine glitzernde Metropole aus Filmen und Zeitschriften ausgemalt hatte, entsprach jedoch nicht meinen ersten Eindrücken. Ich war mit der Bahn am Berliner Ostbahnhof angekommen und stieg in einen Bus nach Leipzig, denn ich war auf dem Weg zur Sprachvorbereitung am Leipziger Herder-Institut. Hier wurden fast alle ausländischen Studenten in einem meist einjährigen Sprachkurs auf ein Fachstudium in der DDR vorbereitet. Der Anblick des grau verhangenen Himmels, der grauen Straßen und Menschen und der alten wie auch neuen grauen Gebäude erzeugte in mir ein seltsames Gefühl: Dies ist kein Ort, an dem die Sonne scheint! Wo bin ich nur gelandet, dachte ich mir. Doch nach einigen Tagen stellte sich heraus, dass mich meine ersten Empfindungen getrogen hatten. So wie der Himmel aufklarte, wurde auch mir klarer, wie ich mich in meiner neuen Heimat zurechtfinden konnte.

Ich gehörte zu einer neuen Generation von Mongolen, die ihre Bildung im Ausland erhalten sollten. Die ersten mongolischen Studenten waren bereits Mitte der zwanziger Jahre nach Deutschland gekommen. Die Regierung der kurz vorher unabhängig gewordenen Mongolei wollte ein staatliches Bildungssystem aufbauen. Auf der Suche nach Vorbildern entschied man sich für die Länder mit der weltweit höchsten Alphabetisierungsrate. Dazu gehörte Deutschland. Nach erfolgreichen Verhandlungen mit der Weimarer Republik beschloss das Zentralkomitee der Mongolischen Revolutionären Volkspartei 1926, Jugendliche ab 13 Jahren zur Ausbildung an Berufs- und Hochschulen zu schicken.

Diese erste Generation mongolischer Studenten, die in Deutschland studierten, verließ Ulaanbaatar auf Pferdekarren nach Ulaan-Ude in Russland und erreichte von da aus mit Auto und Zug St. Petersburg. Dort setzten die 35 Jugendlichen ihre 39-tägige Reise mit dem Schiff fort, um endlich in Deutschland anzukommen und sich ihrem Studium zu widmen.

Als ich im Jahr 1975 in die DDR kam, gab es kaum noch Analphabeten in der Mongolei. Die Mongolei war zu einem sich entwickelnden sozialistischen Staat geworden, der durch eine Eisenbahnlinie mit der Sowjetunion und China verbunden war, der seine erste Kupfermine baute, seinen Strombedarf zu 80 Prozent selbst decken konnte und mongolische Wissenschaftler in die Antarktis schickte. Die Bevölkerung betrug ungefähr 1,4 Millionen Menschen, und die Gesamtzahl des Viehs war auf zwanzig Millionen angestiegen; zudem konnte das Land sich selbst mit Weizen und Gemüse versorgen. Aber natürlich war dieser Fortschritt nicht mit dem in der DDR vergleichbar, wie auch die Entwicklungsunterschiede in den verschiedenen Landesteilen der Mongolei mitunter gravierend waren: Höhere Bildung genossen vor allem besser gestellte, städtische Schichten. Im Ausland, ja sogar in Ostdeutschland zu studieren, war deshalb für einen Jungen aus einfachen Verhältnissen ein außerordentlicher Glücksfall. Damals war es nur selten möglich, eine der guten Schulen sowohl im Inland als auch Ausland zu besuchen, aus dem einfachen Grund, weil man die Schule nicht frei wählen konnte. Damals hatten, ähnlich wie heute, die Kinder von Chefs und Ministern sowie deren Freunden unausgesprochen bessere Chancen auf eine gute Ausbildung und damit die Option, später wichtige Positionen in Ministerien, öffentlichen Einrichtungen, als Diplomaten und in internationalen Organisationen zu übernehmen. Beliebte Studienorte waren Moskau und Leningrad, aber auch Länder wie die DDR, die Tschechoslowakei, Ungarn, Polen, Rumänien, Jugoslawien und Bulgarien. Auf Initiative des Partei-und Staatsführers Ju. Tsedenbal (1916–1991) sollte die Zahl der Nomaden- und Arbeiterkinder, die im Ausland studieren konnten, erhöht werden. Dazu wurde ein Erlass Mitte der siebziger Jahre beschlossen. Wegen dieser glücklichen Fügung war ich eines der Nomadenkinder, dem sich diese Chance auf ein Studium im Ausland eröffnete.

Nach dem erfolgreichen Abschluss der Mittelschule legte ich im Herbst 1974 die Aufnahmeprüfung für ein Hochschulstudium ab. In Mathematik war ich mir besonders sicher, aber zu meiner eigenen Überraschung hakte es gerade hier. Meine Klassenkameradin, die ich abschreiben ließ, hatte eine hohere Punktzahl und bestanden, während ich durchfiel. Meine Klassenkameraden, Freunde und Familie waren genauso ratlos wie ich. Wieder und wieder zeigte ich meinem großen Bruder Shaariibuu alle Berechnungen und die Lösungen. »Wir werden der Sache auf den Grund gehen«, sagte er und ließ mich ein offizielles Gesuch an den stellvertretenden Vorsitzenden des Ministerrates, den Vorsitzenden des Nationalen Komitees für Mittel- und Hochschulausbildung, D. Tsevegmid, mit dem Ziel schreiben, meine Prüfungspapiere nochmals untersuchen zu lassen. Meinem Wunsch wurde entsprochen und mir wurde mitgeteilt, dass meine Punkte falsch ausgewertet worden seien. Aber ich hatte bereits viel Zeit verloren und an den Hochschulen waren alle Studienplätze besetzt. Allein an der Polytechnischen Hochschule war noch ein Platz frei. Ich hatte keine Wahl, und so nahm ich dort ein Studium als Bauingenieur auf.

Die Polytechnische Hochschule war die einzige Hochschule in der Mongolei, an der zukünftige Ingenieure ausgebildet wurden. Allerdings war der Unterricht schwer und ich musste mich sehr anstrengen. Wegen meiner guten Studienleistungen kam ich für ein Studium im Ausland in Betracht. In Europa und dann auch noch in der DDR zu studieren, galt als großer Glücksfall: Die DDR war der westlichste Ort, an dem man als Mongole studieren konnte. Folglich begann ich Deutsch zu lernen. Ich hätte gerne Ökonomie und Wahrscheinlichkeitstheorie studiert. Und obwohl ich meine Physik- und Deutschprüfungen erfolgreich ablegte, wurde mir kein entsprechendes Studienangebot gemacht. Später erfuhr ich, dass dies den Kindern der Elite vorbehalten war. Für Kinder des einfachen Volkes, wie ich eines war, blieben nur einige wenige Plätze im Landwirtschaftsbereich übrig. In der Auswahlkommission für Studenten wurde entschieden, dass ich im Auftrag des Ministeriums für Lebensmittel und Leichtindustrie ein Studium als Lebensmittelingenieur in der DDR aufnehmen sollte. Immerhin, als einfaches Nomadenkind hatte ich es aus eigener Kraft geschafft, einen der begehrten Studienplätze im Ausland zu ergattern – und das, ohne irgendwelche Hintertürchen benutzen zu müssen.

Fit und Fett

Bis zum Antritt und noch während meines Studiums in der DDR konnte ich mir nicht wirklich vorstellen, wie sich der Sozialismus in der Praxis tatsächlich umsetzen lassen sollte. Und noch viel weniger war mir mein eigener Beitrag zum Aufbau des Sozialismus in der Mongolei klar. Ich hatte auch keine Vorstellung davon, wie sich unser Land insgesamt entwickeln würde. Aber als Ingenieursstudent an der Humboldt-Universität sah ich den Entwicklungstand der DDR und dachte mir, so sollte es auch in meiner Heimat sein.

So war ich stark beeindruckt, als am 26. August 1978 an Bord einer Sojus-31-Rakete mit Sigmund Jähn der erste DDR-Kosmonaut ins All flog. Damals wusssten wir noch nicht, dass ihm drei Jahre später Dsch. Gürragtschaa als erster Mongole folgen sollte, der übrigens von 2000 bis 2004 Verteidigungsminister unseres Landes wurde.

Mir schien es beispielhaft für einen Arbeiter- und Bauernstaat, dass es keinen großen Unterschied zwischen Stadt und Land gab. Mein besonderes Interesse weckte ein Berliner Transportmittel, das mal unter und manchmal über der Erde fuhr: die S- und U-Bahn. In dessen Gebrauch noch unerfahren, wurde ich anfangs des Öfteren in den U-Bahntüren eingeklemmt. Probleme gab es auch bei der Benutzung von Bussen. Wir Mongolen wussten nicht, dass man vor der Bushaltestelle, an der man aussteigen will, den Stoppknopf drücken musste. Regelmäßig fuhr ich über mein Ziel hinaus, denn bei uns in der Mongolei hält der Bus an jeder Haltestelle, und in dieser Gewohnheit wartete ich geduldig auf meine. Es gab noch viele andere lustige Begebenheiten bei uns Neuankömmlingen. Am Anfang war es schwierig, in der ganzen Produktvielfalt die richtige Wahl zu treffen. Eines der Mädchen, das mit uns ankam, verwechselte das Spülwaschmittel »Fit« mit Fett und briet ihr Abendessen, bis es ungenießbar war. Die Farbe und die Flasche der beiden Produkte sahen damals einander sehr ähnlich. Und erst die Ähnlichkeit der beiden Wörter! Wir Jungs waren ja noch viel schlimmer dran. Man kann die Missgeschicke gar nicht aufzählen, so viele waren es. Ein Freund aß, sehr zum Vergnügen der anwesenden deutschen Studentinnen, in der Studentenmensa zum ersten Mal eine Banane – und zwar mit Schale. Mit

Lange Haare und Schlaghosen waren modern. Als Student in der DDR. Berlin, 1975

den anderen ausländischen Studenten aus Afrika und Asien teilten wir diesen Kulturschock in vielerlei Hinsicht, und es war manchmal tröstlich, dass nicht nur wir Mongolen so vieles neu entdecken mussten, was unseren deutschen Freunden selbstverständlich war.

Wir ausländischen Studenten hatten viele Hausaufgaben zu erledigen und auch zusätzlichen Unterricht wie Schwimmen. Als ein Sohn der Berge und Steppe, der viel im Hanui Fluss in meiner Heimat geplanscht hatte, freute ich mich aufs Schwimmen. Es erschien mir einfach und spaßig. Eines Tages ging ich zum Schwimmunterricht und sah, wie kleine Kinder von den hohen Sprungtürmen ins Schwimmbecken sprangen. Ich habe es ihnen gleich nachgemacht. Aber es bereitete mir große Probleme, mich über Wasser zu halten, und ich wäre beinahe ertrunken. Es machte offenbar einen großer Unterschied, ob man sich im Strom des Flusses treiben ließ oder aber in die von mir unterschätzte Tiefe eines ruhigen Schwimmbeckens sprang. Ich schluckte Wasser und tauchte hustend und röchelnd auf. Meine Freunde haben mich herausgezogen, der Bademeister war eher ungehalten über meinen misslungenen Schwimmversuch. Bei diesem verlor ich zu allem Unglück auch noch meinen Ersatzzahn. Das behielt ich aber für mich und suchte unermüdlich, aber letztlich erfolglos nach dem verlorenen Stück. Ich fragte nach dem Unterricht eine deutsche Passantin nach einem Zahnarzt in der Nähe, den ich umgehend aufsuchte. Leider, so teilte mir der Arzt mit, würde ein Ersatzzahn erst in zwei Wochen fertiggestellt sein. Mit einer Zahnlücke und dazu noch mit gebrochenem Deutsch sollten mich die anderen ausländischen und deutschen Studenten nicht sehen, dachte ich verschüchtert. Nach langer Überlegung holte ich mir die Erlaubnis, während der zwei Wochen, die ich auf meinen Ersatzzahn wartete, vom Unterricht fernzubleiben, und versteckte mich in meinem Zimmer. Das war kurz nachdem der Sprachunterricht begonnen hatte. Um diesen mit den anderen Studenten, die den Kurs verpasst hatten, nachzuholen, musste ich im nächsten Jahr von Leipzig nach Freiberg ziehen.

Nachdem ich mich an das Leben in der DDR gewöhnt und sich mein Deutsch verbessert hatte, begann ich, mich für die Geschichte meines Gastlandes zu interessieren. Ich las, wie Deutschland nach dem Zweiten Weltkrieg in Trümmern lag. Fast alle großen Städte wie Berlin, Leipzig und Dresden waren durch Bombardements schwer zerstört, vier Millionen Wohnungen wurden durch den Krieg vernichtet, 400 Millionen Kubikmeter Bauschutt mussten beseitigt werden. Ich las von den deutschen Trümmerfrauen, die auf Anordnung der Alliierten nach Kriegsende den Schutt wegräumten und dafür kaum entlohnt wurden. Ich bewunderte den Fleiß der Deutschen, die ihre Städte aus Aschehaufen wiedererrichtet hatten. Und ich spürte, dass dieses hohe Maß an erlebtem Leid, an harter Arbeit und entbehrungsreichen Jahren eine wesentliche Begründung für die tief verankerte Sehnsucht nach Frieden war, die ich in Deutschland immer wieder erlebt habe. Eine solche Motivation, sein Ziel trotz allergrößter Widerstände zu erreichen, wie die Trümmerfrauen sie aufgebracht hatten, schien mir als Vorbild und Mahnung für den Frieden gleichermaßen.

Mir fielen nun immer mehr Unterschiede zwischen den Deutschen und den Mongolen auf. So irritierte mich anfangs, dass die Deutschen untereinander in Geldangelegenheiten sehr penibel zu sein schienen. Wenn jemand etwa nach einer Zigarette fragte, wurde diese sofort bezahlt. Bei uns wäre das undenkbar gewesen. In der Mongolei wurde alles geteilt, manchmal wurde man dabei aber durch Lüge und Täuschung auch ausgenutzt. Neu für mich war ebenfalls, wie die Deutschen lebten. Ich kannte nur die mongolische Lebensweise mit drei Generationen unter einem Dach, bei der man sich alles teilte und sich sonst auch überall unterstützte. Ich war überrascht, dass die Deutschen ihre Eltern im hohen Alter in ein Pflegeheim gaben. So manches Mal wirkten die Deutschen auf mich kalt und berechnend. So ganz anders als ich, der überall so gut half, wie er konnte. Den anderen Mongolen ging es ähnlich. Aber unseren deutschen Gastgebern müssen auch wir manches Mal unzivilisiert vorgekommen sein, wenn wir geräuschvoll unsere Suppe schlürften, uns gestenreich und lautstark unterhielten, foppten, müßig rumsaßen, alles möglichst lange aufschoben, unpünktlich waren, wie selbstverständlich die Dinge von anderen benutzten und so weiter.

In der DDR war Arbeitslosigkeit unbekannt, und sich dem Müßiggang hinzugeben schlecht angesehen. Jede Minute, so schien mir, musste im Voraus exakt geplant und effektiv genutzt werden. Alles war organisiert und folgte den Regeln. Sei es in der Fabrik, auf dem Acker oder auf der

Straße: Jeder Deutsche, unabhängig davon, welcher Tätigkeit er nachging, erschien mir von Natur aus als fleißig, ehrlich und diszipliniert. Ich bewunderte, dass sich die Deutschen bei allem anstrengten, was sie taten. Also fand ich in meiner späteren Arbeit als Technologe im Fleischkombinat Ulaanbaatar und in anderen Tätigkeiten Gefallen daran, dass Produktions- und Hygieneregeln eingehalten wurden und Respekt an Integrität gekoppelt war. Luxussucht, Extravaganz und Unberechenbarkeit waren verpönt. Zu Hause wie bei der Arbeit war Sparsamkeit angesagt. Ich wollte es meinen Gastgebern gleichtun und ließ mir am Arbeitsplatz meine Aufgabe erklären, die ich ohne Pause erledigte.

Schon als Student lernte ich, dass die deutsche Sparsamkeit keine unnötigen Ausgaben für Wasser, Strom oder Benzin duldete. So war ich fasziniert davon, dass jedes Familienmitglied über einen eigenen Zahnputzbecher verfügte, in dem die Zahnbürste aufbewahrt wurde und der zum Zähneputzen mit Wasser gefüllt wird. So wird kein Wasser verschwendet. Dieses Volk, das – im Unterschied zu den Mongolen – von Wasser umgeben ist, geht im Vergleich zur Mongolei auch heute noch viel sparsamer und bewusster mit dieser kostbaren Ressource um. Das mongolische Ökosystem ist sehr empfindlich, gerät es einmal aus dem Gleichgewicht, kann es oft nicht mehr gerettet werden. Und dennoch verbrauchen und verschwenden wir rücksichtslos unsere Grundwasserreserven. Im Mongolischen gibt es Redewendungen, die das Wasser als niemals endend beschreiben. Doch heute wissen wir, dass das nicht stimmt: Wasser ist ein kostbarer Schatz überall auf der Welt. Ein anderes Sprichwort sagt: »Wenn du im fremden Land das Wasser trinkst, folge auch den Sitten.« Demzufolge achteten meine Frau und ich darauf, unseren Kindern und den Verwandten, die bei uns wohnten, beizubringen, nicht nur mit Wasser und Strom, sondern mit allen Mitteln des täglichen Bedarfs sparsam umzugehen. Dies ist eine wertvolle und nicht einfach zu findende Tugend, die wir versuchten, unseren Kindern von klein auf mitzugeben.

Überhaupt lernten unsere Kinder in Kindergarten und Schule viel von der deutschen Lebensweise. Zum Beispiel wurde dort zu unserem Erstaunen unterrichtet, wie man eine Straße richtig überquert, nämlich nur bei Grün, und sich auch dann durch Blicke nach links, rechts und wieder links zu vergewissern, dass die Straße auch wirklich frei ist. Der Respekt der Deutschen vor Ampeln hat mich von Anfang an beeindruckt und symbolisiert den deutschen Sinn für Ordnung. Ich war einmal mit meiner Frau spät nachts in einer anderen Stadt unterwegs, als die Ampel auf Rot schaltete. Ich sah einen betrunkenen Mann, der sich kaum noch auf den Beinen halten konnte. Er lehnte an der Ampel und wartete bis die Fußgängerampel auf Grün wechselte. Dann schaute er nach links, rechts und wieder links. Erst dann überquerte er die Straße.

Ich denke, dass jede Kleinigkeit, die einem früh beigebracht wird, auch behalten wird. So erzieht man ordentliche und anständige Bürger. Wenn sich jeder an die Regeln hält, wird man die anderen nicht stören. Jemand, der aus der Ferne kommt, um in einem fremden Land zu arbeiten und zu lernen, sollte sich dessen Sitten und Ordnung aneignen. Nur so wird man auch akzeptiert. Deshalb glaube ich, dass wir unserer Familie einen großen Dienst erwiesen haben, indem wir Pünktlichkeit, Sparsamkeit, Verantwortungsbewusstsein und Fleiß von den Deutschen erlernt und übernommen haben. Diese Art, achtsam für seine Umgebung zu leben, ist den Mongolen nicht fremd, denn es heißt bei uns auch: »Wird der Tropfen gesammelt, gibt es ein Meer, wird das Gehörte gesammelt, gibt es Wissen.«

Kleinunternehmer im Sozialismus

Nach meiner Ankunft in der DDR versuchte ich, so viel wie möglich über mein Gastland in Erfahrung zu bringen. Aber der erste Besuch bei meinem Studienfreund Hartmut Peters im Jahr 1977 führte mir vor Augen, wie wenig ich wusste. Ich war überrascht, dass seine Eltern in einem eigenen zweistöckigen Haus wohnten, ja sogar ein eigenes Geschäft besaßen. Sie führten ein angenehmes Leben nicht weit von der Ostsee entfernt. Im Erdgeschoss verkauften sie Haushaltswaren, im Obergeschoss wohnten sie selbst. Bis dahin hatte ich nicht einmal im Traum daran gedacht, dass es in der DDR Privatwirtschaft, Privatgeschäfte und Wohneigentum geben könnte. Obwohl die Mongolei und die DDR gleichermaßen sozialistische Länder waren, konnte ich die himmelweiten

Unterschiede doch nicht übersehen. Ich überlegte, ob in der Mongolei jemand so viel besitzen könnte und verglich es mit dem tatsächlichen Leben bei uns. Auf dem Land besaß man gerade genug Vieh zum Überleben und einige Pferde zum Reiten und zum Umzug. Einige wenige Familien verfügten über eine zweite Jurte. In den Aimak-Zentren waren die Jurten von Holzzäunen umgeben. Fleißige Familien konnten eine filzbedeckte Jurte und einen Schuppen aus Holz oder Lehm ihr Eigen nennen. Nur wenige Familien besaßen ein eigenes Auto, zumeist aus russischer Produktion. Wer ein Auto besaß, der galt als reich. Aber niemand hatte ein eigenes Geschäft oder wohnte alleine in einem zweigeschossigen Haus. Ich dachte an meine eigene Familie. Mongolen waren zu dieser Zeit außerordentlich kinderreich. Daher reichte das Geld meiner Eltern gerade für unsere Verpflegung. Um meine Eltern zu entlasten, verdiente ich mir als Gepäckträger in einem Laden ein wenig Geld hinzu. Davon konnte ich meine Schuluniform und Schulbücher kaufen.

Im Herbst besserte ich mit dem Sammeln und Verkaufen von Beeren und Zedernnüssen mein Taschengeld auf. Mit meinen Freunden ging ich zu Fuß nach Ikhbayan, Bagabayan und in das Sanzaigebiet, Orte, die etwa 35 Kilometer vom Stadtzentrum Ulaanbaatars entfernt sind. Hin und zurück waren es also rund 70 Kilometer. Wir bereiteten unseren Proviant gemeinsam vor. Jeder gab 5 Tugrig, und wir kauften drei, vier abgesengte Schafsköpfe, einige Brote für je vierzig Mungu (100 Mungu waren ein Tugrig), ein paar Leberwurstdosen und für 2 Tugrig russische Kondensmilch in der Dose. Die Schafsköpfe kochte meistens meine Mutter vorher ganz weich. Sie entfernte das Fleisch vom Knochen und gab es uns als Brotbeilage mit. Morgens um vier Uhr marschierten wir los. Manchmal, wenn wir keine Beeren fanden, bastelten wir uns Kletterhilfen aus Ästen und kletterten auf die Bäume, um dort zu schlafen. Egal, wie viele wir waren, uns war trotzdem jedes Mal in der Nacht mulmig zumute. Mehr als einmal geschah es, dass wir, seit dem Morgengrauen unterwegs, vollkommen erschöpft auf dem Weg nach Hause waren und dann plötzlich »ein Meer von Früchten sahen«.

Von dem weiten Weg und der langen Arbeit müde und erschöpft, erschien mir der Boden übersät mit Beeren und ich sagte zu meinem Freund: »Was ist das denn? Sag mal, siehst du auch viele Beeren?«

Entkräftet antwortete er: »Ja, ich sehe sie auch.« Und wir, vollkommen erschöpfte Kinder, griffen nach diesen verheißungsvollen Beeren, nur um festzustellen, dass es in Wirklichkeit Steine waren. Manchmal kamen wir mit leeren Händen zurück. Manches Mal aber war uns das Glück hold, und jeder erbeutete zehn bis zwanzig Liter Beeren. Zehn Liter waren ungefähr vierzig Tugrig wert. Es gab zu dieser Zeit keine fertige Tüten oder Ähnliches zum Abfüllen. Wir bastelten daher aus Zeitungen oder dem braunen Packpapier, das in Lebensmittelläden verwendet wurde, kleine Behälter. Die Beeren wurden in einem Trinkglas von circa 200 Millilitern gemessen, und wir verkauften den Inhalt für je einen Tugrig. Kein schlechter Verdienst, wenn man bedenkt, dass damals der Monatslohn einer Putzfrau bei etwa 260 Tugrig lag, ein Ministerialbeamter erhielt durchschnittlich 700 bis 750 Tugrig.

Diese langen und schwierigen Touren waren zugleich eine gesunde Übung an der frischen Luft. Wir unternahmen beim Suchen und Sammeln von Früchten lange Wanderungen, kletterten, sprangen, krochen und rannten von einer Stelle zur anderen. So lernten wir viel über die Natur. Das war eine richtige Schule des Lebens, die bei mir den Grundstein dafür legte, den Wert der Arbeit zu verstehen und dass man innere Widerstände überwinden muss, um mutig und tatkräftig zu werden und sein Ziel zu erreichen.

Allerdings war zu dieser Zeit in der Mongolei auch der kleinste private Handel streng verboten. Immer wieder wurden wir von der Polizei erwischt. Dann bettelten wir die Polizisten an, unsere gesammelten Früchte behalten zu dürfen. Manchmal mussten wir uns auch auf unsere Schnelligkeit verlassen und rannten davon. Was wir verkaufen wollten, hatten wir alles selbst erwirtschaftet. Ich verstand damals nicht, weshalb ich den im Schweiße meines Angesichts erarbeiteten Ertrag nicht behalten durfte. Wem schadete ich, wenn ich meinen kleinen Handel trieb?

Vor diesem Hintergrund staunte ich, dass einige Leute in der DDR selbstständig arbeiten und frei handeln durften. Im Gegensatz zur Sowjetunion oder zur Mongolei gab es private Handwerker, Autowerkstätten, Friseure, Schuster, Obst-, Lebensmittel- und Bekleidungsgeschäfte. Auch der Onkel eines Kommilitonen besaß ein kleines Geschäft und verkaufte die Eier seiner Hühner. Vielleicht bildete ich es mir nur ein, aber diese Eier waren ganz anders als alle, die ich bisher gesehen hatte. Sie waren größer und schmeckten viel besser. In den Ferien besuchte ich auch meine anderen Kommilitonen Michael Fritsch und Karl Siebert. Auch hier stellte ich fest, dass deren Eltern ihre eigene Fleischerei besaßen, deren Erzeugnisse sie in ihren eigenen Läden verkauften. Abgesehen von der Zielstrebigkeit dieser Unternehmer ließ mich eine andere Sache nicht los: der Stolz auf ihre Arbeit, den sie ihren Kindern vererbt hatten. Der Beruf war die Lebensgrundlage dieser Familien und ihrer Nachkommen. Es schien mir nur folgerichtig, dass viele deutsche Berufsbezeichnungen wie Schuhmacher, Bäcker, Müller oder Gärtner auch als Nachnamen taugten.

Ich bewunderte, wie Wissen, Erfahrung und Fähigkeiten ebenso wie selbst entwickelte Produkte und Rezepte über Generationen weitergegeben worden waren und auch in Zukunft weitergegeben würden. Ich hörte von Familien, die in vierter oder fünfter Generation Handwerker, Ärzte, Lehrer, Anwälte oder Ingenieure waren, in denen der Besitz und die Werkzeuge der Vorfahren weitervererbt wurden und somit jede Familie ihre Besonderheit über mehrere Generationen bewahrte. Jeder konnte sich sicher sein, dass der weitervererbte Beruf die Existenz mehr als sicherte. Jedes Familienmitglied war durch den Beruf mit vielen Generationen seiner Vorväter verbunden und konnte voller Stolz auf die Geschichte zurückblicken. Diese Familien, so schien mir, wurden durch ihre Berufe, denen sie ihre Arbeit und ihre Lebensgrundlage verdankten, zusammengehalten. So übernahm der Sohn meines Freundes und Mentors Siegfried Kayser 1992 in vierter Generation die 1934 gegründete Fleischerei. Er verwendet noch heute die alten Familienrezepte zur Herstellung von verschiedenen Fleisch- und Wurstprodukten.

Je mehr ich sah, desto größer wurden meine Zweifel an der Wirtschaft in meiner Heimat und ganz grundsätzlich an der sozialistischen Ideologie. Immer häufiger bemerkte ich, dass zwischen der verkündeten Propaganda und dem eigentlichen Leben ein Widerspruch bestand. Aber wie könnten Mongolen, die seit Generationen als Nomaden lebten, so wie die Privatunternehmer in der DDR werden – und dazu in einem sozialistischen System? Viehzüchter bei uns bekamen Lohn, sie durften auch eine begrenzte Anzahl Vieh privat halten. Aber der Lohn reicht nicht aus, um zusätzliches Vieh zu kaufen, die meisten besaßen nur wenige Tiere und es reichte hinten und vorne nicht. Von den tausenden staatlichen Tieren durfte kein einziges geschlachtet werden, diese »gehörten« dem Staat und waren, auch wenn sie von den Nomaden beaufsichtigt wurden, keine individuelle Ressource, denn von offizieller Seite gab es kein Interesse am Entstehen einer Privatwirtschaft.

Kindheit in der Genossenschaft

Im Jahre 1939 heiratete mein Vater eine zehn Jahre jüngere Frau. Zu dieser Zeit war meine Mutter gerade einmal 17 Jahre alt. Meine Mutter, Zunduin Darisuren, wurde im Erdenemandal Sum, östlich des Tsuur Flusses geboren. Sie war für ihr freundliches Wesen in ihrem Ort sehr bekannt und bei allen beliebt. Sie war das neunte von insgesamt zwölf Kindern. Als sie noch klein war, wurde sie von der Familie Buyandelger, von allen Bundaal genannt, adoptiert. Die Familie hatte selbst keine Kinder. Sie baten und bettelten von ihren Eltern um meine Mutter, bis sie ihnen abgegeben wurde. Aber meine Mutter konnte sich nicht an diese Familie gewöhnen und kam wieder heim.

Als ich noch sehr klein war, wurde alles im Land verstaatlicht. In unserem Sum wurde die landwirtschaftliche Genossenschaft, eine Kooperative, namens »Fleißig« gegründet. Als eine der ersten Familien schlossen sich meine Eltern der Genossenschaft an, in die wir unser gesamtes Vieh einbrachten. Weil mein Vater lesen und schreiben konnte, wurde ihm die wichtige Position des Registrators und Anwerbers sowie des Verwalters für Fette und Butter zugeteilt. Meine Mutter Darisuren arbeitete mit vielen anderen Frauen zusammen als Melkerin in der Genossenschaft.

Die Genossenschaften fingen den Jahren von 1958 bis 1959 an, in der gesamten Mongolei auf eigenen Beinen zu stehen, und so wurden alle Familien auf dem Land Mitglieder in den jeweiligen Genossenschaften. Zu dieser Zeit zog unsere Familie vom Land ins Zentrum der 4. Melkbrigade der Genossenschaft »Fleißig« des Erdenemandal Sum um.

Die Kollektivierung der Landwirtschaft wurde in der Mongolei schlecht vorbereitet und war anfangs bei den Nomaden schlecht angesehen. Von 1932 bis 1954 erfolgte die Kollektivierung auf freiwilliger Basis. Die Nomaden zogen das Vieh auf und waren an allen Arbeiten der Genossenschaft beteiligt. Dafür erhielten sie ein regelmäßiges Gehalt. So wurden die Grundlagen für eine effiziente Viehzucht und Landwirtschaft gelegt. Auf diese Weise sollten Armut und Arbeitslosigkeit auf dem Land reduziert werden. Jeder Mongole sollte damals einer Erwerbstätigkeit nachgehen.

Lange Zeit gab es in der Mongolei fast ausschließlich Viehwirtschaft. Ab den fünfziger Jahren wurden mit starker Unterstützung der Sowjetunion im sogenannten »Atar-Programm« – ein Förderinstrument zur Neulandgewinnung in Gestalt von Technologietransfer, Finanzmitteln und Fachkräfteausbildung – gezielt die Landwirtschaft und die Industrie entwickelt. Das Programm richtete sich auf die Erschließung von agrarisch bislang nicht entwickelten Gebieten, um Getreide und Gemüse anzubauen. Zu Hunderten wurde technisches Personal aus der Mongolei zur Ausbildung in die Sowjetunion geschickt. In der Mongolei wurden neue Bildungseinrichtungen geschaffen, wie die landwirtschaftlichen Hoch- und Fachschulen sowie mehrere Berufsausbildungszentren.

Ein Erinnerungsfoto mit all meinen Geschwistern kurz vor der Studienreise in die DDR. 1974

Die Sowjetunion unterstützte den Aufbau der mongolischen Landwirtschaft außerdem noch durch die umfangreiche Lieferung von Gerätschaften: 2500 Traktoren, 550 Mähdrescher, 3000 Lastkraftwagen und 200 Autos weckten das Land aus seinem Dornröschenschlaf und brachten raschen Fortschritt in die Mongolei. Während des ersten Programms zur Neulandgewinnung wurden 206 000 Hektar Land erschlossen und fast 300 000 000 Kilo Getreide produziert. Bestehendes Agrarland wurde zudem effizienter genutzt und neue Flächen für Ackerbau wurden geschaffen. Junge Leute wurden als Freiwillige dazu aufgerufen, in der Viehwirtschaft und im Ackerbau zu arbeiten. Mehrere hundert Jugendliche folgten damals diesem Aufruf und zogen in die verschiedenen Landwirtschaftsgebiete.

Bei den Viehzüchtern lief ebenfalls alles staatlich organisiert ab. Die beteiligten Familien wohnten während des Sommers in Jurten, die in Reih und Glied standen. In unserem Teil der Genossenschaft »Fleißig« wohnten 18 Familien (zwei Reihen mit je neun Jurten). Um die Siedlung herum wurde eine Begrenzung aus weißen beziehungsweise weiß gestrichenen Steinen errichtet, um das Vieh fernzuhalten. Diese schmucken Siedlungen, in denen viele zusammen an einem Ort lebten, waren für die Mongolen ungewohnt. Dennoch war es für Kinder und Erwachsene gleichermaßen aufregend in einer solchen Gemeinschaft zu leben. Das Gelände jeder dieser Gemeinschaften war herausgeputzt, denn man stand miteinander in einem sozialistischen Wettbewerb um Sauberkeit und Ordnung.

Der Molkereibetrieb, in dem meine Eltern arbeiteten, gab ein noch besseres Bild ab. Viele weiße Jurten und Genossenschaftsvieh dominierten die Szenerie. Man arbeitete im Unterschied zur nomadischen Lebensweise gemeinsam miteinander. Es war auch festgelegt, wie viele Liter Milch von jeder einzelnen Melkerin gemolken werden mussten. Vor dem Morgengrauen brachen die Melkerinnen in ihren weißen Kitteln und den am Gürtel festgebundenen Zöpfen zur Arbeit auf. Wir Kinder halfen unseren Müttern, indem wir die Kälber zum richtigen Zeitpunkt weg zogen, wenn nach ein paar Schlucken der Kälber mehr Milch aus dem Euter strömte. Diese Hilfe war sehr wichtig, um mehrere Kühe kurz hintereinander zu melken.

Meine Erinnerungen an diese Zeit sind nie verblasst. Wir Landkinder trugen im Sommer und Herbst meistens keine Schuhe, nicht beim Schafehüten, Wasserholen, Holzhacken, Melken, Spielen oder was wir sonst auch taten. Das herbstliche Morgengrauen kann in der Mongolei schon sehr kalt sein: Der Tau auf dem Gras ließ uns frieren, und wir schubsten die Kühe, bis sie aufstanden, denn die meisten Kühe urinierten sofort nach dem Aufstehen. So wärmten wir unsere Füße in der warmen Pfütze. Meine Mutter musste täglich mindestens 15 Kühe alleine melken. Die gemolkene Milch siebte sie durch ein Gazetuch und füllte sie anschließend in Behälter von je 40 Litern, die an die Genossenschaft abgeliefert wurden. Für unsere private Nutzung durften wir einige Kühe besitzen. Auch diese mussten gemolken werden, damit wir zur eigenen Verwendung verschiedene Milchprodukte herstellen konnten. Die Milch der Genossenschaftskühe kam für die private Nutzung nicht infrage, da es für jede Kuh eine streng einzuhaltende Abgabenorm gab. Wenn die Normen nicht eingehalten und die Pläne nicht erfüllt wurden, dann mussten wir die Milch unserer eigenen Kühe dazugeben. Die Leute hielten sich an diese Vorgaben, vielleicht aus Angst. Sie waren sehr regeltreu, ehrlich und diszipliniert, und es wurde hart gearbeitet. Meine Mutter wurde einmal als beste Melkerin ihrer Genossenschaft ausgezeichnet und erhielt dafür einen handgefertigten, viereckigen Holzstuhl. Wir Kinder kämpften untereinander darum, auf diesem Ehrenstuhl sitzen zu dürfen. Mein kleiner Bruder fand allerdings mehr Gefallen daran, den Stuhl umzudrehen und ihn mit den Lauten «uu-uu-dn uu-uu-dn«, im Deutschen wäre es wohl »tuut, tuut«, singend als Lastauto zu benutzen.

Im Sozialismus wurden der Mensch und der private Besitz voneinander getrennt und fast als Gegensatz dargestellt. Bei uns wurde sogar das Privateigentum von Vieh über die erlaubte Menge hinaus unter Strafe gestellt. Familien in Bergregionen durften 50, in Wüstengebieten 75 Stück Vieh als privates Eigentum haben. 50 oder 75 Stück Vieh hört sich vielleicht nach viel an, aber es reichte kaum zum Überleben, wenn man sonst nichts besaß. Die Familien hatten zwar mehr als 500 und manchmal sogar 1000 Schafe von Genossenschaften in Obhut – aber diese Tiere waren staatliches Eigentum, also der privaten Wirtschaft entzogene Rohstoffe. Das Vieh und seine Erzeugnisse, alles, was von der Genossenschaft produziert wurde, alle Einnahmen und Ersparnisse waren Staats- und Gesellschaftseigentum. Es war die damalige Ideologie, dass das gesellschaftliche Eigentum für das Leben und für die geistige Entwicklung des gesamten Volkes benutzt und daher gleichmäßig verteilt werden sollte.

Die Nomaden hatten kein Recht, eines ihrer staatlichen Tiere für private Zwecke zu schlachten. Falls man dies dennoch in Erwägung zog (zum Beispiel, wenn man dringend zusätzlich Fleisch benötigte, etwa bei der Niederkunft einer Frau, zur Versorgung kranker Familienmitglieder oder für ein größeres Fest) musste man einen schriftlichen Antrag stellen, der wiederum von einem örtlichen Leiter bewilligt und bescheinigt werden musste. Den Wert eines solchermaßen geschlachteten Tieres musste man später bezahlen, oder er wurde vom Gehalt abgezogen. Man durfte innerhalb der erlaubten Anzahl, die staatlich festgelegt war, gewisse Ausfallraten haben, wenn es Naturkatastrophen gab. Wie viele Jungtiere von privaten und von staatlichen Tieren geboren werden sollten, wie viel Wolle von Schafen zu scheren war, wie viel Milch abgeliefert werden musste und so weiter, wurde genau geplant – und auch streng kontrolliert, ob zum festgesetzten Zeitpunkt alles an den Staat abgeführt worden war. Wenn man die geplante Norm nicht erreicht hatte, bekam man strenge Strafen, und manchmal mussten diejenigen, die das Soll verfehlt hatten, sogar ins Gefängnis. Darum war so ein Dasein als Viehzüchter fast eine Strafe des Lebens. Auch deshalb wollten fast alle Nomaden ihre Kinder in die Städte schicken, damit sie etwas anderes, Leichteres an Arbeit finden könnten. So wollten sie ihre Kinder vom schweren Los des Landlebens befreien. Wie konnte in solch einer Situation altes Wissen und Können weiterhin vermittelt werden, so wie ich es in Deutschland mitbekommen hatte? Die mangelnde Möglichkeit an Privatbesitz war sicher der Hauptgrund, warum die schwere Arbeit auf dem Land fast keinen reizte und niemand seinen Lebensunterhalt damit ausreichend bestreiten konnte oder wollte. Die entscheidende Ursache dafür war, dass das Vieh als gemeinschaftliches Eigentum dem staatlichen Zugriff unterlag. Als sich dann in der Mongolei Anfang der neunziger Jahre die freie Marktwirtschaft zu entwickeln begann, wurden alle Nutztiere privatisiert.

Aber zurück zu meinen Erlebnissen in Berlin. In seiner Berliner Rede von 1987 machte der damalige US-Präsident Ronald Reagan dem

KPdSU-Chef Michail Gorbatschow den Vorschlag, die Ost- und Westteile der Stadt enger zusammen zu bringen. »Alle Bewohner der gesamten Stadt Berlin sollen die Vorzüge genießen, die das Leben in einer der größten Städte der Welt mit sich bringt.« Aber während meines Studiums war Berlin durch eine große feste Mauer geteilt. Ich sah, dass ein Teil von ihr nur wenige Schritte von der Wohnung meines Freundes Hartmut Peters entfernt verlief. Ich vergesse bis heute nicht, dass die vom Stacheldraht umgebene große Betonmauer und die Grenzsoldaten mit ihren Fernrohren mir Angst machten. Denn es war wirklich ein beängstigender Anblick in den Augen eines einfachen jungen Mannes aus der Mongolei, der so was nie vorher gesehen hatte. Hinter dieser furchteinflößenden Mauer schien sich eine tote, trübe Welt zu verbergen. Aber dieser Eindruck stand im Widerspruch zu dem fröhlichen Kinderlachen, das aus der Ferne zu uns drang. Ich fragte mich, was wohl hinter der Mauer lag. Es erschien mir, als würde man mir zurufen, komm herüber, guck dir unser Leben an! Die DDR, die uns als Paradebeispiel des entwickelten Sozialismus galt, war in Wirklichkeit doch anders, als es in unseren Büchern beschrieben wurde. Ich habe erst nach dem Mauerfall verstanden, dass sich die DDR zwar von der Mongolei weit unterschied, aber dass mich auf der anderen Seite der Mauer eine völlig neue und andere Welt erwartete.

Bis dahin kannte ich den Westen nur aus dem Fernsehen. In unseren ostdeutschen Studentenheimen war westdeutsches Fernsehen zwar streng verboten, aber wir haben es doch immer irgendwie geschafft, heimlich Westfernsehen zu gucken. In den Abendstunden bestaunten wir das reiche Land, das uns strebsamer, emsiger und viel farbenfroher erschien als die DDR. Viele meiner Freunde hatten Verwandte im Westen, die ihnen zu jeder Feierlichkeit westliche Geschenke schickten. Sie teilten großzügig mit uns. Dank ihnen war ich mit Köstlichkeiten, die im westdeutschen Fernsehen beworben wurden, wie Mars-Riegeln, Ritter-Sport-Schokolade, Kinder-Überraschungseiern, Coca-Cola und anderen Produkten vertraut. Wie das mongolische Sprichwort besagt: »Die goldene Sonne kann man nicht mit der Handfläche verdunkeln.« So lernte ich langsam die westliche Welt kennen.

Schnupftabakdose und Begrüßungsgeld

Viele Freunde und Verwandte besuchten uns nach der Wiedervereinigung in Deutschland, wie zum Beispiel mein Schulkamerad, der mit hohen staatlichen Auszeichnungen geehrte Ringer »Elefant« R. Davaanyam und seine Ehefrau Myagaa. Auch mein Schwager L. Sharkhuu mit meiner Schwester Tseesuren kamen auf unsere Einladung nach Berlin.

Auch als ich nach der Wende Anfang der neunziger Jahre angefangen hatte, mein eigenes Unternehmen aufzubauen, hielt ich den Kontakt zu meinem alten Ringerfreund aufrecht. Als wir zur Erholung an die frische Luft außerhalb Ulaanbaatars fuhren, traf ich Ts. Loohuuz. Wir lernten uns bei einem kleinen Umtrunk kennen, Davaanyam war schon länger mit ihm bekannt. Er verriet, dass Ts. Loohuuz eine besondere Schnupftabakdose aus Jade verkaufen wollte. Dieser konnte sich das Schmuckstück nicht mehr leisten und sagte zu mir: »Mein Freund, du als Unternehmer solltest dir das doch leisten können, und so was musst du als Mann auch besitzen.« Eigentlich nahm ich keinen Schnupftabak und brauchte folglich auch die Dose nicht, aber ich wollte sie mir dennoch ansehen. Mein Ringerfreund ergriff die Initiative und sagte: »Geehrter Loohuuz, zeig die Schnupftabakdose. Guck, Terbishdagva, das ist ein prachtvolles Stück, das du unbedingt haben solltest!« Er drückte mir die wertvolle Schnupftabakdose in die Hand.

Ts. Loohuuz erwähnte, dass die Tabakdose einem bekannten erleuchteten Mönch gehört hatte. Aber für mich reichte es eigentlich, dass sie sogar in Ts. Loohuuz' Besitz gewesen war. Denn er war in der Mongolei eine legendare Gestalt. Er wurde 1924 geboren und verstarb 2018 im Alter von 94 Jahren. In seinem langen Leben hatte Ts. Loohuuz vieles erlebt, Gutes wie Schlechtes. Er hatte hohe Posten wie den eines stellvertretenden Ministers der Landwirtschaft und eines Parteivorsitzenden eines Aimaks bekleidet. Er war fleißig, ein guter Organisator, hatte neue Ideen und setzte sie auch dank seiner besonderen Führungsgabe um, egal wo er war. Im Jahr 1962 kritisierte er auf einem Parteitag offen und scharf die Parteiführung Ju. Tsedenbals für die zu langsame Entwicklung der Wirtschaft und verlangte dessen Rücktritt. Dafür wurde Ts. Loohuuz 25

Friedliche Demonstrationen fanden mehrmals in Ulaanbaatar statt, 1990

Jahre lang im Gefängnis eingesperrt und lebenslänglich zur Verbannung aufs Land geschickt; erst 1990 wurde er begnadigt. Er wurde sogar zum Präsidentschaftskandidaten der Mongolei nominiert und war der erste Vorsitzende der Menschenrechtskommission in der Mongolei.

Ich folgte dem Ratschlag meines Freundes und erwarb die besondere Schnupftabakdose von ihm im Tausch gegen meinen neuen russischen Geländewagen vom Typ UAZ-469. Heute würde das dem Gegenwert eines modernen Jeeps entsprechen.

Eines Tages im Dezember 1990 berichtete das deutsche Fernsehen über Märsche und Demonstrationen in der Mongolei. Zu den großen Demonstrationen riefen vier verschiedene Organisationen auf: die Demokratische Vereinigung, die Demokratisch-Sozialistische Vereinigung, der Neue Fortschritt und die Mongolische Studentenvereinigung. Sie hatten sich verbündet, um ihre Forderungen nach einer Demokratisierung der Mongolei vorzubringen und die Trennung von Regierung und Partei zu verlangen. Viele tausende Menschen versammelten sich auf dem zentralen Sukhbaatarplatz in der Hauptstadt Ulaanbaatar, benannt nach Sukhbaatar, dem Revolutionsführer von 1921 und Gründer des mongolischen Staates. Diese Nachrichten erfüllten uns mit Freude. Auf die Ereignisse in unserer Heimat stießen meine Frau und ich mit Freunden an, und wir sprachen ganz offen über unsere Wünsche. »Ich möchte so schnell wie möglich hinfliegen und an den Märschen teilnehmen«, sagte ich. »Wie hier die Mauer fiel, so wird auch dort eine Mauer fallen.

Schnell in die Mongolei und die Mauer einreißen, die Veränderungen entgegensteht, ja, das wär's.«

Ich bin mir sicher, wäre ich 1990 in der Mongolei gewesen, ich hätte als einer der Ersten die Fahne der Demokratie auf den Sukhbaatarplatz getragen. Seit dem Mauerfall war ich überzeugt von der Richtigkeit dieser Entwicklung. Jede Faser in mir wollte zurück in die Heimat. Es war nicht nur eine plötzliche und kurzfristige Gefühlsaufwallung. Ich hatte ja mit eigenen Augen gesehen, wie der Sozialismus in der DDR zusammengebrochen war und einer demokratischen Gesellschaft mit freier Marktwirtschaft weichen musste. Ich lebte jetzt in einem kapitalistischen Land, hatte bereits einen Einblick in das Leben im Westen erhalten und war überzeugt, dass auch die Mongolei unbedingt diesen Weg einschlagen müsse.

Besonders hatte mich die Großzügigkeit der Bundesrepublik beeindruckt, die jedem ostdeutschen Bürger ein »Begrüßungsgeld« von 100 D-Mark auszahlte. Für uns war dies damals eine unvorstellbar hohe Summe. Zuvor hatten wir in den sozialistischen Medien viel über Armut, Arbeitslosigkeit und Obdachlosigkeit gehört, die es angeblich ausschließlich in den kapitalistischen Ländern gab, und nun zeigte sich ein

Mit meiner Familie auf dem Weg nach Westberlin. Berlin, 1990

solches Land ganz anders. Mit dem geschenkten Geld konnte man sich Westwaren kaufen, von denen man früher nur zu träumen wagte. Auf einmal hatte jeder einen Fernseher, eine Stereoanlage, einen Fotoapparat und andere schöne Kosumgüter aus dem Westen.

Heiße Schokolade

Im Februar 1989, also noch vor dem Mauerfall, lud mich mein guter Freund und weiser Ratgeber Siegfried Kayser zu sich nach Hause ein. Als wir uns trafen, sprachen wir über die neuen Möglichkeiten, die sich durch eine Wiedervereinigung eröffnen würden. Er gehörte zu einer Familie, die seit Generationen Privatunternehmer war, und verstand die Vorteile, die die Einführung der freien Marktwirtschaft in Ostdeutschland mit sich bringen würde. Siegfried meinte, dass uns ein großer Fleischproduzent aus dem Westen zur Grünen Woche nach Westberlin einladen würde. Auf meine Nachfrage erklärte er mir, dass es sich hierbei um die größte Landwirtschafts-, Lebensmittel- und Verbrauchermesse handelte, auf der viele Produzenten neue Produkte und Technologien präsentieren. »Du bist doch auch vom Fach. Komm mit!«, meinte er. Natürlich sagte ich sofort zu. Dabei hielt ich mich an das mongolische Sprichwort, wonach man etwas besser einmal sieht, als tausendmal davon zu hören. So ergab sich für mich die erste Gelegenheit, Westberlin zu besuchen.

Ich wollte unbedingt diese kapitalistische Gesellschaft bzw. die echte westliche Welt mit eigenen Augen sehen. Zu jener Zeit ahnte ich noch nicht, dass meine Heimat bald ebenfalls den Weg in Richtung einer demokratischen Gesellschaft und freien Marktwirtschaft einschlagen würde. Ich rief, unbedarft wie ich war, den Konsul in der mongolischen Botschaft an, um mich zu vergewissern, ob ich als Mongole überhaupt die innerdeutsche Grenze überqueren konnte. Er antwortete, dass er mir ein von der Botschaft gestempeltes Schreiben ausstellen würde, und dass die mongolische Botschaft nichts gegen einen 24-stündigen Aufenthalt in der Westberlin einzuwenden hatte. Das war zwar kein Visum, aber immerhin eine Absicherung für den Fall, dass mir im Westen etwas passieren sollte, und ich konnte nachweisen, dass ich die Botschaft vorab über die Fahrt informiert hatte und mir somit politisch keine Probleme drohten. Ich tauschte mein gespartes Geld in 200 Deutsche Mark um und setzte mich voller Vorfreude in das Auto meines Freundes. Am Grenzübergang Bornholmer Sraße wurden wir angehalten. Ein DDR-Grenzsoldat verweigerte mir als Ausländer die Ausreise nach Westberlin.

Siegfried wollte nicht aufgeben und sagte nur: »Wenn die uns nicht hier reinlassen, fahren wir einfach woanders hin. Es gibt ja genügend Grenzübergänge nach Westberlin.« Am nächsten Grenzübergang, dem berühmten Checkpoint Charlie, den vor allem Ausländer passieren durften und wo es fast keine Grenzschützer gab, wurden wir einfach durchgewunken. So betrat ich zum ersten Mal den Westen.

Am Fenster unseres Autos zogen Straßen, Gebäude, unendlich viele Reklametafeln und Menschen vorbei. Schließlich kamen wir am großen Messegelände in Westberlin an. Wir betraten eine riesige Halle mit einem Belüftungssystem, wie ich es noch nie gesehen hatte. Nach der Eröffnungszeremonie lud uns der westdeutsche Fleischunternehmer Max zum Mittagessen in ein chinesisches Restaurant namens »Panda« ein. Ich erinnerte mich, wie penibel die Deutschen mit dem Geld waren und dass jeder immer seine eigene Rechnung zahlte. Mich besorgte, dass dieses schicke Restaurant bestimmt zu teuer für mich war. Reicht mein Geld überhaupt aus? Und ich will doch Geschenke für meine Familie kaufen, dachte ich, und bestellte mir nur eine Suppe. Auf die Frage, ob ich keinen Salat und eine Hauptspeise wolle, erwiderte ich, dass ich satt sei. Doch ich hatte mich getäuscht, denn am Ende bezahlte Max die gesamte Rechnung. Er öffnete sein Portemonnaie, zog eine Plastikkarte heraus und beglich damit die Rechnung. So etwas hatten Siegfried und ich noch nie gesehen und wir guckten ganz verdutzt.

Während des Essens bewunderte ich die Serviette, die mit Pandas sowie der Adresse, Telefon- und Faxnummer des Restaurants bedruckt war. Diese elegante und interessante Papierserviette beeindruckte mich sehr. So etwas hatte ich noch nie gesehen! Beim Verlassen des Restaurants packte ich zwei neue Servietten ein, um sie später meiner Frau und meinen Kindern zu zeigen. Auch sie waren davon sehr beeindruckt. Im

Westen wurden sogar Servietten als Werbemittel genutzt! Meine Kinder fanden so großen Gefallen an der Zeichnung der zwei Pandas, die im Schneidersitz unter Bambus saßen, dass sie sie sogar nachmalten.

Der Fall der Mauer brachte Vorteile für den Osten, aber natürlich vor allem für den Westen. Die Möglichkeiten des Handels wurden vielfältiger. Über Nacht hatten westliche Waren einen großen Markt bekommen. Und auch die Menschen konnten sich nun frei bewegen. Das galt im besonderen Maß für die Bürger der sozialistischen Länder, darunter auch viele Mongolen. Sie besuchten nun in großer Zahl Deutschland, um Handel zu treiben. Ein Deutscher sagte mir bereits damals mit einiger Verbitterung, dass der Mauerfall einen großen Markt vor allem für überflüssige Billigware, gebrauchte Autos, Unterhaltungselektronik und Lebensmittel aus Fernost sowie Europa geschaffen habe. Aber für die Produkte aus Ostdeutschland gebe es mit einem Mal keinen Markt mehr.

Die Mongolen sind aufgeweckt und pfiffig. Schnell passten sie sich an die neue freie Marktwirtschaft an und fanden heraus, mit welchen deutschen Produkten man in der Mongolei gut Handel treiben konnte. Sie kamen meistens mit dem Zug nach Berlin und tauschten dort russische Rubel in Deutsche Mark um. An der russischen Grenze und erneut an der Grenze der DDR wurde man auf mitgebrachtes Geld kontrolliert: Pro Pass waren höchstens 30 Rubel oder 130 Tugrig zum Umtauschen erlaubt. Russen und Mongolen machten Geschäfte, indem sie Pässe sammelten und damit in verschiedenen Banken das über den erlaubten Betrag hinaus geschmuggelte Geld umtauschten. Immer wieder wurde ich angesprochen, ob ich nicht die Pässe meiner Studenten einsammeln könnte, um damit Rubel einzutauschen. Mir wurde auch eine Belohnung versprochen: Das wäre leicht verdientes Geld gewesen. Doch ich lehnte ab, weil ich es unmoralisch fand. Wie hätte ich dann meinen Studenten, denen ich beigebracht hatte, fleißig, ehrlich und verantwortungsvoll zu sein, noch ins Gesicht schauen können? Hier machte sich auch die Erziehung meiner nomadischen Eltern bemerkbar, denn ich hatte von klein auf gelernt, dass man Geld nur durch anstrengende Arbeit im Schweiße seines Angesichts ehrlich verdient. Und mittlerweile war ich so weit eingedeutscht, dass ich von meinen Prinzipien nicht mehr abwich.

Nachdem unsere Schule geschlossen und ich wie die anderen Lehrer arbeitslos geworden war, arbeitete ich eine Weile als Kellner in einem Restaurant, schließlich musste ich meine Familie ernähren. Ich lernte, wie man Sektflaschen öffnet, welche Gläser für Rot- und Weißwein zu verwenden sind, wie man einschenkt, den Tisch anrichtet, die Teller und das Besteck anordnet, abwäscht und poliert, sich die Speisekarte merkt und den Gästen gegenüber verhält. In dieser Zeit lernte ich viel über das Gaststätten- und Restaurantwesen. Eines Tages saß ein älterer westdeutscher und recht wohlhabend aussehender Gast am Tisch. »Kellner!«, rief er mich, heftig mit der Hand wedelnd. »Möchten Sie Kaffee oder Tee?«, fragte ich, und er antwortete nur: »Heiße Schokolade!« Lächelnd fragte ich, welchen Kaffee er wünsche, doch er wiederholte nur stirnrunzelnd wieder: »Heiße Schokolade!« Als ich weiter nachfragte, schaute er mich nur verachtend an, und ich vermutete, dass ich etwas falsch verstanden haben musste. Ich ging und fragte den Oberkellner und lernte, dass die Westdeutschen zu Kakao »heiße Schokolade« sagten. »Lernen ist wie der Ozean«, sagt ein mongolisches Sprichwort. Jede neue Kleinigkeit schien mir wichtig. Und ich profitierte von meinen Erfahrungen als Kellner und dem Umgang mit den verschiedensten Menschen in meinem weiteren Berufsleben, sei es als Unternehmer, Botschafter oder Politiker.

Später nahm ich ein Studium für Management und Unternehmensführung auf, denn ich wollte in meine Heimat zurückkehren und in meinem eigentlichen Beruf als Lebensmitteltechnologe in der freien Wirtschaft arbeiten. Im Rahmen des Studiums musste ein Praktikum absolviert werden. Es war nicht einfach, einen geeigneten Praktikumsplatz zu finden, bei dem ich lernen konnte, wie westliche Unternehmen ihre Produkte auf großen Märkten wie Amerika oder Japan verkauften. Ich teilte meinem Freund Siegfried Kayser meinen Plan mit. Über einen seiner Bekannten bekam ich eine gute Möglichkeit, im Rahmen eines dreimonatigen Praktikums in dem vollautomatisierten Betrieb »Könnecke« zu arbeiten. Die Betriebsabläufe waren unglaublich, alle Geräte waren so modern. Während meines Praktikums saß ich nicht ein Mal im Büro, sondern arbeitete die ganze Zeit mit den deutschen Angestellten zusammen. Der Vorarbeiter hatte mir empfohlen, nicht auf das Ende des Arbeitstages zu warten und still zu sitzen. Wenn ich nichts zu tun hatte, nahm ich einen Besen oder einen Lappen in die Hand und reinigte den Arbeitsplatz. Ich verstand, dass jede Minute, die ich im Betrieb war, vom Eigentümer des Betriebs bezahlt wurde. Als ich später meine eigene Firma aufbaute, verstand ich dies noch besser. Die Regeln des Marktes waren leicht verständlich, aber sehr hart. Das Praktikum lehrte mich, dass auf Dauer nur der gewinnt, der nach den Regeln spielt. Mir fiel auf, dass in einer deutschen Firma nichts als zu klein oder unwichtig angesehen, sondern auf jedes Detail geachtet wird. Ich lernte, wie Arbeit effizient organisiert wird, dass eine gute Organisation wichtig ist und Produkte abhängig von der Nachfrage hergestellt werden müssen. Zu meiner Überraschung war die freie Marktwirtschaft der Planwirtschaft in dieser Hinsicht deutlich überlegen. Das betraf auch viele weitere Aspekte wie Teamarbeit, Prozessoptimierung, Eigeninitiative der Beschäftigten, deren Weiter- und Fortbildung, Ausbildung in allen Arbeitsabläufen, Führung durch gutes Vorbild, separate Abteilung für Modernisierung und Interesse an Innovation, Transparenz in allen Angelegenheiten, Verantwortungsbewusstsein, strenge Einhaltung von Standards und Normen und Sparsamkeit auf allen Ebenen. Wenn alle diese Aspekte beachtet wurden, so verstand ich nun, dann konnten die Produkte weltweit wettbewerbsfähig sein. Das alles versuchte ich später in meiner Arbeit und im Leben umzusetzen. Und man darf nicht verschweigen, dass es in der Mongolei zu dieser Zeit an vielen Dingen haperte. Verantwortungsbewusstsein und die Einstellung, die Dinge sofort zu erledigen, waren nicht unsere Stärke. Durch meine Erfahrung in der westdeutschen Arbeitswelt fiel auch diese innere Mauer und ich fühlte mich wieder wie neugeboren.

Ich begann, das alte Denken abzulegen und meine Gedanken auf eine demokratische Gesellschaft mit freier Marktwirtschaft zu richten. Ich sah klar, wohin ich wollte und wie meine Zukunft aussehen würde. Mein Leben veränderte sich. Ich bin meinen deutschen Freunden für alle Zeiten dankbar.

Absteigen vom Pferderücken

Ein Volk, das Tür and Tür gelebt hatte und dessen zwei Teile durch die lange Trennung so unterschiedlich geworden waren wie Tag und Nacht, erlebte jetzt eine Welle der Demokratie und den Wandel der Wirtschaft. Dies führte dazu, dass ich mir Gedanken über die zukünftige Entwicklung meines eigenen Landes machte. Zu dieser Zeit erlebte die Mongolei nach dem Übergang zu Demokratie und Marktwirtschaft eine schwere Krise. Unsere staatlichen Betriebe waren ohne langfristige Strategie und unter fremdem Einfluss privatisiert worden. Viele gingen pleite und stellten die Produktion ein. Menschen, die im alten System hohe Positionen innehatten und bei der Privatisierung des Staatsbesitzes gegenüber einfachen Bürgern einen Informationsvorsprung hatten, nutzten diesen, um unter dem Namen ihrer Verwandten, Kinder, Bekannten und Freunde für einen winzigen Preis fast das gesamte Staatseigentum aufzukaufen. Unsere Partnerstaaten und vor allem unser nördlicher Nachbar Russland hatten zu dieser Zeit mit ihrem eigenen Wandel alle Hände voll zu tun. Der Außenhandel der Mongolei kam fast zum Erliegen und das Warenangebot in den Läden war äußerst beschränkt: Es gab fast nur noch Nudeln und Salz. Auch unsere Strom- und Heizkraftwerke hatten Probleme, den Betrieb aufrechtzuerhalten. Des Öfteren mussten die Bewohner Ulaanbaatars zur Kerze greifen. Im Januar 1991 beschloss die mongolische Regierung, den Tugrig zweifach abzuwerten. Die fehlgeleitete Privatisierung führte dazu, dass in der Marktwirtschaft unerfahrene Nomaden plötzlich viel mehr Vieh hatten als zuvor und überfordert waren. Hinzu kamen Naturkatastrophen wie besonders kalte Winter, trockene Sommer und Dürre, die der Landwirtschaft zusetzten. All dies führte dazu, dass die mongolische Wirtschaft zu Beginn der 1990er Jahre fast vollständig zum Erliegen kam. Wie im Krieg musste die Bevölkerung mit Lebensmittelkarten versorgt werden. Ingenieure, Ärzte, Ökonomen, Hochschulabsolventen, selbst Facharbeiter wurden arbeitslos. Tausende standen auf der Straße. Die Mongolei wurde ein Entwicklungsland.

Wir zogen von Bernau nach Berlin in eine Dreizimmerwohnung in der Karl-Marx-Allee unweit vom Alexanderplatz, um besser vernetzt zu sein und handeln zu können. Anfang der Neunziger gab es außer uns, wenigen anderen Familien und dem Personal der Botschaft fast keine weiteren Mongolen, die in Ostberlin lebten und arbeiteten. Natürlich gab es Studenten. In Westberlin lebten zu dieser Zeit gar keine Mongolen. Es gab noch nicht einmal eine mongolische Botschaft dort, zuständig für die Bundesrepublik war die Botschaft in Polen. Fast jeder Landsmann, der nach Deutschland kam, darunter Verwandte, Geschäftsleute, Politiker, Freunde, ehemalige Arbeitskollegen, übernachtete bei uns. Wir hörten von ihnen Neuigkeiten aus unserer Heimat und erzählten ihnen, was es Neues in Deutschland gab.

Unser Heim war wie ein Hotel, viele Leute kamen und gingen. Meine Frau und ich halfen ihnen als Übersetzer, Wegweiser, Fahrer, Köche. Im Hotel musste man den Aufenthalt bezahlen, bei uns war er natürlich kostenfrei. Wir räumten alle Zimmer um, legten Matratzen auf den Boden und versuchten, es so bequem wie möglich zu machen. Auch bemühten wir uns, so gut es ging, unseren Gästen die besten Speisen aufzutischen. Eine Besonderheit der mongolischen Menschen sind ihre außerordentliche Gastfreundschaft und die Hilfsbereitschaft untereinander. Es gibt auch die Gepflogenheit, dass bei den Mongolen, gerade auf dem Land, jeder jedem hilft, sei es beim Umzug oder um die Herde zu treiben, Tiere zu scheren und zu tränken, Gras zu mähen, Pferde einzufangen, Fohlen festzuhalten. Es gibt auch die schöne Sitte, wenn man einen neuen Nachbarn bekommt, frischen Tee und Milchprodukte zu bringen. Das ist ein ungeschriebenes Gesetz der Steppe. Jeder, der auf seiner Reise eine Jurte betritt, wird zu allem eingeladen, was das Heim hergibt. In der Wüste Gobi gibt es den Brauch, seine Jurte nicht abzuschließen und sogar Essen und Trinken bereitzulegen für den Fall, dass ein Reisender vorbeikommt, wenn man selbst nicht da ist. Dies ist auch in den Beschreibungen vieler ausländischer Reisender festgehalten. Der berühmte russische Forschungsreisende Nikolai M. Prschewalski schrieb in seinem Buch »Reisen in der Mongolei, im Gebiet der Tanguten und den Wüsten Nordtibets in den Jahren 1870 bis 1873«, welches 1876 herausgegeben wurde: »Die Mongolen sind ein sehr gastfreundliches Volk. Jedem, der vorbeikommt, wird der Ehrenplatz zugewiesen und er wird zu Tee und Milch eingeladen. Gäste werden nicht nur zu

Alkohol und Airag eingeladen, sondern es wird für sie ein Schaf geschlachtet. Jeder, der einen auf dem Weg trifft, egal, ob man sich kennt oder nicht, wird begrüßt, man unterhält sich und tauscht die Schnupftabakdosen aus. Man fragt sich gegenseitig, ob es gut um das Vieh steht, und wie es einem geht. Immer wird zuerst über das Vieh gesprochen, Schafe, Kamele, Pferde usw. und danach erst über das Wohlbefinden der Person.« In diesen Sätzen wird deutlich, wie sehr die Mongolen die Tiere in Ehren halten und wie gastfreundlich sie sind. Daher schreiben die Touristen auch heute noch oft über offene Jurten, auch wenn die Besitzer nicht daheim sind.

Für mich war es unterhaltsam, von unseren Gästen Nachrichten über das Geschehen in der Mongolei zu hören. Egal, welcher Partei man angehörte, welche Ideologie man hatte, ob alt oder jung: Jeder überlegte, wie man unser Land und die Wirtschaft wieder aufbauen könnte, welche Lösungen es dazu geben könnte, wie jeder selbst dazu beitragen könnte und wie man auf die richtige Art und Weise die Demokratie entwickeln könnte. Natürlich verglichen wir immer die Situation in der Mongolei mit der Lage und mit der Veränderung der entwickelten Länder, wie zum Beispiel Deutschland. Viele Fragen blieben offen. Ich mochte es sehr, mich mit verschiedenen Leuten zu unterhalten und Meinungen auszutauschen.

Zu dieser Zeit kam einer der hochgeachteten Politiker, das Parlamentsmitglied D. Lundeejantsan mit dem Bürgermeister des Bezirks Bayangol in Ulaanbaatar, S. Erdene, heutiger Parlamentsabgeordneter und Vorsitzender der Demokratischen Partei, auf seinem Weg nach Bonn bei uns in Berlin vorbei. Die Gemeinde Schönefeld hatte eine Partnerschaftsbeziehung mit dem Bezirk Bayangol, und deshalb war auch der Bürgermeister der Gemeinde Schönefeld, Dr. Udo Haase, bei uns zu Gast. Er hatte 1982 im Fleischkombinat Ulaanbaatar mit mir zusammengearbeitet. Er war Übersetzer für die DDR-Spezialisten, die im Fleischkombinat bei der Produktion halfen und mongolische Arbeiter trainierten. Damals hatte ich mit Udo Haase eine enge Freundschaft geschlossen. In der Runde bei uns zu Hause sagte ich aus Spaß: »Lundee ist ein Mönch, er kann wunderbare Gebete vortragen.« Meine Schwiegermutter, die zu dieser Zeit ebenfalls bei uns auf Besuch weilte, bat ihn, einige Gebete zu sprechen. Lundee begann lachend, den Weihrauch, den meine Schwiegermutter brachte, anzuzünden und tatsächlich wie ein echter Mönch Gebete zu reden – obwohl er Politiker war.

Lundee ist einer der Besten im ganzen Land, wenn es um Recht und Gesetz geht, ein Dichter und ein angesehener Wissenschaftler. Er, der meine Schwiegermutter nur einmal in der Ferne traf, besuchte sie seitdem jedes Jahr zum mongolischen Neujahrsfest, bis sie verstarb.

Jeder, der in der Demokratie aktiv ist und Veränderung herbeiführen möchte, sollte die Worte von Dschingis Khan beherzigen: »Auf dem Pferderücken die Welt zu erobern ist einfach, aber vom Pferderücken abzusteigen und das Land zu regieren, das ist schwierig.«

Trotz der schlechten Nachrichten über die wirtschaftliche Lage in der Mongolei war ich überzeugt, dass die Wirtschaft bald in Schwung kommen würde. Ich begann, mein eigenes Unternehmen aufzubauen, auch um ein Vorbild zu sein und einen Beitrag zur wirtschaftlichen Gesundung zu leisten. Meine Firma nannte ich »TBD Anduud«. Diese drei Buchstaben sind die Abkürzung meines Namens, damit man sofort weiß, wem die Firma gehört. Der zweite Namensteil bedeutet auf mongolisch »Freunde« oder »Partner«. Als ich zum Aufbau der Geschäftsbeziehungen in die Mongolei flog und am Flughafen von Ulaanbaatar ankam, erschien mir meine Heimat trist und trostlos. Die Menschen hatten traurige Blicke, ihre Gesichter waren finster und bemitleidenswert.

Anwerbung auf dem Berggipfel

Meine Frau und ich arbeiteten hart, um Export- und Importbeziehungen zwischen der Mongolei und Deutschland aufzubauen. Unsere Firma mietete ein Zimmer im Gebäude der Mongolischen Revolutionären Volkspartei (MRVP), der ehemaligen Staatspartei. Dieses Gebäude war in Ulaanbaatar zentral gelegen und bot daher einen guten Stützpunkt, abgesehen davon, dass es damals nicht besonders viele private Büroraume gab. Ich freundete mich mit vielen Parteimitgliedern und Funktionären an, denn obwohl wir in verschiedenen Bereichen arbeiteten, waren wir allein schon durch die räumliche Nähe eng verbunden. Als jemand mit Hochschulbildung, der in Deutschland gelebt und gearbeitet hatte und durch seine Firma mit dem Westen verbunden war, erregte ich das Interesse der Parteimitarbeiter und der anderen Geschäftsleute, die ebenfalls im Parteihaus Büros angemietet hatten. Man unterhielt sich gerne mit mir, um ein tatsachengetreues Bild vom Westen zu bekommen. In den Gesichtern der anderen konnte ich lesen, wie sehr sie hofften, dass wir bald auf den Entwicklungsstand Deutschlands kommen würden.

Als die MRVP 1996 die Wahl verlor und die Regierung abgeben musste, konnte ich beobachten, wie die Leute, die vorher wie Fliegen im Marmeladenglas im Parteigebäude schwirrten, nun wie die Ratten das sinkende Schiff verließen. An dem Ort, der vorher voller Menschen war, standen jetzt nur die Autos meiner und weniger anderer eingemieteter Firmen. In dieser Zeit, als die MRVP viele finanzielle Probleme hatte und den Gürtel enger schnallen musste, sah ich, wie die Mitarbeiter der Partei verzweifelt versuchten, die alten und maroden Zimmer herzurichten. Sie wollten wenigstens ein Zimmer haben, in dem man Besuch empfangen konnte, ohne sich zu schämen. Ich gab ihnen Jalousien, Teppiche und was ich sonst von dem entbehren konnte, was eigentlich für mein Geschäft angedacht war. Sie freuten sich natürlich sehr. 1997 kam N. Tumendemberel, der Finanzchef der MRVP, in mein Büro und fragte: »Unser Parteivorsitzender N. Enkhbayar wird wegen Parteiangelegenheiten aufs Land fahren. Hast du ein gutes, bequemes Auto? Wir können keins finden.«

Da er so inständig bat, vertraute ich ihm und gab ihm meinen nagelneuen Nissan Patrol. In dieser Zeit fuhren in der Mongolei nur wenige solcher neuen, westlichen Autos. Als sie mit ihrer Arbeit in den westlichen Aimaks fertig waren, wollte der Generalsekräter der Partei, L. Enebish, im Bulgan Aimak arbeiten und nahm ebenfalls mein Auto. Wenn sich andere in schwierigen Situationen befinden, dann sollte man ihnen helfen, sagte ich mir. Und so schlug ich der MRVP in der Zeit, als ich dort mein Büro gemietet hatte, keinen Wunsch ab. Schließlich unterstützte ich die Partei auch beim Aufbau ihrer Außenbeziehungen. Als Übersetzer half ich, den Kontakt zu den Nachfolgern der ehemaligen Bruderpartei SED zu halten und auszubauen. Unsere Versuche, auch stärker mit anderen Parteien, vor allem mit der SPD und der CDU in Kontakt zu kommen, wurden anfangs von deutscher Seite leider nicht besonders begeistert aufgenommen.

Anders als in der Mongolei, in der die alte Staatspartei MRVP fortbestand und auch nach der Wende noch die Regierung stellte, ging die SED in der PDS auf. Ihr Parteivorsitzender war Gregor Gysi, ein Rechtsanwalt, der dann noch der letzten Volkskammer der DDR angehörte. Seine Aufgabe war es, die Partei zu erneuern. Dass er ein guter Redner war, sah ich im Fernsehen, als er am 4. November 1989 vor 500 000 Menschen auf dem Alexanderplatz sprach. Er forderte, wenige Tage vor dem Fall der Mauer, eine Erneuerung der Partei und freie Wahlen. Nach dem Mauerfall war er zu Besuch in Bernau und dort schüttelte ich seine Hand. Wir unterhielten uns kurz und auf meiner deutschen Aufenthaltserlaubnis aus dieser Zeit, die ich immer noch habe, steht sein Autogramm. Eine andere PDS-Politikerin, Dagmar Enkelmann, kannte ich noch länger. Sie arbeitete Ende der achtziger Jahre mit meiner Frau und mir an der Jugendhochschule am Bogensee. Wir waren als junge Leute gut miteinander befreundet. Als sie Anfang der neunziger Jahre aus Protest in einen Hungerstreik trat, um ihre Partei zu schützen, brachte ich ihr ab und an Fruchtsaft vorbei. Später war sie Vorsitzende der Deutsch-Mongolischen Parlamentariergruppe im Deutschen Bundestag und erzählte bei einem Treffen deutscher und mongolischer Abgeordneter, wie ich mich – als aus dem am weitesten entfernt gelegenen Land stammenden Besucher – während ihres Hungerstreiks verhalten hatte. Wir haben bis heute regelmäßigen Kontakt.

In der Mongolei kannte ich vor allem die mittleren Funktionäre und viele einfache Mitglieder der MRVP. Die Führung um den Parteivorsitzenden N. Enkhbayar traf ich gelegentlich und tauschte mit ihm einige Worte aus. Während meiner Zeit im Parteihaus war das Hauptgesprächsthema in den Kaffeepausen, die ich mit Mitgliedern und Mitarbeitern der MRVP verbrachte, die Erneuerung der Partei. Die Parteigenossen waren bei der Parlamentswahl im Jahre 1996 viel zu selbstsicher gewesen und hatten ihr Einfühlungsvermögen gegenüber den Wählern verloren. Dafür wurden sie kritisiert. Ich sprach offen darüber, dass die Theorie und Praxis der MRVP veraltet sei. Ich wurde oft zur deutschen Politik und Erneuerungen und Veränderung befragt. Im Gegensatz zu den Älteren in der Partei unterstützte ich die Erneuerung der MRVP und eine Hinwendung zur Sozialdemokratie.

Einer meiner guten Bekannten war der Universitätsprofessor und Philosoph N. Khavkh. Er kannte sich gut mit Parteien und politischen Theorien aus und war ein bekannter Politikwissenschaftler, der jedes Wort abwog und nicht um des bloßen Redens willen sprach – ein Denker von Grund auf. Khavkh erzählte, was in der Partei hinter verschlossenen Türen ablief, er kannte sich in allen Einzelheiten des Geschehens bestens aus und sparte auch nicht mit Kritik. Khavkh mischte sich zwar nicht in die Alltagsgeschäfte der Partei ein, aber er beriet die Partei bei ihrer Ausrichtung und Neubestimmung ihrer Positionen. Ohne an einer Parteikarriere interessiert zu sein, unterstützte Khavkh die junge, hoffnungsvolle Generation mit Rat und Tat. Ich denke oft an ihn, der nicht mehr unter uns weilt. Die Mongolen sagen, eine Kerze zündet eine andere an und erschafft so das Licht.

Ein Erlebnis mit Khavkh blieb mir deutlich in Erinnerung. Mein ältester Bruder lud, wie alle in meiner Familie, gerne Gäste nach Hause ein. Als ich ankam, hatte er einen schönen Tisch angerichtet, und als wir alle versammelt saßen, sagte Khavkh zu mir: »Terbishdagva, laß uns zum Berg gehen und uns ein bißchen unterhalten. Lass die anderen essen, trinken und singen.« Wir packten einige Biere ein und ließen uns auf dem Gipfel des Darkhi-ekh Bergs in Ulaanbaatar nieder. Eine Weile unterhielten wir uns, und plötzlich schlug Khavkh mir vor, mich mehr in der MRVP zu engagieren. Ich sollte in die Politik einsteigen. Ich wies das vehement von mir, da ich selbst genug Arbeit hatte. Zu dieser Zeit waren Geschäftsleute wie ich selten in der Politik.

Als jemand, der die deutsche Wiedervereinigung miterlebt hatte und die Politik aufmerksam verfolgte, war ich der Meinung, dass die Positionen der MRVP so wie auch die der anderen Parteien unklar waren. Die Mitglieder waren untereinander verfeindet, beleidigten sich gegenseitig und waren zerstritten. Sie arbeiteten ohne wissenschaftliche Grundlage und befanden sich in einer Art Leerlauf. Mit so einer Politik wollte ich nichts zu tun haben, denn sie war veraltet und hatte wenig mit Demokratie zu tun. So erklärte ich Khavkh, warum ich seinen Wunsch abschlug. Aber er gab nicht auf. Später am Abend spielten wir alle zusammen mongolisches Domino.

Im Haus meines Bruders hatten sich einige befreundete Parteifunktionäre und Ratgeber meiner Firma versammelt. Wir redeten weniger über Geschäftliches und mehr über Politik. Viele übernachteten dort. Im Morgengrauen ermunterte mich Khavkh noch einmal in des Wortes doppelter Bedeutung. »Lass uns den Sonnenaufgang vom Berggipfel aus beobachten!« Er war ein Frühaufsteher und ging morgens immer laufen. Ich mochte es auch, die Sonne zu betrachten und ihre Energie zu tanken, aber ich ahnte, dass Khavkh die Unterhaltung vom Vortag wieder aufnehmen wollte.

»Ich weiß, dass du deine Firma aufbauen möchtest. Das ist verständlich. Aber die mongolische Politik ist vergiftet. Wir brauchen Leute wie dich, die gebildet sind, andere Sprachen sprechen, nicht habgierig sind, sich in der freien Marktwirtschaft auskennen, neue Ansichten und viele Verbindungen haben.« Er versuchte mit allen Mitteln, mich umzustimmen. »Die aktuellen Politiker wurden im Sozialismus und Kommunismus erzogen, sie haben keine Ahnung, wie der Wandel zu Demokratie und Marktwirtschaft ablaufen soll. Sie hören zu sehr auf ausländische Ratgeber. Es gibt viele Leute, die im Auftrag unserer Regierung in internationalen Organisationen und im diplomatischen Dienst gearbeitet haben, aber die meisten davon waren regimetreu. Es gibt zu viele ehemalige Kommunisten, die sich urplötzlich in Kapitalisten verwandelt haben, die sofort den Markt geöffnet und mit der Privatisierung begonnen haben. Sie haben sich in China Geld geliehen, um als Erste von der Privatisierung zu profitieren. Die ausländischen Ratgeber wiederum kennen zwar die Marktwirtschaft, aber sie haben keine Ahnung von mongolischer Geschichte und Kultur. Jeder, der seine Heimat liebt und der zu ihrem Wohlergehen beitragen kann, muss sich jetzt rühren. Ich weiß, dass dein Geschäft einträglich ist. Natürlich ist es einfacher für dich, diesen Weg weiterzugehen. Aber du bist niemand, der sich nur auf sein Privat- und Geschäftsleben beschränken sollte.«

Er fuhr fort: »Engagiere dich in der Partei, geh in die Politik. Lerne die Parteiführung kennen, ich helfe dir, Verbindungen aufzubauen.« Und so trieb er mich in die Ecke. Seine Worte schienen ehrlich zu sein, und ich dachte zum ersten Mal darüber nach. Die Situation in unserem Land war genau so, wie er es beschrieb.

Und jetzt verstand ich auch, weshalb mich Khavkh immer wieder in meinem Büro im Parteigebäude besucht und mir die fähigen und klugen älteren Parteimitglieder wie den ehemaligen MRVP-Parteivorsitzenden B. Dasch-Yondon vorgestellt hatte. Er lehrte mich viel über Politik, um in mir den Gedanken keimen zu lassen, Politiker zu werden. Dabei war er nicht der Einzige. Der einflussreiche MRVP-Politiker L. Enebish, damals Generalsekretär, redete bei einem Ausflug mit Freunden auf das Land mit mir wie mit einem alten Freund. Wir unterhielten uns die ganze Nacht in seiner Jurte. Zum Schluss sagte er zu mir: »Wir brauchen in der Partei hochgebildete, tatkräftige, junge Leute mit einem sauberen Namen. Terbishdagva, du musst dich mehr in Partei und Politik einsetzen!«

Als mir immer mehr einflussreiche und weise Leute diesen Rat gaben, änderte sich Schritt für Schritt meine Meinung. Und so ließ ich mich schließlich überzeugen. Als Waisenkind, das im Ausland studieren durfte, hatte ich das Gefühl, meiner Heimat etwas schuldig zu sein. Wie Khavkh sagte: Ich durfte nicht nur an mich denken. Ich nahm die Verantwortung an und wurde Politiker. Damit tat ich etwas, an das ich vorher nie gedacht hatte.

Der Eintritt in die Politik bedeutete, dass wir als Familie wieder in die Mongolei umziehen mussten. Deshalb besprach ich mich mit meiner Frau. »Fälle die Entscheidung selbst. Ich habe bisher jede deiner Entscheidung unterstützt. Vielleicht ist es an der Zeit, in die Heimat zurückzukehren«, bekräftigte sie mich in meinem Entschluss. So geschah es dann auch.

Damals gab es in Ulaanbaatar keinen geeigneten Ort, an dem man schön zusammensitzen und feiern konnte. Deswegen lud ich den Generalsekretär L. Enebish und andere Vorstandsmitglieder der Partei in die »Avraga«-Sporthochschule ein, die ich mit dem landesweit bekannten Ringer B. Bat-Erdene, der viermal ins Parlament gewählt wurde und Verteidigungsminister war, gegründet hatte. 2013 wurde Bat-Erdene sogar für das Präsidentenamt nominiert: Er ist in der Mongolei so berühmt wie Franz Beckenbauer oder Boris Becker in Deutschland. Er hat zwölfmal den mongolischen nationalen Ringerwettkampf beim staatlichen »Naadamfest«, das in jedem Jahr vom 11. bis 13. Juli stattfindet, gewonnen. An diesem Fest kommt die Nomadenkultur am deutlichsten zum Ausdruck: An diesen drei Tagen nehmen 512 bzw. 1024 Kämpfer am Ringen teil, mehrere hunderte Pferde aus sechs verschiedenen Altersklassen werden über eine Strecke von 12 bis 35 Kilometern von Kindern ab fünf oder sechs Jahren geritten, und zuletzt findet ein Wettkampf im Bogenschießen nach mongolischen Regeln statt.

Parteichef Enebish nahm die Einladung gerne an: »Wir haben momentan nicht viel auf der Tagesordnung der Versammlung des Parteivorstandes zu besprechen. Ich komme gerne mit den anderen zu der Schule.« Als der Parteivorsitzende N. Enkhbayar von uns ebenfalls eingeladen wurde, kam er auch mit, da sein Generalsekretär dies befürwortete.

Zu diesem Zeitpunkt war auf Einladung unserer Firma der Manager der Herrenbekleidungsfirma »Peine« aus Wilhelmshaven, Achim Schläfke, zu Besuch, um neue Kollektionen vorzustellen und unser Verkaufspersonal anzulernen.

Achim Schläfke wollte sich nach dem erfolgreichen Abschluss seiner Geschäftsreise bedanken und einen Empfang geben, verbunden mit dem Angebot, verschiedene Whiskys zu testen. Alles Notwendige dazu brachte er in seinem Koffer mit. Er ist Mitglied eines Whisky-Clubs in Berlin, hat ein umfangreichesWissen über das edle Getränk und zudem die Angewohnheit, in jedem Land, das er besucht, eine Verkostung bei Freunden zu machen und die Herstellungsprozesse zu erklären. So, wie es ein Sprichwort aus unserer Heimat besagt: »Was du hast, teile mit anderen!«

Er war natürlich mit meinem Vorschlag einverstanden, die Verkostung während des Empfanges auch der Parteiführung und den Vorstandsmitgliedern anzubieten. Dies war ein Höhepunkt für unseren Empfang anlässlich des Wahlsiegs im Parlament im Jahre 2000 und machte alles an diesem Abend noch interessanter. Es war ein Empfang auf westliche Art und Weise, der so nie vorher bei uns ausgerichtet worden war. Die vielen Jahre in Deutschland, in denen ich Lebensmitteltechnologie studiert hatte, alles für die Vorbereitung einer Feier bei der Fleischerfamilie Kayser gesehen und mitgemacht hatte und auch als Kellner im deutschen Restaurant Erfahrungen gesammelt hatte, kamen mir hier wirklich zugute. Im Gebäude der Sporthochschule gab es im ersten Stock ein Restaurant und im Erdgeschoss einen Billiardraum. Alle Räume wurden sehr schön vorbereitet. Jeder der Anwesenden war sehr offen, entspannt und bekam viele detaillierte Informationen über Whiskyherstellung und über Geschmacksrichtungen. So lernte man viele Whiskysorten kennen. Ein

Parteifreund meinte im Spaß, dass er nur den roten Johnny Walker Whisky kannte und dass er ihn wegen seines geringen Wissens für die einzige und beste Whiskysorte gehalten und sich so über mehrere Jahre betrogen hatte. Ein anderer Freund gestand, dass ihm das Ausspucken des schönen Whiskys zu kostbar war und er alles heimlich geschluckt hatte. Wir spielten Billiard, lachten viel und hatten sehr viel Spaß an diesem Abend – und es wurden viele freie, ehrliche Gespräche miteinander geführt. Es gab vorher nie solche unterhaltsamen Veranstaltungen mit Politikern und insbesonders mit der Parteiführung. Dieser Abend brachte die Leute enger zusammen und alle hatten die Möglichkeit, weitere wichtige politische Aufgaben der Partei zu besprechen. Der Abend war gut gelungen, und sogar heute noch wird gern davon erzählt.

Heiliger Berg – Khan Undur Khairkhan, Erdenemandal sum, Arkhangai Aimak

2. Kapitel
GEBURTSSCHREI UNTER BLAUEM HIMMEL

Seitdem ich denken kann, hat unsere Familie im Tal des Khan-Undur Khairhans, dem Gebiet der heiligen Berge (Khairhan steht im Mongolischen für heilige Berge, Khan bedeutet König und Undur ist der Höchste) zu allen vier Jahreszeiten gelebt. Dieses Gebiet gehört zum Arkhangai Aimak, liegt etwas westlich vom Zentrum des Landes und auf der Nordseite des Khangai-Gebirges. Die Mongolen aus der Region bezeichnen meine Heimat als das Paradies der Mongolei. Die Gegend ist berühmt für ihre schöne Landschaft, bekannte Mineralquellen, wohlschmeckende Milchprodukte, viele Tiere und fleißige Menschen.

Die Erde, die Luft und selbst der Duft der Gräser des Geburtsortes wirken auf einen Mongolen ganz besonders und ziehen ihn beinahe magnetisch an. Für uns bezeichnet der Begriff des Geburtsorts nicht einfach die Stadt oder das Krankenhaus, wo man geboren wurde, sondern er steht für ein Gefühl von Heimat, das symbolisiert wird durch die Jurte und die Wasserquelle, an der Nomaden meist ihre Jurten aufbauen.

Man kommt nackt auf die Welt und geht nackt auch wieder

Jedes Mal, wenn ich meine Heimat besuche, schlage ich genau an diesem für mich magischen Ort, wo meine Mutter mich gebar und wo meine Nabelschnur durchtrennt wurde, meine Zelte auf. Für meine Seele sind die heimatlichen Berge wie der Umhang meines Vaters. Wenn ich den Wind auf meiner Haut spüre, fühlt es sich an, als ob meine Mutter meine Haare sanft streichelt und meine Stirn küsst. In dem Augenblick, wenn ich genau auf dem Platz, wo einst unsere Feuerstelle war, das Holz anzünde, das Feuer zu lodern beginnt und ich meinen Milchtee koche, bin ich der glückseligste Mensch der Welt. Das Feuer gilt den Mongolen als heilig und jede Jurte hat eine Feuerstelle genau in der Mitte. Das Feuer stellen wir uns weiblich vor, es ist die Schutzgöttin der Familie.

Am Feuer lehne ich mich zurück. Unsere Verwandten und Freunde erzählen sich dann Geschichten über meine Kindheit, meine Eltern, mein Land, die Mongolei, ihre Mythen und Legenden. Meine Frau und ich, die Kinder, alle hören ganz genau hin. So lernen die Kinder ihren Ursprung und die Geschichten der Eltern und Großeltern kennen. Jedes Jahr komme ich mindestens zweimal in meine Heimat, genau zu meiner Geburtsstelle, um Energie zu tanken, indem ich mich so nackt, wie ich auf die Welt kam, mehrmals auf der Erde wälze. Wenn es die Witterung zulässt, schlafe ich im Freien und betrachte den unendlichen Sternenhimmel. So kann ich die Energie des Bodens und des Himmels in mir aufnehmen. Denn weil der Mensch ein Teil der Natur ist, so denke ich, muss er die Vitalität der fünf Elemente Feuer, Wasser, Erde, Luft und Holz am besten an seinem Geburtsort mit Leib und Seele aufnehmen.

Ich habe mich oft gefragt, warum die Mongolen so eng mit der Natur verbunden sind. Wir sind ein Volk von Nomaden und daher das ganze Jahr über bestrebt, uns der Natur anzupassen. Deswegen sind wir mit Herz, Seele und selbst unserem Verstand so eng mit der Natur und mit der Heimat verbunden. Es ist für uns seit den Zeiten Dschingis Khans

Burkhankhaldun – Heiliger Berg – Geburtsort von Dschingis Khan in Khentii Aimak, 2014

ein Gesetz, die Natur zu lieben und zu ehren. In einem solchen Leben und in der Natur stellen sich wie selbstverständlich viele Fragen nach den magischen Kräften, die in der Natur wirken und die Wiedergeburt des Menschen beeinflussen.

Wasser, Luft, Erde und die ganze natürliche Umgebung des Geburtsortes haben für uns eine besondere Bedeutung. Darin spiegeln sich unsere Lebensweise, unser Charakter und unsere Gefühle. Die Quellen und Flüsse sind wie die immergrünen Wälder, ungewöhnlich gewachsene Bäume, mächtige Felsen und verschlungene Pfade ewige Zeugen unvergesslicher Erinnerungen, Freuden und Leiden jedes Mongolen. Deshalb kehren wir Mongolen so gerne an unseren Geburtsort zurück, wo Mutter und Vater in Frühling, Sommer, Herbst und Winter an unterschiedlichen Stellen ihre Lager aufgeschlagen hatten, und besuchen dort die Alten.

Eine Episode mit dem berühmten Schriftsteller Ch. Lodoidamba verdeutlicht diese Verbundenheit eines mongolischen Menschen. Er besuchte einmal seinen Geburtsort. Dort rief er aus: »Meine Mutter hatte mal einen großen, schweren, grünen Stein.« Dazu muss man wissen, dass sich in jeder Jurte ein großer Stein befindet. Man presst damit Quark und Käse, denn mangels geeigneter Kühlmöglichkeiten nutzen die mongolischen Nomaden den trockenen und warmen Sommer, um Milchprodukte getrocknet haltbar zu machen. Dazu werden Quark oder Joghurt durch ein Tuch gepresst – dafür benötigt man einen schweren Stein – und dann zum Trocknen auf dem Dach der Jurte ausgelegt. Solchermaßen getrocknet, hält sich der gehärtete Quark oder Käse bis weit in den Winter und bietet eine vitaminreiche Nahrung. Die Milchverarbeitung der Mongolen ist eine der ältesten belegten Techniken dieser Art. Der Schriftsteller also war sich sicher, dass der Stein irgendwo zu finden sein müsse und suchte unentwegt. Schließlich fand er ihn. Mit tränengefüllten Augen hob er den Stein auf und sagte: »Da ist er ja. All meine Kindheitserinnerungen spielen sich vor meinen Augen ab. Es erscheint mir als wäre es gestern gewesen.«

Das Frühlingslager, in dem ich geboren wurde, liegt im Kreis Erdenemandal Sum und ist nur 20 Kilometer von der Kreisstadt entfernt. Umgeben von Gebirgsausläufern hört man dort die in der Frühlingssonne tauenden Flüsse Hanui und Hunui plätschern. Im Schutz der großen Berge stehen die perlweißen Jurten. Auf den saftigen Wiesen grasen die fünf wichtigsten Nutztiere der Nomaden: Pferde, Schafe, Rinder, Ziegen und Kamele. Alles ist so malerisch wie die schöne Stickerei einer Frau. In jeder Hirnfalte von mir hat sich meine Kindheitserinnerung eingebrannt.

Erdenemandal Sum ist ein historisch besonderer und sagenumwobener Ort. Das zeigen schon die Namen unserer Flüsse Hanui und Hunui. Hanui heißt übersetzt das Land der Khans. Hunui bedeutet das Land der Hunnu. Historiker sind sich sicher, dass hier bereits zu Zeiten der Hunnu Menschen wohnten und es sich um einen geschäftigen Umschlagplatz handelte. Auch Dschingis Khans Soldaten lebten in Erdenemandal. Man geht davon aus, dass in unserem Gebiet um das Jahr 1360 die Grabstätten des Khar Khul Khan und später des Elbeg Niguulsegch Khan errichtet wurden.

Elbeg Niguulsegch Khan stammte aus der 10. Generation von Dschingis Khan ab und herrschte von 1393 bis 1399 als Khan. Seine Vorfahren herrschten in Peking über das Reich der Yuan-Dynastie, und zu seinen Nachkommen zählt Batmunkh Dayan Khan. Wenn dies alles stimmt, dann ist die Geschichte meiner Heimat eng mit Dschingis Khan und seinen Nachfahren verbunden.

Doch die Geschichte meiner Heimat reicht noch weiter zurück. Im Tal des Hanui-Flusses findet man viele archäologische Kostbarkeiten, nämlich frühgeschichtliche Hieroglyphen und Grabstätten.

Im Jahr des Roten Affen

Ein lautes, schrilles Babygeschrei erfüllte die schneeweiße Jurte der Dendevs und schallte durch das märchenhafte Ikh-Khundii-Tal im Südosten des größten Berges bei uns namens Khan-Undur Khairhan. Durch das laute Geschrei wurde selbst meine siebenjährige Schwester Tseesuren aus ihrem tiefen Schlaf gerissen und wusste, dass sie in diesem Moment neues Leben auf dieser Welt begrüßen durfte. »Ist mein kleiner Bruder da?«, guckte sie unter der Bettdecke hervor. Mutter soll auf der östlichen Seite der Jurte gelegen und entbunden haben, so wie es die Tradition vorschreibt. Diese gilt nach der Tradition als Seite der Frauen, weil die

Auf dem Hanui Fluss in Erdenemandal sum, Arkhangai Aimak, Winter 2011

Ofenöffnung und damit das Feuer nach links zeigen. Denn in der Mongolei werden die Himmelsrichtungen immer anhand des Blicks nach Süden angezeigt: »Östlich« ist damit links und »westlich« rechts. Meine Schwester Tseesuren sah, wie Vater mich direkt nach der Entbindung auf seiner rechten Hand gehalten und stehend mit der linken Hand gewaschen hat. Mein Vater hatte mich selbst in diese Welt geholt. So wurde ich als sechster Sohn der Dendev-Familie geboren. So wurde ich Mitte der fünfziger Jahre, im Jahr des Roten Affen, an einem Tag im Frühling in eine kinderreiche, warme, harmonische Familie geboren.

Die Mongolei, genauer gesagt die Mongolische Volksrepublik, war damals ein sozialistisches Land. Der Sozialismus hat in der Mongolei tiefe Spuren hinterlassen. Es wurden überall staatliche Institutionen wie Aimakverwaltungen, Schulen, Kindergärten, Krankenhäuser, Kinderkrippen geschaffen. Man baute Straßen und Kommunikationsverbindungen. Überall gab es neue Kultur- und Kunsteinrichtungen. Doch auch in dieser Zeit des Aufschwungs war die medizinische Versorgung auf dem Land oft noch unzureichend. In den Kreisen/Sum konnte man erst recht spät Fachärzte antreffen, und oft fehlte es an Autos, um die weite Fläche des Landes abzudecken. Es war daher normal, zu Hause zu entbinden. Noch bis Mitte des 20. Jahrhunderts war die

Kindersterblichkeit in der Mongolei sehr hoch. Zu dieser Zeit gebaren Frauen in der Regel mithilfe erfahrener oder kinderreicher Frauen zu Hause. Die Hebammen hatten nicht studiert oder ihren Beruf gelernt. Es waren zumeist ältere Frauen. Nicht von ungefähr heißt ein mongolisches Sprichtwort: »Besser als ein wenig studierter Mönch ist eine Alte, die mehr Leid erfahren hat.« Man kann also von Glück reden, dass es viele Menschen in der einfachen Bevölkerung gab, die es zu fähigen Hebammen und Medizinern brachten.

Vor mir hatten bereits zwei Kinder meiner Eltern, ein Sohn und eine Tochter, das Licht der Welt nur für kurze Zeit erblickt. Sie verließen die Welt viel zu früh. Man sagte, wenn in einer Familie Kinder früh gestorben sind, hilft es, wenn ein Mann bei der nächsten Entbindung Geburtshelfer ist. Vielleicht half mir mein Vater deswegen, dass ich heil und gesund auf die Welt kam. Später habe ich erfahren, dass mir mein Vater nach der Geburt in mein rechtes Ohr wisperte: »Ter bish shu, Dagva yum shu.« Übersetzt heißt dies: »Jene, die vor ihm gestorben sind, ist dieser nicht. Dieser ist der Ewige!« Das tibetische Wort »dagva« steht für das Wort »der Ewige«. So kam ich zu meinem Namen.

Bei den Mongolen haben Namen oft eine spirituelle, tiefe und für die Familie wichtige Bedeutung. Mein Vater war praktizierender Mönch. Er kannte sich daher gut in spirituellen und religiösen Fragen aus. Sieben Tage nach der Geburt wurde ich, wie es die Tradition in den mongolischen Hirtenfamilien vorsah, gewaschen. Zu diesem Anlass werden in der Mongolei die Neugeborenen das erste Mal den Verwandten und den engsten Freunden gezeigt. Vorher darf niemand außer den Familienangehörigen in die Jurte eintreten. Dieses Verbot wird an der Jurtentür deutlich: Man hängt dort zwei rote Schnüre auf, links und rechts der Tür. Die Besucher nahmen das Neugeborene liebevoll auf den Arm und wünschten ihm alles Gute. In der Mongolei werden Säuglinge traditionell in der klaren lauwarmen Brühe eines Markknochens gewaschen und anschließend mit grünem Tee abgespült. All dies wird von der Mutter vorbereitet. Danach wird der Säugling in ein trockenes und vorgewärmtes Tuch gewickelt und abgetrocknet. Der Markknochen wird in einen seidenen Khadag eingewickelt und in der Truhe der Familie aufbewahrt. Wenn ein Mönch anwesend ist, liest er Gebete für das neugeborene Kind sowie für die Familie. Er kann auch, wenn es gewünscht ist, dem Kind einen Namen geben. Die Gäste wollen wissen, ob es ein Junge oder Mädchen ist und fragen höflicherweise indirekt, ob aus dem Säugling später jemand wird, der sich um die Pferde oder um das Kochen kümmert. Es gibt ein großes Festessen und die Gäste bringen den Eltern und dem Kind Geschenke mit. Der Familienvater schneidet aus Filz einen Fuchs und hängt diesen mit einem kleinen Glöckchen über das Kind. Das ist eine Tradition und dient dem Schutz des Kindes und der Familie vor einem Verlust des Kindes. Ich bin bis heute sehr stolz, welch schönen Geburtsort und welch fürsorgliche und liebevolle Eltern und Geschwister ich habe. Wenn ich an meine früheste Kindheit und die mongolische Tradition denke, fällt mir immer das Gedicht »Ich bin Mongole« von Tsch. Tschimid (1927–1980) aus dem Jahr 1945 ein:

»In den vom Dung wallenden Rauchschwaden
Der Jurte eines Hirten bin ich geboren.
Das unberührte Steppenland
War die Wiege in meiner Erinnerung.
Im ebenmäßig Schwebenden des blauen Nebels
Das steil Emporragende in der Ferne
Die weite, prachtvolle Heimat
Betrachte ich mit Stolz.«
(Übersetzung von P. Gangaamaa)

Besuch eines Außerirdischen

In einem Sommer Anfang der sechziger Jahre verbreitete sich die Nachricht, dass einer meiner älteren Brüder, Shaariibuu, während seiner ersten Semesterferien aus dem russischen Irkutsk zurück in die Heimat kommen würde. Einmal in der Woche legte der Post-Lkw von Ulaanbaatar die 550 Kilometer zu uns zurück. Meine Mutter und mein Vater fuhren damit ins Kreiszentrum, also Sumzentrum, um meinen Bruder abzuholen. Jedes Sumzentrum hat die gleiche Struktur: Es befinden sich dort meistens ein Verwaltungsgebäude, einige kleinere Läden, ein

Krankenhaus, eine Schule, Brunnen und einige wenige Jurten und kleine Häuser, die mit Zäunen voneinander getrennt sind. Die Einwohner kennen sich alle gegenseitig so gut wie ihre eigenen Familienmitglieder. Wenn jemand unbekannte Gäste beherbergt, spricht sich das wie ein Lauffeuer herum.

Es war schon etwas Besonderes, wenn Schüler der Mittelschule aus einem größeren Aimakzentrum zu Besuch aufs Land kamen. Doch mein Bruder kam sogar von einer Universität aus dem Ausland! Seine Art zu reden, die Kleidung, ja selbst seine Gestik erschienen uns völlig fremd und damit noch interessanter. Auf dem Land war es eine ganz besondere Seltenheit, dass jemand zum Studium ins Ausland ging. Mein Bruder glich fast einem Außerirdischen.

Die Mongolen, die damals im Ausland studierten, galten als Verbreiter der neuen Kultur und der neuen Zeit. Ihr Vorbild war der berühmte Schriftsteller D. Natsagdorj, der bereits in den zwanziger Jahren mit weiteren mongolischen Jugendlichen in Deutschland studiert hatte. Als er in die Mongolei zurückkehrt war, entstand am 31. Dezember 1931 anlässlich eines Banketts zum Neujahrfest eine Fotoaufnahme mit einigen anderen jungen Leuten der Elite. Die Mongolen folgten begierig dem Vorbild Natsagdorjs und anderer Mongolen, die Auslandserfahrung gesammelt hatten. So wurden ausländische Sitten, Kleidung und Gebräuche in die Mongolei importiert. Auf diesem Weg gelangte auch das Neujahrsfest in die Mongolei. Leider schickte ein Spitzel dieses Foto an die Staatssicherheit und versah es mit der Beschriftung »Bankett des Fürsten Natsagdorj«, um diesen in den Augen des sozialistischen Staates zu diskreditieren. Die jungen Leute kamen ins Gefängnis. In diesen dunklen Jahren führten Verleumdung, Eifersucht und Neid zu vielen ähnlichen Fällen von Bespitzelung, Denunziation und Verhaftungen.

Mein älterer Bruder Shaariibuu war groß und stattlich gebaut. Er stach jedem sofort ins Auge. Gekleidet war er mit einer schwarzen Hose, deren Bügelfalten fast messerscharf war. Darüber trug er ein weißes Hemd und einen weißen Strohhut. Wie gepflegt er aussah! Nach einem so edlen Mann, wie mein großer Bruder es offensichtlich war, konnte man im ganzen Sum lange suchen. Shaariibuu hatte bereits als junger

Mann Staatsgrenzen überschritten und so eine ausländische Kultur und deren Sitten kennengelernt. Er verstreute das in der »neuen« Welt Gelernte wie Samen auf dem Land, das seine Heimat war. Ich war so stolz auf ihn, dass ich mit einem Foto des eleganten Bruders, das er am Fluss Angar hatte aufnehmen lassen, durch die Gegend rannte und es jedem zeigte, dem ich begegnete.

Als Shaarii Akh, so die mongolische Anrede für meinen großen Bruder Shaariibuu, nach Hause kam, war es also nicht nur für mich eine Sensation. Aus dem ganzen Sum kamen Menschen, um ihn zu bestaunen und seinen Worten zu lauschen.

Alle fragten Shaariibuu aus, und er antwortete geduldig. Ist Irkutsk eine alte Stadt? Was gibt es in der Stadt? Ist der Baikalsee so riesig, wie man sagt? Alles, was mein großer Bruder zu Hause von seinen Abenteuern berichtete, habe ich mit einigen Übertreibungen angereichert meinen Freunden weitererzählt.

Immer, wenn mein Bruder uns besucht hat, habe ich an seinen Fersen geklebt. Wie ein Hündchen bin ich ihm hinterhergelaufen. Shaariibuu brachte uns viele erlesene Geschenke aus dem Ausland mit. Darunter war eine Pfeife, aus der Vogelgezwitscher erklang, wenn man hineinblies. Ihm hatten wir es zu verdanken, dass wir die erste Familie in unserem Sum waren, die eine echte schöne Kuckucksuhr besaß. »Nein, wie erstaunlich, da springt eine kleine Tür auf und ein Kuckuck guckt hervor und singt!« – »Ja genau, ein außergewöhnliches Ding. Es scheint, als ob es in Russland viele solche wundersamen Dinge gibt. Diese kleinen Holzpuppen, die Matrjoschkas, die ineinander schachtelbar sind, so dass sich in jeder Puppe ein kleinere versteckt, sind ja so niedlich! Die denken sich Sachen aus, von denen wir noch nicht einmal träumen. Die Russen sind so erfinderisch!« So saßen wir im Kreis und bestaunten die mitgebrachten Geschenke, bis der Milchtee zur Neige ging.

Während seiner Besuche kamen alle Kinder aus der Umgebung, meine Freunde und Klassenkameraden, zu uns nach Hause gerannt, um Shaarii Akh zu sehen und zu begrüßen. Sie hofften dabei auch, ein paar leckere Bonbons aus dem Ausland zu ergattern. Shaarii Akh neckte die Kinder, sprach in seiner ausländischen Sprache, brachte sie damit in eine peinliche Lage, weil sie ja nichts verstanden, und schenkte ihnen dann zum Trost Süßigkeiten und Spielzeug. Ich träumte davon, eines Tages wie er zu sein und auch ins Ausland zu gehen.

Schon bevor Shaariibuu zum Studium nach Russland ging, hatte ich von unserem großen Nachbarland und seinen Menschen gehört. Der erste Ausländer, den ich sah, war ein Russe. Es waren Geologen, die mit Auto und Zelt in unserer Gegend unterwegs waren. Meine Mutter, die sich stets um Reisende sorgte, schickte mich los, um sie mit Gebäck, Sahne und Joghurt zu versorgen. Die Russen schienen sich zu freuen und bedankten sich mit »spasiwo, spasiwo«. Sie zeigten auf den Teekessel, den ich mitgebracht hatte, und dann auf das Wasser, das neben ihrem Zelt stand. Ich verstand, dass sie den mongolischen Milchschnaps wollten, und ich brachte ihnen welchen von meiner Mutter. Sie freuten sich und sagten »charascho, charascho«, also gut, gut. Das waren die ersten russischen Wörter, die ich hörte.

Einmal, als Shaarii Akh in den Ferien aus Irkutsk zu uns kam, ich war damals sechs oder sieben Jahre alt, waren mein kleiner Bruder und ich von einer juckenden Krankheit befallen. Genauer gesagt, wir hatten die Krätze am ganzen Körper. Wer weiß noch, wo wir uns diese Plage eingefangen hatten. Es gab sonst keinen in unserer Familie, der davon betroffen war. Shaarii Akh ekelte sich sehr vor uns. Mag sein, weil er gerade aus einem entwickelten Land zurückgekehrt war, oder aber, weil er von Natur aus sehr fein war: »Ihr müsst schnell gesund und sauber werden. Wo habt ihr euch nur diese ansteckende Krankheit eingefangen? Wenn ihr so weitermacht, steckt ihr noch die gesamte Familie an. Ich werde euch mit Schmierfett eincremen müssen.« Das Fett roch besonders streng, und ich wusste, dass es eigentlich für Autos benutzt wurde und auch zur Heilung von Hautkrankheiten der Tiere. Ich mochte es wirklich nicht. Um nicht damit eingecremt zu werden, rannte ich weinend und kreischend schnell von zu Hause weg. Ich wollte die Aufmerksamkeit meiner Eltern erregen, damit diese, so hoffte ich, mich vor meinem Bruder schützten. Ich muss wohl sehr verwöhnt gewesen sein, um auf eine solche Idee zu kommen. Es hat leider nicht funktioniert. Plötzlich hörte ich Pferdehufe hinter mir und sah meinen Bruder, der auf einem Pferd auf mich zukam, mit einer großen Pferdepeitsche in der Hand. Als er mich eingeholt hatte, schnallte er seinen Hosengürtel ab: »Was ist das nur für ein widerborstiges Kind!«, rief er aus und versetzte mir einen Hieb. Aus Trotz, vom geliebten großen Bruder gezüchtigt zu werden, drohte ich damit, in den überfluteten Hanui-Fluss, der hinter ein paar Jurten vorbeifloss, zu springen und rannte wieder los. Doch ich schaffte es nicht mal bis zur nächsten Jurtensiedlung. Erneut holte er mich auf dem Pferd ein und versetzte mir einen weiteren starken Hieb mit seinem Gürtel, brachte mich zurück nach Hause und cremte mich und meinen kleinen Bruder mit dem stinkenden Schmierfett ein. Es roch wirklich übel, beinahe hätte ich mich übergeben. Anschließend packte er uns und ließ uns auf dem von der Mittagssonne aufgeheizten Kälberstall zum Trocknen hinlegen.

Meine Tränen waren schnell getrocknet und die Hiebe des Bruders schon fast vergessen. Mein kleiner Bruder Purevdorj und ich guckten in die Ferne und redeten miteinander. »Ich sterbe hier noch in der brennenden Sonne.« – »Ich auch. Es ist so heiß hier.« – »Meinst du, sie lassen uns wieder rein?« – »Ich glaube nicht, erst müssen wir gesund werden.« – »So wie wir stinken, stecken sie uns höchstwahrscheinlich über Nacht in den Stall.« – »Was? In den Stall? Nachts? Nicht ernsthaft, oder? Wir werden vor Angst sterben! Warum haben wir uns das nur eingefangen? Puh, wie diese Salbe stinkt!« So verbrachten wir die Zeit und kicherten, gackerten, lachten und spielten miteinander.

Wie sich herausstellen sollte, war die Entscheidung meines großen Bruders richtig. Drei Tage wurden wir mit dem stinkenden Schmierfett eingecremt und lagen lange in der Sonne. Dann waren wir von den Plagegeistern vollkommen befreit. Als wir wieder gesund waren, dachte ich mir, wie weise mein Bruder war. Er hatte mein Verhalten zu Recht mit seinem Gürtel bestraft, und ich hätte ihm nicht so viel Ärger bereiten sollen.

Wenn ich an die Erlebnisse meiner Kindheit und an meinen kleinen Bruder zurückdenke, erwärmt sich mein Herz so sehr, dass sich meine Augen mit Tränen füllen. Wie schön und unbeschwert unsere Kindheit doch war.

Krieg gegen Mönche

Auf Druck Stalins erlebte die Mongolei einen schwarzen Sturm der Repression. Ein Albtraum, der die bittersten Jahre unserer Geschichte markiert. Noch sehr deutlich erinnere ich mich an eine Geschichte, die uns Tante Baljid, die ältere Schwester meines Vaters, erzählte: Im Jahr 1932, zu einer Zeit, in der Mönche verhaftet wurden, Klöster vereinsamten und die Angehörigen mit heimlichen Gebeten gegen ihre stillen Sorgen ankämpften, kamen Vertreter des Innenministeriums in die Jurte. Der Anlass war ein Aufstand der Mönche des in der Nähe gelegenen Tariatklosters. Der Aufstand war Teil eines regelrechten Bürgerkriegs in den westlichen Aimaks. Zu dieser Zeit wurde in der ganzen Mongolei das Volk unterdrückt: Der Staat beschlagnahmte unter Mithilfe revolutionärer Greiftrupps das Vermögen aller, die wie Mönche und Adelige als wohlhabend galten. Zusätzlich wurden sie mit hohen Steuern belegt. Die Mönche sahen in ihrer Verzweiflung keinen anderen Ausweg, als zu den Waffen zu greifen.

Mein Vater war einer der Hauptmönche, Unzad-Lama genannt. Seine Aufgabe war es, die gemeinsamen Gebetszeremonien zu leiten. Mein Vater konnte nicht nur lesen und schreiben, sondern sich auch die langen Gebete gut merken. Die tiefe und weittragende Stimme meines Vaters leitete mit deutlicher Aussprache die anderen Mönche bei Text und Melodie an. Beim Rezitieren der buddhistischen Sutrabücher ließ seine tiefe Bassstimme nicht ein Wort, nicht eine Silbe aus. Der Charakter meines Vaters, sein Erscheinungsbild und seine Lesefertigkeiten verhalfen ihm zu großem Ansehen und Einfluss im Kloster. Wegen seines rezitativen Talents nannten die anderen ihn »Kehlen-Dendev«.

Mein Vater war es auch, den die Leute vom Innenministerium bei ihrem unangekündigten Besuch bei seiner in dieser Zeit hochschwangeren Schwester suchten. Zuvor hatte sich schon wie ein Lauffeuer der Plan des Innenministeriums herumgesprochen, alle Mönche vom Angesicht der Erde zu tilgen. In der Bevölkerung griff große Angst um sich, vor der man nicht einmal zu Hause sicher war. Niemand vertraute noch irgendjemandem, die Angst brannte sich in die kollektive Seele der Mongolen ein. Auch

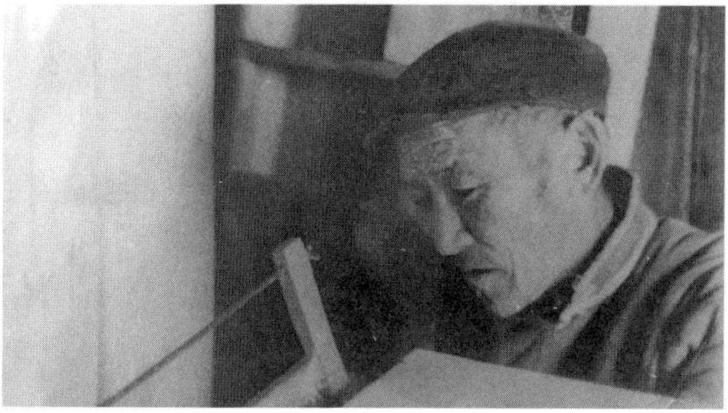

Mein Vater war ein guter Tischler, 1960er Jahre

bei uns waren die Mönche wie mein Vater und mein Onkel in die umliegenden Berge geflohen, um sich vor ihren Häschern zu verstecken. Mit Waffen in den Holstern fragten die Besucher meine hochschwangere Tante nach dem Aufenthaltsort ihres Bruders. Diese erwiderte: »Ich habe ihn schon lange nicht mehr gesehen. Ich habe keine Ahnung, ob er noch unter den Lebenden weilt. Vielleicht ist er schon tot.« Die Stimmung war angespannt. Mit dieser Antwort wollten sich die ungebetenen Besucher nicht zufriedengeben. »Ach, ist das wirklich so? Du willst deine kriminellen Verwandten auch noch verstecken? Wenn du uns nicht sagst, wo dein Bruder Dendev ist, dann werden wir dich zum Schreien bringen. Du wirst schreien, bis du weißt, ob er noch lebt oder nicht! Dein Schreien wird man noch in der Unterwelt hören können!« Daraufhin fesselten sie meine Tante mit einem Seil und banden sie an ein Pferd, um sie über den Boden zu schleifen. Meine Tante erfasste die Situation geistesgegenwärtig und fasste den Plan, sich möglichst schnell tot zu stellen, damit man von ihr abließ. Ihr Plan ging auf. Nachdem man sie eine Weile hinter dem Pferd hergeschleift hatte, saßen die Peiniger ab, um nach meiner Tante zu sehen. Sie lag regungslos auf dem Boden und hielt ihren Atem an. Die Männer fluchten, banden sie los und ließen sie liegen. Somit rettete meine mutige Tante ihrem Mann und ihrem Bruder das Leben. Und obwohl unsere Familie von diesem dunklen Fleck der mongolischen Geschichte nicht verschont wurde, brachte meine Tante kurz nach dieser Folter einen gesunden Jungen auf die Welt.

Mein Vater erlebte die wechselhafte Geschichte der Mongolei in der ersten Hälfte des 20. Jahrhunderts am eigenen Leib. Im Jahr 1913 wurde er im heutigen Erdenemandal, im Arkhangai Aimak entlang des Zuun Tsuuriin Flusses gelegen, als einziger Sohn meines Großvaters Jamts geboren. Weil er über ein gutes Gedächtnis und einen scharfen Verstand verfügte, beschlossen seine Eltern, ihn im Kloster des Heiligen Zaya zum Mönch ausbilden zu lassen. Das Kloster lag im Norden der Stadt Tsetserleg, am Fuße des Bulgan-Berges. Es war wunderschön und beherbergte in seinen Hochzeiten über tausend Mönche, die hier lernten und tief in die Welt des Buddhismus eindrangen. Es war ein belebter Ort, voll mit Besuchern und Gläubigen.

Doch damit war es bald vorbei. Ab 1924 sagte die MRVP dem Feudalismus und der Religion den Kampf an. Die Angehörigen der alten mongolischen Dynastien, Würdenträger und Mönche wurden verfolgt. Die wohlhabenden Bevölkerungsschichten und die Lamas wurden samt ihrer Klöster ausgelöscht. Man durfte noch nicht einmal die neue »Volksregierung« und den Buddhismus zusammen in einem Satz erwähnen. Heutige Historiker sprechen von einem Massaker in der Dimension eines nationalen Verbrechens gegen die Menschlichkeit, das die kommunistische Führung der Mongolei unter Einfluss und auf Druck der stalinistischen Sowjetunion verübte. Denn eine möglichst enge Anbindung an die Sowjetunion unter Stalin war die einzige Garantie für ein Fortbestehen der gerade erst errungenen Unabhängigkeit der Mongolei von China und als Schutz vor japanischen Kolonisierungsbestrebungen. So wurde die Mongolei in den folgenden Jahrzehnten zu einem sowjetischen Satellitenstaat. Wir hatten uns die stalinistische Ideologie mit ihrem Hass auf Religion und Adel nicht ausgedacht, aber auf unserem eigenen Gebiet wurde sie von Mongolen unter dem Vorwand der Rechtfertigung eines notwendigen Übels zu Wahrung der Eigenstaatlichkeit grausam in die Tat umgesetzt.

Im dunklen Schatten dieser Zeit lebte auch meine Familie. Doch sie trotzte den widrigen Umständen. Der nach ihrer Folter geborene gesunde Sohn meiner Tante zählte zu den abgehärtetsten Kindern in unserer Gegend. Ich kann mich noch daran erinnern, wie er seine Stärke demonstrierte, indem er einen siebzig Kilo schweren Mehlsack mit den Zähnen um die Jurte zog. Später gewann er Auszeichnungen als Ringer. Auch meine Tante Baljid zeigte ihre Stärke. Sie erreichte das unglaublich hohe

Melkstationen einer Genossenschaft auf dem Land, 1960er Jahre

Die erste Neulandgewinnung in der Mongolei, 1959

Alter von 104 Jahren – vielleicht lag das an ihrem Karma für die Heldentat, mit der sie ihren Mann und meinen Vater vor der Ermordung gerettet hatte?

Das Versteck in den Bergen

In der Zeit des Aufstandes der Mönche gab mein damals 20-jähriger Vater sein Mönchsgelübde auf und wurde ein normaler Bürger. Dennoch wurde er verfolgt. Man setzte damals jedem nach, der irgendwann mal ein Mönch gewesen war. Auch meinen Vater ließ man nicht in Ruhe. Die Häscher des Innenministeriums hatten bei der Befragung meiner Tante richtig vermutet: Um sich der Verfolgung zu entziehen, versteckte sich mein Vater lange Zeit in den Bergen. Er lebte dort bei jeder Witterung, manches Mal ohne Nahrung. Bei Krankheit und Sorgen war er auf sich allein gestellt.

Zum Glück war mein Vater klug, gebildet, unglaublich fleißig und handwerklich begabt. Als er jünger war, rief er während der Feierlichkeiten des Naadamfestes die Namen der ausgezeichneten Pferde und Ringer aus. Er trainierte auch selber Pferde. Es gibt fast keine Arbeit, die mein Vater nicht gemacht hat. Er war sehr zielstrebig und gab sich nie der Muße hin. Wenn ich morgens aufwachte, dachte ich oft, dass mein Vater noch seinen Tee trinke, aber da war er schon längst aufgestanden und in irgendeine Tätigkeit vertieft. Dabei war er so konzentriert und in seiner Aufgabe versunken, dass es ihm noch nicht einmal auffiel, wenn seine Nase lief. Mein Vater hatte das Talent, bei der Arbeit seine Umgebung vollständig zu vergessen. Meine Mutter schickte uns oft, um ihn zum Essen zu holen, weil er es sonst vergessen hätte. Wenn er dann immer noch nicht kam, bekamen wir den Ärger unserer Mutter ab.

Aber was für schöne Sachen unser Vater herstellte! Er war in der Gegend berühmt für sein wunderbares Neujahrsgebäck. Wir Kinder halfen ihm, den Teig zu kneten, bis unsere Finger glühten. Aus dem Teig formte mein Vater alle möglichen Formen und Figuren wie Tannenzapfen oder Schafsköpfe und frittierte sie dann in kochend heißem Öl. Für jedes seiner Kinder fertigte er das passende Tier zu unserem Geburtsjahr gemäß dem buddhistischen Kalender an. Erst später verstand ich, dass er uns auf diese Art und Weise unsere Traditionen näherbrachte.

Die Gebete las mein Vater der damaligen Tradition gemäß stets auf Tibetisch. Wir Kinder mussten dabei immer kichern, weil wir diese fremde Sprache nicht verstanden. Er unterbrach seine Gebete nicht, aber er warf uns einen Blick zu, der uns sofort verstummen ließ. Auch moderne Bücher las unser Vater gerne. Er erzählte uns davon und manchmal las er daraus vor.

Mein Vater war auch ein hervorragender Handwerker. Er hat nicht nur Schränke und Truhen hergestellt, sondern auch das Holzgestell und den Deckenrahmen unserer Jurte. Eigentlich alles, was sich aus Holz, Papier und anderen einfachen Materialien herstellen ließ, baute mein Vater selbst. Seine Schreinerarbeiten erledigte mein Vater, ohne auch nur einen Nagel in das Holz zu schlagen. Was er brauchte, war nicht mehr als eine Säge, ein Hobel und ein Schraubstock. Das wichtigste Werkzeug aber war eine riesige Axt, die so scharf geschliffen und poliert war, dass sie schwarz in der Sonne glänzte und er sich damit seinen Bart hätte rasieren können. Und auch das Bemalen der Möbel besorgte mein Vater selbst. Aus Naturmaterialien stellte er viele verschiedene Farben her.

Wir mussten daher nur selten etwas kaufen. Die Spezialität meines Vaters waren Truhen mit Löwen- und Tigerbildern. Es war damals Mode, solche Truhen an das Fußende des Bettes zu stellen, und die Truhen meines Vaters waren sehr begehrt. Vor einigen Jahren habe ich bei einer Familie auf dem Land eine der Truhen meines Vaters wiederentdeckt. Egal, welchen Preis ich ihnen bot, sie wollten sie einfach nicht verkaufen. Selbst unser Spielzeug stellte mein Vater selbst her. Aus einem seiner Spielzeuge lugte ein Schlangenkopf hervor, wenn man an einer Schnur zog. Ein anderes war eine vollständig bewegliche Puppenschaukel. Aus einer Pappkiste machte unser Vater einen Hampelmann. Mein Vater schaffte es immer wieder, uns Kinder mit seinen selbst gebauten, wundersamen und erstaunlichen Dingen zu verzaubern. Wir hatten nie Grund, auf die Spielzeuge anderer Kinder neidisch zu sein.

Wenn ich jetzt darüber nachdenke, dann verfügte mein Vater über ein außergewöhnliches Verständnis von Strukturen und Materialien, die er mit besonderer Voraussicht und Geschicklichkeit bearbeitete, ohne je formell eine Ausbildung in dieser Hinsicht genossen zu haben.

Mein Vater beherrschte die tibetische, die alte und auch die neue mongolische Schrift (mit kyrillischen Buchstaben) gut. Er konnte sie alle lesen und schreiben. Das meiste davon hatte er sich selbst beigebracht. Er war ein kluger und fleißiger Mongole, der jedem ein Vorbild sein konnte. Darauf bin ich sehr stolz. Die große Bedeutung, die meine Eltern für mein Leben haben und meine unendliche Dankbarkeit, die ich für sie fühle, bringt am besten ein Gedicht von B. Javuuhulan (1929–1982) zum Ausdruck:

»In diese goldene Welt geboren zu werden, hat einen Grund,
Störte ich die Ruhe in des Vaters Ger.
Quälte ich zehn Monate die barmherzige Mutter.
Damit ich als quirliges Kind ihr Freude brachte,
Scheint das ein Grund, in diese goldene Welt geboren zu werden.«
(Aus dem Gedicht »In diese Welt geboren zu werden,
hat einen Grund«, übersetzt von P. Gangaamaa.)

Heiler und Rituale

Die religiöse Einstellung meines Vaters hatte sich nie geändert, obwohl er in einer schwierigen Zeit lebte, in der sogar das Reden über Religion verboten war. Festnahmen von Freunden, Haftstrafen gegen Mönche und die offizielle anti-religiöse Ideologie konnten seinen Glauben nicht erschüttern. Die schwierigen Zeiten verlangten es meinem Vater ab, seine Reliquien zu verstecken und entgegen der Gewohnheit die Jurtentür abzuschließen, wenn er abends still und heimlich den Göttern huldigte. In höchsten Ehren hielt mein Vater ein gelbes Seidenbanner, das mit schwarzer Tinte beschrieben war. Er betete es gleich einem Gott an. Für uns Kinder war das rätselhaft und nicht zu verstehen. Nach dem frühen und unerwarteten Tod unserer Eltern, die kurz hintereinander starben, nahmen wir nichtswissenden jungen Menschen ihre vom langjährigen Weihrauch verrußten Götterfiguren und wuschen sie ab. Wir Pioniere, die das rote Tuch und den Anstecker des Revolutionshelden Sukhbaatar trugen, waren schließlich zu Reinlichkeit, Ordnung, Atheismus und Disziplin verpflichtet. Mit Reliquien konnten wir nicht viel anfangen. Nachdem die Alten von solch einer aus Unwissenheit geborenen Sünde hörten, sagten sie uns, dass es besser sei, die religiösen Utensilien einem Kloster zu überlassen, um sie dort sicher zu verwahren. Viele Kisten gingen ans Kloster, aber mein großer Bruder behielt die Gottheit Lkham, das frisch gewaschene, von meinem Vater so verehrte gelbe Seidenbanner, und auf Stoff gemalte Bildnisse buddhistischer Götter.

Erst sehr viel später verstand ich, weshalb mein Vater das Seidenbanner so verehrte. Als ich es Jhado Rinpoche zeigte, der im Alter von drei Jahren als 6. Inkarnation des Abts des Klosters Jhado in Tibet anerkannt und inthronisiert worden war, erklärte er mir, dass es sich um ein gestempeltes, sehr wichtiges Schreiben des Vanchin Erdene handelt. Vanchin Erdene ist das nächstmächtigste buddhistische Oberhaupt nach dem Dalai Lama, und nur die beiden erkennen amtlich gegenseitig die Inkarnation des anderen an. Jhado Rinpoche studierte die in seltenen und schwer zu lesenden vertikalen tibetischen Schriften verfassten Zeilen auf dem Banner und erklärte uns, dass es sich um die Bestätigung der ersten Inkarnation eines Zaya Gegeen (Erleuchteten Zaya) in der Mongolei handelte, deren Anerkennung von Vanchin Erdene mit seinem Stempel beglaubigt wurde. Durch diese Erklärung wurde mir klar, dass mein Vater um den Bedeutungsgehalt dieses Dokumentes wusste: Weil es sich um ein so wichtiges Zeugnis religiöser Tradition handelte, hatte er es so verehrt und es an die kommende Generation, also uns, vererben wollen. Und doch ranken sich um das Seidenbanner noch viele offene Fragen: Warum war dieses bedeutende Stück im Besitz meines Vaters? Wie gelangte es in seine Hände? Und warum betete er es gleich einem Gott an?

Mein Vater sprach mit uns vermutlich mit Absicht kaum über Religion, um uns vor Gefahren zu schützen. In der sozialistischen Mongolei war die Religion strengstens überwacht und je nach politischer Großwetterlage sehr begrenzt geduldet oder verboten, mit unterschiedlichen Graden der Unterdrückung. Heute weiß ich, dass mein Vater zu seiner Zeit ein einflussreicher Mönch war, der eindrucksvolle Gebete sprechen und Rituale vollziehen konnte. Selbst in der Zeit der damaligen

Unterdrückung sprachen die Leute in unserer Gegend im Geheimen über ihn. Mit der Zeit nahmen diese Geschichten, die mir die Alten aus meiner Heimat später erzählten, sagenartige Gestalt an. Ich bewundere meinen Vater immer noch.

Das mongolische Gesundheitswesen war lange Zeit kaum entwickelt. Das Land war dünn besiedelt, und die Nomaden lebten weit voneinander entfernt. Ausgebildete Ärzte gab es nur an wenigen zentralen Orten, und Krankenwagen kannte man kaum. Oft füllten Mönche und Kundige der traditionellen Medizin diese Lücke. Doch seit 1937 wurden diese Leute von staatlicher Seite erbarmungslos verfolgt und kaltblütig ermordet, so dass es vielerorts an jeglicher medizinischer Versorgung fehlte. Krankheit und Verletzung waren daher in den dreißiger und vierziger Jahren für viele Menschen, vor allem für Kinder, ein großes und lebensgefährliches Unglück.

Auch wenn die nächste Krankenstation viele Kilometer entfernt war, musste man zu jeder Tages- und Nachtzeit und selbst bei Schneestürmen mit dem weinenden, fiebernden oder ohnmächtigen Kind im Arm auf dem Pferd oder dem Kamel zu Ärzten oder Sanitätern des nächst gelegenen zentralen Ortes reiten. Zu Hause lasen die Angehörigen alle Gebete, die sie kannten, für das Wohl des Erkrankten, zündeten Weihrauch an und holten die versteckten Götterfiguren und die Sutra hervor, einen auf Tuch oder Papier geschriebenen religiösen Lehrtext. In Zeiten der Not waren die Alten, die bis auf den Tod schon alles gesehen und erlebt hatten, von unglaublicher Wichtigkeit. Sie wussten stets, welche Gebete die Mönche früher bei welchen Krankheiten sprachen und welche Rituale sie dabei ausüben mussten. Auch wenn sie die Krankheit auf diese Weise nicht notwendigerweise heilen konnten, so besänftigten sie doch die Gemüter.

Es ist vermutlich noch keinem Staat gelungen, alle Menschen eines Glaubens einzusperren oder umzubringen. So war es auch in der Mongolei: In jeder Region gelang es einigen wenigen Mönchen, diesem Schicksal zu entgehen, so dass sie den Menschen helfen konnten. Die Heiler und Heilkundigen, die noch in Freiheit waren oder die lange Haft überlebt hatten, wurden zu jeder Stunde von Bedürftigen aufgesucht. Einer dieser Menschen in unserem Ort war mein Vater. Viele Leute, die ihn besuchen kamen, haben ihn Gebete sprechen und verschiedene Rituale vollziehen lassen. Doch dabei musste man große Vorsicht walten lassen. Lautes Glockenklingeln oder Beten war strengstens verboten, und wenn er es tat, stellte man vor der Tür einen Wachposten auf. In der Jurte unterhielt man sich nur flüsternd. Wer von den Fähigkeiten meines Vaters wusste, behielt es für sich.

Die Rituale, die mein Vater damals vollzog, gibt es auch heute noch. Um ein verängstigtes oder krankes Kind zu heilen, liest man zum Beispiel das Gebet des Gottes Sosorbaram. Man bläst die Gebetswörter in eine mit Wasser gefüllte Schale, umkreist das Kind dreimal im Uhrzeigersinn und dreimal gegen den Uhrzeigersinn. Jede Region hat ihre eigenen Rituale. Mancherorts wird Blei oder Kerzenwachs geschmolzen und in kaltes Wasser gegeben. Die daraus entstehende Figur wird gleich einem Spielzeug über die Wiege gehängt. Andere streuen Salz ins Feuer oder in die Glut. Das verursacht laute Geräusche, zu denen das nackte Kind mit falsch herum aufgesetzter Mütze, natürlich in gebührendem Abstand, über dem Feuer oder der Glut im Uhrzeigersinn gedreht wird.

Wir Mongolen haben in den Tausenden von Jahren, in denen wir unser Vieh hütend die Steppe durchquerten, aus der aufmerksamen Beobachtung der Natur viele Rituale entwickelt, die sich auch im Lichte der modernen Wissenschaft als wirksam erweisen. Um herauszufinden, wohin das Vieh verschwunden war, wo man seinen Hut verloren hatte oder wann jemand wieder heimkehren würde, gab es besondere Methoden und Rituale. Man reinigt den Schulterknochen eines Schafes vollkommen vom Fleisch, wispert Fragen, Wünsche und Gebete in den Knochen und legt ihn anschließend ins leichte, nicht lodernde Feuer. Bevor der Knochen ganz verbrannt ist, zieht man ihn aus dem Feuer und liest die Linien, die auf dem Knochen hervortraten, wo sie anfingen und wo sie aufhörten. Ich habe dieses Ritual als Kind oft beobachtet und es erschien mir eher als Raten – aber oft trifft es zu. Dieses Ritual wird immer noch praktiziert. In den Augen aufgeschlossener moderner Menschen klingt das alles nach Aberglauben. Aber wer weiß, vielleicht ist das nomadische Volk doch auf etwas Verborgenes gestoßen, denn viele auf diese Weise gewonnene Informationen stellten sich später als wahr heraus.

Als ich klein war, teilten wir unseren Sommerplatz mit der Familie des mit uns entfernt verwandten Burged. Eines Tages, so erzählt man sich in unserer Familie, soll der aufgebrachte Burged mit seiner weinenden Frau Byambajav und seiner blau angelaufenen kleinen Tochter Javzanpagma in unsere Jurte gerannt sein. Die Kleine war noch nicht einmal ein Jahr alt, aber schwer erkrankt. Unter Tränen stieß die Mutter des Mädchens gegenüber meinem Vater hervor: »Sie stirbt, noch bevor sie aufwachsen kann! Onkel, nur du kannst sie heilen und selbst aufziehen.« Sie rannte wieder hinaus, ohne auf seine Antwort zu warten. Mein Vater legte die Kleine auf das Bett und befreite sie von ihrer Decke. Dann legte er einen großen und an der Unterseite verrußten Kessel aus Gusseisen über sie und begann, laut Gebete zu sprechen. Nachdem er gebetet hatte, entfernte er den Kessel und pustete der Kleinen ins Gesicht. Plötzlich verfärbten sich die blau angelaufenen Wangen und Blut lief in sie hinein. Javzanpagma begann zu schreien. Burged lief sofort los und holte seine Frau, die mit tränenüberströmtem Gesicht eintrat. Sie sagte, dass die Kleine eine Schwester für die einzige Tochter meines Vaters werden solle und verließ die Jurte wieder. Bald begann dann das Kind vor Hunger zu schreien. Meine Mutter brachte die kleine Javzanpagma mit den Worten zu ihren Eltern, dass wir ja Nachbarn seien und sich wohl irgendwie ein Weg finden ließe, sie zusammen gesund und groß werden zu lassen, denn ein Kind sollte zu seiner eigenen Mutter gehören. Zwischen den zwei Jurten unserer beiden Familien wuchs das Mädchen mit uns wie eine Schwester auf. Jedes Mal, wenn ich heute aufs Land fahre, besuche ich sie.

Wegen der Fähigkeiten unseres Vaters suchten wir in dem seltenen Fall, dass einer von uns einen Husten oder Fieber hatte, nie einen Arzt auf. Wenn wir Kinder eine Gehirnerschütterung hatten, maß unser Vater mit einem Faden unseren Kopf. Dann mussten wir im Bett gerade liegen. Er legte uns ein Brett an die Füße und klopfte mit einem Hammer vorsichtig darauf, bis wir keine Schmerzen mehr fühlten. Sehr lange waren solche und ähnliche Rituale und Gebete in der Mongolei verboten. Wenn überzeugte Parteimitglieder und -funktionäre davon Wind bekommen hätten, wäre mein Vater mit Sicherheit im Gefängnis gelandet. Die Leute, die um meines Vaters heimliche Aktivitäten wussten, achteten darauf, dies geheim zu halten, um ihn zu schützen.

Stutenmilch und mongolischer Gesang

Kurz nach der Hochzeit meiner Eltern starben eine Schwester meines Vaters und ihr Mann. Sie hinterließen zwei kleine Jungen, Nambar war sieben und Dashtseveg neun Jahre alt. Die beiden Waisen wurden von meinen Eltern wie ihre eigenen Kinder aufgezogen. Meine Mutter war erst 18 Jahre alt, als sie ihr erstes Kind gebar und die beiden Kleinen genau zu diesem Zeitpunkt in unsere Jurte kamen. Doch ihre Liebe reichte für alle.

Meine Mutter war eine sanfte und großzügige Frau. Niemand, der uns besuchte, verließ unsere Jurte hungrig. Wenn ein Besucher nur wenig aß, war sie betrübt und weinte vor Kummer, dass ihre Kochkünste nicht ausreichend wären. Meine Mutter konnte aus den kleinsten Dingen die schönsten Sachen zaubern. Es gab immer reichlich zu essen und es schmeckte vorzüglich. In meinen Kinderaugen konnte niemand besser kochen als meine Mutter.

Weil uns meine Eltern eine gute Schuldbildung ermöglichen wollten, zogen sie vom Brigadezentrum der Molkerei ins größere Sum-Zentrum. Wir waren viele Brüder und wuchsen wie Unkraut heran, aber wir gingen miteinander sehr harmonisch und liebevoll um. Bei uns zu Hause war es sehr ordentlich, alles hatte seinen angestammten Platz. Wegen unserer Gastfreundschaft empfingen wir stets viele Besucher. Für mich war das immer sehr aufregend, weil die Erwachsenen über viele unbekannte und interessante Dinge sprachen. Vor allem die Klassenkameraden meiner Brüder und meiner Schwester kamen oft vorbei. Sie wohnten fast bei uns, und man konnte sie kaum von den eigenen Geschwistern unterscheiden. In die Mittelschule gingen nicht nur die Kinder aus Erdenemandal Sum, sondern auch aus vier benachbarten Sums, in denen es keine weiterführenden Schulen gab. Die meisten Kinder lebten im schuleigenen Internat oder bei befreundeten Familien oder Verwandten. Es war eine Zeit, in der die Menschen einander vertrauten und sich um die Kinder anderer Leute wie um ihre eigenen kümmerten.

Die Kinder aus dem Internat hatten oft Heimweh und manches Mal war die Verpflegung dort nicht sehr schmackhaft oder nicht ausreichend.

Reiten kann fast jeder Mongole. Ein Ritt mit meinem schwarzen Pferd in Erdenemandal, Arkhangai Aimak, 2009

Ein Erinnerungsfoto mit meinen Eltern, Geschwistern und Verwandten beim ersten Besuch in Ulaanbaatar, Ende 1963. Ich stehe hinten links, neben dem Vater.

So kamen die Freunde meiner Geschwister oft unter dem Vorwand, gemeinsam die Hausaufgaben zu erledigen, zu fünft oder sechst zu uns. Meine Mutter kochte im heißen Öl viele Kilo Fettgebäck für alle. Tee trinkend schlugen sich die Gäste die Mägen voll. Später brachte auch ich meine Freunde mit heim. Wenn ich heutzutage auf die Klassenkameraden meiner Geschwister treffe, dann denken diese voller Sehnsucht an das Gebäck, das meine Mutter so bereitwillig verteilte.

Meine großen Brüder verließen später das heimische Nest, um zu studieren oder zu arbeiten. Meine Mutter vermisste ihre Jungs und musste deswegen manches Mal weinen. Als Mann des Hauses zeigte mein Vater keine Tränen, er saß grübelnd da und meinte nur, dass es meinen Geschwistern doch gut gehe und sie sich keine Sorgen zu machen brauche. Auch wenn er sich selbst als Familienoberhaupt gewiss so manche Sorgen machte – er zeigte es nur nicht.

Im Sommer wurden auch die Stuten gemolken, und aus deren Milch wurde »Airag« – gegorene Stutenmilch, hergestellt. Airag ist das beliebteste Getränk der Mongolen. Dabei wird die frischgemolkene Milch erst durch ein Tuch gesiebt und dann in einem selbst hergestellten, großen Lederbeutel, der aus einer ganzen Rinderhaut genäht wurde, gegoren. Der mit der Milch gefüllte Lederbeutel wird meistens auf der westlichen Seite der Jurte an einem stabilen Gestell aufgehängt und jeden Tag mindestens vier- bis fünftausendmal vom Hausherr und sogar von Gästen, aber meistens von Kindern, mit einem Holzstampfer geklopft, um die Gärung anzuregen und einen guten, prickelnden und erfrischenden Airag herzustellen. Das fertige Getränk fördert die Verdauung, regt den Stoffwechsel an, stärkt die Abwehrkraft des Körpers und führt ihm wichtige Vitamine zu.

Die Herbstmitte war eine besonders aufregende und gesellige Zeit auf dem Land. Nachdem das Heu eingebracht worden war und in Vorbereitung des Viehs für den Winter weniger gemolken wurde, gab es Gelegenheit zum Feiern. Es gab viele Haarschneidefeste für Kinder – den kleinen Kindern werden mit drei Jahren zum ersten Mal das Haar geschnitten, was noch heute ein wichtiges Ereignis für die ganze Familie ist –, Hochzeiten und Jurtenfeste. Man besuchte sich gegenseitig und empfing Gäste aus der Stadt oder aus anderen Orten. Gefeiert

Ein typischer, gemeinsamer Abend bei Viehzüchtern beim Radiohören, 1960er Jahre

wurde auch, wenn die neuen Fohlen ihre Brandzeichen erhalten hatten. Alle Feste feierten wir zusammen und tranken gemeinsam Airag. In dieser Zeit konnte man auch neue Lieder lernen und gemeinsam singen.

Meine Mutter ritt als Kind nicht nur Rennpferde, sie hatte auch eine klare und schöne Stimme. Die brauchte man, um das Pferd anzutreiben. Wenn meine Mutter mit ihrer besonderen Stimme die Pferde antrieb, wurden deren Schritte schneller und leichter. Dank ihrer Stimme konnte meine Mutter auch sehr gut singen. Zusammen mit meinem ebenfalls stimmgewaltigen Vater waren sie beliebte Gäste auf jeder Feier in unserem Ort. Ich folgte meinen Eltern auf viele Feste und hörte viele Lieder von ihnen. Gerne wollte ich auch so schön singen können, wie sie. Meine Geschwister und ich können noch heute alle Lieder auf Feiern ohne Scham singen, da wir diesen Schatz und die Begabung zum Singen von unseren Eltern geerbt haben.

Einmal sang meine Mutter auf einer Feier das neue Lied »Tal Nutgiin duu« – »Das Lied des Steppenkindes«. Es handelt von einer Mutter, deren

Sohn in die Ferne gezogen war. Mit ihrem einfühlsamen Gesang machte meine Mutter die Geschichte des Liedes lebendig: Sie ging völlig im Lied auf und den Zuhörern schmolzen die Herzen. Alle waren zu Tränen gerührt. War jemand traurig, sang meine Mutter fröhliche Lieder, bis alle schlechten Gefühle verschwunden waren und sich wieder Heiterkeit einstellte.

Meine Eltern hatten in mir das Verlangen geweckt, den großen Schatz des mongolischen Liedgutes zu erlernen. Sie brachten uns bei, die Texte der Lieder zu verstehen. Somit lernten wir, unsere Heimat, unsere Eltern, die Natur und die Menschen zu respektieren und zu lieben. Wir lernten auch, die Sitten und Gebräuche der Mongolen zu verstehen. Es ist ein wichtiger Teil unserer Kultur, sich mit anderen zu treffen und in Liedern, Sagen, Legenden und Märchen die Geschichte und Geschichten unserer Ahnen zu hören und an die jüngere Generation weiterzugeben. Ebenso wichtig ist es, den jungen Leuten zu vermitteln, welche Lieder man auf Feiern und Hochzeiten singen darf und welche nicht. Zu freudigen Anlässen dürfen auf keinen Fall Lieder über Trauer, Einsamkeit, Tod oder Schmerz gesungen werden. J. Dorjdagva, ein mongolischer Meister des »Langen Liedes«, wie eine spezielle Gesangsweise von Liedern bei uns genannt wird, ist der Meinung, dass man als Mongole unbedingt drei Lieder für große Feierlichkeiten kennen müsse: zuerst ein Einladungslied der Feier und die Staatshymne (während der Regierung unter Bogd im Jahr 1911 war das »Huur magnai«, die »Geigenmelodie«), danach ein Lobeslied auf unseren Staat und die Mongolen, mit dem heute noch das Naadamfest anfängt. Die Feierlichkeiten sollten mit »Enkh Mendiin bayar«, dem »Lied für das Friedensfest«, also mit einem Lied für ein friedliches und glückliches Leben, abgeschlossen werden:

»Es ist jetzt klar
Ein glücklicher und noch glücklicherer Tag
Weiße Wolke, Wolke
Warum der Wind vertrieben wird
Es ist, als wäre es eine Verschwendung ...«

Das mongolische »Lange Lied« steht in direktem Zusammenhang mit der Ehrfurcht und den Traditionen der Mongolen, wie Reiten und Feiern, und ist direkt aus dem Leben der nomadischen Mongolen und der mongolischen Sprache abgeleitet. Im Jahr 2003 wurde von UNESCO unser Langes Lied als »eine beste Probe des mündlichen und immateriellen Erbes der Menschheit« geehrt.

Der traditionelle Kehlkopfgesang und Langes Lied sind die höchste Form der Sangeskunst auf Feiern in der Mongolei. Bei dieser typisch mongolische Art des Singes werden die Töne im Kehlkopf erzeugt und dank spezieller Atemtechnik über lange Zeit gehalten. Der Gesang vertreibt die Kälte im Raum, sagt man. Zu seinen Klängen werden der erste Bissen vom Festmahl und der erste Schluck Alkohol geopfert. Der Kehlkopfgesang hebt die Fertigkeiten des Sängers deutlich hervor. Die Geschichte des Kehlkopfgesangs reicht weit zurück. Man geht davon aus, dass seine Ursprünge noch vor der Zeit der Hunnu liegen. Die Lieder wurden über Generationen hinweg immer weiter verfeinert. Auch mein Vater beherrschte den Kehlkopfgesang und noch besser das Lange Lied, daher wurde er bei Feiern immer wieder gebeten, das Lange Lied »Joroo jaakhan ulaan« zu singen. Es handelt davon, den Älteren auf Reisen die Ehre zu erweisen. Die Melodie und die Weisheit, die aus diesem Lied sprechen, werde ich nie vergessen. Es ist ein Teil des Menschen, der ich heute geworden bin.

Der berühmte Langsänger Dorjdagva, der über eine dreißigjährige Erfahrung verfügte, sagte wiederholt, dass wir Mongolen eine sehr lange Gesangstradition haben. Diese kann man sogar bis Jahrhunderte vor unserer Zeitrechnung zurückverfolgen, welches sich anhand alter Schriften nachweisen lässt. Die Lieder wurden über Generationen hinweg immer weiter verfeinert und weitergegeben, und es gab viele gute Sänger und Musiker der mongolischen traditionellen Musik- und Gesangskunst. Einer von ihnen ist der bekannte Geigenspieler Argusan aus dem 13. Jahrhundert. Er nahm die goldene Geige des Palastes und erzählte, dass er zehn Jahre gelernt hätte, sie zu spielen, und er noch weitere 20 Jahre zum vollständigen Erlernen des Instruments benötige. So ist es letztlich eine unendliche Aufgabe, die traditionelle Kunst und Kultur zu lernen.

Ein weiser Mann sagte, Menschen, die ihre Verwandten nicht kennen, seien nichts anderes als ein gewöhnlicher Frosch. Mongolen zeichneten seit jeher ihre Geschichte auf. Unsere Geschwister kennen dank intensiver, wenn auch damals noch verbotener Arbeit in den Archiven unseren Familienstammbaum sogar bis zur neunten Generation. Um diese Tradition weiterzuführen, sie der jungen Generation weiterzugeben, organisierte ich im Nordwesten des Erdenemandal Sum am Fuße des Olon Ovoot Berges, wo Grabstätten der Hunnu liegen, in der Nähe des Hunui Flusses, im Juli 2011 eine große Familienfeier. Fast alle unsere Verwandten, die jüngsten Sprosse unseres Stammbaums, kamen zu dieser Feier aus allen Ecken der Mongolei. Wir lernten uns untereinander besser kennen, wir restaurierten den Ovoo der Passhöhe namens Tsagaan Chuluut. Ein »Ovoo« ist eine Ritualstelle, und er entsteht aus Steinsetzungen mit Opfergaben wie Münzen, Tee, Milchbutter und weiteren Milchprodukten. Jeder, der vorbeigeht, fügt drei Steine von anderer Stelle hinzu und umschreitet den Ovoo dreimal im Uhrzeigersinn. Und so werden die Götter und Geister der Heimat, der Berge, des Wassers und des Himmels durch die Menschen geehrt – und von diesen im Gegenzug beschützt. Deshalb hatte ich entschieden, den alten Ovoo mit vielen Steinen, die von mehreren Lastwagen transportiert werden mussten, beträchtlich zu vergrößern. Am Ende enstand ein großer und vollkommener Ovoo, restauriert gemäß einer genauen Anleitung unserer örtlichen Geistlichen, und durch einen Bodi Stupa (ein buddhistisches Bauwerk, das als Symbol für Erleuchtung und Meditation steht) ergänzt – zum Wohl aller Menschen, seien es meine Verwandten und Bekannten oder alle Mongolen.

Bodhisutra beim Ortseingang von Erdenemandal sum, Arkhangai Aimak, initiiert von mir im Jahre 2011.

3. Kapitel

LEHRJAHRE

Unser ganzes Leben besteht aus Lernen. Als Kinder beginnen wir mit den allereinfachsten Dingen: Laufen, Sprechen, soziale Kontakte. Später, in der Schule, kommen grundlegende Kulturtechniken hinzu. Aber im Grunde genommen führen all diese Wege des Lernens immer wieder zu uns selbst zurück: Wir suchen und finden im besten Falle uns und eine Antwort auf die Frage, wer wir selbst sind. Um uns selbst besser kennenzulernen, finde ich immer wieder Spuren in der Vergangenheit. Woher sind wir gekommen, unsere Familien, unsere Vorfahren, die Mongolen? Eine Forschungsexkursion, die aus Historikern, Archäologen und Wissenschaftlern besteht, reist bereits seit drei Jahren regelmäßig mit mir durch historisch interessante Gebiete, und ein wesentliches Anliegen dieser Forschungsreisen besteht darin, mehr über uns und unsere Vergangenheit zu lernen, damit wir das Heute besser verstehen.

Während solcher Exkursionen wächst unmittelbar ein Gedanke in mir. Die unberührte und wilde Erde sowie die Gebiete der Mongolei bewahren bis heute die Geschichte und die Kultur aus den Zeiten der Hunnu über zehn Staatsreiche hinweg auf. Sie überdauerten die Staatsreiche der Xianbei, Nirun, Djudjan, Tureg, Uighar, Kirgisen, Khitan und das von Dschingis Khan gegründete Großreich der Mongolei. Aus dieser langen Reihe der Geschichte versuche ich zu lernen, wie die verschiedenen Völker und Kulturen uns prägten und mir dabei helfen können, auf die Frage »Was ist die Mongolei?« bessere Antworten zu finden.

Felsengräber – wenn Steine erzählen

Im Jahr 2018 besuchten wir die Khar Balgas-Ruinen in der Ortschaft Khotont Sum im Arkhangai Aimak. Sie befinden sich im Tal des Orkhonflusses, 40 Kilometer nordwestlich von Kharakorum. Seit 1998 macht eine deutsch-mongolische Archäologenexpedition dort ihre Ausgrabungen.

Im Jahr 2007 erweiterte sie ihr Ausgrabungsgebiet. Die Forschung beschränkt sich nicht nur auf die Kharakorum-Ausgrabungen, sondern umschließt das ganze Gebiet des Orkhon-Tals und der Khar Balgas-Ruinen. Khar Balgas ist die Hauptstadt der Uighuren, welche zwischen 745 und 840 auf dem heutigen mongolischen Territorium siedelten. Der mit uns reisende junge Archäologe N. Erdene-Ochir verblüffte vermutlich nicht nur mich mit der Annahme, dass sich »die Stadtruine der uighurischen Hauptstadt Khar Balgas, oder auf altuighurisch Ordu Baliq, über eine Fläche von 32 Quadratkilometern erstreckt, was einer Großstadt entspricht«.

In meiner Mongolei, die von der Archäologie und der Paläontologie gezeichnet ist, genießen viele Reisende ihre noch sichtbaren geschichtsträchtigen Pfade. Davon lebt die anregende Wechselseitigkeit der natürlichen Landschaft und der kulturellen Zeugnisse. Es ist nicht das Gleiche, die Geschichte der Nomaden, in Jahrtausende gestaffelt, in Büchern zu lesen, oder mittels einer Reise durch die Wiege der mongolischen Heimat, während der man die Dinge mit eigenen Augen sehen kann, Geschichte zu »erleben«. Bei einer Reise bekommt man dafür einfach ein Gefühl, das fast ein wenig an Hochmut grenzt, wenn man den nie versiegenden Reichtum der Vergangenheit betrachtet.

Vielleicht spüre ich es als Mongole besonders deutlich, aber ich glaube, es ist nicht nur Nationalstolz. Die spezielle Atmosphäre eines uralten Kulturlandes erfasst auch Nichtmongolen, wie mir Prof. Jan Bemmann von der Bonner Universität im Gespräch über seine Forschungsarbeit bestätigte: »Ich muss sagen, die Mongolei ist ein glückliches und freudvolles Heimatland. Glücklich, weil, je mehr man arbeitet, desto mehr Energien und neue Ideen entstehen. Dieses Land hat eine ganz eigene Geschichte der Kultur. Das ist das Besondere an der Mongolei, im Gegensatz zu anderen Ländern. Ich bewundere, wie ein Nomadenvolk so eine große Dynastie gründen konnte. Andere Länder konnten solche Errungenschaften nicht erschaffen.«

In diesen Worten schwingt auch meine Vermutung mit, dass die Geschichte unseres Landes nicht zuletzt deshalb so »umkämpft« in den historischen Interpretationen ist, weil sich im Glanz des Mongolischen Großreiches viele Traditionslinien sonnen wollen.

Ich sprach mit dem Historiker A. Ochir auch über meinen Heimat-Aimak Arkhangai: »In Arkhangai sind die Hirschsteine und Hunnugräber überall neben den Wegen zu sehen. Diese Überreste der Geschichte sind der Nährboden unseres Landes, aus dem viele Generationen und Länder aufblühten und untergingen. Es fehlt vielleicht noch das Wissen über die Entschlüsselung, aber die Befunde sind zahlreich und erklären zum Beispiel, was für Länder sie waren. Viele handwerkliche Erzeugnisse und Gebrauchsgegenstände hinterlassen Spuren, die zu den Ursprüngen führen.«

Das Verstehen dieser Ursprünge erweist sich allerdings nicht immer als einfach, denn die historischen Linien sind vielfältig und ineinander verwoben. Und wann immer ich die Spuren nachzeichne, fühle ich, dass politische, geostrategische, historische und kulturelle Interessen im Spiel sind, wenn es darum geht, »die Mongolei« als Erbe einer noch älteren Geschichte zu verstehen. Ein Gebiet, das halb Eurasien umfassend bis in den Fernen Osten reicht, hat man nie für sich allein.

»Die Gebiete der Mongolei sind reich an historischen Zeugnissen. Nach den Hunnu wurde das Land Xianbei mächtiger. Xianbei hatte die gleiche Abstammung wie die Hunnu, und sein Territorium umfasste das ganze nordöstliche China, und sie siedelten bis zu den Gebirgszügen des Khangai. Nach dem Untergang der Xianbei entstand das Land Djudjan. Lange gab es auf dem Territorium der heutigen Mongolei keine archäologischen Funde aus den Zeiten der Khitan und der Djudjan gefunden. Die meisten Gräber aus der Zeit der Khitan fand und findet man auf dem Territorium der heutigen Inneren Mongolei, also dem Autonomen Gebiet in China, das südöstlich an die Wüste Gobi grenzt. Inzwischen hat man aber auch in der Mongolei drei Hügelgräber und eine Felsbestattung entdeckt. Die Felsbestattung ist wunderbar erhalten geblieben. Es ist interessant, dass die diesbezügliche Forschung das alte mongolische Beerdigungsritual in Felshöhlen beweist. Wenn die Mongolen älter werden, sagen sie heute noch: »Ja, meine Filzwandjurte zieht sich von mir allmählich zurück, aber die Felsenjurte nähert sich mir.« Um diese Traditionen streiten viele.

Die Turkvölker diskutierten, dass die Felsengräber aus der Zeit der turkstämmigen Herrscher stammten. Kleine Proben, die man aus den Felsbestattungen entnommen hatte, wurden zur Erforschung ihrer

Etwa 50 m von meinem Geburtsort entfernt gibt es mehrere Khirgisuur, die vor etwa 3000–3500 Jahren entstanden waren. Ikh Khundii, Erdenemandal sum, Arkhangai Aimak, 2019

Quadratisches Kamelsteingrab aus der Bronzezeit, ca. vor 3000 Jahren, Batulziit sum, Uvurkhangai Aimak.

Es ist unsere Tradition, die Berge und Hügel in unserer Heimat zu verehren. Man verbrennt Wacholderweihrauch, streut Milch auf alle vier Seiten und segnet für das Wohl der Heimatleute. Diese Zeremonie wird von allen Mongolen gern durchgeführt. Auf dem Heiligen Berg Khan-Undur in Erdenemandal sum, Arkhangai Aimak, Sommer 2020

Petroglyphen der Bronzezeit bei Shiveet Khairkhan im mongolischen Altai. Tsengel sum, Bayan-Ulgii Aimak

Entstehungszeit in die USA und nach Japan gesandt. Das Forschungsergebnis beweist, dass sie aus der Djudjan-Zeit sind. Diese Erkenntnis konnte die Turkvölker über ein Jahr befriedigen und beruhigen. Nach über 100 Jahren Djudjan-Herrschaft drangen die Turkvölker aus westlicher Richtung in das Gebiet der späteren Mongolei ein und gründeten ihr Land. Sie wurden von den Uighuren abgelöst. Danach wurden die Kirgisen mächtiger, und kurz darauf wurden die Khitan stark. Die Uighuren, die Turkvölker und die Kirgisen siedelten insgesamt über 450 Jahre auf dem Territorium der heutigen Mongolei. Und alle sehen sich als legitime Vorfahren des Mongolischen Großreiches.

»Die Turkvölker konstituierten sogar zweimal auf mongolischer Erde ihr Kaiserreich. Das erste dauerte über 70 Jahre, das zweite fast 50 Jahre lang. Deswegen muss man die Kultur der Turkvölker in unserer Mongolei finden. Ihre Denkmäler und sonstigen Reste befinden sich auf mongolischem Gebiet. Deshalb sagen die Turkvölker gegenwärtig, dass sie mit den Mongolen blutsverwandt seien«, fasst A. Ochir eine heikle Thematik zusammen, die den Streit um den Vorrang in der Abstammung als Spiegel einer hegemonialen Politik in Zentralasien widerspiegelt.

»Das völlig eingeschlossene Zentrum eingravierter schriftlicher Zeugnisse (Schriftdenkmal) ist mein Land, die Mongolei. Es gab zwei große Teilbereiche der Turkvölker. Der ›linke Bereich‹ (also die östlich lebenden Völker) regierte die Mongolei. Das heutige Tadschikistan und Kirgisistan sind ihre Folgegenerationen. Die ›linken‹ Turkvölker hatten allgemein ein sehr ähnliches Aussehen mit den Mongolen. Eine senkrechte und verschlungene Schriftform etwa ist die armenische Schrift, von welcher die uighurische, mongolische und sogdische Schrift stammen. Während der Herrschaft der Turkvölker, dem Reich der Uighuren und dem Reich der Mongolen gab es nämlich immer auch sogdische Händler«, führt A. Ochir weiter aus.

Auch in meinem Aimak Arkhangai gibt es ein Denkmal mit sogdischer Schrift. Woher stammen die Sogden? Warum hinterließen sie ihre Denkmäler bei uns? Wie so viele interkulturelle Fluchtpunkte deuten auch diese Spuren in die Zeit der großen Bewegungen im Gebiet des späteren Mongolischen Großreiches. Die sogdischen Händler kamen zu Zeiten der Turkvölker als Händler über die Seidenstraße. Ihre Vorfahren waren die Tadschiken. Bis heute gibt es in der Mongolei den Eigennamen Tadshkhat aus der sogdischen Zeit. Das Wort »Tadshkhat« ist schon mongolisiert, es bedeutet Tadschiken.

Der rechte Bereich der Turkvölker entspricht dem Gebiet der heutigen Türkei, auf welchem sich die dort lebenden Turkstämmigen mit den Griechen vermischten. Demzufolge ist ihr Aussehen völlig anders geworden. Sie erlebten dadurch einen anthropologischen Wandel.

Aber nicht nur von Westen, woher die Turkvölker kamen, gab es Einwanderung und Eroberung der Länder, die wir später Mongolisches Reich nennen. Auch im Osten lebten verschiedene Völker, die sich westwärts bewegten. A. Ochir versucht, die wechselhafte Geschichte dieser Wanderungs- und Unterwerfungsbewegungen nachzuzeichnen:

»Der nördliche Teil des Landes Khitan grenzt an das Ufer des Flusses Tuul. Khitan hatte drei Hauptstädte, die obere, die mittlere und die untere. Sie alle befanden sich im nordöstlichen China, in dem heutigen Barga-Gebiet. Der hohe Turm ›Kherlen bar‹, ein buddhistischer Stupa, ist ein Überbleibsel sowie ein Restbestand der Khitan-Geschichte und -kultur. In der Mongolei gibt es fast zwanzig Militärschulen aus der Zeit der Khitan. Entlang des Ufers des Tuul befand sich das Zentrum der Militärschulen. In der Ortschaft Dashintshilen Sum im Bulgan Aimak existiert noch die Ruine ›Tschin Tolgoin Balgas‹, die ein großes Zentrum der Armee der Khitan war. Hier lebten und arbeiteten etwa 20 000 Soldaten. Manche, die den khitanischen Staat lenkten, waren Mongolen. In der alten Geschichte nannte man sie Dunkhu, oder die Menschen, welche von Xianbei abstammten und das Land Khitan gründeten. Deswegen sieht man auf den alten Denkmälern die mongolische Schrift. Zu Zeiten Khitans stellte man die erste Kanone her, die mit Schießpulver funktionierte. Auch die Sesshaften und die Nomaden siedelten dort gemeinsam, was eine Besonderheit ist. Khitan hatte seine Hauptstadt, seine Webereien und Spinnereien, Ackerbau und eine sesshafte Bevölkerung. Auch die Vorfahren Koreas bedienten den khitanischen Staat: Auf dem Herrschaftsgebiet Khitans wurden die Fundamente zweier Gebäude gefunden, die nach der Baukunst der Bohais gebaut waren. Das eine befindet sich in der Ortschaft Lun Sum in dem Töw (Zentral) Aimak und das andere in der Ortschaft Büregkhangai im Bulgan Aimak. Die Bohais lieferten den Soldaten Khitans Nahrungsmittel und andere Güter des täglichen Bedarfs.«

Wenn man bedenkt, dass Bohai (oder Balhae) ein koreanisch-mandschurisches Reich um das siebte, achte Jahrhundert war, laufen in der Mongolei tatsächlich die Fäden aus Ost und West über Jahrhunderte hinweg zusammen.

Die genetische Untersuchung von Haarproben, die man in einem Grab am Berg Noyon gefunden hat, bestätigt, dass die dort lebenden Menschen burjatischen und koreanischen Ursprungs sind. »Daher kann man sagen, dass die Mongolei und Bohai seit den Zeiten der Hunnu ihre Beziehung pflegten. Diese alte Beziehung, sie war noch sporadisch, entstand und entwickelte sich mit dem Aufblühen der Mongolei. Viel später kamen die Koreaner gezielt, um dort zu arbeiteten. Ein Indiz dafür ist, dass es eine Stadt namens ›Dersnii hot‹ (Stadt des Federgrases) in der Ortschaft Orkhon Sum im Darkhan-Uul Aimak gibt. In dem Gebiet wurden zwei große Mahlsteine gefunden. Die Meister des Reiches Bohai mahlten Holz und Federgras und stellten daraus Papier hier. In den neunziger Jahren schickte man eine Probe des Federgrases in ein koreanisches Labor, und durch die Untersuchung wurde bestätigt, dass man aus diesem Federgras in der Tat Papier herstellen kann. Insgesamt kann man sagen, nicht nur die mongolische, sondern auch die sich selbst bestimmende Geschichte und Kultur aller Menschen, die einen nomadischen Ursprung hatten, werden in der Erde der Mongolei aufbewahrt.« Historiker wie A. Ochir und andere mongolische Wissenschaftler arbeiten mit ausländischen Forschern daran, mehr Licht in die noch zahlreichen dunklen Stellen dieser bewegten Geschichte zu bringen.

Weil diese ganzen historischen Kulturen im Westen zumeist völlig unbekannt sind, wirkt es noch viel verwirrender, als es vermutlich auch ist. Hinzu kommt, dass die jahrelange Forschung bei der Suche nach den Ursprüngen freigelegt hat, dass die Traditionslinien viel älter und länger sind, als es heute immer noch angenommen wird. Und so führt uns die Suche nach dem, was die Mongolei ist, immer wieder auch zurück zu unserem Verständnis davon, wie wir Geschichte wahrnehmen und wie wir Geschichte interpretieren. Ganz konkret sehe ich das an der Diskussion um die Hunnu.

Vom großartigen Hunnureich geprägt, entwickelte sich eine Kultur der Nomaden in Zentralasien. Viele Völker und Länder beanspruchen die »Hunnen« als ihre Vorfahren. So auch wir Mongolen. Aus eigener Erfahrung kann ich berichten, dass immer, wenn mit deutschen oder anderen ausländischen Personen das Gespräch auf Attila und die Hunnen kam, sich die Vorstellung eines euroasiatischen Nomadenvolkes und Nomadenlandes gezeigt hat. Jedes Mal sage ich entschlossen: »Die Hunnen sind die Vorfahren meiner Mongolen.« Manche wunderten sich und schauten mich mit großen Augen an, andere negierten diese Annahme direkt. Einige brachten sogar Geschichtsbücher zur Untermauerung ihrer Meinung mit. Ein guter Teil der Verwirrung in dieser Frage entsteht – davon bin ich überzeugt – meist deshalb, weil im Westen der Begriff »Hunnen« mit dem Zeitalter der Völkerwanderung assoziiert wird. Aber damit liegt man mehrere Jahrhunderte zu spät. Wenn ich von »Hunnen« spreche, meine ich eigentlich die Hunnu, die gut tausend Jahre früher an Einfluss gewannen. Dass dann die »Hunnen« im engeren Sinne des europäischen Verständnisses ihrerseits Nachfahren der Hunnu sind, erklärt auch, weshalb die Mongolen Vorfahren der Hunnen sein können, auch wenn die Hunnen, als sie nach Westen gezogen sind, bereits viel weiter im Westen lebten als die mongolischen Stämme, und es so scheint, als habe damals keine direkte Verbindung mit dem Gebiet der Mongolei bestanden.

Ein Beispiel für diese begriffliche Vermischung fand ich etwa bei dem englischen Wissenschaftler Adam Hart-Davis in seinem Buch »History: The Definitive Visual Guide«: »Es war ein Wandervolk, das durch die Graslandschaft kreuzte und sich treiben ließ, welches selbstbewusst in China einmarschierte. Dieses Volk war ein Konglomerat von verschiedenen Stämmen, die sich die Hunnen nannten. Sie plünderten Kleinigkeiten und stahlen was sie brauchten. Fünf Jahrhunderte lang konnten die Hunnen ihre Vorherrschaft in Zentralasien behalten [...].«

Abgesehen von der leicht tendenziösen Beschreibung der Hunnen als Diebe und Plünderer wird deutlich: Was Hart-Davis meint, sind die Eroberungen und Einigungsbemühungen der Hunnu – auch wenn er sie »Hunnen« nennt. Wer aber waren die Hunnu? Nun, wir, die Mongolen, können darauf vermutlich besser eine Antwort geben als die meisten anderen Völker.

Der bekannte Wissenschaftler G. Sukhbaatar hat zu dieser Frage einige fundierte Werke verfasst, die zu den bisher meistzitierten gehören: »1000 Jahre vor unserer Zeitrechnung gehörten die Hunnu zu dem stärksten Stammesverbund in Zentralasien. Die Hunnu begründeten zum Beginn des 3. Jahrhunderts vor Christus ihr Reich auf dem Territorium der heutigen Mongolei und eroberten viele Völker. Sie herrschten über dieses riesige Gebiet und über viele Stämme. Es bedarf daher keiner weiteren Diskussion mehr, wer ihre Nachkommen waren.«

Doch entgegen Sukhbaatars Einschätzung ist es genau diese Frage, die noch heute Wissenschaftler in zahlreichen Ländern beschäftigt. So wurde in einer chinesischen Quelle vermerkt, dass der Hauptstamm oder die führende Herrscherlinie der Hunnu der Stamm »Hsiunnu« war. Dementsprechend wurden die Stämme allgemein unter den Namen »Hsiunnu« oder »Hunnu« kategorisiert. Deswegen verlangt diese chinesische Quelle, dass alle Stämme der Hunnu separat untersucht werden sollten und man sie keineswegs nur unter dem Überbegriff »die Hunnen« zusammenfassen dürfte.

Ich beginne zu verstehen, dass die Abstammung immer auch eine politische Dimension hat, denn wer – wie etwa die Chinesen – die Hunnu implizit zu sinisieren versucht, also quasi in die chinesische Geschichte und Kultur »einzugemeinden«, beansprucht damit auch, die spätere Geschichte anderer Völker auf die eigene zurückzuführen. Die Frage danach, wer »unsere« Vorfahren sind, spielt damit nicht nur auf ein besseres Verständnis der Gegenwart an, sondern rückwirkend auch auf eine Aneignung der Vergangenheit. So entwickelt sich aus meinem tiefsten Herzen nun der Gedanke: »Wir müssen die Hinterlassenschaft unserer Ahnen aus der Geschichte mit Anerkennung würdigen und dürfen nie vergessen, welchen Dienst sie für unsere Welt geleistet haben.« Wenn wir das kulturelle Erbe der Hunnu vorrangig in der Mongolei finden und daher Grund zur Annahme haben, dass die Hunnu auch speziell unsere Kultur mitgeprägt haben, so wie die Hunnu-Kultur ihrerseits aus dem mongolischen Bereich geformt wurde, sollte dann nicht ein besonderer Auftrag zur Bewahrung dieser Geschichte bei den Mongolen liegen? Mit diesen Gedanken beschloss ich, mich an das Institut für Nomadenkultur und Zivilisation zu wenden, und besuchte den Institutsleiter A. Ochir, einen Historiker, Archäologen und führenden Wissenschaftler für nomadische Traditionslinien.

In unseren Gesprächen stellen wir Erstaunliches fest: Zum Beispiel gibt es Thesen, über die trotz ihrer weitreichenden Bedeutung bis heute keine fundierten und soliden Arbeiten erstellt wurden. Zum einen etwa die These: Der mongolische Staat ist der Erste seiner Größenordnung, der aus dem Nomadentum entstanden ist. Und zum anderen: Bereits die Hunnu kommunizierten gleichberechtigt und tolerant mit den anderen Kulturvölkern sowie ihren Nachbarländern.

Solange über diese Grundsatzfrage – »plündernde Barbaren oder Administratoren einer kulturellen Blütezeit mit Toleranz und Handel« – Uneinigkeit herrscht, wird sich vermutlich auch keine Lösung für die Frage nach der Ahnenherrschaft der Hunnu finden lassen. Denn die »Barbaren« werden immer gerne zu den »anderen« geschoben, während jedes Volk sich am liebsten als Ursprung der Kultur betrachtet. Sollten also politisch motivierte Forschungen gegen unsere Geschichte laufen, könnte es anderen Wissenschaftlern passieren, absichtlich oder unabsichtlich, unseren Einfluss als Ahnen der Hunnu wegzurationalisieren, wenn sie die Herkunft der »Hunnen« hinterfragen.

In meinen Unterhaltungen mit Ochir geht es immer auch um die Frage, wie das kulturelle Erbe nicht nur in der Mongolei, sondern auch von anderen Nationen für mehrdeutige Zwecke interpretiert wird. Dabei bemerken wir Versuche einer Aneignung der mongolischen Traditionen, die jenseits kulturtheoretischer Überlegungen steht.

»Vor einer Weile feierten wir den 2230. Jahrestag des Hunnustaates ausgiebig. Seitdem wir sagen können, dass die Hunnu die Vorfahren der Mongolen sind, untersucht die chinesische Wissenschaftsakademie unter staatlicher Anweisung ›den Ursprung der Mongolen‹. Der Vizepräsident des Instituts für Gesellschaftskunde der Chinesischen Wissenschaftsakademie leitet ein Team von ungfähr fünfzig Experten aus den verschiedensten Disziplinen, wie etwa Historikern, Archäologen, Paläoanthropologen, Paläogentechnikern, Biologen, Ethnologen sowie Anthropologen. Im letzten Herbst stellten sie ihre Ergebnisse aus fünf Jahren Forschung vor. Die Bilanz war nicht überzeugend, weswegen die Forschungszeit um drei Jahre verlängert wurde«, so A. Ochir.

Offensichtlich geht es hier um ein politisch gewolltes Ergebnis, das nun eben noch etwas Zeit braucht, um »gefunden« zu werden. Denn wenn ich Ochir richtig deute, haben die chinesischen Forscher ein großes Interesse daran, die Herkunft der Mongolen zu sinisieren.

»In der Nähe des Schwarzen Flusses ›Har moron‹ lebten während des 7. Jahrhunderts nach Christus die sogenannten Mingu, so berichtet eine Sudra aus dem Tan-Land. Aus diesem Anlass untersuchten die Forscher, ob die ›Mingu‹ die Vorfahren der Mongolen waren«, erzählte Ochir weiter und wurde nachdenklich.

»Das 7. Jahrhundert hörte sich für mich sehr nah an und zu jung für den Ursprung der Mongolen. Grundlos forschen die Chinesen nicht an unserem mongolischen Ursprung. Sie sind keineswegs Menschen, die unüberlegt viele Spezialisten einsetzen oder finanzielle Mittel und Sachkosten für eine überflüssige Forschung ausgeben«, überlegte ich laut.

»Das ist verständlich. Meine guten Bekannten, chinesische und insbesondere innermongolische Wissenschaftler, berichteten mir von den Gründen für das Forschungsprojekt. Erstens solle geprüft werden, ob der Ursprung der Mongolen in China oder zumindest auf chinesischem Territorium festzulegen ist. Und zweitens wollen die Chinesen, sollte das Forschungsergebnis wie gewünscht ausfallen, ein touristisches Zentrum auf dem weiten Gebiet vom Schwarzen Fluss bis hin zur Mandschurei aufbauen. So könnten sie den Ursprung und die Ideologie der Mongolen gezielt verbreiten. Über den Prozess des Projektes und über die Zwischenbilanzen kann ich nur aus zweiter Hand berichten. Die Wissenschaftler versuchen, die archäologischen Befunde radiometrisch (mittels der C14-Methode) zu datieren und ein physikalisches Alter festzulegen. Nicht nur die Chinesen, auch unsere nördlichen Nachbarn in Nowosibirsk forschen an dem mongolischen Ursprung mithilfe der Gentechnik.«

Mich überrascht es nicht wirklich, dass auch die Russen ein Interesse daran haben festzustellen, dass die Mongolen ihrem Ursprung nach »eigentlich« Russen gewesen seien, so wie die Chinesen aus den Mongolen »eigentlich« Chinesen machen wollen. Ochir bestätigte dies: »Jüngst sagte mir ein burjatischer Wissenschaftler der russischen Wissenschaftsakademie, dass man schon immer mit Blutproben an der Herkunft der Mongolen forscht. Zu Zeiten des Sozialismus speicherten die

Russen viele Blutproben von West-, Nord- und Zentralmongolen und bewahrten sie auf. Die Russen nutzten diese Proben für ihre Forschung, insbesondere für die Genforschung. Ein vorläufiges Ergebnis zeigt, dass 70 Prozent des Blutes der West- und Nordmongolen mit dem der Turkmenen übereinstimmen. In ihrem Team arbeitet eine Burjatin, die kein Mongolisch spricht. Sie würde auch gerne mit Mongolen zusammen forschen, aber das sei nicht möglich, gab sie mir zu verstehen. Die Russen würden es leider nicht erlauben, dass Mongolen bei ihrer Forschung mitmachen. In jüngster Gegenwart nähert sich die Zusammenarbeit zwischen unseren beiden Nachbarländern immer weiter an. Unter welcher Interessensperspektive forschen die Russen und die Chinesen gleichzeitig an unserem Ursprung? Der Grund dafür liegt unmittelbar in der Politik, insbesondere der Geopolitik. Ihre Arbeit ist also keineswegs ein rein wissenschaftliches Unterfangen. Es steckt viel mehr dahinter.«

Eine solche Herangehensweise deckt sich nicht mit meinem Verständnis von Wissenschaft, der es doch in erster Linie um Wahrheit gehen sollte. Dank dieser Tugend wird die Weltgeschichte erörtert, um Missverständnisse zu korrigieren, nicht um neue herzustellen. Zum Glück stelle ich fest, dass Ochir in seinen Forschungen auch auf Experten vertrauen kann, die ein ähnliches Wissenschaftsverständnis teilen: »Es stimmt, dass selbstständige Forscher aus dem Ausland zu uns kommen und mit uns arbeiten, zum Beispiel gab es 2006 eine archäologische Forschung, erstmalig unter einem Vertrag zwischen chinesischen und innermongolischen Archäologen. Vor einigen Jahren fand in der Inneren Mongolei ein internationales Symposium statt. Ein Khorchin-Mongole von der chinesischen Seite war der Leiter dieser Forschung, als deren Resultat unter anderem festgestellt wurde: ›Das Zentrum der Politik und der Wirtschaft der Hunnu war auf dem Territorium der heutigen Mongolei.‹«

Nun ist die Mongolei als souveränes Land natürlich nicht auf die Erforschung ihrer Geschichte und ihres Ursprungs durch die Nachbarländer angewiesen: Vor vier Jahren wurde vom Institut für die Nomadenkultur ein Forschungsprojekt über den Ursprung der Mongolen von einheimischen Wissenschaftlern vorgestellt und durchgeführt. Die ersten der insgesamt 16 Bände umfassenden Publikation sind fertig, und bald sollen die Feinarbeit abgeschlossen und das Gesamtwerk druckfertig sein.

Die Frage, was die Mongolei eigentlich ist, kann sich wohl nicht klären lassen, wenn man auf die Frage nach dem Ursprung verzichtet, denn »der Mensch, der seine eigene Herkunftsgeschichte nicht kennt, gleicht einem Affen, der im Wald seine eigenen Spuren nicht mehr finden kann«, so lautet der Spruch eines Weisen, der sich in meinem Bewusstsein eingebrannt hat. Meine Interesse gilt den Fragen, die wir selbst zu beantworten versuchen, von allem aber auch an unsere Nachkommen richten werden: Von wem stammst du ab? Welchen Ursprung hast du? Welche Wege sind deine Vorfahren gegangen? Was ist dein Stolz? Woraus ziehst du deine Lehren und wohin führt dich dein Lebensweg?

Denn unseren Nachkommen möchte ich wahrhaftig und kundig von unserer Geschichte berichten, damit auch sie unsere Traditionen weitergeben können. Das halte ich für sehr wichtig.

Offenbar bin ich nicht der Einzige, aber vielleicht im politischen »Betrieb« einer der wenigen, die an der Wahrheit ein Interesse um der Wahrheit willen haben. Jedenfalls konstatiert Ochir: »Sie, Herr Terbishdagva, haben ein großes Interesse an unserer Arbeit. Die Wahrheit aufzudecken war bislang keinem Regierungsangehörigen so wichtig wie Ihnen. Sie sind wie ein Verdurstender, der ein Plätschern des Wassers wahrnimmt.

Ich forsche an der mongolischen Geschichte der vergangenen 4000 bis 5000 Jahre, d.h. von der Bronzezeit bis in die Gegenwart. Auf mongolischem Territorium existierten allein fünf Kulturen aus der Bronzezeit, vornehmlich unterscheidbar an der Ausgestaltung der jeweiligen Grabstätten. Unter anderen die Kultur des Quadrat-Grabes, die Kultur des Hunnugrabs und die Kultur der Hirschsteine. In ihrer relativen Nähe zur Gegenwart bilden die letzten beiden eine gemeinsame Kultur. Außerdem gibt es die Kultur des ›Ameisen-Denkmals‹ und die Kultur der Vier-Denkmale. Die Kultur der Vier-Denkmale zeichnet sich dadurch aus, dass sich an den vier Ecken der Gräber jeweils ein Stein befindet, wie ein kleines Denkmal, wodurch sie als eigenständige Form der Begräbniskultur ersichtlich wird. Diese Kultur ist viel älter als die 4000 Jahre alte Kultur des Quadrat-Grabes. Angesichts dieses Fundes der ersten Kulturschöpfer könnte man ermitteln, wer die Vorfahren der Mongolen gewesen sein könnten und wer ihre Zeitgenossen waren. Die Gründer des Quadrat-Grabes sprachen mongolisch. Äußerlich glichen sie den modernen Mongolen. Sie sind die wahren Vorfahren der Mongolen. In ihrer Kultur findet man Merkmale, die sie von ihren vorherigen Kulturen übernommen haben. Die vorherigen vier Kulturen kamen hauptsächlich aus dem Westen, und mit der Zeit verschmolzen sie mit der Kultur des Quadrat-Grabes. Somit brachte die Kultur des Quadrat-Grabes das Reich der Hunnu hervor. Das Gebiet des Quadrat-Grabes entspricht den ersten Verbreitungen des Territoriums der Hunnu. Auch daraus lassen sich Rückschlüsse ziehen, wer was erbaute. Vor 2200 Jahren gründeten also die Hunnu ihren Staat. Das ist unsere erste Forschungsbilanz«, resümierte A. Ochir.

Diese Ergebnisse, die Befunde der Paläogenetik sowie die Ergebnisse der Radiokarbonmethode (C14), wurden zu den besten Laboren der Bundesrepublik Deutschland, Südkoreas, Japans und Frankreichs gesendet. Nun warten die Wissenschaftler auf deren Rückmeldungen.

Als Autor würde ich gerne jetzt schon behaupten, die Hunnu hätten die verstreuten nomadisierenden Siedler auf dem eurasischen Riesengebiet vereinigt, woraus das erste Großreich der Nomaden entstand. Das war eine herausragende Leistung, die in die Geschichte einging. Ihre Hinterlassenschaft sind die Gräber, Siedlungen und Felszeichnungen, die in der Großregion Eurasiens gefunden wurden. Der Kern dieser Zeugnisse konzentriert sich auf das heutige mongolische Land als Zentrum des damaligen Hunnureichs. 80 Prozent der bisher gefundenen 600 Gräber der Hunnu-Fürsten wurden auf mongolischem Territorium gefunden. Damit lässt sich die Frage »Wer sind die Nachfolger der Hunnu?« eindeutig mit der Aussage »die Mongolen« beantworten, denke ich. Aber mir geht es nicht nur darum, im Streit »Wer war zuerst?« die Mongolei durchs Ziel zu bringen. Mir geht es vor allem darum zu zeigen, wie reichhaltig die Kultur war, gerade wenn sie sich nicht auf enge Grenzen und Abschottung eingelassen hat. Dazu ist die frühere Geschichte der Mongolei – oder vielmehr ihres geografischen Gebietes von 1000 vor bis 1000 nach Christus – ein lebendiges Lehr- und Lernfeld.

So oft es mir möglich war durchquerte ich meine Heimat, und auch in den letzten zwei Jahren bin ich hauptsächlich mit Wissenschaftlern in den historisch relevanten Gebieten unterwegs gewesen. Wir besuchten einmal das Gebiet »Gol Mod«, den »Hauptbaum« im Erdenemandal

Sum vom Arkhangai Aimak. Dieses auch spirituell bedeutende Gebiet gilt heute als Paradebeispiel für das Vermächtnis der Hunnu-Fürsten. Es befindet sich direkt an der Rückseite des Berghangs Bohon-Shar, einem Bergzug der Khangai-Berge. Nach Südwesten ist es offen und auf allen Seiten umringt von Fichtenwald. Westwärts, vier Kilometer entfernt, schlängelt sich der geschichtsträchtige Fluss Hünüi. Dieser Bach gehörte zum Gebiet der Hunnu, denn in diesem Gebiet entdeckte man bisher 420 Gräber der Hunnu-Fürsten. Ts. Dorjsuren, ein mongolischer Archäologe, erforschte 1956 als Erster dieses Gebiet und entdeckte 26 Gräber. In den Jahren 2000 und 2001 setzte ein mongolisch-französisches Archäologenteam die Ausgrabungen fort und beendete zunächst dort seine Arbeit. Aus reiner Neugier ging ich ebenfalls zu dem ersten Grab am »Gol mod«: Auf der Erde zeichnete sich ein Grab mit der Größe von 35 mal 30 Metern und einem Eingang im Süden ab, ein mächtiges Bauwerk. In einer Tiefe von 17 Metern fand man ein Mausoleum. Der Sarg befand sich hinter doppelten Mauern in einer Größe von 20 mal 20 Metern. Er war mit Seide und anderen Baumwollstoffen eingewickelt und mit einem goldenen Band mit Blumenmuster umschnürt. Die Grabbeigaben kamen mitunter aus weit entfernten Gegenden, man fand zum Beispiel Gebrauchsgegenstände aus Erz und Eisen, Zaumzeug für eine Pferdekutsche, Ziergegenstände aus Wasserkristall, Wasserperlen, Schmuckstücke aus Bärenstein, Spiele aus Erz, Seide, Wolle, Tierhäute und Fellbekleidungen. Diese Ansammlung von Gegenständen beweist, dass die Hunnu mit fernen Ländern im Handel standen. Ein ebenfalls interessantes Fundstück war ein Spielbrett mit kreisförmigen Zeichen aus Stein.

Das zweite Grab wurde in 18,3 Metern Tiefe gefunden und war damit das bislang tiefste der Erde: Wenn man sich anschaut, mit welchem Aufwand an Stützmaterial die Ausgrabungsarbeiten in dem sandigen Boden durchgeführt werden müssen, beginnt man zu ahnen, welche Leistung es vor zweitausend Jahren war, diese Gräber zu bauen. Die damaligen Bauherren mussten über herausragende Architekten und sehr begabte Handwerker verfügen, um solche tief ausgeschachteten Anlagen einsturzsicher voranzutreiben. So zeugen selbst die geplünderten Gräber noch heute davon, welche Meister der Baukunst die vermeintlich primitiven Steppenkrieger von einst waren.

Mit meiner Familie vor dem Tschingis Khan Denkmal vor dem Parlamentshaus, 2015

Ich reite gern mein Pferd Joroo Alag, wenn ich auf dem Land bin.
Arkhangai Aimak, Erdenemandal sum, 2016

Ich hatte gute Gespräche mit unserem ehemaligen Präsidenten N. Enkhbayar
Hubsugul Aimak, 2006

Als Landwirtschaftsminister habe ich mich oft mit Viehzüchtern getroffen und mit ihnen über ihr Leben und den Zustand des Viehs gesprochen. Nach der Fahrt mit der Pferdekutsche auf dem Eis des kristallklaren Hubsugul Sees, Hubsugul Aimak, 2005

Meine guten treuen Freunde sind meine Hunde. Bei einem Spaziergang im Wald, im Sommer 2017

Zwei bekannte Champions besuchten mich bei mir Zuhause während des Neujahrsfestes, B. Baterdene, Champion in unserem nationalen Ringkampf, und D. Dagvadorj alias Asashoryu, Champion in Sumo. 2006

Mit Heiligen / Reinkarnation / und Mönchen ist mein Heimatort zeremoniell vertraut. Erdenemandal Sum, Arkhangai Aimak, 2014

Unsere Tochter begleitet uns gern bei Reisen auf dem Land. Sie liebt Tiere. Tuv Aimak, 2008

Lustige Spiele mit Kleinkindern auf dem Land. Erdenemandal sum, Arkhangai Aimak, 2013

In Washington, 2007

Mit einem kleinen Neffen in Erdenemandal sum, Arkhangai Aimak, 2013

In jedem Sommer fahre ich aufs Land. In Khentii Aimak, Sommer 2020

Ich überreiche Schultaschen mit Schulsachen als Geschenk an Reiterkinder auf einem Festival in Arkhangai Aimak, 2011

Neben unserem Botschaftsgebäude steht ein Berliner Bär mit mongolischen Gewand, den unsere Honorarkonsuln für die Eröffnung der Botschaft in der Dietzgenstraße in Berlin gespendet hatten. Berlin, 2003

Treffen mit Andrea Nahles; ich gratulierte ihr anlässlich ihrer Ernennung zur Ministerin für Arbeit und Soziales. 2013

Ich gratulierte Frau Ursula von der Leyen zu ihrer Ernennung zur Verteidigungsministerin. 2013

Ich gratulierte Frau Manuela Schwesig zu ihrer Ernennung zur Ministerin für Familie, Senioren, Frauen und Jugend. 2013

Während des Neujahresfestes nach dem altmongolischem Mondkalendar Tsagaan Sar kommen mehr als 400 Verwandte und Gäste. An diesen Tagen wird der Tisch ausreichend mit Milchprodukten und mit einem ganzen Hammelrücken gedeckt. 2012

Das fünfte Treffen mit dem Dalai Lama. Mit der Familie von B. Baterdene, Abgeordneter und ehemaliger Verteidigungsminister, besuchten wir Dhramsala in Indien. Januar 2020

Eröffnung der Herbstsitzung des Parlaments. Im Parlamentshaus, 2016

In der alten türkischen Zeit / Tureg / zeigten Steinstatuen Hüte, Pferdeschwänze, Roben, Gürtel, Schuhe, Schmuck und Waffen. – Grabstein aus der Zeit von Tureg im Gebiet meines Geburtsorts Zuun Zuur, Erdenemandal sum, Arkhangai Aimak

Während meiner Studienreise mit den Wissenschaftlern im September 2020 besuchte ich die Kunstgalerie in der Natur – 5.000 Petroglyphen aus der Bronzezeit vor 3.000 Jahren in Del uul, Ulziit sum, Dundgobi Aimak. 2020

Komplexes Denkmal von Khirgisuur in Emeel Tolgoi, Galuut Sum, Bayankhongor Aimak

Ausgrabung der Steinzeitsiedlung im Gebiet des Tulbur Flusses, Hutag-Undur Sum, Bulgan Aimak

Steinstatuen in der alten türkischen Zeit / Tureg / im Gebiet meines Geburtsorts Zuun Zuur, Erdenemandal sum, Arkhangai Aimak

In den letzten Jahren haben Forscher mehr als 30 Streitwagen aus Petroglyphen bei Shiveet Khairkhan im mongolischen Altai entdeckt. Während der Bronzezeit tauchten auf Felsmalereien in der Mongolei Darstellungen von Streitwagen mit bewaffneten Kriegern und Jägern auf und verbreiteten sich. Shiveet Khairkhan, Tsengel Sum, Bayan-Ulgii Aimak

Ich konnte den berühmten lokalen See Ikh nuur renaturieren, der seit mehreren Jahren ausgetrocknet war. Erdenemandal sum, Arkhangai Aimak, Sommer 2020

»Gol mod 2«, das große Grab der Hunnuzeit, wurde von dem Archäologen D. Erdenebaatar durch einen Zufall entdeckt und ist mit 21 Metern sogar noch tiefer als »Gol mod 1«. Während seiner Ausgrabungen stieß Erdenebaatar auf einen abgerissenen Steigbügel, suchte nach mehr und fand so vieles. Unsere Erde bewahrt zahllose historische Spuren vergangener Kulturen und ihre Hinterlassenschaften auf. Sprachlos kann einen dieses Land, die Mongolei, machen. Man muss hier die Mongolei erwähnen, sie ist ja der Nachkomme großer historischer Vorfahren. Nach einem kurzen Augenblick von Stolz schwindet jedoch dieses erhabene Gefühl und wandelt sich in Trauer. Zweitausend Jahre und viele Jahrhunderte lagen diese Schätze vergraben, bis sie in unsere Hände kamen. Aber sind wir dieses Erbes würdig? Können wir damit angemessen umgehen? Können wir es für die Nachwelt erhalten?

Vorerst wollen wir keinen neuen Komplex, können wir hier kein weiteres Wunderwerk der Menschheit errichten, daher schütteten Archäologen das Grab wieder zu. Falls die Zeit kommt, in der wir ein angemessenes Denkmal bauen könnten, denke ich, werden wir das tun. Zu viele archäologische Stätten sind verloren gegangen, weil die passende Technik, das Geld oder der Wille zur nachhaltigen Präsentation gefehlt haben.

Die Archäologen und Historiker ziehen in Betracht, dass das Territorium der Hunnu anhand der Verbreitung der Kultur des Quadrat-Grabes festgelegt werden kann. Zeitgleich mit Beginn der Kultur des Quadrat-Grabes beginnt auch die ursprüngliche Kultur der Mongolen. In vielen Quadrat-Gräbern wurden Knöchelchen, Unterschenkel, Köpfe und Rücken von Schafen gefunden. Dieses Bestatungsritual existierte in dem einstigen Reich und auch nach dem Hunnu-Reich. Auch zu Zeiten des Reiches von Xianbei, Djudjan, bis hin zur Herrschaft Dshingis Khans wurden Elemente der erwähnten Tradition fortwährend zelebriert.

In unserem Land ist die materielle Opfergabe ein Erbe unserer Ahnen. Das heißt, die Ausgrabungsgegenstände sind Teile eines Opferrituals, das immer in unserer Geschichte praktiziert wurde.

Einmal traf ich auf meinen Reisen ein Ausgrabungsteam im nördlichen Tal des Flusses Tamir. Das Team hatte bereits drei Mauern in einer Länge von 450 Metern und einen viereckigen Komplex ausgegraben. Der

Archäologe H. Erdene-Ochir erzählte, dass man während der Ausgrabung noch keine Anzeichen von Siedlungen und keine Baumaterialien gefunden habe. Außerdem merkte er an, dass der Ausgrabungsort weit vom Wasser entfernt liegt. Deshalb hatten sie ein gutes Gefühl bei den Ausgrabungen, die nun schon drei Jahre andauern. Vielleicht handelt es sich um eine große Opferstätte der Hunnu. Eine chinesische Quelle belegt, dass die Hunnufürsten dreimal jährlich große Opferzeremonien ausrichteten. »Falls hier die Opfergaben dargebracht wurden, befände sich auch hier die Feuerstelle, also das Zentrum des Staates der Hunnu«, erklärte man uns. Und der Anthropologe der Nationaluniversität der Mongolei, D. Tumen, ergänzt: »Der neue Forschungstand der Anthropologen besagt, dass man in einem Hunnugrab Genmaterial entdeckt hat, dessen mitochondriale DNA auf ihre Haplogruppen hin untersucht wurde. Das mütterliche 12. Gen der mtDNA, sowie das 10. väterliche Gen des Y-Chromosoms dieser Proben, entsprechen den gleichen Haplotypen der Mongolen.«

Aber der Frage nach dem Ursprung ist – so meine Vermutung – auch mit moderner Gentechnik nicht wirklich beizukommen. Ist es nicht wichtiger zu sehen, was die Ahnen uns hinterlassen haben, materiell und spirituell? Unabhängig davon, wer genau sie waren? Meine Vermutung ist, dass der Gedanke einer nomadischen Hochkultur nicht in das Bild passt, das sich moderne Nationalstaaten von der Tradition und Geschichte der Mongolen machen. Und dass die Idee einer solchen Hochkultur das politische Interesse nach klarer nationaler Abgrenzung stört. Daher die vielen Versuche, das Erbe der Hunnu, die Geschichte der Mongolen auf eine nationale, lokale Ebene zu reduzieren. So muss man nicht sehen, was Wissenschaftler seit längerem immer wieder darlegen, nämlich dass gerade aus der Offenheit der Steppenkulturen ihre Größe kam, nicht aus der Geschlossenheit und dem kleinteiligen Denken, das Grenzen zum anderen sucht.

Warum die historische Verortung der Hunnu und der Mongolen immer noch so ein heikles Politikum ist, liegt für mich nun viel klarer auf der Hand: Zu viele spätere Reiche hängen in ihrem Selbstverständnis von der Ausdehnung der hunnu-mongolischen Kultur ab, wie Ochir mit Blick auf die Verschmelzung der Hunnu mit ihren Nachbarvölkern bestätigt. Hier findet sich der wesentliche Grund für die versuchte Vereinnahmung der Hunnu und für die Verwirrung, woher die Hunnu kamen und wo sie geblieben sind.

Ochir sagt dazu: »Das liegt an der Zersplitterung des Hunnu-Reiches und den großen Wanderungen. Die große Wanderung begann, als sich die Hunnu in drei Großgruppen verstreuten. Siedler der Südregion der Hunnu vereinigten sich mit den Nordchinesen und gründeten das Land Khitan. Viele Länder, die bislang in unserer Geschichte nicht auftauchten, zum Beispiel das Süd-Yan oder das Nord-Yan, wurden ein Teil davon. Bewohner Nord-Chinas leben allgemein in gemischt chinesisch-mongolischen Siedlungen. Vor 2000 Jahren wurden sie vereint, und ihr gemeinsamer Lebenspunkt ist die Innere Mongolei. Die Hunnu-Reiter waren die hervorragendsten Reiter der chinesischen Armee.

Bewohner aus der Zentralregion der Hunnu blieben und bewachten das Stammland und die anderen Hunnu-Gebiete. Sie kapitulieren vor dem Volk Xianbei. In den historischen Quellen wurde notiert, dass die Xianbei und die Hunnu von den gleichen Vorfahren abstammen, was wohl der Grund für diese Verschmelzung war.

Aber der dritte Teil der Hunnu zog nach Westen, und ihre Wanderung brauchte viel mehr Zeit. Während dieser Zeit vermischten sich die Kulturen, wandelten sich die Lebensumstände und veränderte sich die Politik. Viele ›Kulturmenschen‹ wanderten bis nach Europa. Diejenigen, die von den Hunnu abstammten, gründeten ein Land und das Reich der Hunnen, das von Attila regiert wurde. Attila wurde der Khan dieses Reiches.«

So reicht der lange Arm der Hunnu bis in die europäische Geschichte des frühen Mittelalters. Und ihre Wahrnehmung bestimmte später auch das Bild der Mongolen in Europa. Ich denke, es ist hilfreich, diese historischen Linien nachzuzeichnen, um die Gegenwart besser verstehen zu können. Oder um zu sehen, warum wir manches nicht verstehen wollen.

»Die in drei Teile geschnittene Schlange gleicht einer Eidechse. Die in drei Teile zersplitterte Mongolei gleicht einem Reich«, besagt ein Spruch, der aus der Zeit der Zersplitterung der Hunnu stammt und darauf hindeutet, dass selbst nach der Dreiteilung der Mongolei ihre Fläche immer noch die Ausmaße der meisten Reiche übertraf.

Schicker Anzug, ungewaschener Hals

Für meine Einschulung im Herbst 1964 brachte mir mein Bruder Shaariibuu aus der Hauptstadt Ulaanbaatar einen neuen Anzug mit. Damit sorgte ich natürlich für großes Aufsehen, denn zu dieser Zeit trugen die meisten Schüler einen »Deel«, das traditionelle Gewand der Mongolen, als Schuluniform, also Mädchen die grünen und Jungs die blauen. Der Deel war damals die Alltagskleidung der Mongolen. Im Herbst und Frühling wurde er mit Watte gefüttert, im Winter sogar mit Lammfell, und im Sommer trug man ihn ohne Futter. Es gibt sogar Deels, die nur aus dickem Schafspelz bestanden. Diese trug man, wenn man über längere Zeit mit dem Vieh oder einer Kamelkrawane unterwegs war. Einige wenige Schüler trugen eine braune Schuluniform aus Cordstoff, was eigentlich die Pflichtbekleidung in allen Schulen in den Städten war, doch das konnten sich auf dem Land nur die wenigsten leisten. Aber niemand trug einen richtigen Anzug wie die Erwachsenen. Als ich in diesem neuen Aufzug zur Einschulung kam, starrten mich die anderen Kinder neugierig an, und die älteren stichelten. »Der Kleine mit den großen Segelohren denkt wohl, er sei chic? Sein Vater ist bestimmt eine wichtige Person!« Ungeachtet der Lästereien freundete ich mich schnell mit den Kindern an, die von überall herkamen, und ich fügte mich problemlos in das tägliche Schulleben ein.

Um die Mitte des vorigen Jahrhunderts war das mongolische Bildungssystem in einem tiefgreifenden Umbruch: Die Mongolei sollte alphabetisiert werden. Hierzu wurde eine landesweite Kampagne gestartet, in deren Mittelpunkt die Schulpflicht für alle Kinder ab 8 Jahren stand. Außerdem sollte jeder erwachsene Mongole ein Mindestmaß an Bildung erwerben. Nicht selten mussten daher Eltern gemeinsam mit ihren Kindern die Schulbank drücken. Oft saßen die Erwachsenen in den Abendstunden in ihren Jurten im Kreise am Feuer, um die neuen kyrillischen Buchstaben zu lernen, damit jeder lesen, schreiben und rechnen konnte. Eine wichtige Voraussetzung dieser landesweiten Bemühungen war im Jahr 1941 die Abschaffung der altmongolischen Schrift gewesen, bei der man von oben nach unten schrieb. Nach einer kurzen Zeit, in der

Mit meinem älteren Bruder Purevdaavuu, 1961

Mein Bruder Purevdaavuu war viermal der Stabsleiter während meiner Wahl in Sonqinokhairkhan, Distrikt von Ulaanbaatar, 2016

nach dem lateinischen Alphabet geschrieben wurde, galt schließlich das kyrillische Alphabet als verbindlich, das bis heute benutzt wird. Im Zuge der Alphabetisierungskampagne wurden in kurzer Zeit große Erfolge erzielt. Ein weiterer Teil des Umbruchs im Bildungssystem war zudem die Verbesserung der Ausstattung der Schulen im ganzen Land. Zur Zeit meiner Einschulung hatte unsere Schule gerade ein großes und neues Gebäude bezogen.

Wir Kinder schrieben damals mit Federhaltern, die in die Tinte getunkt wurden. Die Tinte hat unsere Mutter zu Hause angefertigt. Hierzu wurde das violette Tintenpulver mit Wasser gemischt, wobei man besonders auf das Mischungsverhältnis achten musste, um die richtige Farbe zu erhalten. Jeder besaß ein eigenes kleines Tintenfass mit einer Henkeltasche aus Stoff oder manchmal aus Filz zur Aufbewahrung. Nach dieser Art hatte meine Mutter, wie die anderen Mütter auch, eine Tasche aus blauem Stoff angefertigt. Wenn man nicht gut aufpasste, dann gefror die Tinte in der kälteren Jahreszeit auf dem Weg zur Schule. Das Tintenfass musste mit großer Vorsicht in der angenähten Innentasche des Deels oder in der Hand transportiert werden. Und da auch unser neues Schulgebäude schlecht beheizt war, mussten wir die Tinte manches Mal mit unserem warmen Atem auftauen. Das führte dazu, dass immer wieder die Wangen, das Gesicht, die Nasen und die Münder mit Tinte verschmiert waren. Es gab damals auch kaum fertige Schulranzen: Die Stofftaschen wurden, passend zum Deel, von den Müttern genäht. Auf fast jeder Tasche prangte ein großer roter Stern, der hübsch aufgenäht wurde.

Neujahr war das Fest, auf das sich alle Kinder sehr freuten und sehnlichst warten. Es gab tolle Veranstaltungen zu diesem Yolka-Fest nach sowjetischem Vorbild. Ich vergesse nie das Neujahrsfest, als ich in der ersten Klasse war. Der Neujahrsclown, der meistens ein Lehrer oder ein älterer Schüler war, guckte durch ein langes Fernrohr aus Papier, schritt vor uns auf und ab und fragte herausfordernd, ob es Kinder gebe, die unartig gewesen waren oder schlechte Noten in der Schule hatten. Die Kinder versuchten tuschelnd, dem Fernrohr des Clowns zu entgehen, manche versteckten sich sogar hinter den anderen. Ich war so stolz auf meine Geschwister, als der Clown ausrief: »Wo sind die besten Schüler

D. Tseesuren und D. Purevdaavuu? Holt eure Geschenke bei Väterchen Frost ab!«

Gegen Ende rief auch mich der Clown nach vorne, und Väterchen Frost übergab mir ein Geschenk in einer Papiertüte. Sehr zur Freude unserer Eltern bekam jedes ihrer drei Kinder, die zur gleichen Schule gingen, Geschenke. Zu Hause umarmte und küsste uns unsere Mutter unter Freudentränen und rief: »Euer großer Bruder Shaarii hat auch wegen seiner guten Schulleistungen immer Geschenke vom Neujahrsfest heimgebracht. Und dass dann auch seine jüngeren Geschwister alle von Väterchen Frost Geschenke bekommen! Welch eine Freude! Ihr macht mich und euren Vater sehr stolz. Ich werde euch heute Abend Teigtaschen machen.« An diese glücklichen Momente erinnere ich mich heute noch gern.

Wir Schulkinder hatten den größten Spaß an den Neujahrsfestvorbereitungen. Es gab nicht wie heutzutage fertiges Lametta, Dekorationen oder Yolkabäume. Deshalb bekam jedes Kind die Aufgabe, jeweils eine drei Meter lange, bunte Papierkette zu basteln. Weil es kein farbiges Papier zu kaufen gab, zerschnitten wir bis zum späten Abend rote, rosafarbene, grüne, blaue und gelbe Hüllen von unseren alten Schulheften in dünne Streifen und klebten diese mit von der Familie selbst gemachtem Mehlkleister zusammen. Wir hatten damals auch nicht die Möglichkeit, einfach in ein Geschäft zu gehen, um uns Festtagskleidung oder Dekoration zu kaufen. Wir schmückten mit unseren selbst gebastelten Neujahrsdekorationen die Schule, die Klassenzimmer und auch unser Zuhause. Die Mädchen wollten alle an dem Schneemädchentanz teilnehmen und konkurrierten miteinander um das schönste Tanzkleid. Sie fertigten die Kleider mit ihren Müttern zusammen an und schmückten sie mit allem, was glitzerte. Die Meterware aus Gaze wurde mit Kartoffelmehl gestärkt, und die Röcke wurden so gebügelt, dass sie weit abstanden. Die Mädchen machten sich selbst Schuhe aus weißem Stoff, die an Ballettschuhe erinnerten, und banden sich große weiße Schleifen ins Haar, die wie Blumen aussahen.

Die Jungs schlüpften in die Rollen von Rittern, Kriegern oder verschiedenen Tieren – und die Klassen wetteiferten miteinander, mit ihren Kostümen Film- und Romanhelden darzustellen.

Es war meistens einer der Lehrer, der sich als Väterchen Frost verkleidete. Einige ausgesuchte Kinder schlüpften in die Rollen des neuen und alten Jahres. Einige stellten die 12 Tiere des buddhistischen Kalenders dar. Die Schneemädchen bildeten das Gefolge des Weihnachtsmannes. Der Clown zählte die Erfolge der jeweiligen Klassen auf, berichtete detailliert über talentierte und herausragende Schüler, aber er vergaß auch nicht, die Schüler mit weniger guten Leistungen im Unterricht zu tadeln, wobei er sie stets durch sein Fernrohr suchte und fixierte. Der Clown wünschte dann allen, dass sie sich verbessern, und viel Erfolg in der Schule. Diese Neujahrsfeiern blieben jedem Kind in Erinnerung.

Doch ich habe auch weniger schöne Erinnerungen an meine Schulzeit. Eines Tages mussten die Pioniere, zu denen wir Schüler damals alle zählten, auf dem Schulhof in Reih und Glied stehen. Engagiert und motiviert, wie ich damals war, stellte ich mich freiwillig in die erste Reihe. Doch das sollte ich bereuen, denn vor allen Schülern rief der Schuldirektor: »Guckt euch Terbishdagvas schmutzigen Hals an – damit darf man nicht am Unterricht teilnehmen!« Ich versank vor Scham fast in der Erde. Hätte ich mich nicht nach vorne gedrängelt, wäre mein ungewaschener Hals dem Direktor der Schule nicht aufgefallen. Jetzt aber sollte an mir ein Exempel statuiert werden. Trotz heftiger Gegenwehr zerrte mich mein Klassenlehrer auf Geheiß des Direktors gewaltsam nach vorne und dann in dessen Zimmer. Dass ich mich wehrte, reizte den Direktor zusätzlich. In seinem Büro schimpfte er, dass ich aussähe wie ein schwarzköpfiges Schaf. Dann musste ich mich ausziehen und in die Ecke stellen. Jedem Besucher, der in sein Zimmer kam, wurde ich vorgeführt. Der Direktor genoss es sichtlich, Macht über mich auszuüben. Nach etwa zwei Stunden durfte ich gehen und wurde mit einer schlechten Note in Sauberkeit bestraft.

Obwohl der schmutzige Hals natürlich mein Fehler war, fühlte ich mich ungerecht behandelt. Denn in dieser Zeit lag meine Mutter im Krankenhaus und mein Vater war aufs Land gefahren. Es gab also zu Hause niemanden, der auf mich aufpasste oder mir Grenzen setzte. Ich spielte draußen so lange, wie ich wollte, und wusch mein schweißüberströmtes Gesicht und meine schmutzigen Hände nur kurz mit Wasser.

Der schmutzige Hals fiel mir gar nicht auf – sonst achtete meine Mutter immer sehr genau auf unsere Sauberkeit.

Kurz nach diesem Vorfall wurde meine Mutter aus dem Krankenhaus entlassen. Als sie auf dem Nachhauseweg war, zitterte ich vor Angst. Wie würde sie auf meine Schandtat reagieren? Dann kam mir eine rettende Idee: Wenn ich mich durch meine eigene Unsauberkeit in so eine Situation gebracht hatte, könnte ich zu Hause die Töpfe und Teekannen auf Hochglanz polieren, um die Laune meiner Mutter zu verbessern. So polierte ich mit Unterstützung meiner Geschwister mit der feinsten Asche aus dem Ofen und einem kleinen Stück Filz das Geschirr, bis sich mein Gesicht auf der Oberfläche der Teekannen spiegelte. Und es funktionierte, denn unsere Mutter freute sich sehr über unseren Fleiß. Mit einigen Stunden Verzögerung berichtete ich meiner Mutter von dem Vorfall in der Schule und bat sie um Verzeihung. Sie war mir nicht böse, aber sie ermahnte uns, dass wir uns nicht immer auf die Unterstützung unsere Eltern verlassen könnten und selbstständig sein müssten. Aus dieser Geschichte zog ich die wichtige Lehre, dass ich Verantwortung für mich selbst übernehmen musste.

Meinem Klassenlehrer konnte ich schnell verzeihen: Als ich wieder in der Schule war, blickte er mich entschuldigend an. Doch dem Direktor war ich noch eine Weile böse. Warum hatte man mich nicht nach den Gründen für mein verschmutztes Äußeres gefragt? Warum hatten sie mich vor all meinen Freunden gedemütigt? Diese Fragen wälzte ich in meinem gekränkten Herzen hin und her, ohne eine Antwort darauf zu erhalten. In der Schule war ich noch für lange Zeit niedergeschlagen. Erwachsene sollten immer daran denken, welchen Schmerz man Kindern zufügen kann, die vielleicht einfach noch zu jung sind, um richtig und falsch voneinander unterscheiden zu können.

Das Programm der Kulturimplementierung

Ähnlich wie bei der vorangegangenen Alphabetisierungskampagne löste die damals regierende sozialistische Partei MRVP Ende der fünfziger Jahre noch eine kleine kulturelle Aufklärungskampagne aus: Die Mongolen sollten sich von ihren verrußten Jurten und ihren alten Pelztrachten trennen. 1959 verabschiedete das Politbüro einen Erlass für einen landesweiten kulturellen Umschwung, der in jeder Familie umgesetzt werden musste. Zu dieser Zeit war es noch nicht lange her, dass die allermeisten Mongolen traditionell nomadisch lebten. Wir unterschieden uns damit deutlich vom Entwicklungsstand unseres sowjetischen Nachbarn. Das sollte nach dem Willen des Politbüros schnellstmöglich geändert werden. Von nun an waren auch zu Hause von jedem strenge Hygiene- und Sauberkeitsregeln einzuhalten, Infektionskrankheiten wurde der Kampf angesagt. Übermäßiger Alkoholkonsum sollte ebenso aus dem Leben der Mongolen verschwinden wie Diebstahl und Störung der öffentlichen Ordnung.

Durch Kulturinvention hat jede Familie viel über die Sauberkeit gelernt. Anfang 1960er Jahre

Träger dieser Kampagne waren vor allem junge, gut ausgebildete Kader der Partei und ihres Jugendverbands. Zwei Jahre sollte diese Kulturimplementierung dauern. Die Umsetzung dieses ambitionierten Programms lief nicht immer problemlos: Bei den Massenimpfungen in den Krankenhäusern etwa rannten viele aus Angst vor Spritzen einfach weg. Aber dennoch wurden im Laufe der Zeit verbreitete Infektionskrankheiten wie zum Beispiel Syphilis fast vollständig ausgerottet. Die Bevölkerung wurde gesünder, und dies führte zu einem rapiden Bevölkerungswachstum.

Großen Veränderungen war auch die Ernährung der Landbevölkerung unterworfen. Zum Beispiel waren Kartoffeln und andere Gemüsesorten in der Mongolei bis dahin weitgehend unbekannt. Nun verteilte man diese säckeweise an die Familien. Dies musste oft mit sanftem Zwang erfolgen, weil viele nicht wussten, was man mit dem unbekannten Zeug anfangen sollte. Manch einer zweifelte gar daran, dass es sich um essbare Pflanzen handelte. Andere gaben es einfach dem Vieh zum Fressen. Uns Landkindern standen die Haare zu Berge, wenn wir nur an Kartoffeln dachten und diese auch noch essen sollten.

Der lange Arm der Kulturimplementierung reichte auch bis in die Jurten. Früher schenkte man der Einrichtung der Jurte kaum Beachtung. Aber jetzt wurden die Holzbetten gegen von Russen importierte Metallbetten ausgetauscht. An die Innenseite der Jurte wurden dekorativ bestickte Behänge angebracht, um den Holzrahmen der Jurte zu verbergen. Vor dem Bett hingen nun selbst gemachte und geschmückte Vorhänge. Diese wurden nachts zum Schlafen zugezogen, und tagsüber dienten sie zur Dekoration. Die Betten wurden nun mit ordentlich gefalteten und straff gezogenen Laken, meistens Wolldecken aus Russland, bezogen. Bettdecke und Kopfkissen wurden meist in weißen Leinentaschen verstaut, die von der Hausfrau mit Stickereien verziert waren. Diese Leinentaschen wurden auf dem Bett ordentlich gestapelt, und darüber wurde eine verzierte Decke gelegt. Den Stauraum unter dem Bettrahmen verhüllten selbst gehäkelte, ebenfalls weiße Vorhänge. Üblich war, dass in einer Jurte drei Betten standen, die gleich aussahen. Auf dem engen Platz der Jurte waren diese Betten nicht nur eine Art Schlafzimmer, sondern zugleich der Beweis für Sauberkeit, Ordnungsliebe und Kultiviertheit der jeweiligen Familie. Überhaupt achtete eine »kultivierte« Familie darauf, dass alles in bester Ordnung war. Staub wurde oft gewischt, das Geschirr spülte und polierte man, bis es blinkte, meistens mit feinem Sand oder mit Asche. Waschecken aus einem Holzgestell wurden eingerichtet und Spiegel aufgestellt. Stolz präsentierte man in Bilderrahmen eingerahmte schulische und berufliche Auszeichnungen für Familienangehörige auf dem Ehrenplatz.

Je zehn Jurten wurden zu einer Einheit zusammengefasst. Ein Verantwortlicher wurde durch die örtliche Parteieinheit bestimmt. Dieser stammte meistens aus einer Familie, die bereits für Sauberkeit und Ordnung ausgezeichnet worden war oder aus sonstigen Gründen als beispielhaft für die anderen angesehen wurde. Der Zuständige war verantwortlich für die Umsetzung der neuen Regeln vor Ort und arbeitete dabei auch mit den Hygienekommissionen des Ortes zusammen. Diese neu gebildeten Kommissionen, die meist aus aktiven Partei- und Fraueenfunktionären bestanden, überwachten mit strengen Kontrollen den Fortschritt bei der Umsetzung der Vorgaben der Partei in den Familien, am Arbeitsplatz, in Schulen und allen weiteren Einrichtungen sowie deren Umgebung. Sie kontrollierten und notierten zum Beispiel, ob die Waschecke mit den notwendigen Utensilien wie Zahnbürsten, Zahnpasta, Seife, Kamm oder mit sauberen Handtüchern für jedes einzelne Familienmitglied ausgestattet war. Man verlangte von den Bewohnern einer Jurte, dass sie diese Neuerungen nicht nur vorhielten, sondern auch tatsächlich im täglichen Leben nutzten. Denn einige Familien hatten all dies nur für die Kontrollen angeschafft. Doch wer faul und gewieft war, hatte vorher die Zahnpastatube ausgedrückt und die Seife zerkleinert. Selbstredend mussten auch alle religiösen Utensilien vor den neugierigen Augen der Kontrolleure versteckt werden. Und so herrschte, wenn sich die Nachricht einer nahenden Kontrolle verbreitete, in allen Familien helle Aufregung. Jede Familie wollte eine Urkunde mit roter und goldener Schrift für ihre vorbildliche Ordnung und Sauberkeit bekommen.

Kontrolliert wurde auch die Sauberkeit der gesamten Kleidung und Bettwäsche. Beides wurde von innen und außen überprüft. Wurden Bettbezüge verwendet? Wie oft wurden diese ausgetauscht? Wie oft wechselte man die frisch gewaschene Kleidung? Der Hintergrund war, dass es bei

Nomaden üblich war, weite Distanzen zurückzulegen. Für Bettwäsche und frische Bekleidung war in dem spärlichen Reisegepäck beim Umherziehen mit den Viehherden kein Platz. Man trug daher tagelang ein und denselben Deel, der sich zudem hervorragend als eine Art Schlafsack und Decke eignete.

Vielen kam dieser kulturelle Umschwung kaltherzig vor, und es fiel ihnen schwer, ihr alltägliches Leben und lange ausgeübten Traditionen von einem Tag auf den anderen zu ändern. Und gewiss war es für viele Menschen mit Härten verbunden. Aber im Rückblick muss man sagen, dass diese kulturelle Umwälzung der Mongolei dabei geholfen hat, sich vom alten Lebensstil, der für viele Menschen nur ein hartes und kurzes Leben bereithielt, zu lösen. Um seit Jahrhunderten eingeübte Gewohnheiten zu überwinden und damit die Lebensqualität der Menschen zu verbessern, war die Anwendung von etwas Zwang wahrscheinlich unvermeidlich und im Rückblick auch richtig. So konnten wir uns in unserer Lebensweise der restlichen Welt angleichen. Durch die bisweilen strengen Maßnahmen hinsichtlich der Sauberkeit und durch die massenhaften Impfungen konnten viele der übertragbaren Krankheiten vollkommen beseitigt werden, und fast alle Mongolen lernten lesen und schreiben.

Taschendiebe, Landeier und Liebesbriefe

Seitdem im Sommer 1967 meine ältere Schwester Tseesuren ihr Medizinstudium an der Medizinischen Hochschule in Ulaanbaatar aufnahm, dachten meine Eltern über einen Umzug vom Land in die Hauptstadt nach. Sie vermissten ihre einzige Tochter sehr. Wegen der schlechten Straßenverhältnisse waren Tseesurens Briefe und die meiner Brüder lange mit dem Postauto unterwegs. Eine Möglichkeit zu telefonieren gab es nicht. Wenn ein Brief eintraf, war die Aufregung in der Familie groß. Wir sprachen noch wochenlang über den Inhalt wie über einen Roman. Danach musste man wieder monatelang auf den nächsten Brief warten. Meine Eltern wollten ihre einzige Tochter daher in der Ferne nicht alleine lassen. Als wir Kinder von dem geplanten Umzug erfuhren, waren wir verständlicherweise sehr aufgeregt. Ulaanbaatar eilte sein Ruf voraus. Ich malte mir die größte Stadt der Mongolei, die ich bisher nur aus Gesprächen, Büchern und Zeitschriften kannte, mit ihren hohen Gebäuden, breiten Straßen, großen Plätzen und vielen Autos in bunten Farben aus.

Dann schien der Umzug wahr zu werden. Wir lebten zu diesem Zeitpunkt immer noch in dem kleinen Zentrum einer Gemeinde des Erdenemandal Sums. Im Sommer, bevor ich in die vierte und mein kleiner Bruder in die zweite Klasse kommen sollte, waren wir vollauf mit den Umzugsvorbereitungen beschäftigt. Meine Eltern verkauften ihr Vieh und alles, was wir in der Stadt nicht brauchten. Das Geld sollte uns den Start in unser neues Leben erleichtern. An einem schönen Herbsttag packten wir unsere Jurte und unseren verbliebenen Besitz auf einen Lastwagen. Auf der vollen Ladefläche polsterten wir uns mit unseren Filzdecken aus der Jurte Sitzplätze aus. So verließen wir unsere Heimat, den Ort, an dem ich geboren und aufgewachsen war.

Als wir uns der Hauptstadt näherten und von einem Hügel Ulaanbaatar erblickten, staunten wir über die glitzernden Glasgebäude. Neugierig fragten mein Bruder und ich, was das größte und außergewöhnlichste Gebäude in Ulaanbaatar sei. Dies sei die goldene Spitze des Haupttempels im Gandan-Kloster, erklärte man uns. Das nächste hohe Gebäude, das uns ins Auge stach, war das Staatliche Kaufhaus. Als wir mit dem Auto durch die Stadt fuhren, saugten mein Bruder und ich begierig die neuen Eindrücke auf. Die Stadt erschien mir wie ein riesiges Märchenland. In jeder jungen Frau, die wir von der Ladefläche des Autos aus erblickten, vermuteten wir unsere Schwester. Aus voller Kehle schreiend wetteiferten wir darum, wer sie als erster erspähen würde. Schließlich kamen wir bei meinem Cousin Nambar an, das Waisenkind der Schwester meines Vaters, den meine Eltern gemeinsam mit uns von klein auf großgezogen hatten. Vor einigen Monaten hatte er uns eine ausführliche Beschreibung der Lage seiner Wohnung per Brief geschickt und der Fahrer fand die Adresse schnell. Voller Freude fielen wir uns gegenseitig in die Arme.

Die Neuigkeiten, die wir aufgeregt austauschten, schienen kein Ende zu nehmen. Daher wurde beschlossen, dass wir in Nambars kleiner Zweizimmerwohnung bleiben würden, bis wir uns eingelebt hatten. Die erste Nacht in der Stadt war wenig angenehm, denn wir machten

Bekanntschaft mit äußerst lästigen Stadttieren, nämlich Bettwanzen. Als wir morgens aufwachten, waren wir am ganzen Körper mit Bissen übersät und es juckte heftig. So etwas gab es bei uns auf dem Land nicht. Wir reagierten sehr empfindlich auf die Bisse und vor allem das große Jucken, das über die nächsten zwei, drei Tage noch stärker wurde. Und so mussten wir nach nur wenigen Tagen Nambar verlassen und zogen mit unserer Jurte auf das Grundstück eines anderen Bekannten aus unserer Heimat in den Ortsteil »Amerikan Denj« östlich des Stadtzentrums, benannt nach einer Erhebung, auf der früher eine amerikanische Handelsmission angesiedelt war.

Im westlichen Teil Ulaanbaatars befand sich das Industriekombinat. Seit den sechziger Jahren schritt die Industrialisierung der Mongolei rasch voran: Große Fabriken, Kraftwerke und Betriebe entstanden im ganzen Land, aber vor allem in der Hauptstadt und meistens mit sowjetischer Unterstützung. Da ich immer neugierig war, erkundete ich das Industriekombinat auf eigene Faust. Am Morgen läutete das Pfeifen einer Sirene an einem hohen Schornstein den Beginn des Arbeitstages in ganz Ulaanbaatar ein. Durch die Tore des Industriekombinats strömten Männer und Frauen jedes Alters in Arbeitsuniformen. Auf dem Weg zur Arbeit redeten und lachten sie miteinander. Solche gewaltigen Fabrikanlagen und so viele Menschen auf einmal hatte ich noch nicht gesehen. Mein Cousin Nambar arbeitete in der Schuhfabrik an einer Maschine, die Absätze anbrachte. Wenn er Nachtschicht hatte, begleitete ich ihn oft zur Arbeit und half ihm bei Kleinigkeiten aus. Ich hatte Gelegenheit, stundenlang diese wundersame Maschine zu beobachten. Das klopfende Geräusch beim Anbringen der Absätze faszinierte und beruhigte mich.

An das Stadtleben und seine Gefahren mussten wir uns erst gewöhnen. Eines Tages kam mein Vater, ein bedächtiger und ruhiger Mann, ganz niedergeschlagen vom Einkaufen auf dem einzigen großen Markt zurück. Er seufzte und wimmerte. Wir belagerten ihn mit Fragen. Was war geschehen? Frisch vom Land und naiv wie er war, wusste er nichts von Taschendieben in den öffentlichen Bussen. Und so wurde er auf dem Weg zum Markt um das ganze Geld gebracht, das wir mit dem Verkauf unserer Habseligkeiten eingenommen hatten. Meine Mutter schalt ihn, dass er die gesamte Barschaft, mit der er einen Lkw voller Waren hätte kaufen können, mit zum Markt genommen hatte. Bei dem Anblick meines Vaters, wie er vor Scham uns gegenüber kein Wort mehr herausbekam, empfand ich sehr viel Mitleid.

Und so hatte unsere Familie kurz nach dem Umzug nach Ulaanbaatar kein Geld, kein Grundstück, wo wir unsere Jurte aufbauen konnten, und uns fehlten selbst die einfachsten Dinge. Meine Eltern ärgerten sich jetzt, dass sie das Vieh komplett verkauft hatten und wir auf dem Land nichts mehr besaßen, was wir in einem Notfall wie diesem hätten zu Geld machen können. Doch fanden meine Eltern zum Glück bald Arbeit durch die Unterstützung der Verwandten. Mein Vater fing als Tischler beim staatlichen Energiebetrieb an und meine Mutter als Reinigungsfrau im Kinderfreizeithaus, das damals Pionierpalast hieß.

Mein Bruder und ich wurden in der 33. Mittelschule angemeldet. Doch noch reichte das Geld nicht aus, um uns die streng vorgeschriebenen Schuluniformen zu kaufen. Glücklicherweise halfen uns Verwandten wieder aus. Unsere Tante schenkte uns ihre gebrauchten schwarzen Schuhe, die vorne spitz zuliefen. Unserer ganzen Familie gefielen die Schuhe sehr gut, doch wir wussten nicht, dass es eigentlich Damenschuhe waren. Mein Vater hatte zwischenzeitlich Geld aufgetrieben und kaufte uns davon Sportbekleidung. Und so machten wir uns in einem ungewöhnlichen, aber irgendwie doch schicken Aufzug auf in die neue Schule.

Unsere Schule war erst vor kurzem, wie so viele Bildungseinrichtungen in der Mongolei, mit sowjetischer Unterstützung eröffnet worden und daher gut ausgestattet und stadtbekannt. Sie lag in einem Wohnviertel für Funktionäre, Armeeangehörige und ausgezeichnete Arbeiter sowie ausländische, meist russische Arbeiter und deren Familien, die uns bei unserer Entwicklung halfen. Ausgerechnet auf diese besondere neue Schule gingen wir »Landeier« mit unserer ärmlichen Kleidung. Für die Stadtkinder waren wir wirklich ein ungewohnter Anblick, und sie lachten uns schon beim Eingang der Schule aus. Die Lehrer drohten uns, dass wir die Schule nicht weiter besuchen dürften, wenn wir nicht innerhalb einer kurzen Frist die vorgeschriebene Schuluniform trügen. Als wir endlich über eine Schuluniform verfügten, integrierten wir uns gut und stachen bald durch schulische Leistungen und Disziplin hervor. Am Ende des Schuljahres wurde ich als einer der besten Schüler

Ulaanbaatar in den 1960er Jahre und heute.

mit einem besonderen Füllfederhalter ausgezeichnet. Dies war damals der Traum aller Schüler, und meine Freude kannte keine Grenzen. Stolz zeigte ich diesen meinen Eltern. Ich war so verliebt in meinen Füllfederhalter, dass ich ihn nicht in die Tasche stecken wollte, sondern in der Hand behielt, als ich mich auf den Weg machte, um ihn meiner Tante, die uns viel half, zu zeigen. Doch als ich stolperte, fiel der Füllfederhalter auf den Boden. Er zerbrach und die Tinte lief aus. Das brach mir das Herz. Ich versuchte, ihn mit Pflastern zu reparieren, doch dies führte nur dazu, dass meine Hände voller Tinte waren, wenn ich schrieb. Nach einigen Wochen konnte ich mich dazu durchringen, meinen Eltern von meinem Missgeschick zu erzählen, wovor ich mich gefürchtet hatte, doch sie lachten verständnisvoll und beruhigten mich.

In der Schule litt ich darunter, dass ich von Natur aus Linkshänder bin. Die Lehrer zwangen mich von Anfang an, mit rechts zu schreiben. Wenn sie sahen, dass ich mit der linken Hand schrieb, schlugen sie mir mit dem langen, hölzernen Zeigestock auf die Hand. Ich hatte also keine andere Wahl, als mit rechts zu schreiben. Dadurch verschlechterte sich meine Schrift und sie war nicht mehr so schön. Auch das Zeichnen wollte mir nicht mehr so gut gelingen. Wenn ich heute darauf zurückblicke, dann ist das Verhalten der Lehrer ein Beispiel dafür, wie falsch es ist, die Natur mit Gewalt verändern zu wollen. Mein Sohn ist, wie viele in meiner Familie, ebenfalls Linkshänder. Aufgrund meiner Erfahrungen habe ich ihn nicht gezwungen, mit rechts zu schreiben.

Als ich in die fünfte Klasse kam, zogen wir noch einmal um. Zu dieser Zeit hatte mein Bruder Shaariibuu sein Studium in Irkutsk schon abgeschlossen und arbeitete nun in der Wirtschaftsabteilung des Geologieministeriums. Er hatte mittlerweile auch geheiratet und sich ein kleines Haus mit Grundstück in der Stadt gekauft. Dort konnten wir unsere Jurte aufstellen. Für meinen jüngeren Bruder und mich bedeutete das einen erneuten Schulwechsel.

An der 3. Mittelschule, die wir nach dem Umzug besuchten, fühlte ich mich sehr wohl. Meine Klassenlehrerin Frau Dolgorsuren, die im ganzen Land als staatlich ausgezeichnete Pädagogin hochgeschätzt war, habe ich in besonders guter Erinnerung. Sie war eine engagierte Lehrerin, die sich um jeden einzelnen Schüler kümmerte. Kinder mit schlechten Noten oder Problemen zu Hause wurden von ihr mit voller Aufmerksamkeit und Fürsorge bedacht. Sie besuchte die Familien persönlich und stand ihnen mit Rat und Tat zur Seite. Sie motivierte uns zu guten Leistungen und wies uns den richtigen Weg im Leben. Auch nach ihrer Pensionierung besuchte ich sie jedes Jahr zu Neujahr, um ihr meine Ehre zu erweisen.

Als ich in die sechste Klasse kam, fühlte ich mich schon wie ein erwachsener Mann und wollte meine Eltern unterstützen. So begann ich in den Sommerferien zu arbeiten. Meine Schwägerin besorgte mir eine Arbeit als Hilfsarbeiter in einem großen Lebensmittelgeschäft. Um die Stelle zu bekommen, musste ich mein Alter höher angeben, als es tatsächlich war. Dies fiel mir leicht, weil ich für mein Alter ziemlich groß gewachsen war. Meine Aufgabe war es, die ohne Unterbrechung ankommenden Lkws mit schweren Lebensmitteln zu be- und entladen. Ich schleppte kisten- und säckeweise verschiedene Lebensmittel. Ein Karton zum Beispiel beinhaltete 20 Flaschen mit jeweil einem halben Liter Wodka, Bier oder Limonade. Mehl, Reis und Zucker waren in 50 oder 75 Kilo schweren Jutesäcken verpackt. Doch ein Kind bleibt am Ende ein Kind. Und auch wenn ich groß gewachsen war, reichte meine Kraft anfangs oft nicht aus. Wenn ich einmal kurz innehielt, um durchzuatmen, fuhren mich sogleich die erfahrenen älteren Kollegen an, dass ich gefälligst weiterzuarbeiten habe und nicht herumstehen solle.

Nach einigen Tagen hatte ich den Dreh raus und ich wusste, wie man mit weniger Mühe die Schlepperei erledigen konnte. Ich erduldete und überwand die Schwierigkeiten, die ich damals durchmachen musste. Mein Wille wurde gestärkt und ich lernte, dass man Arbeit am besten nicht mit bloßer Kraft, sondern mit Geist und Geschick erledigen konnte. Meinen schwer verdienten Lohn brachte ich stolz zu meinen Eltern, um zu den Kosten für die Schulvorbereitungen beizutragen. So konnte ich meinen Eltern zum ersten Mal nach ihrem großen Verlust eine kleine Last abnehmen. Das setzte ich in späteren Jahren fort.

In jener Zeit füllte ich zwei Hefte zu je 96 Seiten mit verschiedenen Liedtexten. Die Lieder handelten von freudigen Momenten, Liebe, Traurigkeit, Schmerz, meinem Geburtsort, Eltern, Angst, Mut, Tatkraft,

Wehmut und vor allem der Heimat. In der Mongolei sagt man, wenn man mit ganzem Herzen singt, ist es so, als ob man tausend Gebete spricht.

Zur gleichen Zeit begannen die Jungs in meiner Klasse, den Mädchen ohne Unterlass Liebesbriefe zu schreiben. Wir stifteten uns gegenseitig an: »Jetzt du an sie, jetzt ich an sie«, und so weiter. Weil sie von meinen Liedtexten und anderen schönen Zeilen wussten, die ich teilweise aufgehoben und in meinen eigenen Liebesbriefen verwendet hatte, wollten meine Freunde, dass ich ihnen helfe, ihre Liebesbriefe zu entwerfen. Und das tat ich gerne. Ich nahm mir das Sprichwort zu Herzen, wenn man die fünf guten Dinge einer Frau versteht, dann lernt man mit fünf Sinnen zu lieben. Damals war eine bestimmte Art der Reime in Mode. Es waren Phrasen, die die Schönheit einer jungen Frau beschrieben, wie eine schöne Steppenblume, ein weißer Schwan, die goldene Sonne, der weiße Vollmond, der mit vielen Sternen am Himmel glänzte, und ähnliche romantisch-bildliche Ausdrücke. Ich dichtete als Freundschaftsdienst für die anderen Jungs, indem ich ihre Gefühle umschrieb. Eine Phrase war sehr beliebt überall: »Es gibt der Blumen viele in den Bergen, doch rote findet man nur selten – so gibt es auch der Freunde viele, doch wenigen nur schenkt man echte Liebe.« Manchmal fiel mir dann sogar noch die Aufgabe zu, die Briefe zu überbringen. Auch wenn es mitunter peinlich war, hat es sich gelohnt. Ich habe Freunde, die aufgrund dieser Briefe damals zusammengekommen sind und noch heute als Großeltern glücklich zusammenleben.

Schwarze Tränen

Obwohl ich mich schon so erwachsen fühlte, lernte ich in der siebten Klasse, dass ich doch noch ein Kind war. Das Leben hielt mir und meiner Familie eine besonders traurige Lektion bereit: den plötzlichen Verlust meines Vaters.

Verlust und Leid kündigen sich nicht an, sie wehen wie das Unwetter an einem klaren Tag einfach ins Haus herein. Vor dem Neujahrsfest nach der alten Zeitrechnung (also »Tsagaan Sar« – das mongolische Neujahrsfest nach dem Mondkalender), das meistens Mitte Februar stattfindet, musste mein Vater die hölzerne Ehrentafel des staatlichen Energiebetriebes fertigstellen, da jeder Betrieb damals so eine Tafel vorzeigen musste. Auf dieser Tafel wurden die Fotos der besten Arbeiter ausgestellt, samt einer Beschreibung ihrer Leistungen, damit diese Arbeiter im Betrieb geehrt würden. Mit der Fertigstellung dieser Tafel hatte mein Vater viel zu tun. Einen Tag zuvor war er mit meiner Mutter und meiner Tante zum Gandan Tempel in Ulaanbaatar gegangen und hatte an den täglichen Gebeten teilgenommen, Streichhölzer und Butterfett für Lichter an die Mönche verteilt und den Göttern seine Ehre erwiesen. Dieser Tempel war der einzige, der in Ulaanbaatar die stalinistischen Zerstörungen überstanden hatte und eine religiöse Einrichtung geblieben war.

Damals wurde vor allem zum traditionellen Neujahrsbeginn die Einhaltung der vorgeschriebenen Arbeitszeiten streng kontrolliert. Es war zwar offiziell verboten, dieses religiöse Fest zu feiern, aber fast alle Familien hielten sich nicht daran und man feierte heimlich. Daher achteten die Leitung des Betriebes und die Parteifunktionäre besonders darauf, dass sich niemand vorzeitig von der Arbeit entfernte. Am Vorabend des ersten Neujahrstages brach mein Vater pünktlich zur Arbeit auf. Nach Feierabend wollte er so schnell wie möglich nach Hause, um mit uns den letzten Tag des Jahres zu feiern. Doch auf dem Heimweg wurde er von einem Auto überfahren. Ganz plötzlich, wie aus dem Nichts, hatten wir keinen Vater mehr. Er, der mich immer unterstützt und gelobt hatte, der für uns wie ein Fels in der Brandung war, würde nie sehen, wie sein geliebter Sohn im Ausland studieren, arbeiten, eine Familie gründen und ein Politiker werden würde. Mein Vater wurde nur 58 Jahre alt.

In diesem Jahr wurde für unsere Familie das Fest des weißen Neumondes in einem Meer schwarzer Tränen ertränkt. Unsere Welt wurde in ihren Grundfesten erschüttert. Die Trauer, die uns umgab, kann nicht mit Worten beschrieben werden. Wenn ich an jene Nacht zurückdenke, zerreißt es mir immer und immer wieder das Herz.

Von dem Tod meines Vaters erfuhr ich, als in der Nacht meine Geschwister nach Hause kamen. Nachdem alle von seinem Unfall erfahren hatten, fuhr meine Mutter mit meinen älteren Geschwistern zum Krankenhaus. Mein jüngerer Bruder und ich passten auf die kleinen Kinder unserer Geschwister auf. Als sie zurückkamen, lag ich schon im Bett und hörte sie über die Einzelheiten des plötzlichen Todes sprechen. Alle waren schockiert, weinten und trauerten. Ich wollte meinen Ohren nicht glauben und war so schockiert, dass ich mich nicht einmal aufsetzen oder einen Laut von mir geben konnte. Bis zum Morgengrauen lag ich im Bett, mit der Decke über meinen Kopf gezogen, und weinte lange. Mit zusammengeschnürter Kehle flüsterte ich: »Vater, warum bist du so schnell und ohne es uns zu sagen von uns gegangen? Wie kann das nur sein?«

Obwohl der Unfall eindeutig die Schuld des zu schnell fahrenden Autobesitzers gewesen war, entschieden wir, keine Anzeige bei der Polizei zu erstatten. Wir wollten nicht, dass noch eine Familie ins Unglück stürzt. Doch dass dieser Mann uns Waisen nicht ein einziges Mal besuchen würde, hat mich bis heute tief enttäuscht. Es bereitete mir zusätzlich zur Trauer noch mehr Schmerzen.

Vor dem Tod meines Vaters hatten wir auf dem Grundstück meines Bruders Shaariibuu begonnen, Bäume zu pflanzen und einen Brunnen anzulegen. Mein Vater wollte uns mit seinen eigenen Händen ein Haus bauen. Doch er konnte all dies nicht vollenden. Ich saß so manches Mal auf der Schwelle des unvollendeten Hauses, dessen Bau unser Vater angefangen hatte. Dann blickte ich in den blauen Himmel und schwor mir, den unerfüllten Wunsch meines Vaters zu erfüllen und das Haus zu vollenden. Im Sommer zogen wir dann in das neue Haus, das wir Geschwister gemeinsam fertiggestellt hatten. Dort fanden wir einen würdigen Platz für die Götterstatuen, den seidenen Khadag und die Sutra-Gebetsschriften unseres verstorbenen Vaters.

Nach dem Tod meines Vaters hörte meine Mutter auf, regelmäßig zu essen. Ihr wurde immer wieder übel, und sie war oft tief in Gedanken versunken. Wegen Nierenschmerzen besuchte sie regelmäßig einen Heilkundigen im Tempel, der ihre Schmerzen wegmassierte. Für die Schmerzen machte sie ihre Zeit als Rennreiterin mit vier und fünf Jahren verantwortlich oder die schwere Arbeit als Hilfsarbeiterin beim Bau einer Schule in Erdenemandal Sum, wo sie den ganzen Tag schwere Baumaterialien schleppen musste. Ein halbes Jahr nach dem Tod meines Vaters ging es meiner Mutter plötzlich sehr schlecht. Nicht die Nieren waren das Problem, sondern bei ihr wurde Darmkrebs diagnostiziert. So wurde meine Mutter für längere Zeit ins Krankenhaus eingewiesen und musste operiert werden. Man teilte uns nicht mit, wann die Operation stattfinden würde. Und so war ich zufällig ins Krankenhaus gekommen, um unsere Mutter zu besuchen, als man sie in den Operationssaal schob. Nach langem Warten teilten mir die Ärzte mit, dass die Operation erfolgreich verlaufen sei. Ich freute mich, dass die geschickten Hände der Ärzte das Leben meiner Mutter gerettet hatten und rannte los, um meinen älteren Geschwistern die freudige Nachricht zu überbringen.

Aber während ich meine Geschwister informierte, verstarb meine Mutter: Als sie in Vollnarkose auf ihrem Bett lag, war eine Krankenschwester abgestellt, sie zu überwachen. Doch die Krankenschwester verließ ihren Platz. Meine Mutter wachte auf, bewegte sich und fiel aus dem Bett. Dabei rissen ihre frischen Operationswunden auf und sie starb an Ort und Stelle.

Wenn ich nur daran denke, zerreißt es mich innerlich, und meine Gefühle wallen tosend wie die Brandung auf. Wenn doch diese Krankenschwester nur ihrer Verantwortung nachgekommen wäre! Noch heute möchte ich jeden Arzt und Pfleger anflehen, der Verantwortung für die Menschen, deren Leben in ihren Händen liegt, sorgfältigst nachzukommen, um unnötige Trauer und Leid zu vermeiden.

Der plötzliche Verlust unserer Mutter zog uns in einen noch schwärzeren Abgrund. Sie war jung und hatte kein einziges weißes Haar und keinen krummen Zahn. Sie war nur 48 Jahre alt geworden. So starben im Frühling des Jahres 1971 mein Vater und im Herbst desselben Jahres meine Mutter, also meine zwei liebsten Menschen. Und dabei hatten wir oft darüber gesprochen, wie lange doch die Vorfahren meiner beiden Eltern gelebt hatten. So manches Mal denke ich daran, wie es wäre, wenn ich heute zwischen meinen grauhaarigen Eltern säße und mich von ihnen wie ein kleines Kind liebkosen ließe. Doch meine über alles geliebten Eltern, die für uns jeden Tag mit Glück und Licht erfüllt hatten, denen ich alles erzählt hatte und für deren Lob ich mich anstrengte, waren nicht mehr unter uns. Mit ihnen wich die Farbe aus unserem Leben und wir verfielen in eine tiefe Trauer. Die Zahl 1971 bedeutet in unserer Familie seitdem Unglück, Trauer und Verlust.

Die schwierigen Tage nach dem Tod meiner Mutter durchlebte ich mit meiner Schwester und meinem kleinen Bruder in tiefer Traurigkeit. Ohne meine Eltern war unsere Jurte leer.

Ich war in der achten Klasse, begann zu pubertieren und stellte oft Unfug oft an. Der Musterschüler Terbishdagva gehörte der Vergangenheit an. Statt zu lernen, streunte ich mit meinen Freunden herum. Ich wollte weder in die Schule gehen noch zu Hause sein. Einfach nur weg, dachte ich, und war beklemmt durch die Enge in meiner Brust. Folglich wurden meine schulischen Leistungen schlechter und schlechter. Das war wohl meine Art, mit der tiefen Trauer, die mich umfing, umzugehen. Natürlich führte das dazu, dass ich auch schon mal eine Backpfeife von meinen Physiklehrer Dagva erhielt und einige Male sogar mit dem Zeigestock bestraft wurde. Diese Strafen machten mich noch trotziger. Fortan beteiligte ich mich nicht mehr am Unterricht. Ich wollte einfach nichts machen. Später schwänzte ich häufig und verwickelte mich in Schlägereien, wir prügelten uns mit den Schülern anderer Schulen.

Meine Freunde und ich jagten auch den chinesischen Kindern, die in Ulaanbaatar mit ihren Eltern lebten, Angst ein. Obwohl in der Hauptstadt seit langer Zeit immer auch Chinesen gelebt hatten, war China in dieser Zeit nicht gut angesehen. Mao Tse-tungs Kulturrevolution in China wendete sich auch gegen die Mongolen, die in der Inneren Mongolei lebten. Die mongolische Bevölkerung wurde verfolgt, umgesiedelt oder sogar ermordet, und man versuchte, die mongolische Lebensweise und Traditionen durch die chinesischen zu ersetzen. Die Mongolei fühlte sich durch chinesische Propaganda, die ganz offen betrieben wurde, bedroht. Das innermongolische Radio, das in Händen der chinesischen Kontrolleure war, strahlte Propagandasendungen auch in der Mongolei aus. Dort wurde zum Beispiel der Parteiführer Ju. Tsedenbal als »Generaldirektor des sowjetischen Fleischkombinats« verunglimpft. Die Chinesen machten sich darüber lustig, dass man in der Mongolei den Kommunismus aufbauen wollte, aber noch nicht einmal Konservendosen herstellen konnte. Auch an der Grenze kam es immer wieder zu Provokationen von chinesischer Seite. Die Spannung zwischen China und der Mongolei färbte auch auf uns Schüler ab, weil über die aggressive Politik Chinas und den Fehler der Kulturrevolution viel gesprochen wurde.

Die Abende verbrachten wir im Kino oder einfach auf der Straße. Wenn ich unterwegs war, hielt ich in meiner Hand oft einen Wasserhahnknauf, der sich wie ein Schlagring tragen ließ. Das war unter den Jugendlichen damals verbreitet, um anderen Angst einzujagen und um bei Schlägereien einen Vorteil zu haben. Eines Tages durchsuchte mich Lehrer Dagva und holte den Knauf aus meiner Hosentasche hervor. Mit bitterernster Miene fragte er mich, ob ich ein etwa Verbrecher werden wolle.

Meine Geschwister machten ebenfalls schwere Zeiten durch. Weil wir gemeinsam soviel Leid erlebt hatten, konnten sie mir wegen meines schlechten Umganges nicht böse sein. Stattdessen hatten sie Mitleid mit mir und versuchten mir mit sanften Worten zu erklären, dass ich mir durch meine Handlungen schaden und viel Zeit verlieren würde. Wann immer ich etwas Gutes tat, lobten sie mich. In dieser schwierigen Zeit umgaben mich meine Geschwister mit all der Wärme, die sie geben konnten. Das Gleiche galt für viele meiner Freunde und deren Eltern. Ich lernte, was echte Freundschaften sind. Und ich schwor mir, in Zukunft Verwandte, Freunde und Bekannte genauso zu unterstützen, wenn sie schwierige Zeiten durchleben und Probleme haben, da ich selbst genug Leid erlebt hatte und wusste, wie wichtig Trost und Hilfe waren.

Nach dem Abschluss ihres Medizinstudiums bekamen meine Schwester Tseesuren und ihr frisch angetrauter Mann Sharkhuu den Auftrag, in Gobi-Altai, der Heimat meines Schwagers, zu arbeiten. Fachkräfte waren damals insbesondere auf dem Land knapp, weshalb man Absolventen aus der Hauptstadt häufig in ihren Heimataimaks einsetzte, aus denen ihre Familien nach Ulaanbaatar hergezogen waren. Meine Schwester sollte in Gobi-Altai an der dortigen Fachschule für Medizin Dermatologie unterrichten. Nach dem Tod meiner Eltern wollte sie ihre zwei kleinen Brüder nicht alleine in Ulaanbaatar lassen, sondern mit nach Gobi-Altai nehmen. Ich jedoch wollte dies unter keinen Umständen. Meine damals hochschwangere Schwester weinte und flehte mich an, sie zu begleiten. Schließlich sprach mein großer Bruder Shaariibuu ein Machtwort: Ich solle meiner einzigen Schwester folgen, damit sie für mich wie eine Mutter sein könne und nicht allein an einem fremden Ort sein müsse. Davon ließ ich mich überzeugen.

Shaariibuu war ein sehr kluger Mann und ein geborener Anführer. Er schlüpfte nach dem Tod unserer Eltern in die Vater- und Mutterrolle für mich und meinen kleinen Bruder Purevdorj, den wir meist Dorjoo nannten. Er passte auf uns auf und lenkte unser Leben in die richtigen Bahnen. Mein jüngster Bruder Purevdorj, so entschied er, sollte in der Stadt bei ihm bleiben. Dorjoo war zu klein und lebhafter als ich. Unser großer Bruder wusste, dass meine Schwester sich auch nicht noch um ihn kümmern konnte. Bruder Shaariibuu hatte mich damals herzlich gebeten und gleichzeitig beauftragt, die Trotzköpfigkeit, die ich mir in der Stadt zugelegt hatte, sofort abzugewöhnen und stattdessen meine Schwester in der neuen und fremden Umgebung zu unterstützen. Heute weiß ich, dass es ein kluger Schachzug meines großen Bruders war, mich mit meiner hochschwangeren Schwester nach Gobi-Altai zu schicken, um ein weiteres Abrutschen auf die schiefe Bahn zu verhindern. Nur ungern verließ ich meine Freunde, aber ich war gleichzeitig entschlossen, meiner Schwester bei ihrem Neuanfang mit einer neuen Arbeit und bald einem kleinen Kind so gut es ging zu helfen.

Am schwersten fiel es mir, meinen jüngeren Bruder Dorjoo zurückzulassen. Wir lagen nur ein Jahr auseinander. Er war nicht so verwöhnt wie ich, aber lebhaft, und mochte, obwohl er klug war, keine Schulaufgaben erledigen, ja mitunter nicht einmal regelmäßig zur Schule gehen. Er hatte seinen eigenen Kopf, und als wir kleiner waren, kam es oft zu Rangeleien zwischen uns. Trotz alledem liebte ich ihn über alles, schließlich war er mein einziger kleiner Bruder.

Wegen ihrer Schwangerschaft hatte meine Schwester das Flugzeug nach Gobi-Altai genommen. Mein Schwager und ich fuhren mit einem russischen GAZ-53-Lastwagen hinterher. Als wir uns von unseren Verwandten verabschiedeten, stand mein kleiner Bruder mit seinem geliebten Welpen im Arm am Holzzaun und sah uns mit tränenerfüllten Augen an. Mein Schwager und ich küssten den Kleinen und sprangen auf die Ladefläche. Während wir abfuhren, weinte der Kleine jämmerlich. Als ich das sah, kullerten auch bei mir die Tränen. Da ich der Ältere war, schluckte ich sie herunter. Doch je weiter wir uns entfernten, desto ungehemmter ließ ich meine Tränen fließen. Ich sah aus der Ferne, wie sich mein kleiner Bruder die Augen rieb. Er tat mir so leid und ich liebte ihn immer mehr. Während ich auf der Ladefläche durchgeschüttelt wurde, dachte ich an die Zeit zurück, als wir noch eine heile Familie waren, die fröhlich in die Hauptstadt umgezogen war. Als wir die Stadt verlassen hatten, blickte ich auf die Berge und die Landschaft, die an uns vorüberzogen. Bei diesem Anblick fielen alle Sorgen nach und nach von mir ab. Wir Mongolen sind wie neugeboren, wenn wir die Natur sehen. Das begriff ich in diesem Augenblick.

Schulkameraden

Als wir nach einer langen Reise von über 1000 Kilometern, die wir in mehr als zwei Tagen auf unbefestigten Straßen und Wegen zurücklegten, endlich im Gobi-Altai-Aimak im Südwesten der Mongolei ankamen, erkannte ich mein eigenes Spiegelbild nicht mehr, so voller Staub und Sand war ich. Mein Schwager erzählte mir unterwegs, dass der Gobi Altai (das heißt übersetzt Wüsten-Altai) das Altai-Gebirge im Süden fortsetzt. Ich sah unterwegs oft einzelne und losgelöste Gebirgsstöcke, die sich steil aus der Wüstenebene erhoben, ein völlig anderes Bild als in unserem Erdenemandal Sum.

Mein neuer Lebensabschnitt begann in der neunten Klasse der 1. Mittelschule im Zentrum des Aimaks Altai. Das war bereits meine vierte Schule. Ich kannte niemanden. An diesem ungewohnten Ort fühlte ich mich einsam. Ich vermisste meine Geschwister und meine Freunde. Auch wenn ich mit meiner schicken Kleidung erkennbar aus der Hauptstadt kam, wurde ich von meinen Mitschülern freundlich aufgenommen und war schnell mit ihnen befreundet. Ich hinterließ zudem sofort einen guten Eindruck beim Basketballspielen.

Die Erinnerungen an meine Zeit in Gobi-Altai Aimak sind immer noch lebendig. Mit meinem Freund Ganzurkh fertigte ich aus Holz eine Elektrogitarre. Unser Lehrer, stets mit Zigarette im Mund, half uns dabei. Er war ein guter Lehrer, der alles in seiner Macht Stehende tat, um uns zu schützen, wenn wir wegen unserer Streiche wieder einmal zum Direktor gerufen wurden. Wir waren eine Klasse, die auf Aimakebene und bei landesweiten Wettbewerben verschiedene Preise für Singen, Musik und Sport gewann. Viele meiner Klassenkameraden wurden später Abgeordnete, Minister, Staatssekretäre, hochgestellte Militärs und angesehene Wissenschaftler sowie Geschäftsleute. Wir treffen uns bis heute regelmäßig. Dann verwandeln wir uns spaßend und lachend wieder in die Schulkinder von damals. Später, als ich Politiker geworden war, halfen mir meine Schulkameraden alle vier Jahre bei den Wahlkampagnen. Wer sich nicht persönlich beteiligen konnte, der unterstützte uns mit Speis und Trank. Dieser Zusammenhalt hat mir viel Energie gegeben.

Gegen Ende meines ersten Schuljahres in der neunten Klasse in Gobi-Altai bezog mein Bruder Shaariibuu in Ulaanbaatar eine eigene neue Wohnung. Er wollte, dass ich die Mittelschule, also die 10. Klasse, in der Stadt abschließe und danach auf eine Hochschule gehe. Und so stand mein mittlerweile fünfter Umzug an. Ich bereitete mich darauf vor, mein Leben in der emsigen Hauptstadt wieder aufzunehmen. Ich wurde an einer neuen Schule angemeldet, die direkt neben der neuen Wohnung meines Bruders lag, um dort die 10. Klasse abzuschließen. Die 12. Mittelschule stand im Westteil von Ulaanbaatar, in der Nähe des Fleischkombinats, wo ich später nach dem Uniabschluss meine erste Arbeitsstelle bekam. Mit Umzügen und Schulwechseln hatte ich mittlerweile viel Erfahrung. Routiniert verabschiedete ich mich von meinen Freunden und gewöhnte mich schnell an die neue Umgebung.

Unter meinen neuen Klassenkameraden fand ich schnell Anschluss. Weil meine Wohnung am nächsten lag, trafen wir uns nach der Schule oft bei mir. Wir machten unsere Hausaufgaben zusammen, aßen gemeinsam und verbrachten die Abende bei mir. In dieser Zeit führten wir, von unserem Lehrer angeregt, viele Diskussionen über die Geschichte der Mongolei. Wir wollten alles wissen, auch das, was nicht in den Schulbüchern stand. Wir erzählten uns, was wir zum Beispiel über die alte mongolische Geschichte und Dschingis Khan von anderen gehört und aufgeschnappt hatten – Themen, die zu dieser Zeit tabu waren. Wenn wir abends zusammensaßen, hörten wir die damals populäre Musik von westlichen Bands wie den Beatles, Boney M, Smokie, Village People oder ABBA. Dazu tanzten wir so, wie es uns aus dem Ausland zurückgekehrte Studenten beigebracht hatten.

Als Zugezogener wurde ich zur Zielscheibe einer berüchtigten Jugendgang aus der Nachbarschaft, die meistens Kinder der Arbeiter des Fleischkombinats waren. Immer wieder versuchten sie, mich auszurauben. Doch ich gab mich nicht geschlagen, sondern holte mir die Unterstützung meiner alten Freunde von der 3. Mittelschule und rächte mich. Bald beschützten mich auch meine neuen Klassenkameraden.

Als wir abends Basketball spielten, ließen uns die jugendlichen Gauner nicht in Ruhe. Auch an den nächsten Tagen tauchten sie immer wieder auf. Eines Tages kam es zum handfesten Streit, aber dann ließen sie scheinbar von uns ab. Doch als ich gerade den Eingang unseres Hauses betreten wollte, ging von hinten ein Steinhagel auf mich nieder. Als ich den Angreifern etwas zurufen wollte und mich umdrehte, zerschmetterte ein Stein meinen Vorderzahn. So schnell ich konnte, rannte ich in unsere Wohnung, schnappte mir das große Nudelholz und ging auf meine Verfolger los, die bereits die Flucht ergriffen hatten. Als ich einen der Angreifer eingeholt und schließlich in eine Ecke gedrängt hatte und ihm mit dem langen Nudelholz auf den Kopf schlagen wollte, ergriff mich von hinten eine kräftige Hand und zog mich mit einem Ruck zurück. Es war mein großer Bruder Shaariibuu. Er hatte gesehen, wie Steine gegen das Haus geflogen waren und ich mit dem langen Nudelholz in der Hand aus der Küche nach draußen gerannt war. Er begriff sofort, was zu passieren drohte, und lief hinter mir her. Blind vor Zorn werden Menschen zu allem fähig. Und nur mein Bruder hatte die Kraft, dem wilden Zorn eines 18-Jährigen Einhalt zu gebieten. Er bewahrte mich vor einer schlimmen Tat. Wer weiß, was sonst noch passiert wäre.

Danach redete mein Bruder mir ins Gewissen. Seitdem habe ich nicht nur einen künstlichen Zahn, sondern auch eine wichtige Lektion des Lebens gelernt, nämlich dass man die Dinge nicht im Überschwang der Gefühle mit Zorn, Hass oder Wut angehen soll. Statt diesen Gefühlen nachzugeben, muss man sich kontrollieren, bevor man einen Fehler macht. Diese Lehre begleitete mich in meinem ganzen Leben.

Überreichung des staatlichen Ordens der Verdienten Arbeit an meine Heimat Erdenemandal sum, 2015

4. Kapitel
JAHRE OHNE ATEMPAUSE

Es waren die Worte unseren großen Wissenschaftlers und Literaten B. Rintshen, dessen zahlreiche Aussprüche sich in der Bevölkerung mitunter wie Legenden verbreiteten, die mir in den Sinn kamen, als ich mit ein paar Gelehrten unterwegs Richtung Chinesische Mauer war. Rintshen besichtigte einmal die »Weiße Mauer« (der mongolische Name für die Große Mauer) im Gebiet Tümen, überquerte die Mauer und beschloss, sich auf unserer Seite auf der kargen, grünen Wiese hinzulegen. Sein deswegen verwunderter Dolmetscher fragte ihn aufgeregt: »Also nein, was machen Sie da nur?«

»Südlich der Mauer ist das Gebiet des historischen Chinas. Nördlich der steilen Mauern ist das Gebiet der Mongolei, des Landes, in dem die Nachkommen Dschingis Khans leben. Aus Respekt vor den Eroberungen des Hunnu-Reichs ließen sich die Chinesen von armen Knechten diese Mauer errichten. Darf ein Mensch, der daheim angekommen ist, sich nicht hinlegen und ausruhen, so wie ich jetzt?«, antwortete Rintshen.

Wahr ist, dass die Weiße Mauer weltweit bekannt ist, die sich durch das weite Gebiet Nord-Chinas entlang schlängelt. Sie ist ein Komplex der chinesischen Armee und gilt als eines der sieben Weltwunder der neueren Zeit, ebenso wie das Taj Mahal in Indien. Ein Weltwunder – von Steppenhirten errichtet. Auch Barack Obama, der 44. Präsident der Vereinigten Staaten von Amerika, war beeindruckt, als er während eines Staatsbesuchs in China einen Abstecher zur Chinesischen Mauer unternahm: »Ich stehe hier auf dem weltweit größten von Menschenhänden errichteten Komplex, welchen man vom All aus sehen kann. Auch wenn man bei diesem historischen Bauwerk an ein Wunder denken kann, so muss man den Steppenrecken Respekt für ihre Arbeit zollen. Jetzt wo ich auf der Weißen Mauer stehe, spüre ich die unumstrittene Wahrheit der Empirie.«

Im Gegensatz zu dem, was in manchen historischen Quellen behauptet wurde, waren diese Steppenrecken alles andere als unkultiviert und barbarisch. Woher aber kommt die Vorstellung von den »kulturlosen« und »barbarischen« Steppenkriegern? Das angeblich geistige Defizit des »Nomadenvolkes« ist in mündlichen Geschichten von Generation zu Generation überliefert worden. Sesshafte Kulturen lassen ihre Geschichte durch das Aufschreiben von Notizen verewigen. Doch welcher Sesshafte sollte die Alltagskulturgeschichte meiner Ahnen gut und schön niederschreiben, wenn er doch aus Angst vor ebenjenen Kriegern erzitterte? Der Ursprung der Kulturen entwickelte sich unter zwei ungleichen Ausgangspunkten. Zum einen die nomadische Kultur, deren Menschen ein Reitervolk waren und bogenschießend auf den Rücken der Pferde zur Jagd aufbrachen. Im Gegensatz dazu sieht der sesshafte Mensch seine Überlebenschancen hauptsächlich im Ackerbau. Diese zwei Kulturen – und die aus ihrer Unterschiedlichkeit resultierenden Spannungen – gibt es bis heute.

»Die sesshaften Chinesen und die nomadisierenden Hunnu – für ihre Nachbarschaft gibt es keine ewige Freundschaft und keine ewige Feindschaft, wie sich durch die tausende von Jahren alte Geschichte herausstellte. Deswegen errichteten die Chinesen die Weiße Mauer, um dem Überfall der Nomaden Einhalt zu gebieten. Aber die Nomadisierenden konnten dank ihrer Andersartigkeit im Geiste und der Kultur den Vorhang schließen.« So brachte es unser bekannter Wissenschaftler Ts. Damdinsuren, der unter anderem auch der »Erfinder« der mongolisch-kyrillischen Buchstaben ist, auf den Punkt.

Ich erkenne in diesem Gegensatz von Nomadenkultur und Kultur der Sesshaften nicht nur ein historisches Muster der kriegerischen Auseinandersetzung, sondern auch den Interpretationsrahmen, in dem ebendiese Kriege nachträglich in einen Gegensatz von Barbarei und Kultur umgedeutet wurden, wie mir der Historiker A. Ochir bestätigte: »Die Hunnu bildeten das allererste und größte Staats-Reich der Mongolei. Zu dieser Zeit konnten das Hunnu-Reich, das Römische Reich und das Chinesische Han-Reich sowohl eine allgemeine Politik als auch eine dezidierte Militärpolitik ausbilden, die durchaus gleichrangig nebeneinander gesehen werden können. In der Geschichte des Chinesischen Han sowie in den historischen Notizen von Sima Tsian steht jedoch Folgendes: ›Im Süden der Weißen Mauer befindet sich das Land Han und im Norden das Land der Bogenschießer. Mit ihnen wurde ein Friedensvertrag geschlossen.‹ Auf der einen Seite die Hochkultur der Han, auf der anderen Seite die Bogenschießer. Auch so kann man Geschichtsschreibung suggestiv gestalten.«

Die Gespräche mit Ochir haben mich auch hinsichtlich der Frage beschäftigt, unter welchen Bedingungen die Hunnu viel stärker werden konnten als andere zentralasiatischen Stämme. Denn das Siedlungsgebiet der Hunnu umfasste unter anderem die Mandschuren, Tungusen, Tureg und die Siedler südlich von Sibirien. All diese Kulturen entstanden in der Bronzezeit. Der Kern der Bevölkerung waren die Mongolen. Aber es gab keine nationalen Grenzen im heutigen Sinne, viele Stämme verschmolzen miteinander, weshalb aus der Vielfalt eine starke Einheit wurde. Ähnlich dem Prozess, der viel später auch das Reich von Dschingis Khan erfolgreich machte. Aus diesem gemeinsamen Territorium, einer einheitlichen politischen Führung und der kulturellen Vielfalt entwickelte sich die Stärke der Hunnu.

Durch eine selbstständige und vereinte Wirtschaft und Kultur entstand auf dem gleichen geografischen Territorium später das Großreich der Mongolen. Auch wenn in der historischen Erinnerung vor allem deren militärische Präsenz geblieben ist, so waren die politische Kultur und die Verwaltung besonders effektiv. Der Khan regierte das Landeszentrum, Westen und Osten wurden von Herzögen geleitet. Die Verwaltungseinheiten waren – ebenso wie die militärische Struktur – in einer Zehner-Systematik unterteilt: Je zehn Krieger bildeten eine Einheit, die von einem »Anführer über Zehn« geleitet wurde. Je zehn Einheiten hatten einen »Anführer über Hundert« und dieser war wiederum mit neun anderen einem »Anführer über Tausend« unterstellt. Aber die Systematik allein war noch kein Garant für den Erfolg. Viel entscheidender war, dass sowohl im Hunnu-Reich – das ebenfalls die Zehner-Systematik kannte – als auch im Mongolischen Großreich Leitungsfunktionen ohne Rücksicht auf Ursprung und Herkunft besetzt wurden. Wer entsprechende Kenntnisse und Fähigkeiten vorweisen konnte, war in der Lage, die Zehner, Hunderter und Tausender zu regieren. Mit dieser Ordnung konnte jeder damalige Staat für dreihundert bis vierhundert Jahre fortbestehen.

Unsere Vorfahren, die den Staat bereits vor 2230 Jahren gründeten, machten ihn weltweit bekannt. Damit ging der Begriff »Nomadenkultur« bzw. »Nomadenzivilisation« in die Menschheitsgeschichte ein. Auch das Hunnu-Reich ist ein Beweis dafür, dass es in der Weltgeschichte kein »ewiges Reich« gibt. Obwohl das Hunnen-Reich also unterging, erstarkte das Reich unter Dschingis Khan wieder. Diese Geschichte setzt sich bis zu unserer heutigen Mongolei fort. Auch wenn niemand mehr militärisch an Dschingis Khan anknüpfen möchte, so bleibt das Beispiel seiner administrativen Leistung und der Anspruch auf Führungskraft durch Können ein Vorbild bis heute.

Die Chronik »Die geheime Geschichte der Mongolen« beginnt daher nicht umsonst mit der Abstammung Dschingis Khans. Denn auch wenn die Verwaltungsposten nach dem Leistungsprinzip vergeben wurden, galt das nicht unbedingt für die oberste Spitze. Das mongolische Volk maß der Abstammung eines Khans, der hohen Bildung, dem tiefen Denken und der herausragenden Ethik eine große Bedeutung bei. Die Vereinigung dieser Kriterien und Fähigkeiten galt ihm als »die Gabe des ewigen Himmels«. Deswegen wurde kein Mensch aus einer anderen Sippe als Khan inthronisiert. Das sollte nicht allein die Machtposition der herrschenden Familie sichern, sondern auch die durch diese verkörperten Werte mongolischer Regierungspraxis nach außen demonstrieren. Recht, Gesetzesloyalität und Moral als Grundpfeiler des guten Regierens waren so dem mongolischen Herrschaftsprinzip in der gesicherten Abfolge der sogenannten »goldenen Abstammung« nach Dschingis Khan eingeschrieben. Wie sehr diese Konstellation der Verbindung von Moral und Adel, von Macht und Rechtstreue den rivalisierenden Mächten ein Dorn im Auge war, zeigt sich an den wiederholten Versuchen, durch die sich das mongolische Land von seinem Ursprung und der Abstammung seiner Herrschaftselite distanzieren sollte. So schrieben die Sowjetrussen 1923 vor, dass die Fürsten, die von Dschingis Khan abstammten, nicht wählen durften. Auch im Jahr 1925 wurde den damaligen Politikern des mongolischen Staates und der Partei von den Russen der Beschluss diktiert: »Die Rechte der schwarzen und gelben Feudalen sollen reduziert werden und eine Weiterführung der Ahnentafel soll gestoppt werden.« Erfolgreich vollzogen die Russen das Vorhaben, die »Erben der Fürsten mit ihrer Ahnentafel zu vernichten«. Ein Bericht, der allerdings nur für die Führungskräfte der Partei und des Staates gedacht war, stellte fest: »Die Goldenen Nachfolger des Khans wurden der Reihe nach vernichtet. Damit wurde das erste Programm der MVRP erfolgreich vollzogen.«.

In diesem Zusammenhang teilte Ochir mir eine brisante Information mit: »Während der Beratungen der neuen Verfassung von 1992 kam es zu der Entscheidungsfrage, ob der erste Staatsmann ein Khan oder ein Präsident sein sollte. Zu dieser Zeit war ich Direktor des Historischen Instituts. Man beauftragte mich, herauszufinden, ob es noch Erben der goldenen Abstammung des Khans gibt. Vor 1921 war die Mongolei verwaltungsmäßig in 85 Khalkhas, also Kreise aufgeteilt. 81 Landkreise wurden von einem Erbfürsten der Goldenen Abstammung verwaltet. In der Mongolei gab und gibt es drei verschiedene Fürsten der Goldenen Abstammung: Dschingis Khans Erbfürsten, Belguteis Erbfürsten und Hasars Erbfürsten. 1910 wurden die Stammbücher für die Darlegung der Genealogie der Mongolen in den jeweiligen Regionen gesammelt, um die Ahnentafeln herauszugeben. Die meisten Ahnentafeln der Fürsten, die nach Dschingis Khan in der Mongolei gelebt hatten, wurden in den Archiven und in der Nationalbibliothek der Mongolei aufgehoben. Die letzte Notiz auf einer Ahnentafel stammt aus dem Jahr 1918. Aufgrund dieser Ahnentafel fand ich heraus, dass es noch zwei oder drei Nachkommen der Goldenen Abstammung gibt.« Auch wenn die Entscheidung 1992 letztlich nicht für einen Khan, sondern für einen demokratisch gewählten Präsidenten gefallen ist, zeigt Ochirs Bericht doch, dass die Tradition und die Erinnerung an die alten Herrschaftsformen auch nach siebzig Jahren kommunistischer Propaganda-Aktionen zur Gedächtnislöschung lebendig geblieben sind. Der Wissenschaftler G. Chuluunbaatar interpretierte dieses Interesse an der Forführung historischer Traditionen auch als Ausdruck des Respekts vor dem Staat: »Der Staat ist zu verehren. ›Der Staat ist der Himmelsvater und die Mutter der Menschheit.‹ Er garantierte die traditionelle Einstimmigkeit in den Gesetzen, Verordnungen und Kodifikationen, die für alle galt. Für die Bekanntschaft und Freundschaft gab es eine festgelegte und beeidigte Disziplin und Gewohnheiten, die aufrechtzuerhalten waren und denen gefolgt wurde. Das entsprach der nationalen Identität der Mongolen.«

Staatsaffäre, Brokat und Fleischherstellung

Mein Studium fiel in eine Zeit, in der sich junge Menschen aus weniger entwickelten sozialistischen Ländern um ein Studium im Ausland bemühten, um zu lernen, wie sie die Lebensverhältnisse in ihren Heimatländern verbessern können. Viele Angehörige meiner Generation waren begierig darauf – wie es in einem Jugendlied in den sechziger und siebziger Jahren beschrieben wurde –, im Namen des Fortschritts »die Laufrichtung von Flüssen zu ändern und ganze Berge um ihre eigene Achse zu drehen«. In dieser Zeit vollzogen sich im Wirtschaftsleben in der Mongolei große und beachtliche Umbrüche. Es begann die Kampagne zur Erschließung von Ödland mit moderner sowjetischer Agrartechnologie, in Ulaanbaatar wurde ein großes modernes Kraftwerk für die Stromversorgung der Stadt in Betrieb genommen und auf dem Land entstanden neue Städte mit vielen verschiedenen Industriebetrieben. Für diese Aufbauarbeiten in allen neuen Wirtschaftsgebieten wurden in großer Anzahl qualifizierte Fachkräfte aus dem In- und Ausland benötigt. Sie waren so wichtig wie Luft und Wasser.

So wurde ich einer von vielen Mongolen, die nach dem erfolgreichen Abschluss der Sprachvorbereitung in der DDR ein Hochschulstudium aufnahmen. Mein Studienfach war Lebensmitteltechnologie mit dem Schwerpunkt Fleischverarbeitung, denn zu dieser Zeit wurde mit der Unterstützung der DDR in Ulaanbaatar das Fleischkombinat erweitert, in dem ich später arbeiten sollte. In meiner Studiengruppe an der Humboldt-Universität in Berlin war ich der einzige Ausländer. So hatte ich auf einmal deutsche Freunde, mit denen ich gemeinsam studierte, das Zimmer und das Essen teilte.

In der neuen Umgebung hatte ich vor allem mit dem feuchten und kalten europäischen Klima zu kämpfen. Eine verschleppte Erkältung wuchs sich zu einer Lungenentzündung aus, und ich lag für zwei Monate im Krankenhaus. Ich machte mir große Sorgen wegen des verpassten Studienstoffes, denn vor nichts hatte ich mehr Angst, als ohne erfolgreich abgeschlossenes Studium in die Heimat zu meinen lieben Geschwistern zurückzukehren. Als jemand, der ohne Beziehungen einen

Ich bin Absolvent der Humboldt-Universität, Berlin, 2004

der begehrten Studienplätze im Ausland, und dann auch noch in der DDR, ergattert hatte, fühlte ich mich gegenüber meiner Heimat in der Pflicht, alles erfolgreich abzuschließen. Mir ging es weniger um den Erhalt der Diplomurkunde, sondern vielmehr um das vollständige Erlernen eines der zu Hause dringend benötigten Berufe, der es mir ermöglichen würde, am Aufbruch der Mongolei in die Moderne mitzuarbeiten.

In dieser schwierigen Situation haben mich meine deutschen Komillitonen sehr stark unterstützt. Vor allem mein engster Studienfreund Hartmut Peters, der zwischen die Seiten seines Notizheftes ein Durchschlagpapier legte und so für mich seine Mitschriften der Vorlesungen und Seminare kopierte. Auch wenn ich durch meine Krankheit und durch die ständigen Antibiotika geschwächt war, studierte ich nächtelang seine Aufzeichnungen. Ich sagte mir, dass ich nur zum Studieren nach Deutschland gekommen sei und ich in meinem Leben etwas lernen müsse. Vor meinem geistigen Auge sah ich, wie mich meine Geschwister in Ulaanbaatar verabschiedet und mich nach mongolischer Tradition mit Milch besprenkelt hatten, um mir viel Glück und Gesundheit zu wünschen. Sie wollte ich nicht enttäuschen. Als ich erfuhr, dass ein mongolischer Freund die Universität wegen seiner schlechten Studienleistungen verlassen und auf eine Fachschule wechseln musste, motivierte mich das zusätzlich, damit ich nicht das gleiche Schicksal erleiden würde. Um nicht auf die Fachschule abzusteigen, hatte ich keine andere Wahl, als unermüdlich zu lernen, alleine und mit meinen Freunden.

Die Anstrengung sollte sich lohnen: Nach der Entlassung aus dem Krankenhaus legte ich alle Prüfungen des ersten Studienjahrs mit Erfolg ab. Im zweiten Studienjahr verbesserten sich meine Studienleistungen sehr deutlich, im dritten Studienjahr wurde ich einer der Besten unter den ausländischen Studenten der Humboldt-Universität und wurde sogar mit einem Diplom vom damaligen Minister für Hoch- und Fachschulwesen, Prof. Hans-Joachim Böhme, ausgezeichnet.

Meine Dozenten schienen meine Bemühungen und meinen großen Willen zum Lernen zu honorieren, jedenfalls verziehen sie mir manchen Unfug, den ich als junger Mensch anstellte. Besonders kritisch war ein Vorfall, der sich nach einem Discobesuch mit einem mongolischen Freund, der als Sohn eines mongolischen Ministers Medizin studierte, ereignete. Wir wollten nach Hause und nahmen uns ein Taxi. Mein Freund stritt mit dem Taxifahrer. Er fuhr die Strecke regelmäßig und kannte den Fahrpreis, aber diesmal war dieser seiner Meinung nach zu hoch. Er vermutete, dass der Taxifahrer es ausnutzen wollte, dass wir etwas angetrunken und dazu noch Ausländer waren. Als der Taxifahrer den geringeren Betrag ablehnte, stiegen wir aus, ohne zu bezahlen. Der Taxifahrer hielt meinen Freund fest, und das Ganze mündete in einer handfesten Rangelei. Ich wollte die beiden Streithähne trennen und schubste den Taxifahrer von meinem Freund weg. Später erzählte der Taxifahrer der Polizei, ich hätte ihn in den Bauch getreten. Diese kleine Episode wuchs sich wenige Tage später zu einer richtigen Staatsaffäre aus. Für uns als junge Leute war die Sache schnell vergessen und nichts Außergewöhnliches, doch die prinzipienfesten Deutschen sahen es anders. Als die mongolische Botschaft in diese Angelegenheit einbezogen wurde, galt ich, der nur schlichtend eingegriffen hatte, als Hauptschuldiger. Die Botschaftsmitarbeiter wollten so den Ruf des Ministersohnes gegenüber den DDR-Behörden schützen. Da ich aus einfachen Verhältnissen kam und keinen großen Beschützer hinter mir hatte, verdiente ich diesen Vorteil offenbar nicht, und es gab niemanden in der Mongolei, der mich im fremden Land verteidigen wollte. Um die Sache möglichst schnell aus der Welt zu schaffen, sollten strenge Maßnahmen ergriffen und ich in die Heimat zurückgeschickt werden. Außerdem sollten die anderen mongolischen Studenten als abschreckendes Beispiel von dieser Abschiebung Kenntnis nehmen. Dies konnte nur durch ein offizielles Schreiben der Verwaltungsstelle für ausländische Studenten der Humboldt-Universität, die sich für mich einsetzte, verhindert werden. Ich musste allerdings versichern, dass es zu keinen weiteren Vorfällen kommen würde. So entging ich nur knapp einer Abschiebung. Ich konnte in Berlin bleiben und weiterstudieren, aber ich durfte mir keinen Fehler mehr erlauben. Ich nahm mir fest vor, Probleme in Zukunft durch Worte und nicht mit den Fäusten zu lösen und besser auf mich aufzupassen.

Im dritten Studienjahr absolvierte ich zum ersten Mal ein Praktikum im Berliner Fleischkombinat. Als Kind einer einfachen Nomadenfamilie, wo die Viehzucht seit Hunderten von Jahren unter freiem Himmel betrieben wird, war ich besonders neugierig, wie Viehwirtschaft in Deutschland betrieben wurde. Von der Praxis industrieller Schlachtung und Fleischverarbeitung hatte ich keinen blassen Schimmer, obwohl ich zum Studium dieses Fachs in Berlin war. An der Humboldt-Universität stand jedoch die Theorie im Vordergrund. Weder hatte ich das Fleisch- und Konservenkombinat von Ulaanbaatar von innen gesehen, noch wusste ich, was Maschinen für Fleischzerlegung und -verpackung waren. Für meine Studienfreunde war der Einstieg leichter, da sie meist aus Familien kamen, die eigene Fleischereien besaßen. Mit der Erfahrung, die sie von zu Hause mitbekommen hatten, konnten sie sofort und ganz sicher die Maschinen bedienen. Darum beneidete ich sie und strengte mich umso mehr an, ihr Niveau zu erreichen.

Mir war bewusst, dass man als Ausländer in einem fremden Land mehr lernen und noch härter arbeiten musste als die Einheimischen, um akzeptiert und geschätzt zu werden. Daher nutzte ich jede sich bietende Gelegenheit, um praktische Erfahrungen zu sammeln. Dies sollte mir auch in Zukunft helfen, denn ich war zutiefst davon überzeugt, dass nur die Verbindung von Theorie und Praxis zum Erfolg führen konnte. Wenn Kommilitonen mir eine Praktikumsmöglichkeit in ihren elterlichen Betrieben anboten, nahm ich ohne zu zögern an und fuhr gemeinsam mit ihnen nach Annaberg oder Dessau. Ich konnte auch davon profitieren, dass es zwischen den Fleischkombinaten von Ulaanbaatar und Berlin eine enge Zusammenarbeit gab. Jedes Jahr absolvierten rund hundert mongolische Kollegen ein Praktikum in Berlin. Ich half in der freien Zeit meinen Landsleuten als Übersetzer und begleitete sie auch zum Einkaufen und zu verschiedenen Kulturveranstaltungen. Zum Dank erhielt ich ermäßigte Fleisch- und Wurstwaren aus dem betriebseigenen Geschäft oder durfte bei Engpässen als Aushilfskraft einspringen und verdiente ein paar Mark zusätzlich.

Parallel zum Studium habe ich auch andernorts gearbeitet, um meine Ersparnisse aufzubessern. Die brauchte ich auch dringend, um im Sommer Geschenke für Verwandte zu kaufen und mich schick zu kleiden. Das wurde nämlich erwartet, wenn man aus dem Ausland zu Besuch kam. Vor allem mussten die Reisekosten erwirtschaftet werden, auch wenn wir mit dem Zug reisten, um Geld zu sparen.

So habe ich neben der Arbeit im Fleischkombinat auch Pakete bei der Post sortiert oder als Hilfsarbeiter an den Hochöfen im Riesaer Stahlwerk gestanden. Dort arbeiteten junge Ausländer – und auch manchmal Deutsche – als Aushilfen unter fast militärischen Bedingungen. Wir waren nur provisorisch untergebracht und wurden jeden Morgen um vier Uhr mit lautem Gebrüll – »Aufstehen und arbeiten!« – geweckt. Unter den Kollegen herrschten rauhe Umgangsformen, bei jeder Gelegenheit schimpften und tadelten sie mit lauter Stimme, und ich verstand nicht immer alles. Es blieb einem nichts anderes übrig, als fehlerfrei zu arbeiten, da wir ansonsten befürchten mussten, in Zukunft dort keine Arbeit mehr zu bekommen. Es waren keine einfachen Bedingungen, aber ich habe dort viel über die hohen Anforderungen gelernt, die in Deutschland an die Disziplin und Ordnung von Arbeitern gestellt werden.

Wie meine deutschen Freunde eröffnete ich zum ersten Mal in meinem Leben ein Sparbuch, auf das ich mein hart verdientes Geld einzahlte. Weil ich ihn mit eigener Kraft und mit viel Mühe erarbeitet hatte, war mir mein Lohn besonders kostbar. Obwohl für die Deutschen etwas Alltägliches, war die Eröffnung eines Sparbuchs für uns mongolische Studenten etwas ganz Neues. Allerdings hielten meine Ersparnisse zumeist nur bis zu den nächsten Ferien in der Mongolei, wie bei meinen mongolischen Freunden auch. Vor jeder Heimreise mussten im großen Umfang Geschenke vom Kaugummi bis zu Schuhen für die Verwandtschaft eingekauft werden. Einmal erhielt ich von einem Bekannten einen wichtigen Hinweis auf einen kleinen Laden in Berlin, der hochwertigen Brokat aus Japan zu einem günstigen Preis als Ausverkauf anbot. Die Mongolen nutzen solche Brokate auf vielfältige Art und Weise zum Nähen der Säume der traditionellen Deels, um diese mit goldenen und silbernen Fäden noch mehr zur schmücken. Der Saum eines Deels ist besonders wichtig, denn dieser fällt Frauen zuerst auf, und danach beurteilen sie, ob der Deel hubsch und wertvoll ist oder

Deutsche Schüler interessierten sich sehr für die Mongolei, Berlin, 1976

nicht. Deshalb schätzten mongolische Frauen die Qualität der Saumstoffe hoch. In der Mongolei waren japanische Brokate eine Rarität, so selten wie das Fell eines grünen Lammes, wie man in der Mongolei sagt. In der DDR hingegen schienen sich Brokate nur schlecht zu verkaufen, da man dafür keine Verwendung sah. So verstaubten die Brokate unter den Ladentheken – aber ich kaufte in großen Mengen Brokate in verschiedenen Farben und informierte natürlich meine mongolischen Freunde über dieses Schnäppchen. Der verstaubte Brokatbestand war in kürzester Zeit ausverkauft.

Im letzten Studienjahr hörten wir von Upton Sinclairs Roman »Der Dschungel«. Sinclair berichtet dort von den katastrophalen hygienischen Zuständen und Arbeitsbedingungen in der Fleischindustrie in Chicago um die Jahrhundertwende. Das Buch erzeugte einen öffentlichen Skandal, der dazu führte, dass in den USA verschärfte Hygienebedingungen erlassen wurden. Unser Professor empfahl uns die Lektüre des Buches und lieh mir sein Exemplar.

Mehr noch als der Bericht über die kapitalistische Profitgier und Ausbeutung an den Fließbändern in den Fabriken interessierte mich die ausführliche Beschreibung der Verwertung geschlachteter Tiere, die sich mit dem berühmten Zitat zusammenfassen lässt: Von einem Schwein kann man bis auf sein Quieken alles verwerten! Dies entsprach meiner Erfahrung aus der Mongolei, denn für die nomadischen Viehzüchter gibt es keine unnützen Abfälle bei einem geschlachteten Tier. Auf die Zustände in den fleischverarbeitenden Betrieben in der Mongolei traf dies jedoch nicht zu. Dort gab es viele Abfälle wie Innereien, Sehnen, Gekröse und Fett, die nicht vollständig verarbeitet wurden. Daher wählte ich mir als Thema für meine Diplomarbeit eine Untersuchung über die Verbesserung der Wirtschaftlichkeit bei der Nutzung von Innereien und Nebenprodukten in der mongolischen Fleischindustrie.

Durch Vermittlung von Studienkollegen erhielt ich die Möglichkeit, den praktischen Teil meiner Diplomarbeit im Berliner Fleischkombinat zu absolvieren. Im theoretischen Teil führte ich Berechnungen zur Wirtschaftlichkeit bei der vollständigen Nutzung von Innereien und Schlachtnebenprodukten durch und ermittelte effektive Arbeitsmethoden in der Fleischindustrie unter mongolischen Bedingungen.

Schließlich verteidigte ich meine Diplomarbeit mit einer ausgezeichneten Benotung. Als junger Mann war ich stolz, mein Versprechen gegenüber meiner Familie und meinem Heimatland erfüllt zu haben, trotz einiger Schwierigkeiten. Ich freute mich darauf, mein neu erlangtes Wissen ganz in den Dienst meiner Heimat zu stellen.

Auch wenn diese Jahre nun schon lange zurückliegen, bleibt doch die Zeit prägend, die man in fremden Ländern und Kulturen fernab der Heimat verbringt. Sie beeinflusst einen Menschen so stark, dass er die neuen Einflüsse für den Rest seines Lebens mit sich trägt. Meine Jahre in der DDR haben mich viel gelehrt und großen Einfluss auf meinen weiteren Lebensweg gehabt.

Goldener Herbst mit Brot und Limonade

Den 26. November 1979 werde ich in meinem Leben nie vergessen. An diesem Tag zu Ehren der ersten Verfassung und Gründung der Mongolischen Volksrepublik im Jahr 1924 traf ich zum ersten Mal meine zukünftige Ehefrau.

In meiner ehrenamtlichen Funktion als Vorsitzender des Rats mongolischer Studenten der Humboldt-Universität begleitete ich unsere Studenten zu den Feierlichkeiten, die die Mongolische Botschaft organisierte. Dort trafen sich alle mongolischen Studenten aus den verschiedenen Universitäten, Hochschulen und Fachschulen der DDR. Es gab eine große Versammlung, Vorträge von Mitarbeitern der Botschaft und nicht zuletzt Kultur- und Sportveranstaltungen, an denen sich auch der Botschafter beteiligte.

Unter den vielen anwesenden Studenten fiel mir sofort ein zartes Mädchen mit heller Haut auf. Als ich mich bei meinen Freunden über sie erkundigte, erfuhr ich, dass sie eine gerade vom Sprachvorbereitungskurs in Leipzig neu angekommene Studentin der Berliner Hochschule für Ökonomie war. Ich ahnte in diesem Augenblick natürlich noch nicht, dass dieses Mädchen namens Baasankhuu meine angetraute Ehefrau und Lebensgefährtin, die Mutter meiner Kinder und meine große Liebe werden würde. Während der Feierlichkeiten verlieh der Botschafter

Auszeichnungen an herausragende Studenten. Baasankhuu, die ich unentwegt anstarrte, wurde für ihre hervorragende Abschlussnote bei der Sprachvorbereitung am Leipziger Herder-Institut ausgezeichnet. Für den Rest des Tages ließ ich sie nicht aus den Augen und staunte, wie gut sie Basketball spielen konnte.

Abends wurde für alle Studenten eine Disco im Studentenklub in ihrer Hochschule veranstaltet. Beim Klang der ersten Melodie sprang ich sofort auf, begab mich fast im Laufschritt zu ihr und forderte sie zum Tanz auf. Doch sie lehnte ab. Ich fühlte mich wie ein Ringer im Würgegriff seines Gegners. Was sollte ich tun? Es gab nur eine Möglichkeit: Ich durfte in meinem Werben nicht nachlassen, wollte ich sie nicht an einen anderen verlieren. Und so blieb ich hartnäckig. Nach langem Hin und Her, beim letzten Lied des Abends, ließ sie sich schließlich von mir zum Tanz auffordern. Ich stellte mich brav als Student der Humboldt-Universität im dritten Studienjahr vor und prahlte, dass ich sie als Studienanfängerin gerne in die beste Bibliothek in Berlin einführen könnte. Ich würde ihr dort alle nützlichen Bücher zeigen, denn es sei dem Studium förderlicher und Erfolg versprechender, in der Bibliothek zu lernen.

Frohen Mutes kehrte ich am Ende des langen Abends in mein Studentenwohnheim zurück. Ich freute mich auf ein Wiedersehen mit der schönen jungen Frau, die mir einfach nicht aus dem Kopf gehen wollte. Seit unserer ersten Zusammenkunft besuchte ich sie dann beinahe täglich in ihrem Wohnheim, und von da an lernten wir zusammen.

Nach zwei, drei Treffen zeigte ich ihr, wie versprochen, die Deutsche Staatsbibliothek Unter den Linden. Wir trafen uns regelmäßig dort. Beim Lernen verschwendeten wir keine Zeit für Spaziergänge. Wir verabredeten uns in den Lernpausen und aßen gemeinsam belegte Brote und tranken dazu Limonade. Wir lernten in zwei verschiedenen Lesesälen, um uns nicht gegenseitig zu stören. So vergingen fast zwei Monate. Nach einer Weile wurde Baasankhuu zur Vorsitzenden des Studentenrats für mongolische Studierende der Hochschule für Ökonomie in Karlshorst gewählt. Weil ich die gleiche Funktion an der Humboldt-Universität innehatte, nahmen folglich die gemeinsamen Aktivitäten der Studenten unserer beiden Hochschulen zu. So kamen wir uns in diesem goldenen Herbst langsam näher und näher. Wann immer wir nicht zusammen waren, vermissten wir einander. Und obwohl seit jenem goldenen Herbst die Zugvögel schon viele Male geflogen sind, leuchtet die Flamme unserer Liebe noch heute so hell wie am ersten Tag.

Einen Monat, nachdem wir uns kennengelernt hatten, stand Weihnachten 1979 vor der Tür. Gemeinsam mit einem befreundeten mongolischen Studentenpärchen besuchten wir den Weihnachtsmarkt auf dem Alexanderplatz. An einer Bude, an der man mit Ringwürfen Preise gewinnen konnte, versuchten wir unser Glück. Ich gewann sofort eine kleine Flasche »Rotkäppchen«-Sekt und Baasankhuu ein Sektglas. Weil es so schwierig war zu gewinnen, und unsere Preise dann auch noch so gut zueinander passten, fassten wir das als ein gutes Omen auf. Wir wünschten uns, dass unser gemeinsames Leben so vor Freude sprudeln sollte wie der gewonnene Sekt in dem klaren Sektglas. Es gibt ein schönes Foto von genau diesem Nachmittag. Baasankhuu und ich sind mit Ledermantel und Lederjacke gekleidet, das andere Pärchen mit dicken sehr schönen Schaffellmänteln. Man konnte sofort den Unterschied sehen. Später nannten wir das Bild im Scherz »Die Reichen und die Unvermögenden« und lachten.

Da ich mich sehr gut mit dem Hausmeister meines Studentenwohnheims verstand, bat ich ihn eines Tages um ein Einzelzimmer. Ich argumentierte, dass ich Vorsitzender des Rates mongolischer Studenten an der Humboldt-Universität sei und lange Zeit im Krankenhaus gelegen hätte. Ich war ehrlich und sagte auch, dass bald ein Mädchen aus meiner Heimat mit in meinem Zimmer wohnen würde. Ich hatte großes Glück, der Hausmeister half mir, ein Einzelzimmer zu bekommen. Damals lebten alle Studenten normalerweise zu zweit oder sogar zu viert in einem Zimmer. Später lud ich Baasankhuu und ihre Freundin zum ersten Mal in mein neues Zimmer ein. Ich bewirtete die beiden mit einem selbst zubereiteten Gericht, das ich Sukiyaki nannte. Nach Originalrezept ist es ein Suppengericht aus dünnen gebratenen Schweinefleischstreifen, Reis, Algen und rohen Eiern. Den Namen des Gerichts hatte ich in einer Zeitschrift gelesen, er gefiel mir und ich nannte im Scherz meine eigene Kreation aus gebratenem Schweinebauch mit Zwiebeln, Paprika und Reis Sukiyaki. Meine beiden Gäste zeigten sich von meinen japanischen Kochkünsten beeindruckt. Viele Jahre später besuchte meine Frau unsere Tochter, die in Japan studierte. Auf die Frage, was sie essen wolle, erwiderte meine Frau: Sukiyaki! Doch als nach der Bestellung eine Suppe statt des Schweinebauchs aufgetischt wurde, war die Überraschung groß. So flog mein kleiner Schwindel nach fast 25 Jahren doch noch auf.

Als wir ohne Sorgen, aber voller Liebe, Händchen haltend durch unser Studentenleben liefen, hätten wir uns fast eines politischen Vergehens schuldig gemacht. Im Jahr 1981 feierten alle Studenten wie jedes Jahr Karneval. Dazu wurde ein Prinzenpaar gesucht. Baasankhuu und ich wurden gefragt, ob wir diese Rolle spielen wollten und wir stimmten gerne zu. Was wir nicht bedacht hatten war, dass in der sozialistischen Mongolei die frühe Geschichte unseres Landes – und vor allem Dschingis Khan – ein Tabuthema waren, dies in der DDR jedoch nicht bekannt war. Wir durften mit unseren Kostümen also auf keinen Fall an diese Zeit und an diesen Namen erinnern.

Wir verkleideten uns daher wie Junden und Nansalmaa aus der bekannten mongolischen Nationaloper »Die verwickelten drei Köpfe« von D. Natsagdorj. Tagelang arbeiteten wir an Deel, Mützen und Rüstung. Mit einer vollständigen mongolischen Tracht, die wir aus allem, was wir in die Finger bekamen, gefertigt hatten, zogen wir in den Festsaal ein. Die Mützen waren zwar aus Papier und Karton gebastelt und gefärbt, aber wir machten mit unseren Kostümen bei allen einen großen Eindruck. Im Übermut kündigte uns der Moderator des Abends, ein befreundeter deutscher Student, als Nachfahren des großen Dschingis Khan an. Mit einer kleinen Kutsche, die von neun deutschen Studentinnen mit langen blonden Haaren, alle als weiße Pferde verkleidet, gezogen wurde, fuhren wir in den Saal ein.

Vier Monate später sollten wir diesen Faschingsauftritt noch bereuen. Als wir nach dem Semesterabschluss unseres Studiums für die Sommerferien 1981 in die Heimat zurückkehrten und bei meinem Bruder Shaariibuu wohnten, bekamen wir einen Anruf über sein Haustelefon. Wir sollten sofort in das Stadtzentrum kommen und bei der Hauptpost warten. Dort warteten wir mit klopfenden Herzen auf die mysteriösen Leute, die uns irgendwie gefunden hatten. Ein Mitarbeiter der mongolischen Botschaft in Berlin, den wir kannten, und ein großer Mann mit einem unfreundlichen Gesicht. Er sagte, dass er vom Innenministerium

Unser erstes gemeinsames Foto in meinem Zimmer im Studentenwohnheim in der Storkower Straße, Berlin, 1979

Unsere Hochzeit fand am 21.08.1981 in Ulaanbaatar statt.

sei. Wenn man den Namen des Ministeriums wörtlich übersetzt, hieß es damals »Ministerium zum Schutz der Gesellschaft vor Gefahren«, was nichts anderes bedeutete, als dass der Mann vom Inlandsgeheimdienst kam. Das verhieß nicht Gutes und ließ uns erschrecken. Wir wurden beschuldigt, vor Studenten aus sozialistischen Bruderländern Dschingis Khan dargestellt und gehuldigt zu haben. Wir wussten sofort, dass wir in großen Schwierigkeiten waren.

Dies war die Zeit der sogenannten dritten Stufe politischer Repressionen, in der die akademische Elite der Mongolei verfolgt wurde, weil man sie verdächtigte, den 800. Geburtstag Dschingis Khans zu nutzen, um für eine nationale Identität der Mongolen einzutreten, die in Widerspruch zum Marxismus-Leninismus stehe. Wir wurden darüber informiert, dass uns der Ausschluss aus der Universität in Berlin drohte. Der Mitarbeiter der Botschaft schien jedoch auf unserer Seite zu stehen und lobte uns zwischendurch als gute Studenten. Zu unserem Glück reichte es aus, dass wir einen schriftlichen Bericht über die Ereignisse abgaben und versicherten, nicht noch einmal Dschingis Khan im Ausland zu verherrlichen. Wir fanden es damals komisch, dass wir beide im Garten in der Nähe der Post an verschiedenen Orten sitzen mussten und jeder seine eigene schriftliche Erklärung unter Aufsicht schreiben musste. Sicherlich haben sie später unsere beiden Ausführungen verglichen und fanden dabei keine Unstimmigkeiten. Während der Befragung waren wir wirklich in Angst und eingeschüchtert. Als wir wieder alleine waren, überlegten wir sofort, wer die Informationen über die Faschingsfeier in Berlin weitergegeben haben könnte. Wir staunten auch darüber, dass man uns noch viele Monate später verdächtigte und zur Rede stellte. Wir vermuteten, dass es einige mongolische, uns unbekannte Studenten waren, die ebenfalls an dem besagten Fasching teilgenommen hatten. Sicher waren sie Spitzel für die mongolische Staatssicherheit.

In diesen turbulenten Sommerferien lernten Baasankhuu und ich auch unsere jeweiligen Verwandten kennen. Die Mongolen haben die Angewohnheit, zukünftige Schwiegersöhne und -töchter zu prüfen. Dies geschieht durch einfache Alltagstätigkeiten. So traf ich meine zukünftigen Schwiegereltern, und insbesondere der Schwiegervater beobachtete mich genau. Nachdem mir meine Schwiegermutter gekochtes Fleisch servierte, gab er mir einen Markknochen mit viel Fleisch. Wie es sich für einen Mongolen vom Land gehört – und auch, um meine Schüchternheit angesichts der »Prüfungssituation« mit etwas Konkretem zu überspielen – nagte ich den Knochen sehr sauber ab, und danach schlug ich den Knochen auf, um das Mark zu essen. Aus dem Augenwinkel sah ich, dass der Vater begeistert war, dass ich wie ein richtiger mongolischer Mann essen konnte. Er sah mich an und sagte: »Sehr gut mein Junge. Als ich in den vierziger Jahren Soldat war, sagte unser Marschall Tschoibalsan, dass man die Knochen sauber nagen muss, damit sich das Vieh gut vermehrt.« Das war aus seinem Mund ein besonders großes Kompliment, denn Baasankhuus Vater hatte Marschall Tschoibalsan einige Male persönlich getroffen und miterlebt, wie dieser der Erziehung der jungen Soldaten große Achtung und Aufmerksamkeit geschenkt hatte.

Mein Schwiegervater war, wie viele andere junge Mongolen in jener Zeit, mit 18 oder 19 Jahren gleich vom Land zur Armee gegegangen. Er verdiente in der Armee einige Jahre seinen Lebensunterhalt. Als japanische Truppen aus der Mandschurei in die Mongolei vorstießen, um sie zu erobern, schlugen mongolische und sowjetische Armeeverbände die Japaner gemeinsam zurück. Von Mai bis September 1939 spielte sich im Osten der Mongolei eine große Schlacht ab, die mit dem intensiven Einsatz von Panzern und Flugzeugen bereits einen Vorgeschmack auf den Zweiten Weltkrieg gab. Auf sowjetischer Seite verdiente sich General Schukow, der später die Schlacht um Berlin gewann, erste Meriten. Die mongolischen Truppen standen unter dem Befehl Marschall Tschoibalsans. Mein Schwiegervater war für den Transport von Nachschub und Kriegsgefangenen verantwortlich. Bei einem Truppenbesuch schüttelte er Tschoibalsans Hand und dieser stellte dem jungen, groß gewachsenen Soldaten einige persönliche Fragen – eine Begegnung, die er nie vergaß und worauf er sehr stolz war.

Ch. Tschoibalsan ist eine umstrittene Persönlichkeit in der mongolischen Geschichte. Durch seine kluge Führung in der besagten Schlacht von Khalkhin Gol gegen die japanische Armee und seine gute Zusammenarbeit mit der Sowjetunion konnte die Mongolei ihre Unabhängigkeit verteidigen. Schon bei der Erlangung der Unabhängigkeit der Mongolei im Jahr 1921 spielte er eine entscheidende Rolle. Zu den Schattenseiten gehört, dass Tschoibalsan in der Zeit des Premierministers Amars auf Geheiß Stalins rigoros und mit großer Brutalität Mönche, Adelige und politische Gegner verfolgte. Wie viele andere politische Führer, die sich für den mongolischen Staat eingesetzt hatten, starb er unter »ungeklärten Umständen« in der Sowjetunion.

Mein Schwiegervater stellte mir viele Fragen zu meiner Familie und meiner Herkunft. Dass ich ein Kind vom Land war, mit dem frühen Tod meiner Eltern einen schweren Schicksalsschlag erlitten hatte und kenntnisreich über die DDR und Berlin erzählen konnte, nahm die Schwiegereltern schnell für mich ein. Das Gemüt meiner Schwiegereltern, die aus dem einfachen und fleißigen Volk stammten, war so warm und sanft wie die weiten Gobitäler. Sie stammten auch beide aus der Gobi.

Während unserer Semesterferien und nach den bestandenen Prüfungen hatten sich unsere Verwandten – mit oder ohne uns – öfters getroffen, und irgendwann verabredeten sie, uns zu vermählen und unsere Hochzeit vorzubereiten. Als Termin wurde der 21. August 1981 bestimmt. Aus allen Himmelsrichtungen strömten unsere Verwandten herbei, und wir feierten drei Tage lang eine wunderschöne Hochzeit. So wurden wir als eigenständige Familie Terbishdagva im staatlichen Register eingetragen und bezogen ein Zimmer in der Wohnung meines Bruders Shaariibuu.

Familienpläne, Milchtee und ein leerer Kühlschrank

Wenn ich auf mein Leben zurückblicke, schätze ich mich als einen glücklichen Mann ein. Denn ich wurde mit einer ganz besonderen Frau als Lebenspartnerin gesegnet, die mich aufrichtete, wenn ich gebeugt war, die mich stützte, wenn ich abrutschte, und die ihr ganzes Leben unseren geliebten Kindern und mir widmet. Alle meine Erfolge und Arbeiten sind eng mit dieser gebildeten, fleißigen, äußerst eifrigen, klugen und hinreißenden Frau verbunden. Die Mongolen pflegen zu sagen, dass nur ein Dummkopf seine eigene Ehefrau lobt. Man kann mich deshalb für dumm halten, aber wer könnte besser über die Eigenschaften, die Menschlichkeit, Freundlichkeit und Erhabenheit meiner Frau berichten als ich? Deswegen lasse ich mich jederzeit gerne als Dummkopf bezeichnen.

Bei meinen Tätigkeiten als Meister im Fleischkombinat, Geschäftsmann, Dozent, Minister und Politiker war meine Frau stets liebend und unterstützend an meiner Seite. Während der harten Wahlkämpfe für den Großen Staatskhural, das mongolische Parlament, bei schwierigen politischen Entscheidungen und auch bei Verleumdungen durch politische Gegner stand mir meine Familie immer mit Liebe, Fürsorge, Rat und Tat zur Seite.

Wenn ich nach einem langen Tag nach Hause komme und mich meine Frau mit einem Lächeln empfängt, dann verfliegen Müdigkeit, Frust und schlechte Laune des Tages, als ob es sie nie gegeben hätte. Mit Worten und Taten lässt meine Frau mich spüren, dass ich der Sinn ihres Lebens bin. Auch wenn ich es nicht jeden Tag sage, spürt sie als meine andere Hälfte, dass ich ihr jederzeit zutiefst dankbar bin. Alle Welt weiß, dass die Deutschen gut im Fußball sind. Der wichtigste Grund dafür ist, dass sie immer als geschlossenes Team auftreten und den Sieg als Ziel haben. So ist es auch in meiner Familie. Die Familie ist für mich wie ein Team mit gemeinsamen Zielen. Als Familienoberhaupt bin ich verantwortlich für das Wohl des Teams und daher jederzeit bereit, für meine Frau und für unsere Kinder alles zu tun. Alle Teammitglieder müssen sich dem gemeinsamen Ziel unterordnen. Nur wenn sie sich verständigen und zusammenarbeiten, werden sie das Ziel erreichen.

Im Herbst 1986 wurde ich als junger Technologe des Fleisch- und Konservenkombinats von Ulaanbaatar mit einer neuen schönen Drei-Zimmer-Wohnung westlich des Stadtzentrums belohnt. Dort konnten Baasankhuu und ich ein gemütliches Nest für unsere Familie bauen. Die erste eigene Wohnung zu besitzen war einer der vielen schönen Momente unseres gemeinsamen Lebens. Es war nicht einfach für jemanden, der erst wenige Jahre nach Studienabschluss gearbeitet hatte, eine der heiß begehrten Wohnungen zu erhalten. Auf den langen, durchnummerierten Wartelisten standen mehrere Hundert Personen. In dieser Zeit erhielt weniger als ein Drittel der Bürger Ulaanbaatars eine der neu gebauten Wohnungen.

Ich wurde für meinen Einsatz und meine guten Leistungen mit einer solchen Zuteilung ausgezeichnet.

Der Bezug der eigenen Wohnung, die ich mir durch harte Arbeit und durch die Unterstützung meiner Familie verdient hatte, war ein besonderes Ereignis. Für einen Mann und ein Familienoberhaupt ist das Herdfeuer im eigenen Zuhause das größte Glück, ein Grund für Selbstachtung und Freude. In der neuen Wohnung richteten wir uns mit bescheidenen Mitteln ein, so gut es ging. Ich baute und bastelte auch viele Sachen selbst. Von den Deutschen hatte ich gelernt, dass man auch aus wenig viel machen und dabei noch sparen kann. Und so sammelten wir nach Feierabend, frühmorgens oder am Wochenende in großen Stofftaschen von den Baustellen in der Umgebung zerbrochene, zersplitterte Fliesenteile, die uns noch verwendbar schienen. Damit dekorierten wir unsere Toilette, das Badezimmer, die Küche und die Innenseite des Balkons, so dass dadurch bunte Mosaikwände entstanden. Bei all diesen Arbeiten halfen uns mein deutscher Freund Jens, der als entsandter Spezialist in

Mein Sohn Batbileg im Kindergarten, Bogensee, 1988

Mit Freunden aus der Studienzeit: Ute und Karl Siebert, Ulaanbaatar, 2011

der Technikabteilung des Fleischkombinats arbeitete, sowie Freunde und Verwandte. Wir klebten Fliesen, bis unsere Fingerspitzen wund wurden. Je anstrengender die Arbeit war, desto mehr lachten wir und erfreuten uns daran. Freunde und Verwandte ließen sich dadurch inspirieren und machten es uns nach. Das war einer der glücklichen, leidenschaftlichen und kreativen Momente in meinem Leben.

Während unserer Zeit in Deutschland war es ein wichtiges Ziel für unsere Familie, dass unsere Kinder, die im Ausland aufwuchsen, nicht vergaßen, dass sie Mongolen waren. Bei jeder Gelegenheit kochten wir unseren Kindern daher mongolisches Essen. Wir bereiteten die deftige und schmackhafte Bantan-Suppe (Mehleintopf), Milchtee mit getrocknetem Fleischpulver und Hirse, Buuz (gedämpfte Teigtaschen mit Hackfleischfüllung), Khuushuur (frittierte Teigtaschen mit Hackfleischfüllung), Tsuivan (selbst gemachte und gedämpfte Nudelstreifen auf gebratenem Fleisch mit Gemüse) und mongolische Nudelsuppe mit Borz (an der Luft getrocknetem Fleisch) zu. Aus der Heimat bestellten wir Bücher mit mongolischen Volksmärchen, die wir unseren Kindern regelmäßig vorlasen. Wir sangen zusammen Volkslieder über den mongolischen Alltag, die Viehherden und das Nomadenvolk und sprachen über die Bedeutung der Lieder. Und wenn wir manchmal zu erschöpft vom Alltag waren, spielten wir unseren Kindern selbst besungene Kassetten vor.

Mongolische Kinder, die im Ausland aufwachsen, scheinen mir dennoch sehr mit ihrer Heimat verbunden zu sein. Sie spüren ihre Herkunft aus dem Herzen Zentralasiens mit dem blauen Himmel und den smaragdgrünen Wiesen anscheinend besonders deutlich. Meinen Kindern habe ich gesagt, dass sie von den anderen Kindern in Deutschland, auch wenn sie deren Sprache sprechen, immer als Mongolen betrachtet werden. Also sollen sie sich auch als Mongolen fühlen, denn es ist gut, dass sie sich von den anderen unterscheiden. Wir sagten auch, dass sie mindestens genauso viel und besser noch mehr leisten müssen als die deutschen Kinder, damit sie akzeptiert werden. So strengten sich unsere Kinder auch eifrig an. Als die beiden deutschen Staaten sich nach 1990 vereinigten und sich im Osten die Gesellschaftsordnung änderte, ließ ich meine Frau und die Kinder im fremden Land zurück, um alle meine Kräfte darauf zu konzentrieren, ein eigenes Handelsgeschäft mit dem Export von Waren in die Mongolei aufzubauen. Ich pendelte viel zwischen der Mongolei und Deutschland. Die Reisen dauerten immer ein oder zwei Monate. Wenn ich in der Mongolei war, arbeitete ich ununterbrochen.

Nach einiger Zeit liefen die Geschäfte gut genug, dass wir über ein eigenes Firmengebäude verfügten, in dem ich eine Wohnung einrichtete. Unsere alte Wohnung in Ulaanbaatar mussten wir schon 1988, als wir als Dolmetscher, Betreuer und Dozenten für mongolische Studenten an die FDJ-Jugendhochschule Bernau nach Deutschland entsendet wurden, wieder zurückgeben. Seitdem waren meine Familie und der ganze Besitz, den wir dort neu aufgebaut hatten, in Deutschland. Wenn ich in Deutschland war, hatte ich einen vollen Terminplan. Ich besuchte zahlreiche Firmen, führte viele Gespräche und Verhandlungen über Preise, Transporte und Verladungen, außerdem kaufte ich verschiedene Waren für den Export in die Mongolei ein.

Während ich wie ein Zugvogel zwischen zwei Ländern pendelte, trug meine Frau die ganze Verantwortung für die restlichen Familienmitglieder

Oben: Unsere Familie, Berlin, 1991

Die Jugendweihe von meinem Sohn Batbileg, Berlin, 2001

und den Haushalt. Sie unterstützte mich darüber hinaus noch bei dem Aufbau unseres Geschäfts, obwohl sie parallel in einer deutschen Organisation arbeitete. Baasankhuu kümmerte sich um die Warenauswahl, erledigte die Abrechnungen, erstellte Dokumente für die Transporte, schrieb Berichte und Warenerklärungen für den Verkauf in der Mongolei. Kurzum: Sie machte die ganze Büroarbeit, die in Deutschland anfiel. Auch wenn es manchmal schwierig war, beschwerte sie sich nicht und gab niemals auf. Nie verlangte sie von mir, dass ich schnell nach Hause kommen und helfen sollte. Heute denke ich manchmal, dass ich ihr damals zu viele Aufgaben übertragen habe. Baasankhuu hat so viel Arbeit bewältigt, dass es für eine ganze Mannschaft gereicht hätte: Sie erledigte und organisierte alles. Dank meiner Frau liefen die Geschäfte unserer Firma in Deutschland reibungslos.

Besonders bedauerte ich, dass ich wegen des großen Arbeitspensums zu wenig Zeit mit meinen Kindern verbringen konnte. Als ich damit begann, mein Geschäft aufzubauen, waren meine Tochter acht und mein Sohn vier Jahre alt. Vorher, als ich noch an der FDJ-Jugendhochschule in Bernau arbeitete, hatte ich mehr Zeit für unsere Kinder. Wenn ich weit weg von den Kindern war, vermisste ich sie sehr. Wann immer es möglich war, telefonierten wir oder schrieben uns Briefe. Damals war der schnellste Weg, Informationen zu versenden, das Fax. Ich nahm mir dafür viel Zeit und sendete so oft wie möglich Faxe an meine Kinder. Zudem versuchte ich, an allen deutschen Feiertagen, die Kindern wichtig sind, wie Geburtstag, Weihnachten, Ostern und Silvester, zu Hause zu sein.

So ließ ich von 1991 bis 2000 meine Familie und mein Heim in Berlin zurück, während ich meine Geschäftstätigkeit in Ulaanbaatar ausbaute. Die großen Anstrengungen und Opfer, die wir für unser Geschäft aufbrachten, haben sich gelohnt. Wir haben uns auf diese Weise ausreichend Mittel zum Leben verschafft, so dass wir niemanden mehr um etwas bitten müssen. Dies erleichterte es mir auch, nach meinem Eintritt in die Politik unabhängig zu bleiben. Ich war nicht darauf angewiesen, auf dubiosen Wegen lukrative Bergbaulizenzen und damit schnellen Reichtum zu erlangen, um meine Familie zu ernähren.

Zuvor jedoch, 1988, als wir wieder nach Deutschland aufgebrochen waren, hatte sich unsere Familie vergrößert. Wir hatten Tegshjargal adoptiert, die Tochter meines plötzlich und viel zu früh verstorbenen Bruders Shaariibuu. Er hatte seiner Frau sechs Kinder hinterlassen und wir wollten sie unterstützen. Ich gab Tegshjargal meinen Namen als Nachnamen. Als ich in Bernau arbeitete, schickten wir Tegshjargal in die vierte Klasse der 113. Russischen Schule für Kinder von Offizieren der Westgruppe der Streitkräfte der UdSSR in Berlin. Zu dieser Zeit wusste niemand, welche großen gesellschaftlichen Veränderungen unmittelbar bevorstanden. Ich hatte mir fest vorgenommen, nach Ablauf meines dreijährigen Arbeitsvertrags in die Heimat zurückzukehren. Damals dachten wir, dass Tegshee Russisch lernen sollte, da sie auch in Ulaanbaatar weiter eine der russischen Schulen besuchen sollte. Deutsch, so waren wir überzeugt, würde sie ohnehin schnell von alleine von den anderen Kindern lernen.

Wir wohnten im Wohnviertel der Lehrer der Jugendhochschule »Wilhelm Pieck« am Bogensee hinter Wandlitz und Bernau. Baasankhuu schrieb jeden Tag jeweils zehn russische Wörter auf ein Blatt Papier und steckte Tegshee die beiden Zettel jeweils in die rechte und in die linke Tasche der Schuluniform. Auf ihrem Schulweg, auf dem sie 30 bis 40 Minuten mit dem Bus fuhr, sollte sie mit beiden Zetteln Vokabeln lernen, zehn Wörter auf der Hinfahrt und zehn Wörter auf der Rückfahrt. Abends fragte Baasankhuu die Vokabeln ab und half ihr bei den Schulaufgaben.

Gerade, als sich Tegshjargal an ihre Schule und ihre neuen Freunde gewöhnt hatte und sich auch ihre Sprachkenntnisse verbessert hatten, kamen Mauerfall und Wiedervereinigung dazwischen. Infolgedessen zogen die sowjetischen Streitkräfte aus Deutschland ab und ihre Schulen wurden geschlossen. Tegshjargal wechselte auf ein deutsches Gymnasium in Bernau. Dort legte sie erfolgreich das Abitur ab und studierte an der Europa-Universität Viadrina in Frankfurt (Oder). Ein Studienjahr verbrachte sie in den USA. Heute ist Tegshjargal eine gebildete Frau, die ihre eigene Familie gegründet hat. Während der Zeit, als ich in der Mongolei arbeitete, war sie meiner Frau eine große Hilfe und passte auch auf ihre kleinen Geschwister auf.

Unsere mittlere, also unsere eigene große Tochter Odsuren war von klein auf umsichtig und diszipliniert. Wir bemerkten, dass sie stets darauf bedacht war, sich nicht von anderen unterkriegen zu lassen und den Ton anzugeben. Es ist schwer zu sagen, ob das daran liegt, dass sie unter deutschen Kindern als Ausländerin aufgewachsen oder eine »deutsche«, also strenge und disziplinierte Mongolin ist. Als sie klein war, sagte ich ihr stets, dass sie mehr lernen, fleißiger und pünktlicher als die Deutschen sein müsse, um von diesen anerkannt zu werden.

Wenn ich unterwegs war, malten mir unsere Tochter Odsuren und unser Sohn Batbileg Bilder, die sie mir mit der Post oder per Fax schickten. Wann immer ich einen Brief von meiner Tochter erhielt, küsste ich ihn vor Freude. Vor dem Schlafengehen sah ich mir ausführlich die Briefe meiner Kinder an. Dadurch verflog der Stress anstrengender Arbeitstage und ich schlief beruhigt ein. Diese Bilder von meinen Kindern bewahre ich auch heute noch sorgfältig auf und betrachte sie manchmal in ruhigen Minuten und frage mich, was meine Kinder in dem Moment wohl gedacht haben, als das Bild malten.

Odsuren ist heute eine selbstständige, zielstrebige und kommunikative junge Frau. Wenn ich sie sehe, dann denke ich nicht, dass die Jugendlichen heutzutage verantwortungslos sind, was viele Leute behaupten. So hat Odsuren mich bei allen meinen Wahlkämpfen unterstützt und erfolgreich die Öffentlichkeitsarbeit mitgeleitet.

Mein Sohn Batbileg ist der Jüngste in der Familie und wurde deswegen verwöhnt. Als er geboren wurde, war ich mit meiner Arbeit als Technologe im Fleischkombinat von Ulaanbaatar sehr beschäftigt. Weil ich so viel zu tun hatte, blieb meine Familie einmal sogar ohne Abendessen. Ich kam spät am Abend nach Hause und hatte vergessen, den versprochenen Einkauf zu erledigen. Dabei hatte ich es meiner Frau, die auf unser Baby aufpassen musste und bei der Kälte nicht lange in der Schlange stehen konnte, doch versprochen. Ich schämte mich, als ich zu Hause den leeren Kühlschrank sah.

Ich hatte wenig Zeit für meinen Sohn, auch als er klein war. In den Stunden, die ich zu Hause verbrachte, konnte ich meinem Sohn nicht böse sein, wenn er was angestellt hatte. Ich konnte nicht anders, als meinen Sohn, der mich sichtlich vermisst hatte, zu verhätscheln und zu verwöhnen. Das Gleiche taten seine beiden Schwestern mit ihm. Batbileg war ein aufgeweckter Junge. Auf dem Weg zur Krippe nannte er uns zu unserem Erstaunen alle Markennamen der vorbeifahrenden Autos. Wenn er was angestellt hatte, suchte er die Nähe seiner Schwester Tegshee, damit sie ihn verteidigte. Tegshee hatte auch in ihrer früheren Familie einen kleinen Bruder gehabt, weswegen sie ihn sehr liebte.

Als Batbileg 14 Jahre alt wurde, feierte er im Kreis seiner Altersgenossen im Kinotheater »Kosmos« an der Karl-Marx-Allee in Berlin nach ostdeutscher Tradition seine Jugendweihe. 150 Jugendliche wurden auf die Bühne gerufen und erhielten feierlich ihre Urkunden. Als wir später im engsten Freundeskreis feierten, fragte mein deutscher Freund, der mit Computern handelte, nach den Spezifikationen des Computers, den er ihm schenken wollte. Die fachkundige Auskunft meines Sohnes überraschte meinen Freund und machte mich stolz. Er bekam dann den gewünschten hochwertigen Computer von ihm. Später handelte Batbileg im Internet mit Sportwaren, die er in der Mongolei besorgte und in Deutschland auf Ebay weiterverkaufte. Seine Mutter ermutigte ihn dabei und half bei der Verpackung und dem Versand der Waren. Von dem Gewinn kaufte er Computerspiele oder zahlte das Geld auf sein Sparbuch ein. Als Batbileg später in Peking zur Schule ging, eröffnete er in unserem Firmengebäude in Ulaanbaatar einen Laden für Hip-Hop-Klamotten, die er aus China schickte. Später betrieb er, parallel zu seinem Studium in Hongkong, einen Laden für Computerspiele.

Im Jahre 2000 ging ich in die Politik und wurde im November des gleichen Jahres als Vizeminister für Landwirtschaft und Ernährung berufen. Nach vielen Jahren im Ausland sollte meine Familie in die Heimat zurückkehren. Aber zu dieser Zeit waren meine beiden jüngeren Kinder noch Schüler. Da das Schuljahr in Deutschland bereits begonnen hatte, ließen wir die Kinder bei unserer ältesten Tochter Tegshjargal, die schon studierte, und bei mit uns verwandten Studenten für einige Monate in Berlin zurück. Wir gaben ihnen Tages- und Wochenpläne. Darin wurde alles bis ins kleinste Detail geregelt, wer welche Aufgaben zu erledigen hatte, wann sie morgens aufstehen und abends schlafen gehen, zur Schule gehen und nach Hause kommen sollten, wann sie spielen, fernsehen durften und wer wann welche Aufgaben im Haushalt zu erledigen hatte. Wir riefen regelmäßig an, um zu kontrollieren, ob die Pläne eingehalten wurden. Tegshee und später Ankhaa, eine enge Verwandte, verwalteten auch das Geld selbstständig. Sie beklagten sich nicht, erledigten ihre Aufgaben zuverlässig und haben gut auf ihre jüngeren Geschwister aufgepasst. Mehrere Monate lang lebten sie – von uns aus der Mongolei »ferngesteuert« – alleine in Deutschland. Im Jahr 2001 kam Batbileg in die Mongolei und ging auf die Internationale Schule Ulaanbaatar. Odsuren wollte nach ihrem Abitur mit einer deutschen Freundin zusammenziehen und in Berlin studieren.

Im Jahr 2002 wurde ich zum Botschafter der Mongolei in der Bundesrepublik ernannt und zog wieder zurück nach Berlin. Batbileg musste wegen des Umzugs nach Berlin noch einmal die Schule wechseln. Odsuren studierte nach ihrem Abitur an der Technischen Universität Berlin. Für unser Familienleben war die Ernennung als Botschafter ein Glücksfall. Doch das Glück währte nicht lange. Im Jahre 2004 rief mich die Parteiführung zurück, weil ich bei den Parlamentswahlen für den Bezirk Songinokhairkhan von Ulaanbaatar kandidieren sollte. Nach meinem Wahlsieg zog ich mit meinem Sohn nach Ulaanbaatar. Für meine Tochter mietete ich eine Wohnung in Berlin. Nach einigen Monaten kam Odsuren in die Mongolei. Sie lernte Japanisch und ging zum Studium nach Japan. Mein Sohn besuchte in Peking die Australisch-Chinesische Internationale Schule. Mein Plan war, dass meine europäisch erzogenen Kinder jetzt die asiatische Kultur, Mentalität und Sprachen lernen und sich später in der Mongolei niederlassen sollten.

Batbilegs Schule hatte ich mit Bedacht gewählt. Dort herrschten Zucht und Ordnung, aber die Unterrichtsmethoden waren ausgezeichnet. Die Schüler waren überwiegend Chinesen und lebten in einem Internat. Vier Schüler teilten sich ein winziges Zimmer, in dem man bloß schlafen konnte. Jeden Morgen mussten die Schüler früh aufstehen und vor dem Unterrichtsbeginn zusätzlich lernen. Damit Batbileg sich möglichst schnell in China akklimatisierte, mietete ich für ihn ein Nebenzimmer bei einer chinesischen Familie im Zentrum von Peking, die wir gut kannten. Dort konnte er am Wochenende wohnen. Er lernte bei der Familie das Leben der Chinesen kennen. Obwohl ich meinem Sohn mit den zahlreichen Umzügen und Schulwechseln in Deutschland, der Mongolei und China viel zugemutet hatte, war er ein guter Schüler. Nach der Schule studierte er Wirtschaft und Finanzen als erster mongolischer Bachelor-Student an der international renommierten Universität Hongkong.

Mit meiner Frau Baasankhuu, Ulaanbaatar, 2006

Meine Tochter Odsuren studierte Internationale Governance an der Ritsumeikan Universität in Japan. Nach ihrem Universitätsabschluss wurde sie Geschäftsführerin des Kaufhauses, das wir in Ulaanbaatar aufgebaut hatten. Dadurch lernte sie, ein Unternehmen zu führen. Diese Aufgabe erledigte sie sehr engagiert, suchte den Kontakt zu den Mitarbeitern und ging unangenehmen Aufgaben nicht aus dem Weg. Ich denke, dass jeder, der zu arbeiten gelernt hat, überall gut auskommt. Odsuren arbeitet heute im Außenministerium, Batbileg ist im Finanzwesen mit seiner eigenen Firma tätig.

Wie wir hatten auch unsere Kinder die Möglichkeit, deutsche Staatsbürger zu werden. Doch als wir darüber sprachen, sorgten sich unsere Kinder, dass wir als Deutsche künftig ein Visum bräuchten, um Eltern und Großeltern in der Mongolei zu besuchen. Außerdem wäre es für sie dann schwieriger geworden, nach dem Studium in die Heimat zurückzukehren. Sie blieben also mongolische Staatsbürger, worüber meine Frau und ich uns sehr freuten.

Obwohl wir für meine Kinder die Studiengebühren und Lebenshaltungskosten übernahmen, empfahl ich ihnen, auch neben ihrem

Studium zu arbeiten und selbst etwas Geld zu verdienen, so wie wir, als wir noch Studenten waren. So lernten sie, wie die Deutschen selbstständig zu arbeiten und ihr eigenes Geld zu verwalten. Auch in Japan und Hongkong haben meine Kinder ihr eigenes Geld verdient. Odsuren gab Englischnachhilfe und kellnerte, Batbileg erledigte Übersetzungsarbeiten und hatte seine eigene kleine Abteilung für Sportbekleidungen in unserem Kaufhaus.

Meine hohen Staatsämter nutzte ich nie aus, um meinen Kindern eine staatliche Studienfinanzierung oder Stipendien für ihr Studium zu verschaffen, was andere durchaus gemacht haben. Ich denke, wenn man über ausreichend Vermögen verfügt, sollte man die Ausbildungskosten für seine Kinder selbst übernehmen. Für begabte und strebsame Kinder, die gute Leistungen bringen und aus ärmeren Familien kommen, sollte der Staat die Kosten für ein Auslandsstudium übernehmen. Genau diese Chance hatte ich, als Kind aus einfachen Verhältnissen, auch bekommen.

Meine Frau und ich fuhren Tausende Kilometer kreuz und quer durch Deutschland, um Waren für den Export in die Mongolei einzukaufen. In der Mongolei kauft man Waren nur, wenn man sich persönlich von deren Qualität überzeugt hat. Wenn wir müde waren, schliefen wir im Auto auf Autobahnraststätten. Wenn wir fuhren, saß meine Frau mit der Straßenkarte neben mir und navigierte. Im Gewühl der großen Städte verfuhren wir uns manches Mal. Einmal verloren wir die Übersicht und wurden sogar zu Geisterfahrern. Zu den Geschäftsterminen trug ich Anzug und Krawatte und mimte den eleganten Direktor, danach zogen wir wieder unsere Alltags- oder Arbeitskleidung an. Einmal war ich Direktor und dann wieder einfacher Arbeiter. In der Heimat war es genau das Gleiche, eine unentwegte Fahrerei. Im Jahr 1998 hatten wir aus den Erträgen unseres Geschäfts genug gespart, um ein Grundstück im äußersten Norden von Ulaanbaatar zu kaufen. Dort bauten wir ein Haus nach europäischer Art. Unsere Freunde, Nachbarn und Verwandten fragten uns verwundert, warum wir ausgerechnet diesen Stil gewählt hätten. Es erinnerte mich an das schönste Gebäude, das ich gesehen hatte, die Humboldt-Universität in Berlin. Mit hohen und starken Säulen sieht es majestätisch und erhaben aus. Das gilt auch für die benachbarte Berliner

Staatsoper. Der Anblick beider Gebäude zählte zu meinen ersten Eindrücken in Berlin, die ich nie vergessen habe. Die alten Gebäude hoben sich deutlich von der im Osten üblichen Plattenbauarchitektur ab. Später sah ich Wohnhäuser in ähnlichem Stil, und in meinem Kopf setzte sich die Idee fest, einmal ein ähnliches Haus zu bauen.

Zuerst planten wir, ganz wie die Deutschen, in der oberen Etage zu wohnen und im Erdgeschoss die Büros für unsere Firma einzurichten. Die Skizze wie auch die Planung besorgten wir selbst. Wir zeichneten die Räume und konzipierten die Inneneinrichtung. Weil damals die Preise für Baumaterialien niedrig waren, konnten wir das Haus zu günstigen Konditionen bauen. Meine Frau übernahm die Aufgabe einer Innenarchitektin, mein Schwager Myagmar und ich kauften in China Baumaterialien ein. So errichteten wir ein Haus im wahrhaft europäischen Stil. »Wir sind halbe Deutsche geworden«, scherzten wir. Es war für uns ganz selbstverständlich, so viel wie möglich selbst zu erledigen. Die Mongolen sind traditionell ein Volk, das seine Unterkünfte, die Jurten, selber auf- und abbaut, ohne dabei auf fremde Unterstützung angewiesen zu sein. Das Familienoberhaupt fertigt das Holzgerüst der Jurte selbst an und verziert es mit kunstvollen Schnitzereien und schönen, gemalten Mustern. Die Frau näht die Filzumhullung der Jurte und erledigt alle anfallenden Hand- und Näharbeiten. Nach diesem Vorbild wollten wir unser Haus bauen. Ich wurde immer wieder kritisiert, ich hätte mir als Politiker eine Residenz errichtet. Aber das stimmt nicht, denn unser Haus wurde gebaut, bevor ich in die Politik ging und ist das Ergebnis unserer aufopferungsvollen Arbeit im Geschäftsleben. Es war vielmehr die Einlösung des alten Versprechens, das ich nach dem Tod meines Vaters abgegeben hatte: Ich wollte vollenden, was er begonnen hatte, und ein Haus für die Familie bauen.

Ein merkwürdiges Kind

Nach meinem Abschluss an der Humboldt-Universität erhielt ich das Angebot, dort zu promovieren. Doch ich wollte so schnell wie möglich in meine Heimat zurückkehren, um dort meinen Beitrag zur Entwicklung der Mongolei zu leisten. Bei der Entscheidung wurde ich auch dadurch beeinflusst, dass am 22. März 1981 der mongolische Kosmonaut Dsch. Gürragtschaa mit dem Raumschiff Sojus-39 ins Weltall flog. Das ganze Land feierte, dass ein Mongole 7 Tage, 20 Stunden und 42 Minuten im Weltall verbracht hatte. Dass er der zweite Kosmonaut aus Asien gewesen war, machte uns sehr stolz. Die Dinge in der Mongolei schienen sich unaufhaltsam in Richtung Fortschritt zu bewegen. Später hatte ich die Ehre, im Parlament neben unserem ersten Kosmonauten zu sitzen.

Das Schicksal eines Menschen ist eine unvorhersehbare und nicht planbare Merkwürdigkeit. Nachdem ich zum Außerordentlichen und Bevollmächtigten Botschafter der Mongolei in der Bundesrepublik Deutschland ernannt wurde und in meinen Dienstwagen einstieg, fiel mir das Autokennzeichen 0-101-1 auf. An irgendetwas erinnerte mich das, dachte ich. Und dann fiel es mir ein, Gurragchaa war der 101. Mensch im Weltall gewesen. Das war eine passende Nummer für die Autos der mongolischen Diplomaten in der Bundesrepublik Deutschland.

Der erste Mongole im Weltraum löste, wie nur wenige andere Ereignisse, im ganzen Land eine Euphorie aus. Wenn ein kleines Land wie die Mongolei nach den Sternen greifen konnte, schien alles möglich zu sein. Das Land industrialisierte sich und der technische Fortschritt hielt überall Einzug, Produktivität und die Qualität der Produkte nahmen sichtbar zu. Überall war ein Drang nach Fortschritt und Innovation zu spüren. Partei und Regierung fachten die optimistische Grundstimmung im Land weiter an und motivierten die Menschen zu höherer Arbeitsleistung.

Während meines Studiums hatte ich ein Forschungsprojekt zur Markierung von Schweinen begonnen. Dieses Projekt wollte ich gerne noch beenden. Mein Professor hatte mir sogar angeboten, mein Diplomarbeitsthema in einer Doktorarbeit weiterzuverfolgen. Doch ich interessierte mich mehr dafür, die Forschung mit den Ohrmarkierungen zu Ende zu bringen. Danach wollte ich so schnell wie möglich in die Mongolei zurückkehren, um meine Forschungsergebnisse in die Praxis umzusetzen. Ein Bekannter, der an der Akademie der Wissenschaften seine Doktorarbeit schrieb, vermittelte mir einen Termin beim mongolischen Botschafter. Diesem erzählte ich von dem Angebot für eine Doktorarbeit und dass ich eigentlich in die Mongolei zurückkehren wollte. Doch er war von der Idee nicht überzeugt und redete mir ins Gewissen. »Was bist du nur für ein merkwürdiges Kind? Deine Universität eröffnet dir die Möglichkeit, deine Forschung in einem wichtigen Fach, das in der Mongolei dringend benötigt wird, mit einer Doktorarbeit fortzusetzen.« So einigten wir uns darauf, dass ich im Rahmen eines dreimonatigen Forschungsaufenthalts im Berliner Fleischkombinat meine Forschungsarbeit abschließen sollte und danach in die Mongolei zurückkehren könnte. Das war ein attraktives Angebot, das ich gerne annahm.

In meiner Forschung interessierten mich vor allem die Ohrmarken, die Schweine und andere Tiere in Deutschland trugen. Ich wollte diese auch in der Mongolei einführen. Die Grundlage für meine weitere Arbeit hatte Ts. Lookhuuz gelegt, der nach seiner Kritik an der MRVP-Führung im Jahr 1964 aufs Land verbannt worden war. Dort musste er als Viehzüchter arbeiten und hatte mit innovativen Ideen die Viehzucht weiterentwickelt. Dazu gehörte unter anderem die farbliche Markierung des Viehs an der Innenseite des Schafschwanzes. So wurden sie vor Diebstahl geschützt. Darauf wollte ich nun aufbauen.

So startete ich mein Forschungsprojekt über die Methoden zur Befestigung von Ohrmarken bei Schweinen, die Erfassung von Abstammung und Wachstum des Viehs und über eine testweise Einführung solcher Markierungen in der Mongolei. Tagsüber arbeitete ich am praktischen Teil des Projekts, nachts schrieb ich alles auf, was ich tagsüber gesehen und gemacht hatte. Nach zwei Monaten war meine Arbeit fertig. Im Rahmen des Projekts besuchte ich die Waffenfabrik, die die Ohrmarken und die dazugehörige Ausrüstung zu deren Anbringung herstellte. Eigentlich waren diese Produkte nicht für außerbetriebliche Zwecke gedacht, aber aufgrund meines intensiven Bittens gab man mir entsprechende Ausrüstung mit. Meine Ergebnisse und die Gerätschaften aus der Jenaer Waffenfabrik konnte ich so unserem Botschafter und einem damals sehr bekannten Politbüromitglied der MRVP präsentieren, das für die Außenwirtschaftsbeziehungen zuständig war und sich gerade in der DDR aufhielt. Beide waren begeistert und wollten dem Vizevorsitzenden des Ministerrates davon erzählen. Darüber freute ich mich und bereitete voller Stolz die Rückkehr in meine Heimat vor.

Vor meiner Abreise nahm ich allen Mut zusammen und bat um einen weiteren Termin beim Botschafter, den ich noch um einen Gefallen bitten wollte. Ich wusste, dass das Berliner Fleischkombinat sehr gute Beziehungen zum Fleischkombinat in Ulaanbaatar unterhielt. Darauf war ja auch meine Diplomarbeit ausgelegt gewesen. Ich wollte nun um eine meinem Beruf entsprechende Stelle im Fleischkombinat von Ulaanbaatar und das passende Empfehlungsschreiben bitten. Der Botschafter schaute mich ungläubig an. Normalerweise, so erklärte er mir, wollten Auslandsabsolventen nur leitende Stellen in Ministerien oder Behörden übernehmen. Dass jemand darum bat, in einem Betrieb arbeiten zu dürfen, sei ihm noch nicht untergekommen. »Was bist du nur für ein merkwürdiges Kind«, wiederholte er nur und schüttelte den Kopf.

Ich erhielt das gewünschte Empfehlungsschreiben dennoch. Mein Kalkül war, dass für die Verantwortlichen bei der Zuweisung von Arbeitsplätzen für Auslandsabsolventen die Empfehlung eines Botschafters und zugleich eines ehemaligen Ministers Eindruck machen würde. Bis in die Haarspitzen motiviert war ich, besuchte ich nach meiner Rückkehr sofort das Regierungsgebäude, in dem auch das Politbüro seinen Sitz hatte. Im Gepäck hatte ich die Geräte aus der Jenaer Waffenfabrik zur Kennzeichnung und Erfassung von Tieren durch Ohrmarkierungen. Außerdem hatte ich spezielle Farbe für die Markierung von Vieh dabei sowie eine mehrere Seiten umfassende schriftliche Version meiner Forschungsarbeit. Nach heutigen Maßstäben wäre das vielleicht Technologiediebstahl, doch es war mir gelungen, alle diese Sachen von wohlgesonnenen deutschen Freunden zu erhalten.

Am Regierungsgebäude angekommen, stellte ich fest, dass es sehr schwierig war, überhaupt Einlass zu erhalten. Nur mit größter Anstrengung gelang es mir, endlich einen Assistenten des Politbüromitglieds, den ich in Berlin getroffen hatte, zu sprechen und ihm die Gerätschaften und meine Forschungsergebnisse zu übergeben. Danach hörte ich nichts mehr von ihm, die Mühlen der Bürokratie mahlten langsam oder gar nicht. Mein Projekt schien wie ein Stein im Wasser versunken zu sein. Es war so, als ob man ein Rennen kurz vor der Ziellinie abgebrochen hätte. Ich war enttäuscht und traurig.

Kernseife nach Fünfjahrplan

Auf meinem Weg durch die Instanzen klopfe ich auch im Ministerium für Leicht- und Lebensmittelindustrie und Lebensmittel an die Tür des Abteilungsleiters für Verwaltung und Personalwesen. Nachdem ich hereingebeten wurde, erkundigte ich mich, bei welcher Institution ich eingestellt würde. Der ältere Herr mit breiter Brille und einem sauberen Haarschnitt schaute mich kurz an und sagte mir, dass ich mich erst einmal hinsetzen sollte. Mit dem Kinn deutete er auf einen Stuhl. Er fragte mich, ob ich im Ministerium arbeiten oder an der Universität forschen wolle, weil ich doch als erster Absolvent einer Universität sicher höhere Ansprüche hätte als die Studenten, die vor mir aus dem Ausland zurückgekehrt waren, aber nur einen Fachschulabschluss vorweisen konnten. Ich erwiderte, dass ich gerne durch meine Arbeit und meinen Beruf die Effizienz des Fleischkombinates in Ulaanbaatar verbessern würde und überreichte ihm das Empfehlungsschreiben des Botschafters. Nachdem er es gelesen hatte, war er auf einmal ganz nett zu mir. Er freute sich, denn die meisten Auslandsabsolventen wollten, so verriet er, gleich in Leitungspositionen eingesetzt werden. Es sei jedoch besser, zunächst Erfahrung in der Produktion in einem Betrieb zu sammeln.

So bewilligte mir das Ministerium den ersehnten Arbeitsplatz als technologischer Assistent im Fleischkombinat von Ulaanbaatar. Der Betrieb war 1946 gegründet worden, und dort arbeiteten über 3000 Mitarbeiter, von denen allerdings nur 280 ingenieurtechnologische Mitarbeiter, also vom Schichtleiter bis zum Leitenden Technologen, waren. In den sozialistischen Ländern war es üblich, die Produktion in Großbetrieben zusammenzufassen, die Kombinate genannt wurden, und die Mongolei wurde innerhalb des RGW (Rat für gegenseitige Wirtschaftshilfe) durch eine geförderte Entwicklungspolitik in diese Wirtschaftsstruktur eingebunden.

Allein in den Jahren von 1971 bis 1980 wurden mit ökonomischer und technischer Unterstützung der Sowjetunion etwa 600 industrielle, landwirtschaftliche und kulturelle Objekte errichtet. Im Zeitraum von 1976 bis 1980 waren es 150 Volkswirtschaftsobjekte, darunter das gemeinsame mongolisch-sowjetische Bergbau-und Erzaufbereitungskombinat «Erdenet«. Bereits 1980 lieferte dieser hochmoderne und leistungsstarke Betrieb ein Fünftel des gesamten Exports der damaligen Mongolei. Im Fünfjahresplanzeitraum von 1981 bis 1985 wurde die Hilfe der Sowjetunion noch einmal verdoppelt, Schwerpunkte waren die materiell-technische Basis der Landwirtschaft, die beschleunigten Entwicklung der Brennstoff-, Energie- und Bergbauindustrie, des Transportwesens und nicht zuletzt die Hebung des materiellen und kulturellen Lebensniveaus. Enorme Unterstützung leistete die Sowjetunion auch bei der Stärkung der Verteidigungsbereitschaft der Mongolei, indem moderne Kampftechnik zur Verfügung gestellt wurde und Militärkader aus- und weitergebildet wurden.

Die DDR hat auf der Grundlage zweiseitiger Vereinbarungen ihre wirtschaftliche und wissenschaftlich-technische Zusammenarbeit mit der MVR etwa 1960 mit Maßnahmen auf den Gebieten der Geologie, der Landwirtschaft, der polygrafischen und der fleischverarbeitenden Industrie aufgenommen. Die Bildung des Gemeinsamen Wirtschaftsausschusses im Herbst 1968 erfolgte auf der Grundlage des Vertrages über Freundschaft und Zusammenarbeit zwischen der DDR und der MVR vom September 1968.

Weitere bedeutende Impulse für eine rasche Erweiterung der ökonomischen Beziehungen zwischen beiden Ländern ergaben sich aus den Verinbarungen und Abkommen, die im Zusammenhang mit den Beratungen von Partei- und Staatsdelegationen der DDR und der MVR im Oktober 1973 in Ulaanbaatar und im Mai 1977 in Berlin unterzeichnet wurden.

Von großer Bedeutung für die Versorgung der mongolischen Bevölkerung war das in den Jahren 1965 bis 1971 errichtete, bereits mehrfach erwähnte Fleisch-und Konservenkombinat in Ulaanbaatar. Es bestand aus einem Schlachthaus mit einer Kapazität von jährlich 45 Kilotonnen Fleisch, einem Kühlhaus mit jährlich 24 Kilotonnen, einer Konservenfabrik und Produktionsabteilungen zur vollständigen Verarbeitung der Schlachtnebenprodukte. Es war das größte seiner Art in der damaligen Mongolei. Ferner unterstützte die DDR mit Lieferungen von Ausrüstungen und deren Montage den Aufbau der Teppichfabrik »Wilhelm

Pieck«, die im Juli 1971 ihre Produktion vorwiegend für Exportzwecke aufnahm.

Dank der ständigen Aufmerksamkeit, die die entsprechenden Fachministerien der DDR der Qualifizierung der mongolischen Kader, den Lieferungen von Ersatz- und Verschleißteilen und der Unterstützung bei der Leitung der Produktion durch eine größere Anzahl von Spezialisten widmeten, sowie dank wachsender Erfahrungen der mongolischen Führungskräfte und Facharbeiter konnten diese beiden Betriebe damals ihre Produktionspläne kontinuierlich und in hoher Qualität erfüllen. Ein weiteres Projekt war die Rationalisierung und Modernisierung einer Porzellanfabrik in Ulaanbaatar, deren Produktion anschließend das Dreifache bei gleichzeitiger Verbesserung der Qualität der Erzeugnisse betrug.

Die DDR hatte seit 1968 bei der Einführung moderner Methoden in der landwirtschaftlichen Produktion sowie bei der Intensivierung der Viehwirtschaft besonders im Staatsgut »Ernst Thälmann« in Bornuur in der Nähe von Ulaanbaatar großartige Unterstützung geleistet. Die Produktion dieses Staatsgutes war für die Versorgung der Haupstadt mit Gemüse, Kartoffeln und Milch von entscheidender Bedeutung. Für Fleisch- und Wurstwaren war unser Kombinat verantwortlich, alle Produktionszweige waren eng miteinander verbunden, um möglichst effizient zu arbeiten. In unserem Kombinat wurden täglich 1200 Großvieh, zumeist Rinder, und über 10000 Schafe und Ziegen geschlachtet. So produzierten wir am Tag rund 350 Tonnen Fleisch (Innereien, Kopf und Haut nicht mitgezählt). Der Generaldirektor des Kombinats hatte ebenfalls in der DDR ein technisches Fach studiert. Als er meine Unterlagen sah, freute er sich und teilte mich als technologischen Assistenten in der Wurstherstellung ein, damit ich dort Erfahrung sammeln konnte. Ich stimmte sofort und mit Freude zu.

Unser Fleischkombinat verfügte über mehrere Produktionsbetriebe. Wir schlachteten und zerlegten das Vieh und stellten daraus Wurstwaren sowie Fleischkonserven her. Die Knochen wurden gekocht und anschließend zu Mehl und Düngemittel verarbeitet, andere Fette wurden als Rohstoff zur Seifenherstellung verwendet. Als Nebenprodukte der Wurst- und Konservenproduktion wurden etwa aus der

Bauchspeicheldrüse Arzneimittel wie Pankapsin hergestellt, aus den Hörnern und Hufen machten wir Knöpfe und Kämme. Die Produktion des Fleischkombinats deckte den inländischen Bedarf an Gesichts- und Kernseife nahezu vollständig.

Es war damals in der Mongolei durchaus üblich, die Absolventen von Hochschulen nicht in ihrem Fachgebiet einzusetzen, unabhängig von den Studienleistungen. Alle sollten erst einmal lernen, hart zu arbeiten und Erfahrung auf der untersten Ebene zu sammeln. In meinem Betrieb der Wurst- und Konservenherstellung arbeiteten mehr als 350 Mitarbeiter. Wir waren ein Vorzeigebetrieb des ganzen Kombinats, der mit modernster Technik ausgestattet war und über eine vielfältige Produktpalette verfügte.

Nach einer kurzen Weile bemerkte ich, dass unser Kombinat jährlich über 80 000 Tonnen Innereien, Dünndärme, Fette und sonstige Nebenprodukte nicht voll verwertete. Ich erinnerte mich an meine Zeit in Klein- und Großbetrieben der Fleischproduktion in der DDR. Dort hatte ich viel über Wurstherstellung aus unterschiedlichen Rohstoffen und die dazugehörigen Maschinen gelernt. Ich wusste, dass bereits einfache Fehler im Produktionsdurchgang fünf bis zehn Tonnen Wurst unbrauchbar werden ließen, das Gleiche galt für kleine Materialfehler bei Konservendosen, wie zum Beispiel Rostflecken. Ich wollte mein Wissen nun nutzen, um die Produktion in Ulaanbaatar zu verbessern, also die Qualität zu heben und den Materialverlust zu reduzieren. Die Betriebsleitung ermutigte mich, eigene Ideen zur Lösung der Probleme zu entwickeln. Ich wurde von meinen Vorgesetzten dabei sehr unterstützt, die Befunde und Ideen meiner Diplomarbeit in den Produktionsalltag zu übertragen.

In dieser arbeitsreichen Anfangsphase konnte ich auf den Rückhalt meiner Familie zählen. Meine Frau kümmerte sich um unser Neugeborenes und seine Schwester. Die Schwiegereltern halfen uns ebenfalls sehr. Sie verstanden, dass ich viel schuften musste, und ich sollte mir keine Sorgen um meine Familie machen.

Anfangs brachte ich von zu Hause mein eigenes Frühstück zur Arbeit und verspeiste es allein, wie ich es von Deutschen gewohnt war. Ich bemerkte zunächst nicht, wie verwundert mich die Kollegen dabei beobachteten. Nach zwei, drei Monaten hielten sie es nicht mehr aus, und während einer Feier kritisierten sie mein ungeselliges Verhalten. Und so kehrte ich zum mongolischen Brauch zurück und teilte mein Essen mit meinen Kollegen, so wie sie ihr Essen mit mir und den anderen teilten. Bevor ich aus dem Haus ging, steckte mir Baasankhuu immer einige Bonbons in die Tasche, es waren meistens die harten Karamellbonbons aus jener Zeit. In der Fabrik war es Teil meiner Arbeit, verschiedene Wurstsorten zu probieren. Und es war eine willkommene Abwechslung, zwischendurch Bonbons zu lutschen. Wenn ich von der Arbeit nach Hause kam, fühlte Baaska in meiner Tasche an und freute sich, wenn ich die Bonbons gegessen hatte. Solche Zuwendung schenkt eine Frau nur ihrem Liebsten.

Damals legte fast jeder großen Arbeitseinsatz an den Tag, alle strengten sich an, den Fünfjahrplan vorfristig zu erfüllen. Da nach dem Ende des Zweiten Weltkriegs in der Mongolei die Planwirtschaft eingeführt worden war, wurde auch in unserem Fleisch- und Konservenkombinat von Ulaanbaatar ununterbrochen gearbeitet, um den Plan zu erfüllen. Unser Wurstproduktionsbetrieb musste als Vorzeigebetrieb des Kombinats einen sehr strengen Arbeitsplan erfüllen. Wir produzierten daher auch an Feiertagen und Wochenenden. Damals war Wurst eine sehr gefragte Mangelware und nur durch hartnäckiges Anstehen in langen Schlangen oder durch entsprechende Beziehungen erhaltlich. Als Mitarbeiter des Fleischkombinats genossen wir das kleine Privileg, unsere Produkte direkt in der Fabrik kaufen zu können, ohne uns in die langen Schlangen vor den Lebensmittelläden stellen zu müssen.

Meine Arbeit lehrte mich, ein großes Durchhaltevermögen an den Tag zu legen. Diese Hartnäckigkeit begleitete mich in meinem ganzen Leben und ist mir auch heute in der Politik von Nutzen. Noch ziemlich am Anfang meiner Tätigkeit im Fleischkombinat lernte ich eine wichtige Lektion, die mir fast in die Knochen ging: Die Betriebsleitung hatte einen Ausflug für unsere deutschen Fachkräfte organisiert, an dem ich teilnahm. Die Chefs und die älteren Mitarbeiter wollten einen drauf machen und nötigten mich mitzutrinken. Schnaps wollte ich mir nicht genehmigen, allenfalls Bier. Dennoch drängten sie mich und ich gab nach. Nach der durchzechten Nacht wachte ich zu Hause auf und konnte mich nicht erinnern, wie ich nach Hause gekommen war. Zu dieser Zeit war ich zwar schon mit Baasankhuu verheiratet, aber sie musste nach der

Geburt unserer Tochter noch ihr Studium in Berlin beenden. Wir hatten noch keine eigene Wohnung und ich lebte daher bei meinem Bruder Shaariibuu. Als ich meinen Kopf hob, um etwas Wasser zu trinken, sah ich, wie mein Bruder mein Erbrochenes vom Boden wischte. Ich fürchtete, was er wohl zu mir sagen würde. Daher stellte ich mich noch schlafend. Als er aus dem Haus gegangen war, lief ich ebenfalls schnell zur Arbeit. Ich schämte mich so sehr dafür, dass er mich betrunken gesehen und mein Erbrochenes weggewischt hatte, und kam erst spät von der Arbeit zurück, als ich mir sicher war, dass er schon schlief. Wir haben nie darüber gesprochen, aber ich kann mich an seinen strafenden Blick noch genau erinnern: eine Mahnung, dass sich so etwas nie wiederholen durfte. Es war wirklich eine Lehre, die mich mein ganzes Leben begleitet hat. Alkoholische Getränke soll man nur in Maßen zu sich nehmen oder ganz vermeiden.

Dienst ist Dienst ...

Im Sommer 1983 riefen mich überraschend mein Studienfreund Hartmut Peters und seine Frau Elena an. Sie informierten mich, dass eine Touristengruppe, darunter befreundete Ärzte aus Berlin, in Ulaanbaatar seien und ein Geschenk für unsere Familie mitgebracht hätten. Ich ging zum Hotel und lernte die Leute aus Berlin kennen. Wir unterhielten uns angeregt. Zu dieser Gruppe zählten auch Siegfried Kayser, der Besitzer eines privaten Wurstbetriebes und mein späterer Mentor, und seine Frau Ulla. Ich berichtete, dass ich ein Studienfreund von Hartmut Peters war und im Fleischkombinat von Ulaanbaatar als Technologe arbeite. Seine Frau und er freuten sich, dass ein Berufskollege als Absolvent der Humboldt-Universität in der mongolischen Wurstproduktion arbeitete. Natürlich wollten sie unbedingt unsere Wurstherstellung besichtigen, also führte ich die Besucher durch die Produktion und wir testeten gemeinsam die verschiedenen Wurstsorten. Siegfried Kayser gab mir viele Ratschläge, die ich sofort notierte und von denen ich einen großen Teil bei meiner Arbeit umsetzte. Dadurch konnten wir die Qualität und den Geschmack unserer Produkte verbessern.

Mit meinem Freund und Lebenslehrer Siegfried Kayser, Berlin 2014

Den mit Siegfried Kayser in Ulaanbaatar geknüpften Kontakt nutzte ich später, um während eines Urlaubs in Deutschland, wo meine Frau gerade ihren Abschluss machte, dessen Fleischerei in der Nähe der Zionskirche in Berlin-Prenzlauer Berg zu besichtigen. Seine Fleischerei war in der DDR sehr bekannt. Als Erich Honecker 1984 die zweimillionste neue Wohnung der DDR in der Gegend um den Zionskirch- und Arkonaplatz einweihte, besichtigte er auch den Handwerksbetrieb. In der Planwirtschaft der DDR kam solch hoher Besuch bei einem privaten Kleinunternehmer nicht alle Tage vor.

Bei späteren Aufenthalten in der DDR interessierte ich mich vor allem dafür, wie Siegfried Kayser ständig seine Wurstproduktion verbesserte. Neugierig war ich auch auf die Maschinen und die Kenntnisse seiner Mitarbeiter. Parallel dazu las ich Fachbücher und immer, wenn ich Fragen hatte, stand mir Siegfried Kayser zur Seite. Mich beeindruckte sein unermüdlicher Fleiß. Ich bemerkte, dass er an jedem Morgen um vier Uhr aufstand und gleich zur Arbeit ging, um im Betrieb zu sein, bevor um fünf Uhr die Arbeit begann. Dann bereitete er den Arbeitstag in der Fleischerei vor. Auch seine Mitarbeiter mussten viel und hart arbeiten.

Siegfried Kayser war nicht nur der Inhaber der Fleischerei, er konnte bei jedem Arbeitsschritt der Produktion selbst mit anpacken. Er war wahrhaftig ein Meister seines Fachs. Und weil er selbst sehr hart mitarbeitete, schonte er auch seine Angestellten nicht. Oft hörte ich, wie er schimpfte und sie rügte. Ich half im Betrieb mit, wo ich konnte, und lernte viel Neues. Während der Frühstückspause setzte ich mich mit den Kollegen zusammen und wir hatten viel Spaß. Dann kam auch Siegfried Kayser zu uns, und obwohl er zuvor viel kritisiert hatte, herrschte eine gelöste Stimmung und er sprach wie ein Freund zu den anderen. Dort begriff ich den Sinn eines deutschen Sprichworts: »Dienst ist Dienst und Schnaps ist Schnaps.«

Eines Abends fragte ich Siegfried Kayser, weshalb er so streng zu seinen Mitarbeitern sei, ob sie sich denn nicht beleidigt fühlten, wenn er sie so harsch kritisierte, und wieso sie während der Pausen dann so einträchtig zusammensaßen. Er sagte, dass dies nicht persönlich gemeint sei, aber die Qualität des Produktes sei für ihn und den Betrieb das Wichtigste. Wenn man nachlässig würde, dann sinke die Qualität und dies führe zu geringerem Absatz. Wenn der Betrieb unprofitabel würde, müsste er die Löhne der Arbeiter kürzen. Deshalb müsse er während der Arbeitszeit streng sein. Das nütze auch den Mitarbeitern, die später vielleicht ihre eigenen Betriebe aufbauen würden.

Ich fand das einleuchtend und habe mir diese Denkweise später zu eigen gemacht. In jeder Position, die ich während meines Lebens innehatte, habe ich viel von meinen Mitarbeitern verlangt, damit wir gemeinsam gute Arbeit leisteten. Außerhalb der Arbeit versuche ich, immer so freundlich und zuvorkommend zu sein wie ein Vater oder ein großer Bruder, zu anderen Leuten wie ein Freund. Kritik bei der Arbeit ist etwas anderes als Kritik im Privatleben. Die Kritik bei der Arbeit darf man nicht persönlich nehmen. Das zu unterscheiden habe ich in Deutschland und von Siegfried Kayser gelernt.

Von meinem Aufenthalt in der Fleischerei Kayser brachte ich einige neue Wurstrezepte für meine Arbeit im Fleischkombinat mit. Mich interessierten vor allem die Herstellung von geräucherten Rohwurstsorten und die Herstellung von Würsten aus Innereien und Nebenprodukten.

Diese konnten wir mit den vorhandenen Mitteln und Bedingungen in der Mongolei nicht herstellen. In Deutschland hatte ich gelernt, dass es hierbei vor allem auf die Regulierung der Raumfeuchtigkeit ankommt. Ich experimentierte und schickte Probewurst mit allen Details über die verwendeten Zutaten mittels eines Freundes, der nach Berlin flog, zu Siegfried Kayser. Er schickte mir kurze Zeit später einen langen Brief mit einer ausführlichen Bewertung meiner Produkte. Er war sehr zufrieden mit meinen Kreationen und gab mir ausführliche Empfehlungen für weitere Produkte. Er schrieb nicht nur über Berufliches, sondern auch Privates, was unsere Freundschaft vertiefte. Auch danach stand er mir mit Rat und Tat jederzeit zur Seite. Wir sind enge Freunde geworden. Ich bezeichne ihn gerne als meinen »Lehrer für Lebensweisheit«. Als meine Frau im Jahr 2011 in der Mongolei eine Fleischerei eröffnete, gab sie ihr den Namen »Kayser Fleischerei«, um unsere Dankbarkeit zu zeigen.

Im Betrieb wurde ich schnell bis zum Schichtmeister befördert. Meine Hauptaufgabe sah ich darin, den Ablauf der Produktion genau zu kontrollieren, meine Kollegen anzuspornen und zu motivieren. Dafür musste ich mit gutem Beispiel vorangehen.

Ich lebte damals bei meinen Schwiegereltern. Von dort fuhr der erste öffentliche Bus erst ab sechs Uhr morgens zur Arbeit. Mit Umsteigen dauerte die gesamte Fahrt etwa eine Stunde. Während der Fahrt zum Fleischkombinat machte ich Pläne für den anstehenden Arbeitstag. Offiziell begann unsere Arbeit erst um acht Uhr, aber da ich meistens eine Stunde früher da war als meine Mitarbeiter, nutzte ich diese Zeit, um mich auf den Arbeitstag gut vorzubereiten. Ich absolvierte einen vollständigen Rundgang im Betrieb, las die Berichte der Abendschicht und bereitete alles für die Morgenschicht vor. Besonders arbeitsintensiv war die Zeit vor dem Neujahrsfest sowie vor und während Feiertagen.

Wenn manchmal unsere Maschinen oder die Ausrüstung versagten, halfen uns flinke junge Ingenieure oder Schlosser, wenn es sein musste, auch nachts. Ich arbeitete oft zwei Schichten hintereinander durch. Weil ich mir als Meister die Strapazen der Arbeit aus der vorhergehenden Schicht nicht anmerken ließ, motivierte das auch die Kollegen. Manchmal sorgten sich die Kollegen sogar um mein Wohlergehen, das tat gut.

Wenn ich heute auf diese Zeit zurückblicke, dann denke ich, dass ich in meinen Beruf »verliebt« gewesen bin.

Im August 1982 erlebte Ulaanbaatar eine schwere Überschwemmung. Unser Kombinat wurde vollständig überflutet. Das Wasser reichte in fast allen Betrieben des Kombinats bis zum Knie und noch höher. Alle Mitarbeiter mussten zwei Tage und zwei Nächte das Wasser und den Schlamm aus der Fabrik entfernen. Anschließend wurde die Fabrik trockengelegt. Von der Überschwemmung war die ganze Umgebung des Kombinats betroffen. Doch wir haben diese Katastrophe erfolgreich bewältigen können, weil wir alle zusammengehalten haben. Solche Herausforderungen ließen unseren Zusammenhalt nur noch stärker wachsen.

Bei den Bemühungen um eine Verbesserung unserer Produktionsmethoden konnten wir erste Erfolge erzielen. Insbesondere konnten wir unser Sortiment um neue Rezepte für Blutwurst, Leberwurst oder Sülzwurst erweitern. Außerdem gaben wir der ursprünglich allein aus Fleisch hergestellten Wurst etwas Eiweiß bei und konnten so den Fleischanteil senken und damit die Kosten für das Endprodukt reduzieren. Es gelang uns auch, Innereien bei der Wurstproduktion besser zu verwerten. So konnte ich doch noch einige theoretische Erkenntnisse aus meiner Diplomarbeit sowie die praktische Erfahrung, die ich in den elterlichen Betrieben meiner Freunde gesammelt hatte, anwenden. Und nicht zuletzt gelang es mir, den Mongolen den Sinn meines liebgewonnenen Zitats aus Upton Sinclairs Buch nahezubringen, wonach man vom Schwein alles bis auf das Quieken verarbeiten könne. Gemeinsam mit den aus der DDR entsandten deutschen Spezialisten legten wir das Fundament für die Fleischwirtschaft in der modernen Mongolei, was mich immer wieder aufs Neue mit Stolz erfüllt.

Bei dieser Arbeit kam es natülich nicht nur auf die leitenden Ingenieure, Technologen und Techniker an. Wir profitierten vielmehr von den Ideen und Vorschlägen jedes einzelnen Mitarbeiters. So schufen wir erstmalig ein System für die Qualitätskontrolle, indem wir in allen Produktionslinien an jeder Maschine eine Tafel mit der Gebrauchsanweisung sowie Hinweisen für die Wartung anbringen ließen. Wir nutzten hierzu das eigentlich für Konservendosen vorgesehene rostfreie Blech. So konnten sich mit technologischen Abläufen nicht vertraute Vorgesetzte bei

Mit meiner lieben Tochter Odsuren, Berlin, 2004

Mit Studienfreunden Katalin Mersitz und Michael Fritzsch, Mongolei, 2016

Kontrollen schnell einen Überblick über jeden einzelnen Arbeitsplatz verschaffen und die Einhaltung der Normen sowie Standards überprüfen. Für die damalige Zeit war das sehr fortschrittlich.

Wir nahmen jeden Aspekt der Produktion – von der Herstellung über die Aufbewahrung bis zum Transport – unter die Lupe und suchten nach Verbesserungsmöglichkeiten. Ein besonderes Augenmerk legten meine Kollegen und ich auf die Hygiene am Arbeitsplatz und im gesamten Betrieb. Wir formulierten dazu Standards für die Sauberkeit im Betrieb. Das Ziel war es, den Plan durch eine bestmögliche Versorgung der Bevölkerung mit qualitativ hochwertigen Produkten überzuerfüllen. Wie im Sozialismus üblich, wurden zu diesem Zweck auch verschiedene Wettbewerbe unter den Mitarbeitern veranstaltet. Dabei konnte auch ich einige Auszeichnungen gewinnen und gute Plätze belegen.

Damals gab es in Ulaanbaatar keine auf Wurst- und Fleischwaren spezialisierten Verkaufstellen. Bei meinen Freunden Siegfried, Karl und Michael hatte ich Läden für Wurst, Fleisch und Fleischprodukte besichtigen können und sogar mit meiner Frau dort gearbeitet. Es sprach nichts dagegen, auch in Ulaanbaatar ein solch spezialisiertes Geschäft zu eröffnen. Mein Vorschlag stieß bei der Leitung des Kombinats auf Zustimmung. So wurde im 84. Lebensmittelladen des »Oktober«-Bezirks von Ulaanbaatar das erste Spezialgeschäft für die Erzeugnisse des Fleisch- und Konservenkombinats eröffnet. Wir verfügten dort über ein reichhaltiges Sortiment aus geräucherten Schweinerippen und -schenkeln, Bockwurst, Wurst aus Innereien, Leberwurst, Blutwurst, Sülzwurst, geräucherte Wurst, Rinderzunge im Fettmantel, geschnittenes und sortiertes Fleisch sowie verschieden Konservendosen. Vom ersten Tag an konnten wir viele dankbare Kunden anlocken.

Rezepte, Versammlungen, Statuten

Im Jahre 1984 wurde ich zum Cheftechnologen des Wurst- und Konservenbetriebs des Fleischkombinats Ulaanbaatar befördert. Gleichzeitig wurde mir auch die ehrenamtliche Funktion des Vorsitzenden der damaligen Jugendorganisation im Betrieb angetragen. Ich erklärte mich bereit. In dieser Funktion musste ich als Nicht-Parteimitglied auch an den Parteiversammlungen des Kombinats teilnehmen. Das war meine erste Teilnahme an einer solchen damals wichtigen Veranstaltung, die es in jedem Betrieb und Ministerium gab. Zur Vorbereitung hatte ich das Parteistatut gründlich gelesen und war davon ausgegangen, dass dessen Regeln strengstens einzuhalten sind. Das verleitete mich dazu, während der Sitzung scharfe Kritik zu äußern. Denn im Parteistatut stand, dass beobachtete Mängel und Fehler von Parteimitgliedern nicht ignoriert werden dürften – und in unserem Kombinat wimmelte es von Mängeln und Problemen, die niemanden zu kümmern schienen. Vielleicht stimmte hier etwas mit der Strategie der Partei nicht, fragte ich auf der Versammlung. Als ich fertig war, tuschelten die Sitzungsteilnehmer untereinander, und mir wurde mulmig zumute. Am nächsten Morgen wurde ich in das Büro des Vorsitzenden des Parteikomitees vom Kombinat zitiert. Ich erhielt eine strenge mündliche Ermahnung, dass ich zwar qualifiziert in meinem Beruf sei, aber ideologisch nicht ausreichend gefestigt wäre, was allerdings typisch sei für Auslandsabsolventen. Ich solle ab sofort aufpassen, was und wo ich etwas sage. Nach einer Weile erfuhr ich, dass meine Kollegen mich als »westlich« eingestellt bezeichneten. Ich kümmerte mich nicht um dieses Gerede und konzentrierte mich darauf, meine Arbeit gut zu erledigen.

Mit Unterstützung der Kombinatsleitung startete ich den Aufruf, dass »vom Vieh alles außer dem Atem genutzt« werden sollte. Wir erweiterten damit die Produktionskapazitäten des Kombinats um Knochenöl und Knochenmehl, Mehl aus Hörnern und Hufen. Wir ließen uns von Kombinaten aus dem ganzen Land Dünndärme liefern, um daraus Saitlinge herzustellen, die wir unter anderem in die DDR, nach Westdeutschland und Holland exportierten. Und auch die bestehenden Produktionsmethoden und Rezepte zur Herstellung von Wurst und Konserven optimierten wir weiter. So konnte dem Staat viel Geld gespart und seine Exporte gesteigert werden. Fleischkonserven ins sozialistische Ausland entwickelten sich zum regelrechten Exportschlager – obwohl sie im Land selbst auch gebraucht worden wären. Unsere Chefs aber waren zufrieden, dass meine Kollegen und ich unsere Arbeit gut vorangebracht hatten.

Jede neue Aufgabe gab mir Auftrieb, nach jedem abgeschlossenen Projekt kam mir eine Vielzahl neuer Ideen. Meine Kollegen und ich arbeiteten damals, in dieser Aufbauphase der Mongolei, nicht nur zum Eigennutz, sondern auch selbstlos für den Staat. Wir strengten uns enorm an und profitierten davon, dass wir in unseren Betrieben ein effizientes und geschlossenes Team waren. Das ist auch heute noch ein Stützpfeiler für jede Produktion und für jeden Betrieb.

Die Kombinatsleitung schätzte meine Arbeit und beförderte mich zum Betriebsleiter des Schlachthofs und zur Verarbeitung der Nebenprodukte. Nun unterstanden mir über 1600 Mitarbeiter der größten Betriebe des Fleisch- und Konservenkombinats von Ulaanbaatar. Aufgrund meines jungen Alters und des noch nicht lange zurückliegenden Studienabschlusses begegnete man mir anfangs mit viel Skepsis. War dieser junge Genosse der Arbeit gewachsen? So wenig wurde jungen Führungskräften damals zugetraut. Sie sollten erst mal Erfahrung sammeln und sich in untergeordneten Positionen bewähren, dachten viele. Immerhin wurde bei der Beförderung darauf geachtet, gleichwohl die jungen Leute vom Fach waren, ihnen einen fachlichen Mentor zur Seite zu stellen.

Dieses Prinzip wäre auch heute noch angebracht. Junge Menschen sollten sich auf verschiedenen Stufen bewähren und je nach ihren Fähigkeiten unterstützt werden. Doch wo wird das in der Mongolei heute noch gemacht? Wer die richtigen Bekannten oder Verwandten hat oder über genug Geld verfügt, wird von einem »Kran« direkt in höchste Ämter gehievt. Dieses Phänomen hat die heutige Mongolei wie eine schwere Krankheit befallen. Zu früheren Zeiten gab es solche Karriere-Abkürzungen nur in wenigen Ausnahmefällen. Dafür hätte auch niemand Verständnis gehabt. Man stieg nicht mithilfe eines »Krans« auf, sondern weil man talentiert und fähig war. Solche Menschen wurden gefördert, deshalb waren auch viele junge Mitarbeiter so motiviert und engagiert.

Der von mir geleitete Schlachthof stellte gewissermaßen den Rohstoff für die übrigen Betriebe des Kombinats zur Verfügung. Für die gesamte Produktion des Kombinats waren wir daher von großer Bedeutung. Ich sorgte mich viel um meine Mitarbeiter, die auch nach dem Ende der Schlachtsaison eine sinnvolle Beschäftigung möglichst im

Mein letztes Treffen als Geschäftsmann war im Hugo-Boss-Haus in Metzingen im Jahre 2000

Meine Familie in meiner Heimat Erdenemandal, 2016

Fleischkombinat brauchten. Um die Planerfüllung zu gewährleisten, musste ich so viel arbeiten, dass ich mir manchmal vorkam, als ob ich kein Zuhause hätte.

Eines Tages rief mich der Direktor des Lebensmittel-Instituts, Dr. G. Gombo, zu sich. Er schlug mir vor, neben meiner Arbeit im Fleischkombinat eine wissenschaftliche Arbeit zu schreiben. Ich sollte als junger Fachmann technologische Innovationen entwickeln und, wenn ich einwilligte, in meiner Freizeit als Teilzeitkraft im Institut angestellt werden. Ich stellte mich gern dieser anspruchsvollen Aufgabe, und die Studien von Dr. Gombo und mir fanden sogar die Aufmerksamkeit des Vizeministers für Leicht- und Lebensmittelindustrie L. Damdinsuren. Als diese Nachricht der Leitung des Fleischkombinats zu Ohren kam, riefen mich die Chefs zu sich und rügten, dass ich, zählte man den zusätzlichen Verdienst zu meinem regulären Lohn hinzu, beinahe den gleichen Lohn wie ein Vizeminister erhalten würde: Ich wäre doch nicht auf den Zusatzverdienst durch wissenschaftliches Arbeiten angewiesen! Der Vizeminister hingegen wollte, dass ich als Experte arbeite, außerdem sorgte er über seine Kontakte dafür, dass mich die Arbeit in der Jugendorganisation der MRVP nicht zu sehr beanspruchte.

Ideologisch gesehen war ich ein Genosse, der die politischen Grundsätze des Sozialismus nur mangelhaft befolgte. Da ich viel mit den deutschen Fachkräften in unserem Kombinat verkehrte, war ich gut über die Geschehnisse in der DDR und der Bundesrepublik informiert. Es war vermutlich im Jahre 1987, als das Mitglied des Poltibüros der SED Günter Schabowski die Mongolei auf Einladung der MRVP besuchte. In unserem Fleischkombinat hielt er im Rahmen des Besuchsprogramms einen Vortrag, dem ich auch ohne die Übersetzung auf Deutsch folgen konnte. Am Ende seiner Rede angelangt, gab uns Herr Schabowski die Möglichkeit für Fragen. Ich stand auf und fragte, weshalb 1987 die Demonstration im Ostberliner Zentrum gewaltsam aufgelöst wurde und wie die SED eine solch sture Position einnehmen konnte, obwohl auf der ganzen Welt der Wind der Veränderung wehe. Schabowski war auf eine derartige Frage von einem jungen mongolischen Ingenieur – und dann auch noch auf Deutsch gestellt – nicht vorbereitet und antwortete wütend, dass es gar keine Demonstrationen gegeben hätte.

Wir lebten bereits in der Zeit von Perestroika und Glasnost. Das politische Klima änderte sich: Ich wurde zwar zum Parteichef zitiert und ermahnt, aber darüber hinaus gab es keine Konsequenzen. Hätte ich diese Fragen zehn Jahre früher gestellt, wäre ich nicht so einfach davongekommen.

Dennoch drängte man mich damals, auch in die Partei einzutreten. Aber ich war davon nicht überzeugt. Ich wollte noch nicht einmal Parteiaktivist sein, was die Vorstufe zur Parteimitgliedschaft war. Mir waren auch die bürokratischen Strukturen der Partei zuwider. Nur der Karriere wegen wollte ich es auch nicht machen. Doch am Ende überredete man mich mit dem Argument, dass ich als Vorgesetzter von über tausend Mitarbeitern ein Vorbild sein müsse und dies eine Anforderung sei, die nicht zur Diskussion stünde. So wurde ich Mitglied der MRVP. Wie der große deutsche Dichter Goethe schrieb: Halb zogen sie ihn, halb sank er hin.

Kapital-Übersetzer

An einem Frühlingstag im Jahr 1988 ging ich zu unserem Kombinatsdirektor. Er saß hinter seinem massiven russischen Schreibtisch, an der Wand hing das Bild von Dschambyn Batmönch, der seit 1984 Generalsekretär des ZK der MRVP und mongoliascher Staatspräsident war. Das Arbeitszimmer und sein Herr wirkten einschüchternd. Ich teilte ihm mit, dass meine Frau und ich vom Mongolischen Jugendverband ausgewählt worden waren, um an der FDJ-Jugendhochschule in der DDR angehende mongolische Führungskräfte zu unterrichten und zu betreuen. Es war für die Schule günstiger, eine Familie zu holen, bei der Mann und Frau auf Deutsch unterrichten konnten, als zwei Familien. Der Direktor fragte brüsk, woher ich von der Einladung wüsste. Ich antwortete ihm wahrheitsgemäß, dass mich einer der Sekretäre des Jugendverbandes der MRVP informiert hatte. Der Direktor wollte wissen, was ich zu tun gedächte. Und ich antwortete, dass wir als junge Familie das Angebot gerne annehmen wollen. Er erwiderte, dass ich im Kombinat eine schöne Karriere hätte machen können, ich mich aber offensichtlich überfordert fühle. Dann komplimentierte er mich aus seinem Zimmer.

Obwohl ich einen Ingenieurabschluss hatte, übesetzte ich für die mongolischen Studenten der Jugendhochschule am Bogensee Werke von Marx, Engels und Lenin – aus meinem Bücherschrank

Die Reaktion des prinzipientreuen und fordernden Direktors hatte einen guten Grund: Einerseits drängte der Sekretär des Zentralkomitees des Jugendverbands der MRVP zur Eile, dass ich samt meiner Familie in die DDR ausreisen sollte. Als junge Leute sollten wir uns das einmalige Angebot aus der DDR nicht entgehen lassen. Andererseits traf ich noch mit dem Vizeminister für Landwirtschaft und Leichtindustrie zusammen, der mir streng ins Gewissen redete, in der Mongolei zu bleiben. Er meinte, dass er sich für meine Beförderungen in so kurzer Zeit eingesetzt habe, weil ich vielversprechende Neuerungen in der Fabrik eingeführt hatte. Ich sei der erste Mongole mit einem deutschen Universitätsabschluss im Fleischverarbeitungsbereich, mein Weggang wäre ein großer Verlust für das Fleischkombinat. Nach einer ausgiebigen Schimpftirade eröffnete mir der Vizeminister zudem, dass man mich als künftigen Nachfolger des amtierenden Kombinatsdirektors aufbauen wollte. Das wäre doch, so setzte er fort, eine größere Herausforderung als irgendwelche Übersetzungsarbeiten. Man hätte mich nicht zum Studieren in die DDR geschickt, damit ich Übersetzer würde. Am Ende seufzte er nur: »Was bist du doch für ein merkwürdiger junger Genosse!«

Ich war mir fast sicher, dass die Sache gelaufen ist. Ich konnte doch nicht einem Vizeminister widersprechen! Daher wollte ich mich abschließend mit dem Jugendfunktionär besprechen, um dann das verlockende Angebot aus der DDR abzulehnen. Doch der Sekretär gab nicht auf. Er sprach den Vizeminister während einer Versammlung an und erklärte ihm, dass die Arbeit des Jugendverbandes von großer Wichtigkeit sei und es zu politischen Verstimmungen führen würde, wenn ich, dessen Daten schon in die DDR übermittelt worden waren, nun doch nicht dorthin käme. Sie beide würden doch politische Arbeit machen und müssten das verstehen. Der Minister willigte schließlich widerstrebend ein, mir die Genehmigung zu erteilen.

Von dieser Unterhaltung erfuhr ich jedoch erst später. Gerade, als ich mich mit meinem Schicksal abgefunden hatte und mich wieder auf meine Arbeit in der Produktion konzentrierte, erhielt ich einen Anruf vom Zentralkomitee des Jugendverbandes. Der Sekretär teilte mir mit, dass ich gleich zum Vizeminister gehen sollte, der meiner Entsendung in die DDR zugestimmt hätte. Ich war unsicher, doch er erwiderte, ich solle bloß nicht über andere Pläne reden und mich wieder umstimmen lassen: »Entscheide dich für ein Vorhaben, damit er beruhigt ist, und störe nicht die Arbeit unserer Organisation bei der Bereitstellung von Lehrkräften.« Ich traute meinen Ohren kaum und ging verunsichert wieder zum Vizeminister.

Dieses Mal wurde ich viel freundlicher empfangen. Der Vizeminister sagte, dass der Jugendverband keine Ruhe gebe und er mir die Aufnahme der Lehrtätigkeit in Deutschland erlauben werde. Er hätte nur eine Bitte: »Schmeiß bloß nicht deinen Beruf hin!« Ich sollte die Zeit in der DDR nutzen, um mich in diesem Bereich weiterzubilden und womöglich einen Doktortitel erwerben. Er gab mir diesen Rat, weil er ein hochdekorierter Wissenschaftler war und den wissenschaftlichen Aspekt meiner Arbeit im Fleischkombinat immer interessiert verfolgt hatte.

Ich war außer mir vor Freude und hätte um ein Haar den Vizeminister geküsst. Sofort rannte ich zu meiner Frau, um ihr die freudige Nachricht zu überbringen. Wenn ich daran zurückdenke, muss ich immer lachen. Ich war so ungeduldig, dass nicht auf den Bus warten wollte, und rannte wie eine Gazelle von Haltestelle zu Haltestelle. Gleichzeitig war ich aber auch bedrückt, denn ich musste meine geschätzten Kollegen und die mir lieb gewordene Arbeitsstelle verlassen. Der Abschied fiel mir schwer und ich versprach, dass ich später einmal zurückkehren würde.

Wir gaben unsere Wohnung auf, verkauften unsere Möbel und machten uns auf den Weg nach Berlin.

Unsere Studenten in Deutschland waren alle Mitarbeiter und überwiegend Vorsitzende der Ortskomitees des Jugendverbandes der MRVP. Sie waren als zukünftige Führungskräfte der Mongolischen Volksrepublik auserkoren, und das war für uns als Lehrer eine noch größere Verantwortung.

Obwohl ich ein DDR-Absolvent war und als Student mehrere Jahre in Berlin gelebt hatte, bereitete es mir Schwierigkeiten, die Vorlesungen und Seminare über marxistisch-leninistische Philosophie, Wissenschaftlichen Kommunismus und Politische Ökonomie simultan zu übersetzen. Als Technologe musste ich anspruchsvolle Vorlesungen und Seminare deutscher Gesellschaftswissenschaftler für unsere mongolischen Studenten dolmetschen. Aber dazu musste ich erst einmal selber verstehen, worum es ging. Am Anfang hatte ich große Schwierigkeiten, vor allem in Philosophie, und wurde vom Vorsitzenden der Studiengruppe und von Studenten kritisiert. Ich erwiderte, dass ich zuvor ein Ingenieur im Fleischkombinat gewesen war und in meiner vorherigen Arbeit wenig mit Marxismus-Leninismus zu tun gehabt hätte. Da würde doch jeder Fehler machen!

Um solche Kritik in Zukunft zu vermeiden, bereitete ich mich von nun an akribisch auf die am nächsten Tag anstehenden Übersetzungen vor. Um die Begriffe des Marxismus-Leninismus zu verstehen, verbrachte ich nach dem Unterricht lange Abende in der Bibliothek unserer Jugendhochschule. Das half mir, und ich war erleichtert, als es mit dem Dolmetschen bald weniger Probleme gab. Das simultane Dolmetschen war eine anstrengende Tätigkeit, besonders dann, wenn die deutschen Dozenten ihre Vorträge schnell herunterratterten. Kein Wort, kein Buchstabe, kein Punkt oder Komma durfte verloren gehen. Und bei alledem musste ja der Sinn und die Bedeutung des ganzen Satzes ebenfalls vermittelt werden. Von der Qualität der Übersetzung war abhängig, was und wie viel unsere Studenten begriffen. Zu Anfang bat ich sie noch, mir Fragen zu stellen, wenn sie etwas nicht verstanden. Ich sagte ihnen ganz ehrlich, dass mir Sätze oder Wörter bei der Übersetzung entfallen sein könnten. Später hatte ich damit kein Problem mehr. Ich hatte die Vorlesungen mittlerweile auf der Schreibmaschine abgetippt und meine Übersetzung vervollkommnet.

Jeder Beruf hat seine Besonderheiten. Übt ein Mensch einen Beruf aus, den er erlernt hat, dann macht er das mit eifrigem Fleiß, der leicht von der Hand geht. Aber wenn er einen Beruf ausübt, den er nicht erlernt hat, dann muss er sich ganz besonders anstrengen. Aber ich hatte es geschafft, mich selbst zum Simultanübersetzer auszubilden. Im Zuge dessen las ich mehrmals und mit großer Aufmerksamkeit »Das Kapital« von Marx. Zwar musste ich das Buch bereits im Studium lesen, aber da war mein Interesse nicht besonders groß gewesen. Ich las nur, was ich brauchte, um mich auf die Prüfungen vorzubereiten. Doch jetzt las ich es ganz anders. Gemeinsam mit meiner Frau habe ich die wichtigsten Sätze aufgeschrieben und wir haben nach der besten Sinn und Kontext übertragenden Übersetzung gesucht. »Das Kapital« ist wahrlich ein erstaunliches Werk.

In den vorlesungs- und seminarfreien Zeiten begleiteten Baasankhuu und ich unsere Studenten in ihrer Freizeit. Es war auch unsere Aufgabe, für die der deutschen Sprache nicht mächtigen Jugendlichen als eine Art Geschwister, wie man in der Mongolei sagt, zu fungieren und ihnen ein Bezugspunkt in der fremden Umgebung zu sein. Wenn sie krank waren, gingen wir mit ihnen zum Arzt, wir organisierten ihre Teilnahme an Sport- und Kulturveranstaltungen, spielten gemeinsam Basketball und Volleyball, begleiteten sie zu den herbstlichen Erntearbeiten und beim Einkaufen, und unternahmen zusammen mit ihnen viele interessante Aktivitäten. Unsere Studenten waren für uns fast wie echte Verwandte geworden, und sie kamen zu uns, wenn sie Heimweh hatten. Sie holten sogar unsere Kinder aus dem Kindergarten ab und spielten mit ihnen.

In unserer Hochschule studierten Jugendliche aus mehr als 60 Ländern, und wir organisierten oft gemeinsame Veranstaltungen. Dabei lernten wir viele Besonderheiten ihrer Heimat, Geschichte, Kultur und Traditionen kennen. So erweiterte ich mein Wissen über die Geschichte der Welt und ihre Völker.

Den Auftrag des Vizeministers hatte ich nicht vergessen. Aus der Mongolei erhielt ich ein Schreiben, dass das Thema meiner Doktorarbeit von den verantwortlichen Behörden bewilligt wurde. Ich traf mich mit meinem alten Dozenten und ging das Projekt an. Doch bevor ich mit meiner Doktorarbeit richtig beginnen konnte, kam es zu jähen, einschneidenen politischen und gesellschaftlichen Veränderungen, die nicht nur die DDR betrafen. Auf einmal war völlig unklar, wie es mit dem Fachbereich weitergehen würde. Außerdem musste ich mich um den Lebensunterhalt meiner Familie kümmern.

Management und Solidarität

Die DDR, das Land, in dem wir lebten und arbeiteten, hörte auf zu existieren und ging in der Bundesrepublik Deutschland auf. Um in der neu eingeführten Marktwirtschaft zu überleben, mussten auch wir uns umstellen. Die Anpassung erfolgte zuerst in unseren Köpfen. Wir erkundigten uns, welche Fähigkeiten nun am meisten gebraucht würden. Dabei weckte das exotische Wort »Management« unser Interesse. Dazu passte, dass die ehemalige Hochschule meiner Frau, die HFÖ (Hochschule für Ökonomie), als Fachhochschule für Technik und Wirtschaft in das westdeutsche Bildungssystem eingegliedert wurde und ein Managementstudium anbot. So schrieben wir uns 1990 in den Studiengang »Unternehmensführung und Management« ein und wurden zum zweiten Mal Studenten.

In unserem Studium lernten wir viel über westliche Theorien der Unternehmensgründung und -führung, Vertragsausgestaltung, Buchführung, Bilanzerstellung, Kundenpsychologie, Marktanalyse und so weiter. Das meiste war für uns völlig neu; mit solchen Themen hatten wir uns vorher kaum beschäftigt. Wahrscheinlich waren wir in dieser Zeit wirklich die ersten Mongolen, die die im Westen gängigen marktwirtschaftlichen Theorien studierten. Einer unserer Professoren empfahl uns die Lektüre zweier Bücher: »Wohlstand für alle« von Ludwig Erhard und die Autobiografie von Lee Iacocca »Eine amerikanische Karriere«. Von der Lektüre der beiden Bücher profitiere ich bis heute.

Um uns herum grassierte zunehmend die in Ostdeutschland stark steigende Arbeitslosigkeit. Viele Betriebe wurden geschlossen, und in der DDR erlernte Berufe wurden nicht mehr benötigt oder vielmehr: gewürdigt. Gleichzeitig nahm die Zahl der Einwanderer vor allem aus ehemaligen sozialistischen Ländern zu, darunter auch einige Mongolen. Nicht nur für Migranten, sondern auch für die Einheimischen war es eine schwere

Zeit, es war kompliziert, eine gute Arbeit zu finden. Der Kapitalismus, das lernte ich schnell, ist eine erbarmungslose Gesellschaftsordnung, in der nur die Starken, Fleißigen und Geschickten einen sicheren Platz finden können.

Ich hatte Glück und fand nach dem Managementstudium eine Arbeitsstelle bei der Ausländerbehörde der Stadt Bernau. Ich musste mich um Asylbewerberwohnheime in Bernau kümmern, Schulungen veranstalten, Sachlagen bei polizeilichen Ermittlungen klären und Übersetzungshilfe leisten. Auch bei dieser Arbeit konnte ich vieles im Alltag von den Deutschen lernen. Meine Frau schloss ihr zweites Hochschulstudium ab und erhielt eine Stelle als wissenschaftliche Mitarbeiterin am Institut für Internationale Wirtschaftsforschung in Berlin. Damit war unsere Lebensgrundlage gesichert. In dieser chaotischen Zeit, noch dazu in einem fremden Land, war ein guter Arbeitsplatz ein kostbares Gut, über das wir uns sehr freuten. Wir waren beide berufstätig und verdienten das Gleiche wie die Ostdeutschen. Wir mussten uns keine unmittelbaren Sorgen über die Zukunft machen.

Nach dem dramatischen Transformation der Gesellschaft zeigten sich auch in der Mongolei die Schattenseiten der Marktwirtschaft. Zahlreiche Betriebe und staatliche Einrichtungen wurden geschlossen, viele Menschen wurden arbeitslos, und der Alkoholmissbrauch nahm epidemische Ausmaße an. Weil in vielen Familien das Einkommen plötzlich wegbrach, begannen die Eltern zu trinken, und die Kinder hauten von zu Hause ab. Sie vagabundierten durch die Straßen, bettelten und stahlen auch. An den Anblick bettelnder Kinder war man in der Mongolei nicht gewöhnt: So etwas hatte es im Sozialismus nicht gegeben.

Die betroffenen Kinder verpassten dadurch nicht nur den Schulunterricht, sie hatten auch keine Bleibe, keine ärztliche Versorgung und so weiter. Das Problem wurde immer größer, denn immer mehr Familien zogen vom Land in die Stadt. Sie hatten zudem durch schwere Witterung ihr Vieh und damit ihren Lebensunterhalt verloren. Die Genossenschaften als volkseigene Betriebe, in denen sie vorher tätig waren, gab es nicht mehr. Aber auch in der Stadt fanden sie keine Arbeit und keine sichere Existenz. Dadurch wuchs die Zahl der Straßenkinder rasant. Sie lebten in

Hauseingängen, Heizungsschächten und der Umgebung des Bahnhofs. Das war die bitterste und traurigste Nachricht, die ich in dieser Zeit aus der Heimat erhielt. Auch meine Frau war als Mutter tief davon getroffen. Ständig überlegten wir, wie wir diesen Kindern helfen konnten.

Wie es der Zufall wollte, erzählte uns eine ehemalige Kollegin von der Jugendhochschule, dass sie bei einem Verein namens »Karuna e.V.« arbeite, der sich in Übergangsgesellschaften wie der Mongolei für den Schutz von Kindern und Jugendlichen engagiert und soziale Projekte initiiert. In der Mongolei waren solche Organisationen bis dahin noch nicht aktiv gewesen oder gegründet worden. Im Auftrag von Karuna e.V. reiste meine Frau nach Ulaanbaatar. Dort vereinbarte sie eine Zusammenarbeit mit dem Mongolischen Jugendverband und besuchte Straßenkinder im Stadtteil Yarmag, der im Süden von Ulaanbaatar liegt und der am stärksten von Armut und Arbeitslosigkeit betroffen war. In den unterirdischen Heizungsrohren ließen sie sich von Straßenkindern deren Situation erklären. Sie sprach mit mehreren Kindern über die Gründe für ihre Obdachlosigkeit. Dabei wurden die chaotischen Zustände, die damals in der Mongolei herrschten, offenbar. Niemand kontrollierte, ob die Kinder zur Schule gingen oder medizinische Versorgung erhielten. Es gab keine einheitliche Vorgehensweise der staatlichen Behörden bei Fragen der Fürsorge. Die Kinder waren auf sich allein gestellt, die Zukunft war für sie ein dunkles Loch.

Nach ihrer Rückkehr beschloss meine Frau gemeinsam mit dem Verein, bei der Europäischen Union ein Projekt für die mongolischen Straßenkinder zu beantragen. Sie waren erfolgreich und konnten mehr als 600 000 DM für den Zeitraum von 1993 bis 1996 einwerben. Baasankhuu übernahm die Projektleitung von Berlin aus und kümmerte sich um Budget, Mitteleinwerbung und die Organisation von Hilfstransporten. Regelmäßig flog sie nach Ulaanbaatar, um sich über die Projektarbeit zu informieren und vor Ort zu helfen. Jan Felgentreu, ein junger Deutscher, arbeitete im Rahmen des Projekts als Sozialarbeiter in der Mongolei. Unterstützt wurden sie vom Präsidenten des Mongolischen Jugendverbandes und zwei weiteren Führungskräften, die später auch Abgeordnete, sogar Premierminister wurden. Dank des Projekts wurde in Ulaanbaatar ein Heim mit 60 Plätzen für obdachlose Kinder eröffnet. Dort wurden sie von Lehrern, Ärzten und Erziehern betreut und konnten die Mittelschule nachholen. Unser Projekt mit dem Namen »Temuulel« war eines der wenigen nicht christlich-missionarischen Hilfsprojekte für Kinder in der Mongolei in dieser Zeit. Wir erhielten auch in Deutschland viel Unterstützung für das Projekt. Meine Frau warb als Projektleiterin bei Unternehmen und Privatpersonen Mittel für Hilfslieferungen ein. Mit rund 60 deutschen Familien konnte sie einen »Patenschaftsvertrag« für mehr als 200 Kinder in Yarmag abschließen. Die Kinder hielten regelmäßigen Briefkontakt mit den Familien in Deutschland und bekamen monatlich 20 DM oder Sachleistungen wie Schuluniformen oder Bekleidung. Gefördert wurden vor allem die ärmsten und kinderreichsten Familien, oft mit alleinerziehenden Müttern. Im Rahmen des Programms erhielt eine Familie mit fünf Kindern also rund 100 DM monatlich. Die Familien nutzten das Geld umsichtig und kauften etwa Stoffe für Bettdecken, Heizmaterialien für den Winter, sie besserten ihre Jurte aus oder beschafften den Kindern Kleidung und Schulsachen. Einige Familien führten exakt Buch über die Verwendung der Unterstützungsleistung und zeigten es meiner Frau stolz.

Von unseren Freunden und Bekannten sammelten wir ihre nicht mehr benötigte Bekleidung oder Haushaltsgeräte. Auch unser Wäschetrockner fand so seinen Weg in die Mongolei. Immer, wenn wir oder unsere Bekannten Container in die Mongolei schickten, ließen wir Platz für eine oder zwei Kisten für das Projekt »Temuulel.« So kamen viele Pakete ohne zusätzliche Transportkosten nach Ulaanbaatar.

Während ihrer Zeit als Projektleiterin half Baasankhuu insgesamt mehr als 500 Kindern. Sie zeigte in diesen für die Mongolei schweren Monaten und Jahren die Barmherzigkeit einer mongolischen Frau und war für viele Kinder eine Art Ersatzmutter. Als Anerkennung erhielt sie vom Mongolischen Jugendverband eine Auszeichnung. Dieses Projekt wurde später durch andere Geldgeber finanziert und viele weitere Jahre in unserem Land fortgeführt. Diese Form der Solidarität hat vielen Kindern eine sichere Zukunft gegeben.

Stiefel gegen Schafe – eine Goldene Ära

In der Autobiografie von Lee Iacocca las ich, dass wenn ein Mensch sich etwas fest vornimmt, er sein Ziel auch erreichen wird. Wenn es in der Realität vielleicht doch nicht so einfach ist – ich war damals fasziniert von dieser Äußerung. Daher war ich fest entschlossen, eine eigene Firma zu gründen. Doch von der Idee bis zu deren Realisierung war es ein weiter Weg.

Unsere Freunde, die an Geschäften zwischen der Mongolei und Europa interessiert waren, besuchten uns oft in Berlin. Wir luden in dieser Zeit ununterbrochen Verwandte und Freunde nach Deutschland ein, damit sie so schnell wie möglich den Westen kennenlernen und sich an die neue Gesellschaftsordnung gewöhnen konnten. Alle, die uns besuchten, klagten über die leeren Geschäfte in der Mongolei. Sie meinten, dass es in dieser Situation gute Verdienstmöglichkeiten beim Import von Waren in die Mongolei gebe. Viele Mongolen waren bereits auf die Idee gekommen, fuhren nach China, packten ihre großen Plastiksäcke voll und verkauften die Waren in der Mongolei. Unsere Bekannten wollten in Deutschland gebrauchte Autos kaufen, diese in die Mongolei überführen und dort verkaufen. Neben meiner Arbeit hatte ich nur wenig Zeit, doch wann immer ich konnte, begleitete ich unsere Besucher zum Gebrauchtwagenhandel. Je nach ihren finanziellen Möglichkeiten kauften sie Gebrauchtwagen von Volvo, Mercedes Benz, Audi, Volkswagen oder Toyota.

Unsere deutschen Nachbarn hatten den regen Besucherverkehr sicherlich anders interpretiert. Sie wunderten sich, wenn sie uns mit den vielen vollgestopften Lebensmittelpaketen aus dem Supermarkt kommen sahen. Wir wurden gefragt, für wie viele Menschen wir denn kochen würden. Die sparsamen Deutschen wussten ja nicht, wie freigiebig die Mongolen sind. Unsere Nachbarn mochten es auch nicht, wenn man sich abends beim Bier lautstark unterhielt. Manchmal wurde wegen Lärmbelästigung sogar die Polizei gerufen. Ich wusste ja, wie die Deutschen tickten und dass deutsche Kinder, anders als in der Mongolei, früh zu Bett gehen. Also bat ich meine Freunde immer wieder inständig, sich ruhig zu verhalten. Ich machte mir bei jedem lauten Anlassen des Autos, bei jeder lauten Versammlung vor der Tür oder abendlicher Singerei Sorgen wegen der deutschen Nachbarn.

Meine Frau und ich strengten uns sehr an, unsere Bekannten, Freunde und Verwandten, die unter strapaziösen Bedingungen aus der fernen Heimat zu uns gekommen waren, zu unterstützen und ihnen wenigstens mit ein paar Mark zu helfen. Ich begleitete sie auf der Heimreise sogar bis zur Grenze in Frankfurt (Oder), damit sie sich nicht verfuhren. Eines Tages dachte ich, wenn ich die ganze Zeit anderen helfe, ihre Geschäfte zu machen, dann kann ich es doch eigentlich auch selbst versuchen. Ich beobachtete nun genau, welche Waren in der Mongolei Gewinn erzielten und welche mongolischen Produkte in Europa gefragt waren. Immer wieder bestärkten mich unsere Freunde, die früher in staatlichen Institutionen oder Ministerien gearbeitet hatten, in meinem Vorhaben. Beispielsweise kamen sie mit dem mongolischen Botschaftsauto aus Moskau und waren auf dem Weg in die Schweiz, wo sie Lamm- und Kaschmirwolle sowie Hirschgeweihe verkauften. In der Mongolei, so schwärmten sie, sei ein Goldenes Zeitalter für Geschäfte angebrochen. Sie alle hätten gekündigt, um mit dem Im- und Export von Waren Geld zu verdienen. Im Prinzip nützten sie ihre ehemalige privilegierte Stellung im kommunistischen System, ihre Netzwerke und den Wissensvorsprung auch noch aus, als der Kapitalismus hastig über unser Land gekommen war.

Ich zögerte noch, denn mir war noch nicht klar, wie man ein solches Geschäft am besten aufbaut. Ich war über die Verhältnisse in der Mongolei ja weniger gut informiert als meine Bekannten, die dort lebten. Außerdem hätte ich dann weniger Zeit für unsere Kinder gehabt. Andererseits erfuhr ich aus erster Hand, wie rege der Warenaustausch zwischen Ost- und Westdeutschland war. Was immer im Westen nicht gebraucht wurde, ließ sich im Osten noch verkaufen. Es war mein alter Freund Siegfried Kayser, der den Ausschlag zu meiner Selbstständigkeit gab. Er sagte, ich dürfe nicht zurückbleiben, wenn sich in der Mongolei die Marktwirtschaft entwickle, gerade jetzt würden sich überall gute Geschäftsmöglichkeiten entwickeln. Er wollte mich sogar finanziell unterstützen, was er später auch tat. Ähnliche Ratschläge gaben mir auch andere deutsche Freunde.

Da wir bescheiden lebten, konnten wir einen Großteil unseres Lohns auf unser Sparbuch einzahlen. Nach einer Weile verfügten wir über eine beträchtliche Summe. Das Geld sollte zusammen mit der Unterstützung von Siegfried Kayser der Grundstock für unser Geschäft sein. Zur Vorbereitung recherchierten wir, welche Produkte in der Mongolei besonders gefragt waren und in Deutschland günstig beschafft werden konnten. Unsere Wahl fiel auf Stiefel, Mäntel und Zelte aus den Beständen der aus Ostdeutschland abziehenden Roten Armee. Hier kam mir zugute, dass ich durch meine Tätigkeit bei der Stadt Bernau und die Schule meiner Tochter viele russische Offiziere kannte, für die der Verkauf nicht mehr benötigter Materialien zu einer beliebten Einnahmequelle geworden war. Wir kamen schnell ins Geschäft.

Anfangs luden wir die Stiefel in die Autos unserer Landsleute, die geschäftlich in Deutschland zu tun hatten und dann wieder zurück in die Mongolei fuhren. Später nutzten wir Container und bauten unser Geschäft aus. Den Vertrieb in der Mongolei übernahmen unsere Verwandten. Ich reiste nach Ulaanbaatar und wies sie ein. Sie sollten die bald eintreffenden Waren schnellstmöglich verkaufen, damit wir alle gemeinsam von der neuen Marktwirtschaft profitieren könnten. Sie waren alle motiviert, denn auch von unseren Verwandten hatten viele in der Übergangszeit ihren Arbeitsplatz verloren. Ich genoss ihr Vertrauen, da ich bereits Erfahrungen mit dem Leben in der Marktwirtschaft gesammelt hatte. So organisierte ich praktisch eine kleine »Verkaufsarmee« und mobilisierte sie für die neue Zeit. Es gab zwei Abteilungen, eine für die Stadt und eine für das Land. Meine Schwägerin, eine ausgebildete Buchhalterin, machte die Kasse und alle Finanzarbeiten. Eine andere Schwägerin verwaltete das Lager, da sie eine erfahrene Verkäuferin in einem großen Laden war. Einige jüngere Verwandte nahm ich nach Deutschland mit, damit sie bei der Verladung von Schuhen und Bekleidung helfen konnten. Das war keine leichte Arbeit, man benötigte viele Hände, denn in einen 20-Fuß-Container passten mindestens 3000 Paar Stiefel. Der Geruch der vielen schwarzen Kampfstiefel war so schrecklich, dass man davon Kopfschmerzen bekam. Auch färbten die Stiefel beim Verladen ab. Wir sahen am Ende des Tages so aus, als ob wir in einer Kohlegrube gearbeitet hätten. Nur unsere Augen glänzten munter.

So legte ich mit tatkräftiger Unterstützung unserer Großfamilie den Grundstein für ein erfolgreiches Geschäft, das uns allen den Lebensunterhalt sicherte. Gemeinsam überstanden wir die Wirren des Übergangs der Mongolei zur Marktwirtschaft. Unsere Verwandten arbeiteten so fleißig wie Ameisen. Die einen standen auf den Märkten in der Hauptstadt, die anderen fuhren über Land, um die Waren zu verkaufen. Bei den Kunden stießen unsere Waren auf großes Interesse. Schließlich kannten die Mongolen seit 70 Jahren das sowjetische Militär und seine so robuste wie verlässliche Ausrüstung. In der Mongolei waren angesichts der sowjetisch-chinesischen Spannungen lange Zeit große Truppenverbände der Roten Armee stationiert. Bei ihrem Abzug aus der Mongolei hatte die Rote Armee anders als in Deutschland die Lagerbestände mitgenommen, so dass die Produkte zwar noch bekannt, aber nicht mehr leicht verfügbar waren. Die Nomaden tauschten daher, ohne groß nachdenken zu müssen, ein Schaf gegen ein Paar neue Soldatenstiefel. Auf diesen Tauschhandel mussten wir uns einlassen, weil in der tiefen wirtschaftlichen Krise, in der sich die Mongolei damals befand, die Wenigsten auf dem Land über größere Summen Bargeld verfügten. Vieh war hingegen nach der Auflösung der Genossenschaften reichlich vorhanden. Es dauerte nicht lange, und bei uns wurden sogar Bestellungen aufgegeben.

Das zum Tausch erhaltene Vieh trieben wir in die Hauptstadt. Dort hatte ich mit dem Fleischkombinat einen Vertrag zur Abnahme des Viehs ausgehandelt. Unser Umsatz stieg stetig. Manchmal mussten wir sogar mehrere Container auf einmal in die Mongolei schicken. Als die Vorräte der Roten Armee in der DDR zur Neige gingen, griffen wir auf die Bestände der Nationalen Volksarmee der DDR zurück. Zu dieser Zeit ging die NVA in der Bundeswehr auf, und große Teile der Ausrüstung, vor allem Bekleidung, wurden nicht mehr benötigt.

Meinen Job bei der Stadtverwaltung von Bernau kündigte ich nach einem Jahr, und wir bezogen 1992 eine große Wohnung in der Karl-Marx-Allee in Berlin. Im selben Jahr gründete ich meine kleine Firma mit dem großen Namen »Terbishdagva Export & Import«. Jetzt war ich Inhaber und Leiter einer Firma und lernte die strengen Regeln kennen, die in Deutschland für Unternehmen gelten. Es dauerte nicht lange, bis ich einen Steuerberater benötigte. Doch ohne Lagerkapazitäten und mit einigen Angestellten liefen die Geschäfte nicht gut genug, so dass ich die Firma nach einem halben Jahr wieder schließen musste. Wir entschlossen uns, die Geschäfte von der Mongolei aus weiter zu betreiben und dort eine Firma zu gründen. Die Mittel dazu hatten wir mit unserem Armeestiefel-Handel verdient.

Ich hatte viele Träume und Pläne, darunter die Idee einer eigenen Fleischverarbeitung. Nach langem Überlegen gab ich meiner Firma den Namen »Terbishdagva Anduud GmbH« (»Anduud« bedeutet auf deutsch »Freunde« oder »Partner«). Schnell musste ich feststellen, dass dieser Name für ausländische Geschäftspartner zu lang und nur schwer auszusprechen war. Ich verkürzte daher meinen Namen Terbishdagva auf das Kürzel TBD, doch auf die Freunde im Firmennamen wollte ich nicht verzichten. Jetzt hieß unsere Firma »TBD und Freunde GmbH«. Seitdem kennen mich in der Mongolei viele unter dem verkürzten Namen TBD.

Weiter Himmel, harte Erde

Der ehemalige Finanzminister und damalige Botschaftsrat der Mongolei in Deutschland, Ts. Molom, rief mich eines Tages an und bat mich, einem Bekannten von ihm zu helfen, der in Deutschland ebenfalls große Mengen Armeestiefel kaufen und in die Mongolei importieren wollte. Ich willigte ein, da mir das Problem eines Geschäftsmannes, der die Landessprache nicht beherrscht, bekannt war. So erhielt ich das Geld für den Einkauf der Stiefel und kontaktierte meinen deutschen Geschäftspartner, von dem ich regelmäßig Schuhe kaufte. Er überredete mich, für die Bestellung des Bekannten des Botschaftsrats und mein eigenes Geschäft eine große Summe im Voraus in bar zu bezahlen, weil er mir dann größere Rabatte gewähren könne. Ich willigte ein und zahlte gutgläubig. Doch zur vereinbarten Zeit wurden keine Stiefel geliefert. Und auch nach einigen Tagen hörte ich nichts mehr von dem Deutschen. Am Ende war es offensichtlich: Er war mit meinem Geld durchgebrannt und ich musste mich an die Polizei wenden.

Der Verlust meines eigenen Geldes bereitete mir schon reichlich Kopfschmerzen, aber mehr noch der drohende Verlust des mir anvertrauten

Geldes des Bekannten des Botschaftsrats. Die Sorgen und die Angst, die ich vorher nie hatte, raubten mir den Schlaf. Ein Anwalt, den ich engagiert hatte, um den betrügerischen Geschäftspartner zu verklagen, machte mir Hoffnungen. Vor Gericht schien es erst, dass ich Recht erhalten sollte. Zwar fiel das Urteil auch zu meinen Gunsten aus, doch die Firma des ehemaligen Geschäftspartners hatte Insolvenz angemeldet, und es gab keine Möglichkeit, das verlorene Geld zurückzuerhalten.

Ich stand tief unter Schock. Mir wurde schwarz vor Augen und ich hatte keine Kraft, aufzustehen – der Himmel war zu weit und die Erde zu hart. Es ging doch um sehr viel Geld. Und das Geld des gutmütigen Mongolen war auch verloren. Mir würde doch niemand glauben, dass ich das Geld auf diese Weise verloren hatte! Was für ein Jammer! Ich hatte meinem deutschen Geschäftspartner vertraut, aber mein Vertrauen wurde schamlos ausgenutzt. Das hat mich beinahe traumatisiert. Mir fiel ein mongolisches Sprichwort ein, wonach es gute und schlechte Menschen gibt, so wie der Wald lange und kurze Bäume hat. Oder war eine andere Redewendung aus dem großen mongolischen Roman »Der durchsichtige Tamir« passender, in der eine Figur erklärt, dass sie fast das Eis eines zugefrorenen Flusses lecken musste, um das Geld zu verdienen?

Ich konnte diesen Schock lange nicht überwinden. Meine Gedanken kreisten ständig um die Frage, was aus meiner Frau und meinen Kindern würde. Und wie könnte ich dem Geschädigten in der Mongolei sein Geld zurückzahlen? Ich war verzweifelt und wusste nicht, was ich tun sollte. Dabei musste ich an meinen armen Vater denken, wie er unser Hab und Gut verkaufte, als wir in die Stadt zogen, und ihm dort seine gesamte Barschaft von einem Taschendieb gestohlen wurde. Ein bisschen Trost schöpfte ich aus einem anderen mongolischen Sprichwort: »Ein lebendiger Mensch findet immer eine Lösung.« Ich machte mir Mut, dass ich die Misere schon überwinden würde. Mit meinem Geschäft könnte ich weiterhin Geld verdienen können, die Goldene Zeit war ja noch nicht vorüber. Doch woher das notwendige Kapital nehmen?

Ich brauchte die Unterstützung einer Person, der ich vertrauen konnte und die mir vertraute. So wandte ich mich an meinen alten Unterstützer und Freund Siegfried Kayser. Er lieh mir in der Not 20 000 DM mit Worten, die mein Herz noch heute wärmen: »Du bist kein Betrüger, sondern du wurdest betrogen. Wir sind langjährige Freunde und ich kenne dich gut. Pass in Zukunft auf, die meisten Menschen sind gut, aber es gibt auch einige schlechte.« Seitdem weiß ich, dass man seinen Nächsten nach allen Kräften helfen soll und dass mitfühlende Freunde eine große Kostbarkeit sind. Auch andere Freunde, die von meinem Leid erfuhren, unterstützten mich, indem sie mir Geld liehen. So konnte ich meinem russischen Geschäftspartner eine Ladung Stiefel abkaufen und mit einem vollen Container in die Heimat zurückkehren.

Dort traf ich den Bekannten des Botschaftsrats, für dessen Geld ich in Deutschland Waren kaufen sollte, und hatte keine andere Wahl, als ihm die ganze Wahrheit zu erzählen. Das Gerichtsurteil hatte ich mitgebracht. Ich versicherte ihm, dass er sein Geld zurückerhalten werde, und bat um etwas Zeit. Da Betrügereien in dieser Zeit auch in der Mongolei gang und gäbe waren, glaubte er mir nicht und wurde wütend. Ich versprach ihm noch einmal, dass ich ihm das Geld zurückzahlen würde und dass ich ein ehrlicher Geschäftsmann sei. Doch er wollte mir einfach nicht glauben. Mir blieb nichts anderes übrig, als weiterhin auf Kredit zu handeln und so mein Geschäft zu betreiben. Um dieses Geld zu verdienen, musste ich meine Familie und meine Verwandten quälen, viel reisen, um Restposten aufzukaufen, bis mein Geschäft langsam wieder auf die Beine kam. So konnte ich nach einiger Zeit mein Versprechen halten und die Summe zurückzahlen, die ich an einen bösen Menschen verloren hatte. Es fühlte sich an, als ob eine dunkle Gewitterwolke an mir vorüberglitt.

Nachdem ich in Deutschland mein Geld verloren hatte, suchte ich fieberhaft nach neuen Verdienstmöglichkeiten. Eine Chance erblickte ich darin, nicht mehr benötigte Maschinen und die Technik abgewickelter DDR-Betriebe in die Mongolei zu verkaufen. Da wir für größere Maschinen weder Lagerraum noch Transportmöglichkeiten hatten, kauften wir alles – von Arbeitshandschuhen über Messer bis hin zu Kühlschränken. Dabei half mir mein alter Freund und ehemaliger Studienkollege Michael Fritsch, der im Berliner Fleischkombinat arbeitete, und uns die Möglichkeiten eröffnete, dort kleine Geräte und viele Ersatzteile aufzukaufen. So gelang es uns, innerhalb eines Jahres unser Geschäft wieder aufzurichten. Genauso wichtig wie Umsicht und gute Planung für das Geschäftsleben sind gute Freunde, auf die man sich verlassen kann.

Als die Geschäfte wieder besser liefen, suchten wir nach neuen Betätigungsfeldern, denn die Nachfrage nach qualitativen Produkten war in der Mongolei enorm. Die aus China importierten Kleidungsstücke und Schuhe waren von unglaublich miserabler Güte, so dass man sie nach ein paar Mal Tragen wegwerfen musste. Deutsche Qualität dagegen galt als hervorragend, und zudem waren die ostdeutschen Produkte vergleichsweise günstig und dennoch für die Mongolen von bester Verarbeitung. Wir wollten aber nicht nur Militärstiefel, sondern auch Markenschuhe und gute Kleidung aus Deutschland in der Mongolei verkaufen. Also erkundigten wir uns, wo passende Schuhe in Deutschland hergestellt wurden. Dabei half mir ein Freund mit libanesischen Wurzeln, der einen Großhandel für Schuhe und Bekleidung in Berlin betrieb. Wir schlossen einen Vertrag, wonach Baasankhuu und ich die Schuhe und auch andere Waren, die in die Mongolei exportiert werden sollten, persönlich auswählten. Wir konnten direkt bezahlen oder mit Zielzahlung einkaufen. Auf diese Weise brachten wir viele Schuhe, Stoffe und Textilien in die Mongolei, später kamen Elektronikprodukte, Baumaterialien und vieles mehr hinzu.

Nach den mühsamen Anfängen und der Niederlage durch den Betrug florierte unser Geschäft wieder. Bald kauften wir Schuhe direkt von Herstellern. Dabei suchten wir die Modelle nicht wahllos aus, sondern möglichst passgenau für den mongolischen Markt und für die Bedürfnisse der mongolischen Kunden. Wir kauften auch die Restbestände der DDR-Schuhmarke »Panda« auf. Viele Male musste ich mit meinem mit Schuhen vollgestopften Auto zu unserem Container fahren, mit dem die Schuhe und andere Waren über Sibirien in die Mongolei transportiert wurden. Bei alledem half mir das Wissen über Handel und Geschäfte, das ich in meinem Managementstudium erworben hatte.

Der wichtigste Tag war immer die Beladung des Containers. Um Geld zu sparen, haben wir diese Arbeit mit der ganzen Familie selbst erledigt und zur Unterstützung gelegentlich mongolische Studenten angeheuert. Um Platz im Container zu sparen, haben wir den Inhalt von drei Schuhkartons in zwei umgepackt. Die Erwachsenen legten die Schuhe sorgfältig ein, so dass kein Platz frei blieb. Die Kinder haben die überzähligen Kartons mit den Füßen zerstampft und in Müllcontainern entsorgt. Manchmal sagte ich den Helfern spaßeshalber, dass ich nur ungern mit den Schuhen auch noch Berliner Luft in die Mongolei exportieren wolle, da selbst der kleinste Platz noch Geld koste. Doch als Nomadenvolk haben Mongolen das Einpacken und Verladen einfach im Blut. An manchen Tagen hatten wir den Container so vollgepackt, dass er sich nicht schließen ließ. Wir mussten uns mit aller Kraft gegen die Tür stemmen, um diese irgendwie doch noch abschließen zu können. So lernten unsere Kinder von klein auf, ihren Eltern zu helfen. Abends wurden sie mit Süßigkeiten oder Beiträgen zum Sparschwein belohnt. Wir liebten dieses Geschäft mit Schuhen. Später lieferten wir weitere hochwertige Waren aus Deutschland in die Mongolei. Je mehr unsere Firma und die Zahl der Mitarbeiter wuchs, desto unausweichlicher wurde es, dass ich mich wieder dauerhaft in Ulaanbaatar aufhielt.

Ich denke, dass wir einen wichtigen Beitrag zur Entwicklung des modernen Handels in der Zeit der marktwirtschaftlichen Umwandlung in der Mongolei geleistet haben, und nicht zuletzt haben wir die Bevölkerung mit hochwertigen Schuhen und vielen anderen Waren aus Deutschland versorgt. Wir legten den Grundstein für die Route vieler neuer mongolischer Handelskarawanen, die noch folgen sollten. Durch unsere mühevolle Arbeit haben wir den Grundstein einer Brücke zwischen Deutschland und der Mongolei gelegt, die heute von vielen genutzt wird.

Selbstbedienungsladen

Im Jahr 1995 wurden wir ganz mutig und planten den Erwerb einer eigenen Immobilie, um dort ein Kaufhaus zu eröffnen. Ich hörte, dass an der Hauptallee von Ulaanbaatar ein im Bau befindliches Haus zum Verkauf stünde, und traf mich mit dem Eigentümer, dem damaligen Parlamentsabgeordneten O. Enksaikhan. Er erklärte, dass an dem Haus nicht mehr viel zu machen sei, und ich kaufte es ihm ab. Später stellte sich freilich heraus, dass ich nicht, wie ich geglaubt hatte, ein fast fertiges Haus, sondern nur den Rohbau gekauft hatte. Wir mussten bei der Fertigstellung des Hauses noch viele unerwartete und nicht kalkulierte Arbeiten erledigen und sehr viel Zeit investieren. Doch alles war unserem großen Ziel untergeordnet, nämlich das erste Selbstbedienungsgeschäft nach westlicher Art in der Mongolei zu eröffnen. Wir wollten in Ulaanbaatar die deutsche Dienstleistungskultur einführen und haben daher dieses Ziel beharrlich verfolgt.

Das Kaufhaus sollte am 8. Juli 1996, kurz vor dem Naadam-Fest, eröffnet werden, also gingen wir voller Elan ans Werk. Die Fenster sollten so groß wie möglich sein, die Inneneinrichtung sollte der eines deutschen Supermarktes und Kaufhauses gleichen. Die Außenfassade verkleideten wir mit einem silbergrünen Metall – so etwas hatte es in der Mongolei zuvor noch nicht gegeben. Im Erdgeschoss des Kaufhauses richteten wir einen Supermarkt ein, im zweiten Stockwerk das erste Selbstbedienungsgeschäft in der Mongolei für Haushaltswaren, Schuhe und Bekleidung aus Deutschland. Hinter dem Supermarkt entstand eine Metzgerei nach deutscher Art. Ich wollte hier endlich meine ersten Fleischprodukte selbst herstellen. Alles in diesem Haus, seien es die Produkte oder die Maschinen und Inneneinrichtung, sollte aus Deutschland kommen.

Als der Abschluss der Bauarbeiten näher rückte, flog ich häufig nach Berlin, um mit Lieferanten zu verhandeln. Wenn ich zu diesen Verhandlungen ging, hatte ich mich mit einem Anzug schick herausgeputzt. Danach machte ich mir die Hände beim Verladen der Waren schmutzig. Zu Hause saß ich auf dem Ehrenplatz und war der Familienvater. So schlüpfte ich jeden Tag in drei unterschiedliche Rollen.

Meine langjährigen Erfahrungen in Deutschland und meine Sprachkenntnisse erleichterten die Verhandlungen mit unseren Lieferanten ganz erheblich. Wir hatten zu allen ein sehr gutes Verhältnis und arbeiteten teilweise bereits mehrere Jahre zusammen. Das lag aber sicherlich auch daran, dass wir Mongolen generell ein Volk sind, das gut mit verschiedenen Menschen umgehen kann. Darüber hinaus sind wir flink und schlau und lassen uns nicht so leicht unterkriegen. Bei der Auswahl der Waren spielte meine Frau die wichtigste Rolle. Sie entschied, welche Schuhe, welche Bekleidung, welche Farbe oder welches Lebensmittel gut zum mongolischen Markt und den Menschen passten. Sie erledigte diese Aufgabe sehr gründlich. Zur Lagerung der Waren errichteten wir in Ulaanbaatar eine große Lagerhalle auf dem Grundstück meines ältesten Bruders. Wir freuten uns über die erfolgreiche Erweiterung unseres Geschäfts, tranken zur Einweihung der neuen Lagerhalle deutsches Bier und sangen und tanzten dazu. Kurz vor der Kaufhauseröffnung trafen aus Berlin mehrere 20-Fuß-Container mit vielen verschiedenen Waren ein, die von unseren Mitarbeitern und Verwandten in der neu erbauten Lagerhalle Tag und Nacht sortiert und eingelagert wurden.

Damals arbeitete ein Schulfreund aus der Mittelschule von Gobi-Altai Aimak als Berater des damaligen Premierministers M. Enkhsaikhan. Als ich ihn über die bevorstehende Eröffnung unseres Kaufhauses informierte, schlug er vor, auch den Premierminister einzuladen. Dieser sagte sofort zu. Die Anwesenheit des Premierministers bei der Eröffnung des Kaufhauses eines einfachen Geschäftsmanns war ein wichtiges Ereignis in ganz Ulaanbaatar und für uns natürlich eine große Ehre. Umso mehr mussten wir uns unmittelbar vor der Eröffnung sputen, dass alles rechtzeitig fertig wurde. In dieser Zeit habe ich kaum geschlafen, war von Schmutz und Staub verdreckt und sah schrecklich aus. Meine Mitarbeiter und meine Verwandten flehten mich an, ich solle mich vor der großen Eröffnung etwas ausruhen. Das stimmt, dachte ich, man kann doch nicht mit einem bleichen Gesicht und müden Augen unseren Premierminister begrüßen. Ich legte mich also kurz schlafen.

Als ich nach etwa einer Stunde aufwachte, hatten meine Verwandten die Putzarbeiten abgeschlossen. Einige tranken beim Transport beschädigte Weinflaschen und waren schon etwas angetrunken. Das wiederum ärgerte mich und ich schimpfte: »Gleich morgen früh kommt der Premierminister und ihr werdet ihn mit einer Alkoholfahne begrüßen!« Die Angesprochenen begriffen sofort, was ich meinte und welch große Verantwortung auf ihnen lastete. Sie machten sich rasch frisch und standen wie herausgeputzte Gardesoldaten bereit zum Empfang.

Der Premierminister hielt sein Versprechen und weihte unser Kaufhaus ein. Wir zeigten ihm den Supermarkt und die Abteilung für Haushaltswaren, Bekleidung und Schuhe. Er lobte, dass wir das modernste Kaufhaus der Mongolei aufgebaut hatten und wünschte uns viel Erfolg.

Das war für uns alle die größte Motivation, und dafür bin ich ihm heute noch dankbar. Die Eröffnung war ein unvergesslicher Erfolg in der Geschichte unserer Firma. Wir waren damit ein Vorbild für viele andere mongolische Geschäftsleute.

Ich denke, dass wir mit unserem Kaufhaus für die Entwicklung des Einzelhandels in der Mongolei tatsächlich einen wichtigen und spürbaren Beitrag geleistet haben. Wir haben viele neue Ideen, hauptsächlich aus Deutschland, in der Mongolei umgesetzt, die später von Nachahmern erfolgreich kopiert wurden. Wir waren in der damaligen Zeit auch Vorreiter des Einsatzes von Werbung und machten unser Unternehmen landesweit bekannt. Die Geschäfte liefen so gut, dass wir unser Kaufhaus einige Jahre später um zwei Stockwerke erweiterten. Das hatten uns nicht alle zugetraut. Freunde und Verwandte hatten uns vor dem modernen europäischen Kaufhausprojekt sogar gewarnt: In der Mongolei fehle die Kaufkraft, es würde viel gestohlen werden, und am Ende säßen wir nur auf einem Berg von Schulden. Sie sollten mit ihren Befürchtungen Gott sei Dank nicht recht behalten.

Kurz nach der Eröffnung unseres Kaufhauses hatten wir allerdings in der Tat mit sich häufenden Ladendiebstählen zu tun. Die neunziger Jahre waren in der Mongolei eine dunkle Periode, die von Armut und Arbeitslosigkeit gekennzeichnet war. Wir diskutierten, ob man das Selbstbedienungsprinzip wieder abschaffen sollte. Dazu riet uns auch einer meiner Brüder, der bei der Polizei arbeitete. Doch das wollte ich nicht. In der ganzen Welt gab es Selbstbedienungsläden, warum sollten die Mongolei und vielleicht noch Russland beim alten Stil bleiben, bei dem alles über die Ladentheke verkauft wurde? Ich wies strikt an, dass alle Mitarbeiter, auch aus der Buchhaltung und der Verwaltung, durch das Kaufhaus laufen sollten, um Diebe zu ertappen.

Wenn man etwas Neues einführen will, muss man geduldig sein, denn der Mensch ist ein Gewohnheitstier. Und die Mongolen hatten sich im Sozialismus viele schlechte Angewohnheiten zugelegt. Dazu zählte, mehr auf den Schein als das Sein zu achten. Es wurde vorgegaukelt, dass Aufgaben erledigt seien, obwohl sie es nicht waren, man drückte sich gerne um Verantwortung, ergriff keine Initiative und noch vieles mehr.

In der Hauptsache lief es darauf hinaus, dass man Arbeit und Verantwortung lieber anderen überließ.

So wie in der Marktwirtschaft viele neue Verhaltensweisen erlernt werden mussten, so musste sich auch das Prinzip eines Selbstbedienungsladens langsam durchsetzen. Es war noch nicht lange her, dass man alle Waren über eine Ladentheke kaufte, die den Kunden vom Verkäufer trennte. Dabei gab es immer wieder Komplikationen. Das einfache Volk war es nicht gewohnt, alles in den Händen zu halten und mit den eigenen Fingerspitzen die Qualität der Ware zu ertasten. Früher durfte in den Einkaufsläden nichts angefasst werden, sondern es wurde vom Verkäufer beschrieben. Nur nach langer Diskussion wurde die Ware vorgezeigt und schnell wieder zurückgenommen. Nach dem Preis musste in einem unterwürfigen Ton gefragt werden, damit der Verkäufer gnädig genug war, die Frage zu beantworten. Diese altmodische und unwürdige Art des Verkaufens wollte ich beenden. Die Mauer, die den Kunden von der Ware trennte, sollte wie die Berliner Mauer eingerissen werden.

Wir waren die Ersten, die diese Mauer in der Mongolei beseitigten. Wir wollten, dass die Menschen die Ware unmittelbar erleben können und dass sie erleben, dass wir ihnen als Verkäufer Vertrauen entgegenbringen. Es tut gut zu sehen, dass die Methode der Selbstbedienung heutzutage auch in der Mongolei zur Gewohnheit geworden ist, nachdem wir sie mit großer Mühe eingeführt hatten.

Und auch meine Anordnung, dass das gesamte Personal zum Schutz vor Diebstählen einzusetzen sei, brachte den gewünschten Erfolg. Nach kurzer Zeit gingen die Diebstähle spürbar zurück. In der Folge hatte dadurch auch unser Umsatz zugelegt. Ich spürte, wie dies meine Mitarbeiter, denen die vielen Diebstähle zu schaffen gemacht hatten, motivierte. So überwanden wir in der Folge alle auftretenden Probleme, indem wir mit allen Mitarbeitern als ein gutes Team arbeiteten.

Eine Besonderheit unserer Firma war es, dass zu Beginn eines jeden Arbeitstages die leitenden Mitarbeiter, Verkäufer und Buchhalter einen Schwur auf unser Unternehmen ablegten. Jeden Morgen lasen sie diesen gemeinsam vor. Anschließend führten die Vorarbeiter der jeweiligen Abteilungen alle Fehler und Erfolge des vorherigen Tages auf und teilten ihre jeweiligen Tagesziele mit. Danach wünschten sich alle Mitarbeiter gegenseitig viel Glück, applaudierten und gingen motiviert an die Arbeit. Diese Methode hatten wir uns aus Südkorea abgeguckt.

In unserem Unternehmen arbeiteten auch einige Verwandte. Es gibt in der Mongolei viele Menschen, die denken, dass Geschwister zu viel Rücksicht aufeinander nehmen und dadurch der Unternehmenserfolg leiden würde. Doch meine Erfahrung waren gegenteilig. Meine Geschwister arbeiteten, wie ich es in Deutschland gelernt hatte, nach strengen Regeln, und ich erwartete von ihnen noch mehr Verantwortungsbewusstsein als von den anderen. Wie alle Mitarbeiter mussten sie ihre Aufgaben gründlich erledigen und wurden ebenso nach ihrer Leistung bezahlt.

Seit frühen Zeiten pflegen die Mongolen zu sagen, dass man erreicht, was man sich vornimmt, und man ankommt, wo man hingehen will. Ich denke, dass ist ein treffendes Sprichwort. In meinem Leben habe ich viele Schritte getan und dabei hohe Hürden und viele Schwierigkeiten überwunden, um mir den Traum einer eigenen Fleischerei zu erfüllen. Allein die Vorstellung, an einer lauten Maschine zu stehen und nach meinen Rezepten Produkte herzustellen, machte mich glücklich. Meine Geschäftstätigkeit war der Weg, der mich meinem Traum näher kommen ließ. Daraus zog ich Energie, Motivation und Kampfgeist.

In unserem neuen Kaufhaus in Ulaanbaatar bereitete ich die Ausstattung einer Fleischerei vor. Hierzu richteten wir in der Nähe unserer Lagerhalle eine Schlachterei ein. Und auch dabei erhielt ich wieder die Unterstützung meines Freundes Siegfried. Er kam in die Mongolei, um unsere Mitarbeiter in der Wurstherstellung zu schulen.

Neben dem Handel mit Importwaren hatten wir somit ein weiteres Geschäftsfeld aufgebaut. Wir fingen bereits 1994 damit an, auf dem Land das Vieh zu schlachten, das wir als Zahlungsmittel für die russischen Stiefel und die deutschen Produkte aus unserem Angebot akzeptierten.

Um unser Geschäft auszuweiten, fragten wir die Viehzüchter bei unseren Touren über das Land, was sie außer Stiefeln und Bekleidung benötigten. Unsere Marktanalyse besagte, dass wir künftig auch mit den äußeren und inneren Stoffhüllen für Jurten, Seilen, Kohleöfen sowie den dazugehörigen Utensilien und gusseisernen Kesseln handeln sollten.

Darüber hinaus nahmen wir für unsere Kunden auf dem Land Produkte wie Deels, Mehl, Tee und Tabak ins Sortiment. So erhielten wir all das Vieh, das wir für unsere Produktion benötigten. Dieses Geschäft erreichte im Jahr 2000 seinen Höhepunkt. Später hatten wir viele Konkurrenten, und die Viehzüchter wurden ausreichend mit Konsumgütern versorgt und bevorzugten daher Bargeld. Zudem stellten viele Viehzüchter auf die ertragreichere Produktion von Wolle und Fell um. Das Vieh sammelten sie nun gemeinsam und lieferten es direkt an Großmärkte. Wir mussten unsere Strategie daher immer wieder anpassen.

Das Geheimnis des Erfolgs unserer Firma war einfach: ununterbrochenes Arbeiten. Wenn ich auf mein bisheriges Leben zurückblicke, dann habe ich mir sehr wenig Freizeit gegönnt. Vom Studium über meine Tätigkeit als Geschäftsmann bis hin zum Leben in der Politik konnte ich mich zu keinem Zeitpunkt richtig erholen. Ich weiß nicht, ob ich ein Workaholic bin, aber das ständige und harte Arbeiten wurde mir schon zu einer Charaktereigenschaft. Den Versuchungen der Privatisierungszeit in den frühen neunziger Jahren, lukrative Betriebe, Lizenzen für Bodenschätze oder Grundstücke unter Wert einzukaufen, habe ich widerstanden. Ich respektiere den heiligen Boden, den wir von unseren Vorfahren geerbt haben und in dem wir begraben werden. Wir Mongolen sind seit alters her dem Schutz unserer Natur und der Umwelt verpflichtet. Ich habe mich auch nie für die Produktion von Alkohol oder Zigaretten interessiert. Ich bin ein einfacher Mensch, der mit ehrlicher Arbeit ein sauberes Geschäft aufbaute und daher auch nie in eine Korruptionsaffäre oder Amtsmissbrauch verwickelt war. Mein Leben habe ich seit dem Jahr 2000 ausschließlich dem Staat gewidmet.

Ich ging im Jahre 2000 in die Politik und habe sofort alle geschäftlichen Belange meiner Familie und meinen Mitarbeitern übertragen. In der Firma habe ich seitdem keinen Einfluss mehr, auch wenn mein Namenskürzel noch im Firmennamen »TBD Anduud« enthalten ist. Getragen wird unsere Firma stattdessen von einem freundlichen, fähigen und einfallsreichen Team, das meine Frau unermüdlich leitet. Anfang 2000 haben sie in der Stadt Erdenet einen modernen Schlachthof und Fleischereibetrieb mit forschrittlicher Technik aufgebaut und später verkauft. Die dort hergestellten Produkte haben wir bis in die russischen

Städte Irkutsk und Ulaan-Ude exportiert. So erfüllte sich mein langjähriger Traum. Das machte mich sehr stolz auf unsere Mitarbeiter. Im Spaß beschwerten sich meine Mitarbeiter einmal, dass die Firma nicht expandieren könne, weil man auf meinen Ruf als Politiker Rücksicht nehmen müsse. Ich würde alles für das mongolische Volk und nichts für die eigene Firma tun. Ich wäre bloß eine Belastung, die ab und zu zum Essen vorbeischaue.

Auf Burkhan Khaldun Khairkhan, 2016

5. Kapitel
SCHACHZÜGE

Die Diskussionen über die Geburt und den Beerdigungsort von Dschingis Khan begleiten Welthistoriker seit Generationen bis in unsere Gegenwart hinein. Die Mongolen sind seit 1990 zusammen mit japanischen und amerikanischen Forschern erfolglos auf der Suche nach seinem Grab.

So arbeitete der Archäologe D. Tseveendorj 400 Tage an dem Projekt »Gurwan gol« (»Drei Bäche«) mit, an dem achtzig Forscher aus der Mongolei und Japan beteiligt waren. Er verwies auf frühere Expeditionen dieser Art, wie sie etwa Prof. Shigami aus Japan während des Zweiten Weltkriegs in China als Forschungsarbeit über »die Geschichte des Dschingis-Khan-Grabs« durchgeführt hatte.

Shigamis ebenso ernüchternde wie realistische Bilanz lautete damals: »Das Grab Dschingis Khans aufzufinden, gleicht der Suche nach einer Nadel auf dem gesamten japanischen Territorium.« Ich denke, das gilt nach wie vor. Das erwähnte Projekt wurde von dem Anthropologen S. Badamkhatan konzipiert, der seine Arbeit mit den Worten begann: »Man muss nicht eine einzige Schaufel Erde bewegen, um das Grab von Dschingis Khan zu finden.« Während des Forschungsprojekts wurden zwar einige Gräber aus der Bronzezeit entdeckt, aber nicht das Grab Dschingis Khans, obwohl sein Grab viel jünger ist als die entdecken Gräber. Das heißt, dass die Mongolen ihren Khan wirklich gut begraben konnten – wie ein unlösbares Rätsel.

Bis zum letzten Ozean

Im Rahmen unserer Forschung waren wir in allen Gebieten, die in den historischen Quellen genannt werden. In über zehn Gebieten wurde eine höchst empfindliche Antenne zum Einsatz gebracht, die eine halbe Tonne Gewicht und einen Durchmesser von 5,5 Metern hat. Sie kann bis zu einer Tiefe von 30 Metern aufspüren, was vergraben liegt. Während der Forschung sahen wir die Murmeltiere in ihrem Bau von oben so groß wie Weizenkörner. Das Gerät besaß eine hochauflösende Technologie, und namhafte Wissenschaftler beteiligten sich an dem Projekt, darunter der Paläoanthropologe R. Barsbold, der Geograf D. Bazargur und der Kosmonaut M. Ganzorig, der zusammen mit Gurragchaa ausgebildet worden war, aber dann nicht zum Einsatz kam.

Tsevendorj bemerkte dazu: »Die Gräber von Hunnufürsten fanden wir in einer Tiefe von 21 Metern, das ist vergleichbar mit einem neunstöckigen Hochhaus. Ägypter bauten ihre Pyramiden nach oben und dreieckig, aber die Mongolen bauten die Gräber für ihre Khane und Fürsten in der Form einer umgedrehten Pyramide. Zu Zeiten der Hunnu, also vor 2.500 Jahren, wurden die sterblichen Überreste in einer Tiefe von bis zu 21 Metern begraben. Die Entwicklung zu Dschingis Khans Zeiten war sicherlich viel weiter. Vielleicht ist das der Grund, warum man das Grab des Eroberers der halben Hemisphäre nicht zu finden vermag. Es besteht kein Zweifel daran, dass Dschingis Khan am großen Berg Burkhan Khaldun begraben wurde, denn als Khubulai Khan starb, wurde er gezielt aus dem Süden zurückgebracht und am Berg Burkhan Khaldun begraben. Bis heute suchte man nicht nur das Grab von Dschingis Khan vergeblich, sondern auch die Gräber der anderen Khane sind unbekannt. Es scheint als würden die letzten Ruhestätten der mongolischen Khane im Geheimen verborgen liegen.

Lediglich von einem glücklich geborenen Menschen kann das Grab Dschingis Khans durch einen Zufall entdeckt werden. Es ist und bleibt ein Rätsel.«

Als Dschingis Khan starb, wurde er auf seinen Wunsch nach seiner Sippentradition in einem Gebiet ohne Markierung beigesetzt. Es wird vermutet, dass sein Leib im heutigen Khentii Aimak, in dem Gebiet des Flusses Onon, seine letzte Ruhe gefunden hat. Nach der Legende wurde ein Wächter des Grabes ermordet, denn niemand durfte erfahren, dass der Khan tot war. Am Ende wurde auch der Wächter mit ihm begraben. Viele Jahre nach Dschingis Khans Tod baute man ein Mausoleum, aber dieser Ort ist nicht seine Grabstätte. Sein Todesjahr ist das Jahr 1227. Das Jahr 1227 wurde in vielen Quellen erforscht, und die Forschung zeichnet ein ziemlich aussagekräftiges Bild. Der seine Leiche tragende Trauerzug startete am Gelben Fluß, heute der Jangtse-Fluß in China, durchquerte die große Gobi-Wüste und endete in der Stadt Kharakorum im Zentrum der Mongolei.

Im Jahr 1998 suchten auch einige Burjaten mit dem Gruppenleiter Tch. Golbion nach dem Grab Dschingis Khans. Sie bestätigten, dass Dschingis Khan auf dem linken Flußufer des Selenge unterwegs in Richtung seiner Heimat gewesen sein musste. Die Burjaten erreichten die Berghänge »Khamar davaa« und bauten einen Steinhaufen, einen sogenannten Ovoo, auf einer der Bergspitzen, welchem sie den Namen »Burkhan gal uul« gaben. Golbions Team hatte Glück: Auf der nordwestlichen Bergseite des »Khamar davaa« fanden sie den Ovoo, an dem einst die Schamanen für Dschingis Khans Geist beteten und ihn zelebrierend herüberriefen. Der Ovoo bestand aus einer Vielzahl von Steinen, war 15 Meter hoch und hatte einen Durchmesser von 50 Metern. Es war in Form einer Pyramide errichtet. Früher war das Gebiet vollkommen von Wald umgeben. Durch die immer wiederkehrenden starken Brände wurde der Ovoo sichtbar. Ganze acht Jahrhunderte lang nannten die Mongolen dieses Gebiet Ikh khorig (Großes Tabu). Verboten waren auf dem Berg unter anderem die Jagd und der Ackerbau.

Wahr ist: Unser Groß-Khan ist Hüter eines bislang ungelösten Rätsels. Sowohl sein Geburtstag als auch der Tag seines letzten Atemzuges konnten bislang nicht eindeutig geklärt werden. Seine Grabstätte ist ebenso ein Rätsel wie sein Bildnis.

Im Gespräch mit dem Historiker Ochir erfuhr ich, dass Dschingis Khans Bildnis in einem Museum in Taiwan zu sehen sei. Dieses Porträt gleiche dem Aussehen Dschingis' zu seinen Lebzeiten, ja, es handele sich um eine äußerst realistische Abbildung.

Dschingis Khans Bildnis sollte zunächst unser Forschungsinteresse wecken: Von wem wurde es angefertigt? Von wem und wie wurde es aufbewahrt? Was für Wege hat das Bildnis bislang hinter sich? Aber auch ein gutes Bildnis – wenn es, wie in diesem Falle, von einem talentierten Maler angefertigt wurde – lässt noch viel Spielraum für Imagination. Und so zeigt sich besonders bei der Frage danach, wie Dschingis Khan ausgesehen haben könnte, dass der Wunsch nach einem realistischen

Bild mehr über uns aussagt als über den Erkenntnisgewinn, den ein solches Bild brächte.

Alle Gewissheiten über den Realismus der Abbildung bleiben letztlich Vermutungen, auch die nächstliegende Vorstellung und die Überlegungen darüber selbst. Denn bei näherer Betrachtung zeigt sich, was eine Fotografie allein nicht preisgeben könnte: Die Porträts unserer Eltern, die schon vor dreißig oder vierzig Jahren gestorben sind, erfüllen wir mit unseren Erinnerungen, und in den Geschichten, die wir über sie erzählen, erwecken wir sie in ihren Bildnissen wieder zum Leben. Genauso erging es der Erinnerung an Dschingis Khan: Je elanvoller, helden- und fabelhafter die Darstellungen über ihn als Legende wurden, desto unrealer wurden sie. »Was ist Ihre Meinung?«, fragte ich Ochir. Er lächelte für einen Moment und sagte dann nachdenklich: »Das stimmt.«

Der Herzog von Khereid bereitete seine Eroberung gegen Dschingis Khan vor. Von diesem Vorhaben erhielt dieser Kunde, und dank der frühzeitigen Benachrichtigung konnte Dschingis den plötzlichen Krieg gewinnen, anstatt ihn zu verlieren. Bulgadari, der dem Groß-Khan die geheime Nachricht überbrachte, erlangte später einen hohen Posten. Eines seiner Kinder hieß Char Chasun, und er sollte das Porträt von Dschingis Khan anfertigen, das aufgrund einer Verordnung Kublai Khans als Opfergabe für das Großahnen-Kloster vorgesehen war. Aber da Char Chasun als Jüngling Dschingis Khan mit eigenen Augen gesehen hatte, malte er ihn nicht als Stereotyp, sondern nach seiner Erinnerung.

Wie verlief die Geschichte des Porträts? Zunächst vermutete man das Bildnis Dschingis Khans in der Inneren Mongolei, dann wurde es wohl in Peking aufbewahrt. Als Tschiang Kai Schek nach Taiwan floh, nahm er es mit. Zumindest dieser Aspekt des Porträts scheint den Begriff »Realismus« zu füllen, nach allem, was A. Ochir zu der Geschichte des Bildnisses herausfinden konnte.

Aber der Wunsch, des »realen« Dschingis Khans hinter der legendären Gestalt habhaft zu werden, beschränkt sich nicht nur auf das Problem des genauen Abbildes, das wir im Übrigen auch von kaum einer anderen Person des 13. Jahrhunderts real überliefert bekommen haben. Auch die genauen Lebensdaten sind nicht endgültig geklärt. Darüber habe ich des Öfteren mit D. Tserensodnom gesprochen, einem ausgezeichneten

Wissenschaftler und Staatspreisträger. Zudem ist er der erste Geschäftsführer des Instituts für die Forschung der »Geheimen Geschichte« an der Akademie der Wissenschaften der Mongolei. Einmal lud ich ihn zu meiner elterlichen Feuerstelle in meinem Heimataimak in Arkhangai und in meine Ortschaft Erdenemandal ein. Wir hielten uns viele Tage dort auf und reisten viele Kilometer zusammen. Dabei lauschte ich seinen lehrreichen Erklärungen. Er öffnete seinen Geist für uns und unterhielt uns Mitreisende. Wenn er berührt oder bewegt war, zeigte er seine Dichtkunst, die poetisch und humorvoll war. Mit seiner Art zu leben ist er ein besonderes Vorbild für andere.

Aus seiner Sammlung gründete er zum Beispiel ein Jurten-Museum. Ich besuchte es mehrmals und freute mich über seine Ideen, seinen Fleiß und seine Errungenschaften. Für das Museum hat er keineswegs wenig Geld ausgegeben. Jedes Mal, wenn ich ihn besuchte, begriff ich ein Stück mehr, wie wichtig die Geschichte eines Landes und seine kulturellen Traditionen sind, um ein Erbe weiterzugeben. Dabei spielt die geistige Entwicklung eines Menschen eine große Rolle. Das sieht man an ihm. Er erreicht bald das achtzigste Lebensjahr. Im Geiste ist er fit und erinnert sich hellwach an alles. Sein Erzählen über die Dinge lebt von sehr starken Verbildlichungen. Daher möchte ich die Gespräche mit ihm hier auch in der Form einer Unterhaltung wiedergeben:

»Herr D. Tserensodnom, wir müssen zumindest den Geburtstag unseres Groß-Khans genauer angeben«, war mein Gedanke. »Na gut, sein Geburtstag ist das Mindeste. Über sein Geburtsjahr sind wir uns noch nicht einig. Das wird schwer, nicht wahr? Es gibt zwei Daten. Entweder 1155 oder 1162. Zuletzt wurde angegeben, dass der erste Tag nach Vollmond des Frühwinters Dschingis Khans Geburtstag sei. Doch die Bevölkerung ist mit diesem Datum unzufrieden und kritisiert, dass sie jedes Jahr an einem anderen Gedenktag Dschingis Khan feiern müsse.«

»Ja, ja, ja. Im Grunde genommen stimmt es. Wenn man ein genaues Geburtsjahr festlegen würde, könnte man anhand der Astrologie den Tag genau bestimmen.«

Eine Zeit lang durfte man noch nicht einmal über dieses Thema sprechen. Früher verbreitete sogar Dschingis Name so viel Bedenken hinsichtlich politischer Unabhängigkeit, dass man ihn nicht aussprechen durfte. Aber als es so weit war, sollte doch der 800. Jahrestag gefeiert werden. Laut einem Beschluss des Politbüros der MVRP wurde Folgendes beschlossen: Ein wissenschaftliches Symposium wird veranstaltet, ein Denkmal soll errichtet und eine Briefmarke herausgegeben sowie ein Dokumentarfilm produziert werden. Diese Arbeit begann im Winter 1962. Derjenige, der mit der Arbeit anfing, war D. Tumurochir, der seinerzeit noch als Sekretär des Politbüros der MVRP tätig war und später von politischen Repressalien betroffen war. Bezüglich der Jubiläumsfeier sollten wir den Geburtstag des Großkhans eindeutiger machen, bemerkte ich. Daraufhin nickte D. Tserensodnom und setzte das Gespräch fort:

»Über diese Angelegenheit sprachen wir bereits. Nach einer langwierigen Diskussion stützten wir uns doch auf die Originalquellen, und die Mehrheit der Wissenschaftler traf die Entscheidung, höchstwahrscheinlich nach Vorgabe der Partei, dass das Geburtsjahr von Dschingis Khan auf das Jahr 1162 zu datieren ist. Wir beriefen uns dabei auf die Fakten der Werke ›Altan towtsch‹ (Goldene Chronik) von Luvsandanzan und ›Erdeniin towtsch‹ (Wissenschronik).

Mit dem wachsenden Einfluss des Lamaismus ließen sich so nämlich auch die Lebensdaten von Temüüdschin (Geburtsname von Dschingis Khan) und seiner Frau Börte-Üdshin rückblickend zu einem astrologisch harmonischen Bild vereinen. So konnte man eine Vermutung bestätigen, die in der Literatur festgehalten wurde. In der Chronik ›Die Geheime Geschichte der Mongolen‹ ist Börte-Üdshin, die im Jahr des Hundes geboren wurde, ein Jahr älter als Temüüdschin, demzufolge wäre dieser im Jahr des Schweins geboren. Es kann sein, dass diese Zuschreibung vielen missfiel, denn dass Dschingis Khan ausgerechnet im Jahr des Schweins geboren sein sollte, hatte keinen guten Klang, weswegen man sich lieber ein Geburtsjahr im Zeichen des Pferdes wünschte, welches ein himmlisches und Glück verheißendes Tier ist. Im Wesentlichen ist aber das Jahr 1155 als sein Geburtsjahr zu vermuten. Zu dieser Geschichte gab ich ein Büchlein heraus, welches ich den Staatsverwaltern überreicht habe. Temüüdschin kam am 37. Geburtstag seines Vaters zur Welt. Als sein Vater von den Tataren vergiftet wurde, war er 49 Jahre alt, so belegen es die Wissenschaftler.«

Falls das so akzeptiert wird, starb Dschingis Khan nicht in seinem 65., sondern in seinem 73. Lebensjahr. Das kann man aus D. Tserensodnoms Quellen herauslesen, der seine Forschung meist auf Primärliteratur stützt. Gleichzeitig wird deutlich, dass selbst so grundlegende Fakten wie der Geburtstermin bei Dschingis Khan ein Gegenstand der Interpretation bleibt, der Astronomie, Geschichtsschreibung und moderne Politik gleichermaßen beschäftigt. Der wahren Historie – also der Tatsache, dass sich historische Begebenheiten in irgendeiner Bestimmtheit ereignet haben – kann man nicht entkommen. Man lernt aus der Geschichte und nimmt sich ein Beispiel an ihr, aber sie liegt uns nie als »Wahrheit« vor, sondern bleibt Interpretation. Geschichte wird nicht in Gut oder Schlecht eingeteilt vorgefunden und auch nicht durch ihren eigenen Verlauf korrigiert, auch wenn etliche Geschichtsphilosophen ihr dies gerne unterstellen. In ihr selbst gibt es keine Moral, die erklärt, was gemacht werden soll und was nicht – wenn eine solche Moral nicht in die Geschichte hineingelesen wird. Und so bleibt es unsere Aufgabe, die Lehren aus der Geschichte politisch zu interpretieren und entsprechend unserer Vorstellungen davon, was sein sollte, umzusetzen.

Während der Blütezeit der Mongolei mussten sich die Nachbarländer Russland und China unterordnen. Die Mongolen hingegen mussten sich nie der Herrschaft Chinas beugen und wurden nie von den Chinesen erobert.

Der im Jahr 1208 geborene und 1255 gestorbene Enkel von Dschingis Khan, Batu Khan, war einer der einflussreichsten Führer und der Gründer des »Khukh Ords«, der »Blauen Horde«. Diese unterstand der direkten Nachkommenschaft Batu Khans und seiner Brüder. Batu Khan brachte die Eroberungskriege nach Europa und ist deshalb in Europa viel bekannter als andere Khane und seine Blutsverwandten. Seine Blaue Horde wurde zu »Altan Ord«, zur sogenannten »Goldenen Horde«, einem Großreich das sich von der mongolischen Steppe bis Osteuropa erstreckte.

Die Blaue Horde wurde im Laufe des 13. Jahrhunderts gegründet, als sich Mongolen und Teile der mit ihnen verbündeten Turkvölker am Lauf der Wolga niederließen. Sie wurde aufgrund der direkten Herrschaft über die russischen Fürstentümer der wichtigste Bestandteil der

In den Bergen und Steppen zu reiten und frische Luft zu atmen bereitet den Mongolen stets Freude. Ein Ritt in Khentii Aimak, Sommer 2020

Quadratisches Kamelsteingrab, Bronzezeit, ca. vor 3000 Jahren, Batulziit sum, Uvurkhangai Aimak.

Treffen mit Viehzüchtern beim Eistransport mit Yaks. Hubsugul Aimak, 2005

Ein Ritt mit Verwandten in meiner Heimat, Erdenemandal sum, Arkhangai Aimak. 2019

späteren Goldenen Horde. Die Goldene Horde regierte 250 Jahre lang Russland und Kaukasien. Die Länder Russlands mussten mit dem asiatischen Reich nicht vereinigt werden, aber sie besaßen alle die mongolische Staatszugehörigkeit. Unter vielen Khanen der Mongolei blieb Altan Ord bestehen. Das Yuan-Reich zerfiel und verschwand vom Territorium des heutigen China, das Il-Khanat aus dem Nahen Osten ging unter – aber die Länder der Goldenen Horde blieben unter mongolischer Herrschaft. Batu Khans Nachkommen regierten immerhin die Hälfte des russischen Territoriums. Batu Khan eroberte alles, wohin ihn die Hufe der mongolischen Pferde trugen, und er beschloss, den »letzten Ozean« zu sehen, also das Meer am anderen, westlichen Ende seines Herrschaftsgebietes. Als er die vielen Kaiser- und Königreiche Russlands erobert hatte, bereitete er sich auf seine weiteren Feldzüge in Europa vor. Teile Polens, Ungarn und sogar Österreich zählten zu seinen Eroberungen.

Während der Gründung des Großreichs der Mongolei erstreckte sich das »Land der Goldenen Horde« wie folgt: Seine linke Grenze bildeten Shar Tengis und der Amnokan-Fluß und somit das Land Guulin. Die rechte Grenze war das Land Tangud. Nördlich grenzte das Goldene Land an den großen Hyangan-Gebirgszug und südlich an der Wüste Gobi, die ebenfalls zum Großreich der Mongolei zählte.

Um die Abmachungen seiner Vorfahren zu erfüllen, erklärte Dschingis Khan den Eroberungskrieg gegen das Goldene Land (ein mongolischer Name für China). Dieser war der Anfang einer ganzen Reihe von Kriegen, die insgesamt 23 Jahre dauerten. Auf zwei getrennten Feldzügen triumphierten seine Soldaten. Der eine wurde von Dschingis Khan geführt, der andere von Mukhulai und Zev. Als die Mongolen wesentliche Teile des Goldenen Landes erobert hatten, bot man ihnen dort den Frieden an und überreichte den Mongolen viele Wertsachen und andere Gegenstände als Tribut. Aber das Goldene Land konnte sein Tribut-Versprechen nicht halten, und Dschingis Khan schickte in den Jahren 1213 und 1214 erneut seine Soldaten. Im Jahr 1215 wurden die Stadt Jündü, das heutige Peking, und andere wichtige Knotenpunkte von den Mongolen in Besitz genommen. Dschingis beauftragte Muchuli, dass er bis zum August 1217 die übrigen Gebiete erobern sollte, und kehrte selbst in seine Heimat zurück. 1234 eroberte Ögedei Khan das ganze Goldene

Land und erfüllte so das Vermächtnis seines Vaters. Damit ging das Goldene Land unter.

Kublai, der Enkel von Dschingis, war der 6. Khan des Großreichs der Mongolei. Er gründete 1271 das Yuan-Reich. Er vereinte zudem das Goldene Land, die Il-Chan-Uls und das Land Zagaadai zu einem Reich und verwaltete es. Dieses Chubilia-Reich ersteckte sich vom Pazifik bis zur Donau und vom Nordpolarmeer bis zum Indischen Ozean. Das entsprach einem Fünftel des gesamten Kontinents. Zu Kublais Verwaltungsgebiet gehörten die Mongolei, Tibet, Ost-Turkmenistan, Nord-China, Süd-China und andere Besatzungszonen. Im Jahr 1279 zerstörte Kublai das Reich Süd-Sün und wurde damit Herrscher von ganz China – der erste Herrscher über ganz China, der nicht chinesischer Abstammung war. Im Jahr 1271 veränderte er den Namen des Großreichs der Mongolei in »Da Yuan«, und ein Jahr darauf wurde die Stadt Jündü in Dadu umbenannt.

Unter dem Regiment Kublai Khans wurde der Weg für eine unmittelbare Verbindung zwischen dem Orient und dem Westen geöffnet. Die Mongolen konnten auf dem Handelsweg ihre Kontrollen durchführen und leisteten ihren Dienst mit Pferdeposten. Damit schuf sich das Großreich der Mongolei viele neue Möglichkeiten. Zu Beginn des 13. Jahrhunderts erlangte der Weg als Pilgerpfad Bedeutung für die europäischen und zentralasiatischen Menschen, Reisende und Boten entsandten Delegationen, so dass man druchaus von frühen Formen des »Tourismus« sprechen kann. Kublai schätzte das Modell der chinesischen Politik und Kultur, die chinesische Regierung blieb unter seinem Führungsstil lange erhalten. »China durfte man auf chinesische Art und Weise regieren. Das ist richtig«, so seine Erkenntnis. Kublai Khan baute im Norden und Süden Chinas Wasserstraßen, wodurch die Wirtschaft wachsen konnte. Während dieser Arbeit wurden die Bauten renoviert und die Straßen breiter angelegt. Eine goldene Zeit für das Land brach an. In seinem Hof wurde Kublai Khan so manches Verständnis für die mongolische Tradition vermittelt.

Während der Zeit des Großreichs wurden die verstreuten Khanate vereinigt, ein Modell, das ebenso in China und Russland angewendet wurde. Dadurch verschwanden die Grenzen zwischen den Kulturen und

Territorien der Königreiche. Zentralasien wurde aus den vereinigten Kleinländern – Khülegün-Land – gegründet. Ein wesentliches Ergebnis des Eroberungskrieges von Dschingis Khan war, dass Verwaltungsgebiete mit einer möglichst homogenen Bevölkerung geschaffen wurden.

Gayurow, ein russischer Wissenschaftler konstatierte Ende der siebziger Jahre: »Die mongolischen Eroberer haben Russland vereinigt.« Diese These brachte ihm damals zwar viel negative Kritik ein, aber mittlerweile bestätigen das auch die meisten russischen Wissenschaftler.

Mit dieser Neubewertung Dschingis Khans, die seit einigen Jahren von der Forschung betont wird, soll nicht das »blutige« 13. Jahrhundert reingewaschen werden, vielmehr geht es um einen erweiterten Interpretationsansatz: Eroberungen für das Mongolische Großreich erfolgten nicht aus purer Kriegslust, und die Herstellung einer Reichseinheit war kein Selbstzweck. Handel und Aufschwung der Wissenschaften folgten dem militärischen Sieg und spiegelten die politische Bedeutung einer in ihrer Effizienz bislang ungekannten Administration. Die Toleranz gegenüber anderen Religionen und die Integration verschiedenster Kulturen weisen das Mongolische Großreich als Modell der »Globalisierung« im 13./14. Jahrhundert aus: Die aus Kriegen entstandene Neuordnung des eurasischen Raumes war nicht nur politisch, sondern auch kulturell prägend für die folgenden Jahrhunderte, teilweise bis in die Moderne.

Wenn ich daher mit mongolischen Gelehrten immer wieder über Dschingis Khan gesprochen habe, verlor der Gedanke einer historischen Integrationsfigur für die moderne Mongolei mehr und mehr an Bedeutung. Was sich für die Zukunft der Mongolei als viel wichtiger erweisen könnte, ist das kulturelle Erbe einer weltoffenen, Grenzen überwindenden Politik des Ausgleichs und der Verständigung.

Mit hochgekrempelten Ärmeln

Das Gesicht wahren oder aber sein Ansehen verlieren – das spielt in der mongolischen Kultur eine große Rolle. Das zeigt allein die große Zahl von Sprichwörtern zu diesem Thema. »Der Weg eines Mannes ist lang, aber der Hals eines Elefanten ist kurz.« Oder: »Man trifft sich dreimal mit der Person, die man nicht treffen will, und man nimmt dreimal die Hürden, die man nicht überqueren will.« Der Kern dieser Sprichworte ist, dass man sich nie so benehmen darf, als ob man den anderen Menschen nicht mehr wiedersieht. In diesem Geist haben mich meine Eltern erzogen. Es ist mir in Fleisch und Blut übergegangen, dass man niemals lügen und betrügen darf.

Im Jahre 2000 wurden D. Nasanjargal zum Minister für Ernährung und Landwirtschaft und ich als sein Vizeminister ernannt. Wir waren alte Bekannte. Er war nämlich derjenige, der mir, als er noch Geschäftsmann war, sein Geld in Berlin anvertraut hatte, um das ich von einem deutschen Geschäftspartner betrogen worden war. Wäre es mir damals nicht gelungen, die große Summe vollständig zurückzuzahlen, hätte ich dem Minister nicht in die Augen schauen können. Glücklicherweise konnte ich durch die Anstrengung meiner Familie mein Wort halten und mein Gesicht wahren. Nun arbeiteten wir beide mit hochgekrempelten Ärmeln für die Entwicklung der Landwirtschaft und Lebensmittelindustrie in der Mongolei. Nasanjargal sagte nie »Nein«, wenn ich einen guten Vorschlag für unsere Arbeit hatte, und er unterstützte mich als jungen Vizeminister immer. Gleichwohl war er anfangs etwas distanziert, wie ich auch nicht in alle seine Entscheidungen eingebunden war. In der Presse wurde damals viel über mich und andere neue Vizeminister geschrieben, die durch einen einzigen Regierungsbeschluss in ihre Ämter berufen worden waren. Man misstraute den Gründen für unsere Ernennung und verunglimpfte uns als »Geld-Minister«. Oft wurde gefragt, durch welche Kontakte wir an unsere Posten gekommen waren. Doch die Wahrheit war viel profaner: 1996 hatte die alte sozialistische Staatspartei MRVP das erste Mal bei freien Wahlen die Macht verloren. Das sonst geschäftige Parteihaus leerte sich in der Folge rasch. Wir gehörten zu den Wenigen, die der Partei in dieser schweren Zeit die Treue hielten.

Im Februar 1997 fand der XXII. Ordentliche Parteitag der MRVP statt. N. Bagabandi wurde zum Parteivorsitzenden und N. Enkhbayar zum Generalsekretär der Partei gewählt. Das Grundsatzprogramm wurde gründlich überarbeitet, und auch die Statuten der Partei wurden reformiert. Die MRVP bekannte sich jetzt zur Idee des Demokratischen Sozialismus und verstand sich als Mitte-Links-Partei. Da sich nur wenige junge Menschen in der Partei engagierten, wurde auch eine Strategie zur Rekrutierung qualifizierter junger Menschen erarbeitet.

Bei den Wahlen 2000 zahlte sich die Modernisierung der MRVP aus. Im Vergleich zu den vorherigen Wahlen hatte sich zwar die Zahl der teilnehmenden Parteien, Koalitionen und Kandidaten verdoppelt, doch diesmal errang die MRVP einen großen Wahlsieg mit 72 von insgesamt 76 Sitzen im Parlament. Die Zivilcourage-Grüne Partei (ZGP), die Demokratische Koalition (DK), die Mongolische Demokratische Neue Sozialistische Partei (MDNSP) und ein unabhängiger Kandidat erhielten jeweils einen Sitz im Parlament. »Lasst uns die jungen, innovativen Mitglieder, die im Ausland studiert, einen guten Ruf und gute Aufstiegschancen haben, in die Politik bringen. Sie sollen ihr Wissen und ihre Fähigkeiten in Führungspositionen einbringen«, entschied die MRVP-Führung. Zu diesem Personenkreis zählte auch ich als Experte für Lebensmittelherstellung und als jemand, der Erfahrungen in der Entwicklung zur Marktwirtschaft in Deutschland und der Mongolei gesammelt hatte. So erhielt ich die Position des Vizeministers im Ministerium für Ernährung und Landwirtschaft. Im Vergleich zu der damals herrschenden Praxis der Besetzung von Ämtern mit beliebigen Personen ohne Rücksicht auf deren Qualifikation und Erfahrung war dieses Vorgehen ein gutes Beispiel. Mit mir wurden weitere weitsichtige Besetzungen von Posten mit jungen, fachlich ausgewiesenen Menschen vorgenommen.

Vor der Ernennung in dieses hohe Amt hatte ich Bedenken. Einerseits freute ich mich über das Vertrauen, das man in mich setzte, andererseits hatte ich großen Respekt vor der Aufgabe. Würde ich das wirklich schaffen? Obwohl ich Erfahrungen in der Leitung eines Betriebs mit über 1.600 Mitarbeitern, als Mitarbeiter in der deutschen öffentlichen Verwaltung, als Dozent an einer deutschen Hochschule und als geschäftsführender Inhaber eines eigenen Unternehmens gesammelt hatte, zögerte ich.

Für meine vorsichtig skeptische Haltung gab es gute Gründe. Denn zu dieser Zeit lagen die Bereiche Ernährung und Landwirtschaft in der Mongolei darnieder. Überall herrschte Verfall. Gerade diese Branchen hatten am meisten unter dem Übergang zur Marktwirtschaft und vor allem der damit einhergehenden Privatisierung gelitten. Alle Mongolen können sich auch heute noch lebhaft an die leeren Regale in den

Lebensmittelgeschäften in den neunziger Jahren erinnern. Dies war die Folge einer überstürzten Auflösung der sozialistischen Landwirtschaftlichen Produktionsgenossenschaften und Volkseigenen Betriebe. Die betroffenen Viehzüchter hatten keine Vorstellung, wodurch die alte Art des Wirtschaftens ersetzt werden könnte, und erhielten keinerlei Unterstützung. Die vergesellschafteten Produktionsmethoden hatten bei sehr vielen das Gefühl für Eigeninitiative und Verantwortungsbewusstsein erstickt, und die eventuell vorhandene Motivation deckte sich nur in seltenen Fällen mit den notwendigen Fertigkeiten. Darüber hinaus wurden alle Dienstleistungen rund um die Viehzucht, wie zum Beispiel die wichtige Veterinärversorgung und die Aufzucht des Viehs, ebenfalls überstürzt privatisiert. Ställe und Brunnen verfielen und wurden nicht mehr repariert, da sich niemand für sie zuständig fühlte.

Die Menschen werden auch nicht vergessen haben, dass besonders der Ackerbau in einem schlechten Zustand war. Seit 1991 gingen die Ernteerträge von Weizen, Kartoffeln, Gemüse und Futtergetreide drastisch zurück. Mehr als die Hälfte des Ackerbodens lag brach. Die Mongolei, obwohl ein landwirtschaftlich geprägtes Flächenland, musste in dieser Zeit einen Großteil des Bedarfs an Grundnahrungsmitteln importieren. Dass es in diesem Bereich vorher einmal Überschüsse und im großen Stil Exporte gegeben hatte, geriet schnell in Vergessenheit. In dieser schwierigen Situation mussten wir all unsere Kraft dem Wiederaufbau der mongolischen Landwirtschaft widmen.

Daher wollte ich mich innerhalb kürzester Zeit mit den Aufgaben des Ministeriums vertraut machen. Ich wollte auf keinen Fall das in mich gesetzte Vertrauen enttäuschen. In der sozialistischen Zeit gab es stets mehrere Vizeminister, deren Aufgabenbereiche klar voneinander unterschieden waren. Nach dem Übergang zur Demokratie wurde die Position der Vizeminister zunächst abgeschafft, wurde aber von der neuen Regierung wieder eingeführt. Doch jetzt gab es nur einen Vizeminister pro Ministerium. Man war, wie der Minister, für das gesamte Ministerium verantwortlich und vertrat den Minister.

Angesichts der unübersehbaren Fülle von Aufgaben wusste ich zu Beginn nicht, wo ich mit der Arbeit anfangen sollte. Überwältigt saß ich in meinem Büro. Ich wünschte mir konkrete Arbeitsanweisungen des

Ministers, aber einen Minister darf man nicht drängeln, um Befugnisse bitten, um im Zentrum der Aufmerksamkeit zu stehen. In der ersten Zeit bekam ich nur selten Besuch in meinem Büro. Doch es dauerte nicht lange, bis die wichtigsten und erfahrensten Leiter der Branche, amtierende wie ehemalige, zu mir kamen, um mir als vielversprechendem jungen Fachmann in einer leitenden Position in besonders schwierigen Zeiten zu gratulieren. Sie gaben mir einen hervorragenden Überblick der Lage und wertvolle Ratschläge, die sich nicht mit Gold aufwiegen ließen. Darüber freute ich mich sehr. Wir führten viele lange Gespräche, in denen wir neue Ideen entwickelten. Der Besuch dieser respektablen Persönlichkeiten meines Bereiches, vor denen ich seinerzeit viel Ehrfurcht hatte, erfüllte mich mit Hoffnung und motivierte mich.

In meiner Arbeitszeit studierte ich zunächst alle verfügbaren Informationen zu den mir zugewiesenen Aufgaben. Ich besprach mich mit Führungskräften aus verschiedenen Branchen, führte mit ihnen offene Gespräche und hörte mir aufmerksam ihre Standpunkte an. Da ich vorher beim Fleischkombinat Ulaanbaatar gearbeitet hatte, hatte ich schon Vorwissen über die Viehwirtschaft und den Lebensmittelsektor. Weil ich mich in den wirtschaftlichen Umbruchzeiten auch an einem Getreideunternehmen beteiligt hatte, wusste ich auch über den Agrarsektor ein wenig Bescheid. Doch von Veterinärmedizin, Bewässerung, Zucht und Selektion hatte ich allenfalls eine vage Vorstellung. Deshalb war ich sehr auf die Gespräche mit den Praktikern und Wissenschaftlern angewiesen.

In dieser Zeit hatte ich es mir zur Gewohnheit gemacht, mich vor Entscheidungen umfassend mit der Sachlage vertraut zu machen und von Fachleuten beraten zu lassen. Denn wenn man wegen falscher oder mangelhafter Informationen eine schlechte Entscheidung trifft, dann kann diese später nur schwer oder gar nicht korrigiert werden. Auf diese Weise verschaffte ich mir einen umfassenden Überblick über das Ministerium und seine Aufgaben. Als Vizeminister wollte ich mehr Effizienz und neue Ideen in die Arbeit des Ministeriums bringen. Es musste dafür nicht alles neu ausgedacht werden, man konnte auch auf gute Erfahrungen aus der Vergangenheit zurückgreifen.

Das angestammte historische Gebäude des Ministeriums für Ernährung und Landwirtschaft war nach der Einführung der Marktwirtschaft an Unternehmen, Nichtregierungsorganisationen und Privatleute vermietet worden. Nun hatte die neue Regierung entschieden, dass das Ministerium, das umgezogen war, um aus der Vermietung seines Gebäudes Einnahmen zu erzielen, wieder an seinen angestammten Ort zurückkehren sollte. Doch das Gebäude war in einem sehr schlechten Zustand. Unter diesen unwürdigen Bedingungen litt auch das Ansehen unseres Ministeriums. Der Minister übertrug mir die Verantwortung für die Renovierungsarbeiten. Die Mitarbeiter und ich krempelten unsere Ärmel hoch und stürzten uns ohne Zögern in die Arbeit und suchten nach möglichst kostengünstigen Angeboten, um unser Ministerium zu renovieren. Wenn der Wille da ist, kann man auch die ruiniertesten Dinge wieder zusammenflicken. Man braucht nur wenig Geld, um Zerbrochenes zusammenzukleben und Dreck wegzuräumen. Und auch wenn aufgrund des Geldmangels keine vollständige Renovierung möglich gewesen war, konnten wir das Gebäude doch in einen bezugsfertigen Zustand versetzen. Einige Jahre später, als ich Minister für Ernährung und Landwirtschaft war, ließ ich die Renovierungsarbeiten vollenden.

Ich stellte mit Erschrecken fest, dass es seit der demokratischen Wende in der mongolischen Landwirtschaftspolitik keinerlei langfristige Planungen, keine Ziele und keine Orientierung gegeben hatte. Unsere Landwirtschaft glich einem verfallenen Haus. Zwischen 1990 und 2000 hatte sich niemand darum gekümmert. Nur wenige Politiker in Parlament und Regierung hatten Interesse daran gezeigt.

Die Wiederbelebung der Landwirtschaft war nun ein festes Ziel der Regierung und unseres Ministeriums. Da es meiner Ausbildung entsprach, setzte ich mir das Ziel, die Lebensmittelproduktion zu beleben und zu verbessern. Dabei spielte die Lebensmittelsicherheit eine große Rolle. Das Ministerium beschäftigte sich zudem mit einem umfassenden Maßnahmenpaket zur Verbesserung der Gesundheit der Viehbestände. Damals arbeiteten viele erfahrene und fleißige Mitarbeiter vom Fach im Ministerium, die großes Ansehen genossen. Unter den vorhergehenden Regierungen mussten sie sich oft jungen und unerfahrenen Parteigängern unterordnen. Doch ich wollte, unabhängig von ihrer politischen Orientierung, auf das Wissen und die Erfahrung der Fachleute bauen. Sie wiederum erkannten, dass man die Initiative eines jungen Mannes und dessen Bemühungen schätzen sollte. Dafür war ich ihnen dankbar und es motivierte mich umso mehr. Im ganzen Ministerium gab es nur einen Fachmann für Lebensmittel. Ich setzte in der Regierung durch, dass das Ministerium ein Referat für Lebensmittelproduktion und -sicherheit erhielt. Später wurde dieses sogar zu einer eigenen Abteilung ausgebaut. Wir legten so den Grundstein für fachgerechte Entscheidungen.

Zu meinen wichtigsten Aufgaben, die mir der Minister zugewiesen hatte, gehörte auch die Verbesserung der Außenbeziehungen unseres Ministeriums. Vor allem die Zusammenarbeit mit internationalen Organisationen und befreundeten Ländern mussten wir verbessern, um dringend benötigte Kredite und finanzielle Unterstützung zu erhalten. Wir bemerkten schnell, dass es in diesem Bereich einen Mangel an Koordination gab. Durch beharrliche Arbeit vermehrten wir die Anzahl der internationalen Organisationen, die mit dem Ministerium für Ernährung und Landwirtschaft kooperierten. Wir erweiterten und vertieften die Beziehungen mit den ausländischen Botschaften in der Mongolei, darunter wichtige Partner wie Deutschland, Russland, China, USA, Japan, Südkorea, Italien und Kuba. So konnten wir den anderen mongolischen Behörden zeigen, dass auch das Landwirtschaftsministerium über eigene gute auswärtige Beziehungen verfügte.

Diese Bemühungen wurden 2002 durch Einladung der Mongolei nach Schanghai im Rahmen der Bewerbung Chinas für die Expo 2010 gekrönt. Dabei durfte ich die mongolische Delegation anführen. Für die Unterstützung ihrer Bewerbung versprachen die Chinesen den Bau eines neuen Gebäudes für die mongolische Industrie- und Handelskammer. Ich betonte daraufhin den großen Investitionsbedarf in der mongolischen Landwirtschaft. Daraufhin wurden weitere finanzielle Unterstützungen von bis zu zwei Millionen US-Dollar in Aussicht gestellt. Notgedrungen nutzten wir in der damaligen Zeit alle Möglichkeiten, um die Außenbeziehungen der Mongolei zu erweitern und Investitionen anzuziehen.

Es mangelte uns nie an Aufgaben und Herausforderungen. Neben der Wiederbelebung des Agrarsektors mussten wir uns auch um das wachsende Problem der Landflucht kümmern. Jedes Jahr drängten Viehzüchterfamilien, die durch Dürre oder andere Naturkatastrophen ihre Lebensgrundlage verloren hatten, in die Hauptstadt Ulaanbaatar. Wir bemühten uns daher mit der Unterstützung internationaler Organisationen darum, dass Familien, die ihre Viehherde verloren hatten, neues Vieh bekamen und damit wirtschaften konnten. In diesem Zusammenhang förderten wir wieder die Idee landwirtschaftlicher Genossenschaften, damit die Viehzüchter keine Einzelkämpfer mehr sein mussten. Wir versuchten zudem, durch den Ausbau des Ackerbaus alternative Beschäftigungsformen auf dem Land zu schaffen.

Während meiner Amtszeit als Vizeminister konnte die mongolische Getreideproduktion nur 17 bis 20 Prozent der inländischen Nachfrage decken. Der übrige Weizenbedarf wurde durch Hilfslieferungen der USA und Japans gedeckt. Diese überlebenswichtige Unterstützung des mongolischen Volkes in schwierigen Zeiten werden wir nie vergessen. Als Ergebnis unserer Regierungsstrategie für den Lebensmittel- und Landwirtschaftssektor nach dem Jahr 2000 regenerierte sich die Landwirtschaft. Die Viehbestände wuchsen schnell an. Wir alle im Ministerium waren stolz auf unsere Arbeit, mit der wir einen in Trümmern liegenden Sektor wiederaufgebaut hatten, und so für einen Entwicklungsschub der Mongolei sorgten.

Diplomat oder Diktator?

Auf der Rückreise von unserem Aufenthalt in Schanghai erhielt ich plötzlich einen Anruf. Am Telefon war der stellvertretende Parlamentssprecher und MRVP-Fraktionsvorsitzende J. Byambadorj. Er bat mich, so schnell wie möglich die Reise zu unterbrechen und nach Ulaanbaatar zurückzukehren, da man mich zum Botschafter der Mongolei in der Bundesrepublik Deutschland ernennen wollte. Ich hatte keine Gelegenheit zu reagieren, denn er legte sofort auf.

Ich hatte in den vergangenen zwei Jahren mit den Kollegen zusammen mein Bestes gegeben, um den verfallenen Landwirtschaftssektor wieder auf Vordermann zu bringen. Daher reagierte ich äußerst enttäuscht, fast widerwillig auf dieses Angebot. In meinem Kopf kreisten Gedanken wie: »Wollen die mich aus der mongolischen Politik entfernen, indem sie mich nach Deutschland abkommandieren? Warum fällen sie eine solche

Entscheidung, obwohl nun endlich die Früchte meiner harten Arbeit als Vizeminister ersichtlich werden?« Ich hatte zudem die Absicht, für die nächste Parlamentswahl zu kandidieren und so sah ich womöglich Intrigen gegen mich, wo keine waren, und malte mir aus, dass man mich absichtlich vom innenpolitischen Geschehen fernhalten wollte. Dazu passte ein mongolisches Sprichwort: »In die Gedanken eines Mannes passt ein ganzes Pferd mitsamt dem Sattel rein!«

Am nächsten Tag traf ich in Ulaanbaatar mit dem stellvertretenden Parlamentssprecher zusammen und teilte ihm mit, dass ich für die vorgeschlagene Position in Deutschland nicht geeignet sei, da ich kein ausgebildeter Diplomat wäre. Doch er ließ sich davon nicht überzeugen und verwies auf die lange Zeit, die ich in Deutschland verbracht hatte. Es gebe keine Person, die die Verhältnisse in Deutschland und die Deutschen besser kenne als ich. Und in der Tat benötigte die Mongolei in dieser Zeit einen deutschlanderfahrenen Botschafter, da es große Probleme mit dem Bau der mongolischen Botschaft in Berlin gab. Die Besitzverhältnisse des

Nach der Akkreditierung mit Botschaftsmitarbeitern vor dem Brandenburger Tor, Berlin, 2003

dafür vorgesehenen Grundstücks waren strittig und der Bau des Botschaftsgebäudes konnte nicht fortgesetzt werden. Die Angelegenheit drohte, die deutsch-mongolischen Beziehungen zu belasten und musste dringend gelöst werden. Mir, so der stellvertretende Parlamentssprecher, traute man dies zu. Doch ganz überzeugt war ich nicht und befürchtete immer noch, dass ich einfach weggelobt werden sollte.

Mir blieb nichts anderes übrig, als das Gespräch mit dem Parteivorsitzenden N. Enkhbayar zu suchen. Ich kam in sein Büro und berichtete von meiner Reise nach Schanghai. Er hörte mit erkennbar wenig Interesse zu und lobte mich dafür, dass ich an Ort und Stelle Gespräche geführt und Vereinbarungen getroffen hatte. Anschließend sagte ich ihm, dass ich mit meiner Arbeit als Vizeminister zufrieden sei und dass mich der stellvertretende Parlamentssprecher gegen meinen Willen nach Deutschland schicken wolle. Er blickte mich leicht verstimmt an und betonte die Bedeutung der Beziehungen mit Deutschland. Die Bundesrepublik sei einer der größten Unterstützer der Mongolei, und der Streit um das Botschaftsgrundstück gefährde die Zusammenarbeit. Es sei von äußerster Wichtigkeit für die Mongolei, dass dieses Problem schnellstmöglich aus der Welt geschafft werde. Ich dürfte nicht meine eigenen Interessen über die des Landes stellen. Widerwillig ließ ich mich von diesen Argumenten überzeugen. Ich dachte mir: »Ich darf mich doch nicht querstellen, wenn der Staat mir solch großes Vertrauen entgegenbringt und mir diese wichtige Aufgabe überträgt.«

Es war in der Tat eine kritische Phase für die Mongolei, in der den Außenbeziehungen zu so wichtigen Partnern wie der Bundesrepublik Deutschland eine wichtige Rolle zukam. Insofern hatte N. Enkhbayar recht.

Von 1996 bis 2000 regierte in der Mongolei eine Koalitionsregierung unter Führung der Demokratischen Partei. Die MRVP war in dieser Zeit in der Opposition. Die politischen Verhältnisse waren instabil, und die Regierung wurde viermal gestürzt. Darunter litt die wirtschaftliche Entwicklung des Landes. Auch die ausländischen Investitionen gingen spürbar zurück. Im Jahr 2000 konnte die MRVP bei den Wahlen zwar eine übergroße Mehrheit erringen, doch die wirtschaftliche Lage blieb schwierig. Im Jahr 2003 verkündete die Mongolei, dass sie die

Staatschulden bei der Sowjetunion nicht mehr an die Russische Förderation zahlen werde, denn diese Schulden stammten aus einer Zeit, in der sich die Sowjetunion stark in der Mongolei engagiert hatte, unter anderem um China einzuhegen.

Zu dieser Zeit war die Mongolei für die Sowjetunion als Pufferzone gegenüber China von großem militärischen und wirtschaftsstrategischen Interesse. Nach der Wende verlor Russland den Fokus auf die Mongolei aufgrund eigener Schwierigkeiten in der Transformationszeit und damit verschwand auch die Grundlage der früheren tiefen Beziehungen. Die Mongolei betrachtete die sowjetischen Schulden im Nachhinein als strategische Investitionen, von denen die Sowjetunion selbst profitiert hatte. Im selben Jahr wurden in der Mongolei große Vorkommen von Bodenschätzen wie Kupfer, Zink und Kohle entdeckt. Zur Ausbeutung dieser Ressourcen, die der Mongolei großen Wohlstand bescheren konnten, war man auf ausländische Investitionen angewiesen. Kurzum: In dieser Zeit musste die Mongolei nach außen ein gutes Bild abgeben, und diesem grundlegenden Ziel musste ich mich unterordnen.

In der Tat hatte diese Angelegenheit mich gelehrt, dass man als Politiker für das Wohl des Staates eigene Interessen zurückstellen muss. So gelangte ich in das verantwortungsvolle Amt des Außerordentlichen und Bevollmächtigten Botschafters der Mongolei in der Bundesrepublik Deutschland. Damit ruhte die schwierige Aufgabe der Verbesserung der Beziehungen beider Länder nun hauptsächlich auf meinen Schultern. Auf denen meiner Vorgänger hatte sie nicht gut geruht, denn finanziell war die Vertretung in Deutschland aus vielen Gründen in eine Schieflage geraten, wie mir Beamte aus dem Außenministerium vor meinem Amtsantritt versichert hatten.

Am 27. September 2002 hat das Auswärtige Amt im Namen des Präsidenten mich als Botschafter der Mongolei in der BRD anerkannt, und das Agrément, also die völkerrechtliche Zustimmung des Empfangsstaates, wurde beim Außenministerium der Mongolei eingereicht. Für jemanden wie mich, der keine diplomatische Erfahrung hatte, erschien es mir als eine große Herausforderung, das eigene Land zu vertreten. Vom Außenministerium der Mongolei war ich in einem dreiwöchigen Kompaktkurs auf das Nötigste vorbereitet worden. Außerdem studierte ich intensiv die Dokumente der deutsch-mongolischen Beziehungen und wurde von der Botschaft in Berlin über die aktuelle Lage in Deutschland gebrieft. Bei Durchsicht der Akten der Berliner Botschaft fand ich rasch heraus, dass der Botschafter und seine Mannschaft in vielen Fällen verantwortungslos gearbeitet hatten. Jetzt hatte ich eine erste Vorstellung von den Schwierigkeiten, die mich in meiner neuen Position erwarteten.

Mit der Verordnung Nr. 165 des Mongolischen Staatspräsidenten vom 25. Oktober 2002 wurde ich offiziell als Außerordentlicher und Bevollmächtigter Botschafter der Mongolei in der Bundesrepublik Deutschland ernannt. Vom mongolischen Staatspräsidenten N. Bagabandi erhielt ich das Akkreditiv, das Beglaubigungsschreiben. Vor meiner Abreise gab mir Bagabandi noch weitere Aufträge mit, die sich aus seinen Gesprächen während des Staatsbesuchs in Deutschland im Jahr 2000 ergeben hatten. Er wies mich an, auf zwei Angelegenheiten besonders zu achten:

Erstens, die mongolisch-deutschen Beziehungen zu einer umfassenden Partnerschaft auszubauen und zweitens, die Grundstücksprobleme zu lösen und den Botschaftsbau schnellstmöglich abzuschließen. Ich sollte auch beim Überreichen des Akkreditivs dem deutschen Bundespräsidenten Johannes Rau die Grüße des mongolischen Staatspräsidenten übermitteln. Am 14. November 2002 schwor ich den Eid des mongolischen Diplomaten: »Ich gelobe, ständig die Freiheit, die Souveränität und die nationalen Interessen des mongolischen Staates zu ehren, für die Umsetzung der Außenpolitik der Mongolei ehrlich zu arbeiten und die Würde und Ethik der Diplomaten stets einzuhalten.« Ich bestätigte den Eid mit meiner Unterschrift.

Mit gemischten Gefühlen machte ich mich eine Woche später nach Deutschland auf, ein Land, das ich gut kannte. Doch je mehr ich während des Fluges nach Deutschland über die bevorstehenden Aufgaben nachdachte, desto sorgenvoller wurde ich. Schon am Flughafen standen die versammelten Mitarbeiter in einer Reihe und nahmen mich in Empfang. Wir fuhren zur provisorischen Botschaft in einem alten Mietshaus, wo man zu Ehren meiner Ankunft ein Festmahl aufgetischt hatte. Doch zum Erstaunen der ganzen Belegschaft sagte ich, dass ich unverzüglich das Grundstück für das neue Botschaftsgebäude sehen wolle. Damit hatte keiner gerechnet, und sicherlich hatten sie sich auch viel Mühe mit der Vorbereitung des Festessens gemacht. Jetzt verursachte ich gleich zu Beginn große Hektik.

Wenn ich mir etwas in den Kopf gesetzt habe, dann komme ich nicht zur Ruhe, bevor es erledigt ist. Nicht alle haben Verständnis für diesen Charakterzug. Da ich viele Jahre in Deutschland gelebt hatte, wusste ich, dass die Botschaft der Mongolei in einem alten angemieteten Haus untergebracht war. Bis zum Regierungsumzug von Bonn nach Berlin war dort das mongolische Konsulat. Nachdem bereits das Fundament für den Neubau der Botschaft gelegt worden war und die Bauarbeiten begonnen hatten, hatte mein Vorgänger nach Ulaanbaatar gemeldet, dass die deutsche Baufirma den für den Bau des Gebäudes aus Staatsgeldern überwiesenen Betrag von mehreren Hundertausend Euro wegen eines Gerichtsprozesses verloren hätte. Jetzt könne sie nicht mehr weiterbauen. Mein Vorgänger war zu nachlässig beim Vertragsabschluss gewesen und hatte sich in undurchsichtige Geschäfte verwickeln lassen. Die Bauarbeiten waren seit Monaten zum Erliegen gekommen.

Jetzt besichtigte ich die Baustelle. Die Botschafterresidenz war bereits fertiggestellt, aber das Botschaftsgebäude befand sich noch im Rohbau. Das Grundstück war mit Unkraut überwuchert, voller Müll und leerer Bierdosen. Die Bauzäune waren bereits verrostet und kaputt, das Gelände war für jedermann zugänglich. Es war Herbst und es lag viel Laub auf dem Boden. Ich dachte, dass eine deutsche Familie daraus schon längst einen Komposthaufen gebildet hätte. Alles sah sehr unordentlich und geradezu erbärmlich aus. Ich schämte mich für das Bild, das die Mongolei hier abgab. Auf dem Weg zum Mittagessen kreisten meine Gedanken darum, wie wir uns aus dieser Misere befreien könnten und wie ich mit dem bescheidenen Budget den Bau so schnell wie möglich fertigstellen sollte. Die Lage war ernst, doch ich war mir sicher, dass wir gemeinsam das Problem lösen würden.

Mit Bauprojekten hatte ich seit meiner Zeit als Geschäftsführer einer Firma und der Renovierung des Landwirtschaftsministeriums etwas Erfahrung. In meiner ersten Arbeitswoche führte ich viele Einzelgespräche und verschaffte mir einen Überblick über die Lage in der Botschaft. Am ersten Wochenende ging ich mit meiner Familie und drei verwandten Studenten frühmorgens zum Grundstück der neuen Botschaft, und wir sammelten viel Müll ein und fegten das Laub zusammen. Als uns die Frau des Fahrers durch das Fenster ihrer Wohnung in der Residenz des Botschafters zufällig sah, weckte sie ihren Mann und sagte ihm, dass er mir helfen solle. Rasch sprach sich unter den Botschaftsmitarbeitern herum, dass meine Familie und ich mit Aufräumarbeiten beschäftigt waren. Plötzlich kamen alle mit Besen und Schaufeln und packten mit an. In der Zwischenzeit kochte meine Frau Milchtee mit Hirse und Dörrfleisch, dazu Salate, Kartoffeln und Rinderbraten. Nach den Aufräumarbeiten luden wir die Botschaftsangehörigen zum Essen bei uns zu Hause ein.

Einigen Mitarbeitern war es unangenehm, dass der Botschafter Müll gesammelt hatte und man sich jetzt auch noch von seiner Frau bekochen ließ. Doch ich sagte, dass es am Wochenende keinen Unterschied zwischen Mitarbeitern und Vorgesetzten gebe. Das löste die Anspannung. Wir sprachen viel über den schlechten Zustand unserer Baustelle und was man tun könnte, um die insgesamt angespannte Lage in den Beziehungen zu sehr vielen unserer Partner zu verbessern. Wir verabredeten, dass wir an jedem Tag nach Feierabend auf der Baustelle arbeiten wollten, denn die eigentliche Botschaftsarbeit musste ja vorrangig erledigt werden. Auch am Wochenende und an Feiertagen packten wir an. Einige hatten nach wenigen Einsätzen anscheinend genug davon. Ich sah, dass die feinen und sauberen Diplomaten unserer Botschaft mittlerweile Schwielen an ihren Händen und schwarze Ränder um die Augen hatten. »Als Diplomaten habt ihr einen Eid vor dem Staat abgelegt, und für eine Weile hat das Arbeitsgesetz keine Gültigkeit hier. Haltet kurz durch, bald werden wir die Eröffnung feiern«, sagte ich in einem Ton zwischen Bitten und Befehlen.

Ein paar Tage später rief mich aus der Mongolei Außenminister L. Erdenechuluun an. Ohne mich ordentlich zu begrüßen, rügte er mich: »Herr Botschafter, was machen Sie denn? Bei mir landen Beschwerden Ihrer Mitarbeiter. In einem Schreiben wird sogar gefragt, ob wir einen Diplomaten oder einen Diktator geschickt haben. Warum unterdrücken Sie die Diplomaten?« Ich wurde sofort wütend, weil man meine Bemühungen nicht würdigte und ich grundlos kritisiert wurde. Das hielt ich nicht aus und entgegnete mit erhobener Stimme: »Wenn Ihnen meine Arbeit nicht gefällt, dann können Sie mich zurückbeordern. Ich arbeite hier für den Staat und habe niemanden meine persönliche Arbeit machen lassen. Herr Minister, Sie haben mich zu einem Amtssitz geschickt, der über kein eigenes Budget verfügt. Ich muss doch diesen Amtssitz, der voller Müll und Dreck und keines Blickes würdig ist, in Ordnung bringen! Die Bauarbeiten müssen endlich anfangen! Ich kam mit dem Auftrag hierher, all diese Probleme zu lösen und nicht, sie ruhen zu lassen.« Angesichts des großen Einsatzes meiner Mitarbeiter und der vielen unbezahlten Überstunden harter Arbeit, wiederholte ich: »Wenn es Ihnen unangenehm ist, wie ich hier arbeite, dann können Sie mich zurück in die Mongolei holen.« Mir schien, dass der Minister mich sofort verstanden hatte. »Gut, gut, machen Sie Ihre Arbeit weiter, wie Sie es geplant hatten. Es gibt immer Personen, die einen bei der Arbeit stören und sich beschweren. Ich wünsche Ihnen viel Erfolg!«, sagte er in einem viel freundlicheren Ton.

Die Situation war tatsächlich enorm schwierig: Weil wir unser Budget für den Botschaftsbau durch Betrug verloren hatten und es an den notwenigen Mitteln zum Weiterbau fehlte, beschwerten sich einige Auftragnehmer, die kein Geld mehr bekamen, beim Auswärtigen Amt. Immer wieder versuchte ich, durch Anrufe und Briefe an den Premierminister, den Finanzminister und den Außenminister Geld für unseren Bau aufzutreiben. Doch auch wenn sie mir zusätzliche Mittel bewilligten, reichte es hinten und vorne nicht. In meiner Verzweiflung schrieb ich auch mongolische Unternehmen an und sammelte von diesen große und kleine Spenden ein. Wir fragten selbst in Deutschland bei Freunden und Mongolen, die in Deutschland lebten, nach Spenden. Viele von ihnen kamen regelmäßig zum unbezahlten Arbeitseinsatz auf die Baustelle. Von großem Wert waren die deutschen Ehemänner mongolischer Frauen aus der Baubranche. Diese »Schwiegersöhne der Mongolei« ließen uns viel Unterstützung zukommen. So halfen deutsche Fachleute bei schwierigeren Handwerksarbeiten. Andere stellten die Schilder und Wegweiser für die Außenwand her, verlegten Fliesen und legten die Grünanlagen an. Alle Adressschilder unserer Botschaft schenkte uns mein Freund Manfred Wagner, der diese auf einer rostfreien Metallplatte mit Laser druckte. Ein anderer Bekannter von mir hat die Bodenfliesen mit mongolischen Hammer-Ornamenten bedruckt und kostenlos gelegt. Wir freuten uns auch sehr, als unsere Honorarkonsuln uns bei der Eröffnung der neuen Botschaftsanlage eine Statue des Berliner Bären in mongolischer Nationaltracht, bemalt von einem mongolischen Künstler, schenkten. Wir machten Späße darüber, dass der große Bauch des Bären wie der Ledersack für die Herstellung von vergorener Stutenmilch aussah.

Insgesamt viermal rief ich den Tag eines freiwilligen Arbeitseinsatzes mit den Namen »Mongolischer Grund und Boden« aus. Bei diesen Aktionen versammelten sich viele Mongolen, die in Deutschland lebten. Mehr als 270 Personen halfen an diesen Tagen bei den Bau- und Räumungsarbeiten sowie bei allen anderen Arbeiten. Sie waren in ihren Bemühungen höchst motiviert und sehr aktiv. Es wurde eine regelrechte Tradition, dass sie auch ohne Aufforderung am Wochenende und anderen freien Tagen auf die Baustelle kamen. Da wir uns keine Bezahlung leisten konnten, gab es nur ein Dankeschön und, nach getaner Arbeit, Grillwürstchen und Bier.

»Jungs wie Steppenadler
Mädels wie zierliche Rehe
Hört mein Lied des Aufrufs
Singt mit mir zusammen!
Ihr habt das feurige Alter und die Kraft der Jugend,
Die uns erstaunt.
Steht auf und greift nach vorn!
Lasst uns uns Berge versetzen und Flüsse umleiten!«

Wir sangen dieses Lied gemeinsam und bauten im Herzen Europas auf dem Grundstück der selbstständigen Mongolei unsere eigene weiße Jurte. Als ich diese Leute sah, die dem Aufruf ihres Heimatlandes folgend freiwillig arbeiteten, ohne dafür eine Vergütung zu verlangen, war ich so froh und stolz, dass ich, um ihre Gemüter zu erfreuen, einige selbst gedichtete Verse anstimmte:

»Auf dem Feld voller Unkraut
Ziehen wir die Furchen.
Auf dem Feld voller Gras
Bauen wir unsere Jurte.
Hey, Freunde
Meine glorreichen Mongolen!
Hey, Freunde
Meine glücklichen Mongolen!
Vorwärts, vorwärts!
Für den kommenden Erfolg!
Vorwärts, vorwärts!
Im Herzen des alten Europa
Bauen wir unser Schloss
Im Domizil des fremden Landes.
Gravieren wir den Namen – Mongolei!
Hey, Freunde,
Meine glorreichen Mongolen!
Hey, Freunde,
Meine glücklichen Mongolen!
Vorwärts, vorwärts!
Für den kommenden Erfolg!
Vorwärts, vorwärts!
Die ganze Welt wird uns erkennen.
Die geplagte Mongolei wird erwachen.
Die gesamte Welt wird uns erkennen.
Die stolze Mongolei wird erwachen.
Hey, Freunde,
Meine glorreichen Mongolen!
Hey, Freunde,
Meine glücklichen Mongolen!
Vorwärts, vorwärts!
Für den kommenden Erfolg
Vorwärts, vorwärts!«

Nach dem Ende meines Gedichts jubelten die Anwesenden. Diese Arbeit war genauso bedeutend wie die Aufbauarbeiten in der fernen Heimat. Ein deutscher Fachmann schulte Studenten, Botschaftsangehörige und deren Familien, wie man Pflastersteine für die Gehwege legt. Danach wurden wenigstens die Studenten und Kinder mit fünf Euro die Stunde für die geleistete Arbeit entlohnt. Sie erledigten dann die Verlegung der Gehwege in kürzester Zeit. Ein deutscher Handwerker hätte für solche Arbeit mindestens 30 bis 40 Euro pro Stunde verlangt. So beendeten wir die Außengestaltung und schafften es auch, Rasen und Bäume zu pflanzen.

Weil die Kosten für deutsche Arbeitskräfte zu hoch waren, wurde für die restlichen Arbeiten ein Bautrupp der Dienstleistungsstelle des Mongolischen Außenministeriums unter der Leitung vom Baumeister Bataa nach Berlin geschickt. Die Bauarbeiten wurden dank dieser Brigade erfolgreich beendet. Auch sie haben einen Beitrag für den Bau und die Inbetriebnahme der Botschaftsanlage geleistet. Ich bin jetzt noch dankbar für die ausgesprochen gute Leistung dieser fleißigen und begabten Männer und Frauen.

Wenn ich über alle Unterstützung schreiben würde, die uns bei der Fertigstellung der Botschaft zuteilgeworden war, würde es den Rahmen

Eröffnung des Botschaftsgebäudes in Berlin mit Ehrengasten aus der Mongolei und Deutschland. Berlin, 2003

dieses Buchs sprengen. Es war buchstäblich das, was man bei uns meint, wenn man sagt, dass »die Kraft der Gemeinschaft dem Ozean gleicht.« Als wir die Unterstützung in Form von Geld, Materialien und Arbeitsleistung, die wir durch die Spendenaktion eingesammelt hatten, zusammenrechneten, kamen wir auf insgesamt 350 000 Euro. Diese Spende war äußerst wertvoll für das mongolische Gemeinwesen. Als ich den Posten des Botschafters später weitergab, erwähnte ich in meinem Bericht jeden Einzelnen, der geholfen hatte und welchen Beitrag er geleistet hatte. Ich bin ihnen heute noch zu großem Dank verpflichtet.

So konnten wir auf ungewöhnliche Weise einen wunderschönen Botschaftsbau gestalten, der die modernste und komfortabelste mongolische Botschaft in Europa geworden ist. Meine Beharrlichkeit hatte sich wieder einmal ausgezahlt. Besonders stolz bin ich auf unsere Mitarbeiter, die niemals aufgegeben haben.

Einige Zeit später konnten wir auch die offene Grundstücksfrage klären. Durch die enge Zusammenarbeit mit dem Auswärtigen Amt gelang es

Vor dem Botschaftsgebäude in Berlin, 2004

mir, den Eintrag der Mongolei als Eigentümer ins Grundbuch zu erhalten. Zu diesem bedeutenden Anlass gaben wir einen festlichen Abendempfang. Es war ein wichtiges Ereignis, über das man sich freuen durfte, denn die Bemühungen für den Erhalt des Grundstücks hatten lange gedauert.

Nach dem Bau der Botschaftsanlage bemühten wir uns sehr, die Inneneinrichtung zu gestalten. Da meine Frau gut Deutsch spricht, hatte ich sie beauftragt, möglichst hochwertige Möbel, Geschirr, Beleuchtung und alle möglichen weiteren Einrichtungsgegenstände zu einem günstigen Preis zu beschaffen. Meine Frau Baasankhuu war hierfür tagelang mit einigen Botschaftsmitarbeitern unterwegs. Und ihr fleißiges Bemühen war von Erfolg gekrönt: Wir erhielten vorzügliche und zum Stil des Gebäudes passende Möbel zu günstigen Preisen.

Jetzt war alles für den Umzug bereit. Allerdings mussten wir vor dem Auszug noch die bisher von der Botschaft genutzten Räumlichkeiten in dem alten Mietshaus renovieren. Diese waren allerdings in einem sehr schlechten Zustand. Es ist schwer ein Gebäude zu renovieren, das viele Jahre ohne grundlegende Reparaturarbeiten genutzt worden war. Eine

Mit Diplomaten der Mongolei vor unserem neuen Botschaftshaus, Berlin, 2004

besondere Herausforderung waren die durchlöcherten und beschädigten Bodenbeläge. In der ganzen Wohnung mussten wir neues Linoleum verlegen und darüber Teppichboden kleben. Auch die Ausgaben für die Renovierung der Wände und der Decken waren hoch. Für die umfangreichen Ausbesserungsarbeiten benötigten wir wieder zusätzliches Geld, denn das vom Außenministerium zur Verfügung gestellte Budget reichte bei Weitem nicht aus. Noch einmal mussten die Botschaftsmitarbeiter mit anpacken. Tagsüber waren wir eine diplomatische Vertretung und abends ein Bautrupp.

Unser einziges Transportmittel war ein alter roter VW-Kleinbus. Mit diesem »Wagen des Volkes« transportierten wir Bauschutt und Baumaterialien wie Zement und Ziegelsteine. Wenn der VW-Bus ein Zugtier gewesen wäre, hätte es einen krummen Rücken bekommen. Wir hatten aber keine andere Wahl, als unseren alten VW-Bus zu nutzen. Mietwagen konnten wir uns nicht leisten. Wir scherzten über unseren Transporter: »Wir sollten diesem Auto mit deutscher Qualität, das unermüdlich und unverwüstlich für das Wohl des mongolischen Staates arbeitet, ein Denkmal bauen, wenn nicht aus Gold, dann wenigstens aus Lehm.« Obwohl es ein technisches Gerät war, liebten wir es, als wäre es unser treuer Freund. Das arme Kraftfahrzeug ging nicht kaputt und hat uns nie im Stich gelassen. Dieser Wagen zeigte uns, was deutsche Qualität und Wertarbeit bedeutet. Das unverwüstliche Auto und sein Fahrer D. Ganbold erledigten die ganzen Verlade- und Transportarbeiten, ohne jemals zu klagen oder den Dienst zu verweigern.

Das Messer an der Kette

Ein wichtiger Bestandteil der männlichen Nationaltracht der Mongolen ist ein langes Messer, in dessen Scheide zusätzlich zwei Stäbe aus Elfenbein gesteckt werden und das nebst einer silbernen Schale und einem Feuerstein mit einer Kette am Gürtel befestigt wird. Draußen wird das Messer am Gürtel geführt, aber wenn man eine Jurte betritt und Gast ist, entfernt man das Messer vom Körper und lässt es an einer Kette lang vom Gürtel herabhängen. Damit zeigt man seine friedliche Absicht.

Zur Akkreditierung als Bevollmächtigter und Außerordentlicher Botschafter der Mongolei in der BRD, Berlin, 2003

Während der Bauarbeiten erhielt ich meinen Termin für die Übergabe des Beglaubigungsschreibens bei Bundespräsident Johannes Rau. Der Tag wollte gut vorbereitet sein. Ich entschied mich, in der mongolischen Nationaltracht zu erscheinen. Ich wollte nicht mit einem gewöhnlichen Anzug oder Frack vortreten, sondern plante, mit dem mongolischen Deel, mongolischen Stiefeln und passender Kopfbedeckung zu erscheinen. Und bei einem traditionell gekleideten mongolischen Mann durfte natürlich auch das Messer nicht fehlen. So erschien ich in voller Montur am 10. Januar 2003 zur Überreichung des Beglaubigungsschreibens als Außerordentlicher und Bevollmächtigter Botschafter der Mongolei in Deutschland im Amtssitz des Bundespräsidenten.

Die Mitarbeiter der Protokollabteilung des Auswärtigen Amtes empfingen mich zunächst in einem separaten Zimmer im berühmten Hotel Adlon, unweit vom Schloss Bellevue. Dort erhielt ich bis auf die Minute genaue Anweisungen für die bevorstehende Zeremonie. Als sie das

Messer an meiner Tracht erblickten, stutzten sie und meinten besorgt, dass ich es aus Sicherheitsgründen nicht tragen dürfe. Es war jene Zeit, als der Terroranschlag auf die Zwillingstürme des World Trade Center in New York erst ein gutes Jahr zurücklag. Die Mitarbeiter der Protokollabteilung erklärten mir, dass sie nicht mal eine Nagelfeile erlauben würden, geschweige denn ein fast schwertlanges Messer.

Ich erwiderte, dass ich keine bösen Absichten hege und die Nationaltracht ohne das Messer unvollständig sei. Weiter erklärte ich, dass die Mongolen durch das Tragen des Messers Respekt bezeugen. Darüber hinaus versicherte ich, dass das Messer als Zeichen meiner friedlichen Absichten an einer Kette lang am Gürtel herabhängen werde. Die Protokollmitarbeiter sagten mir zu, dies mit dem Sicherheitsdienst zu beraten. Ich war guter Dinge, denn ich wusste, dass die Deutschen viel Verständnis für fremde Kulturen aufbringen. Vermutlich haben sie sich meine Angaben von einem Mongolisten bestätigen lassen, denn mir wurde tatsächlich erlaubt, das Messer beim Überreichen des Beglaubigungsschreibens lang am Gürtel hängend zu tragen. Jedoch hatte ich eine strikte Anweisung erhalten: »Sie dürfen Ihr Messer in keiner Weise berühren, es muss stets an der Kette lang von Ihrem Gürtel herabhängen, wenn Sie die Räumlichkeit betreten, in denen Sie der Herr Bundespräsident empfangen wird.« So zog ich meine Nationaltracht an und überreichte das Beglaubigungsschreiben. Danach führten wir eine angenehme Unterhaltung über die Beziehungen unserer beiden Länder.

Weil ich um den nachteiligen Eindruck wusste, der von der Mongolei in der Bundesrepublik durch die Querelen beim Botschaftsbau entstanden war, wollte und musste ich diesen unbedingt korrigieren. Wir wollten schließlich nicht immer nur als Bittsteller wahrgenommen werden. Daher beschloss ich, anlässlich der Einreichung meines Beglaubigungsschreibens und zum Fest des Weißen Neumonds (Tsagaan Sar), einen Empfang zu geben. Hierzu luden wir Vertreter deutscher Institutionen und politischer Organisationen ebenso ein wie diplomatische Missionen, mit denen wir Kontakt hatten. Gleichfalls wurden Personen aus den Institutionen des Staates, der Regierung, der Wirtschaft, der Finanzen und Banken eingeladen. Die Gästeliste wurde immer länger. Ich wollte nicht nur die mongolische Gastfreundlichkeit zeigen, sondern auch,

Ich habe mein Beglaubigungsschreiben an Bundespräsident Johannes Rau überreicht. Berlin, 2003

dass ich als Botschafter anders arbeiten würde. In der Botschaft wussten alle, dass das Gelingen des Empfangs für die Verbesserung unseres Rufes wichtig war.

Wir hatten allerdings ein Problem: Da die Bauarbeiten noch nicht ganz abgeschlossen waren, verfügten wir über keinen passenden Raum. Nach einigem Überlegen beabsichtigten wir, für den Empfang den Festsaal des Berliner Roten Rathauses anzumieten. Ich lud die Mitarbeiter der protokollarischen Abteilung der Berliner Stadtverwaltung in die Botschaft ein. In Erinnerung an John F. Kennedys berühmten Satz erklärte ich ihnen, dass ich tatsächlich ein waschechter Berliner sei. Ich hatte in Ostberlin und dem Berliner Umland gelebt, war Absolvent der Humboldt-Universität und hatte meine Familie in Berlin gegründet. Den Fall der Mauer hatte ich mit meinen eigenen Augen gesehen. Ich war einer der wenigen Mongolen, der Deutschland mit und ohne Mauer erlebt hatte. Deutschland, so schloss ich, war meine zweite Heimat.

Als jemand, der viele Jahre in diesem Land gearbeitet und gelebt hat, kenne ich die direkte und ehrliche Art der Deutschen. Wie man bei uns in der Mongolei zu sagen pflegt: »Anstatt schlecht zu verheimlichen, offenbare es gut«, sagte ich geradeheraus, warum dieser Empfang für uns so wichtig war und dass es um die Finanzen der Botschaft nicht zum Besten bestellt sei. Mit diesen Worten übergab ich ein offizielles Schreiben, in dem stand: »Bitte erlauben Sie uns die Veranstaltung des Empfangs im Roten Rathaus«. Als ich fertig war, blickten uns die Vertreter der Stadt Berlin mitleidsvoll an. Wenig später erhielten wir in freundlichen Worten die erbetene Genehmigung für einen Empfang im Roten Rathaus. Uns wurden dafür keine Mietkosten berechnet.

Im Rahmen unseres kleinen Budgets ließ ich Essen und Getränke von einem mongolischen Restaurantbesitzer und den Frauen unserer Botschaft zubereiten. Der Empfang wurde der erhoffte Erfolg. Im stimmungsvoll geschmückten Festsaal des Roten Rathauses begrüßten wir Bundestagsabgeordnete, Vertreter des Bundespräsidialamtes, des Auswärtigen Amtes und anderer Ministerien sowie die Vertreter deutscher und internationaler Organisationen, anderer diplomatischer Missionen und Honorarkonsuln der Mongolei in Deutschland. Der prunkvolle Wappensaal des berühmten Roten Rathauses wurde feierlich geschmückt. Wie immer wirkte das Rote Rathaus auf die Besucher majestätisch. Man stieg allmählich auf dem roten Teppich in den Wappensaal hoch. Am Eingang wurden die Gäste von mongolischen Studenten in Nationaltracht begrüßt, die auch auf dem gesamten Treppenaufgang Spalier standen. Wir luden junge mongolische Künstler wie Zirkusartisten, Schlangenmenschen und Kehlkopfsänger ein. In meiner Rede beabsichtigte ich, durch Aufrichtigkeit die Herzen unserer Gäste für die Mongolei zu gewinnen.

Beim Verfassen der Rede half mir der 1. Botschaftssekretär B. Mandakhbileg, ein Intellektueller und anerkannter Jurist, der schon viele Jahre in Deutschland gelebt und gearbeitet hatte. Ich sagte ihm, dass er bei der Überarbeitung meiner Rede sein ganzes Talent zeigen sollte, denn ich

Oben: Vor dem Roten Rathaus, Berlin, 2004

Bundestagspräsident Wolfgang Thierse mit Botschaftern, Berlin, 2003

wusste um seine Fähigkeiten. Und er sollte mich nicht enttäuschen. Die Rede war ganz auf die deutsche Mentalität zugeschnitten und sparte nicht mit eindrücklichen Zitaten berühmter Persönlichkeiten. Beim Halten der Rede blickte ich immer wieder ins Publikum und konnte mich davon überzeugen, dass die gewünschte Wirkung erzielt wurde. Diesen Eindruck bestätigte der große Applaus am Schluss.

B. Mandakhbileg war auch später ein ausgezeichneter Diplomat, der überall den mongolischen Staat fabelhaft vertrat. Ich bin dankbar, dass ich mit ihm und einem weiteren herausragenden Diplomaten, dem späteren Botschafter Ts. Bolor, in dieser Zeit zusammenarbeiten durfte. Sie sind wahrhaftig professionelle Diplomaten. Wir schufteten auch zusammen auf der Baustelle, bis unsere Hände Schwielen trugen. Nicht nur deshalb genossen beide mein volles Vertrauen. So konnten wir mit einem kleinen Budget einen prächtigen Empfang veranstalten. Die Gäste waren zufrieden, wir führten viele herzliche Gespräche und erhielten viel Lob.

Mit dem Empfang hinterließen wir den gewünschten positiven Eindruck bei unseren Gästen. In der Folge verbesserten sich unsere Beziehungen zum Auswärtigen Amt, und wir knüpften viele neue wichtige Kontakte. Später durften wir weitere Veranstaltungen im Roten Rathaus ausrichten.

Trotz der umfangreichen Bauarbeiten vernachlässigten wir unsere diplomatischen Pflichten nicht. Jeden Morgen hielten wir kurze Beratungen im kleinen Kreis ab, bei denen mir die Botschaftsmitarbeiter Bericht erstatteten und ich Aufträge erteilte, und alle zwei Wochen trafen alle Mitarbeiter in einer großen Runde zusammen. Das war eine Neuerung, vor meiner Ankunft hatte es diese eigentlich selbstverständlichen regelmäßigen Beratungen nicht gegeben. So sprachen wir kontinuierlich über die Verbesserung unserer Arbeit und die Intensivierung der deutsch-mongolischen Beziehungen. Dies war nicht die einzige Änderung. Für jeden Mitarbeiter ließ ich eine Stellenbeschreibung mit den jeweiligen Aufgaben erstellen und schloss Leistungsvereinbarungen ab, die als Grundlage der Bewertung der Arbeit dienten.

Unser wichtigster Ansprechpartner in Deutschland war das Auswärtige Amt. Die drängendsten Themen waren die Unterstützung bei der

Klärung der staatlichen Schulden der Mongolei gegenüber Russland und die Vorbereitungen zur Feier des 30-jährigen Jubiläums zur Aufnahme diplomatischer Beziehungen. Wir intensivierten auch den Kontakt zu befreundeten Botschaften und besuchten regelmäßig deren Veranstaltungen. So kannte ich etwa den Botschafter Kambodschas noch persönlich aus meiner Zeit an der FDJ-Jugendhochschule in Bernau. Die Botschafter von Polen und Ungarn hatte ich beim Einreichen des Beglaubigungsschreibens kennengelernt, und wir hatten daher eine besonders enge Beziehung.

Ebenso wichtig wie Kontakte auf der institutionellen und persönlichen Ebene war die Verbesserung der Außendarstellung der Botschaft. Hierzu traf ich mich mit Vertretern der deutschen Bundesländer, von Industrie- und Handelskammern sowie der politischen Stiftungen. Nach einem offiziellen Vortrag über die Mongolei wies ich in vielen informellen Gesprächen darauf hin, dass die Mongolei ein interessantes Land für Investitionen sei. Bei diesen Gelegenheiten konnte ich auch und oft zum Erstaunen meiner Gesprächspartner auf die Tatsache hinweisen, dass in der Mongolei rund 35 000 Personen Deutsch sprechen. Das entspricht immerhin 1,5 Prozent der gesamten mongolischen Bevölkerung: Wenn es in China einen entsprechenden Anteil an Deutschsprachigen gäbe, wären das über 20 Millionen Personen! Für jeden deutschen Investor gab es also ein großes Potenzial an nicht nur sprachlich bestens ausgebildeten Arbeitskräften. In München sprach ich mit der Hanns-Seidel-Stiftung über Gesetzesreformen, in Hessen unterhielt ich mich über die Wiederaufnahme der alten Beziehungen mit dem Bundesland, und mit der Freien und Hansestadt Hamburg arbeitete ich an der Vertiefung der Handels- und Wirtschaftsbeziehungen.

Damals waren andere Länder nicht an der Mongolei interessiert, die zwischen den beiden großen Supermächten Russland und China eingezwängt liegt. Sie betrachteten die Mongolei ausschließlich als ein unbedeutendes Entwicklungsland. Die Zusammenarbeit war daher auf Entwicklungshilfe, Kredite und Programme zur Bekämpfung der Armut begrenzt, allenfalls gab es einige sehr erfolgreiche Kooperationen im Bereich der Kultur. Ich bemühte mich zu zeigen, dass die Mongolei nah an den Märkten zweier Supermächte liegt, über sagenhafte Vorräte an Bodenschätzen und enorme Investitionsmöglichkeiten in Landwirtschaft, Tourismus, Infrastruktur, usw. verfügt. Der Geschäftsmann Laurenz Melchers, der u. a. Mercedes-Benz-Vertreter in der Mongolei ist, ist ein gutes Beispiel für solche Investitionsmöglichkeiten in der Mongolei. Ich traf ihn in seiner Eigenschaft als Honorarkonsul der Mongolei in Norddeutschland bei einem Besuch der Industrie- und Handelskammer und des Ostasienvereins.

Um all diese Termine wahrzunehmen, fuhren mein Fahrer und ich kreuz und quer durch Deutschland. Um Hotelkosten zu sparen, ruhte sich mein Fahrer tagsüber, wenn ich arbeitete, aus. Nachts reisten wir in die nächste Stadt. Während meiner Zeit als Botschafter gab es viele Meilensteine, wie die Organisation der Ausstellung »Dschingis Khan und seine Erben«, die Eröffnung der Goethe Schule in Ulaanbaatar, die Partnerschaft im Bereich der Archäologie, die Kreditgewährung der Siemens AG an die Erdenet GmbH, die Vertiefung der Zusammenarbeit mit der Konrad-Adenauer-Stiftung, der Friedrich-Ebert-Stiftung, der Hanns-Seidel-Stiftung und der Rosa-Luxemburg-Stiftung sowie nicht zuletzt die noch engere Kooperation mit dem Ministerium für Wirtschaftliche Zusammenarbeit und Entwicklung. Auch mit den Vertretern der Kreditanstalt für Wiederaufbau (KfW), der weltweit größten nationalen Förderbank, traf ich mich mehrfach, um die gemeinsame Zusammenarbeit zu intensivieren. Davon zeugte auch die Tatsache, dass Deutschland trotz anderer Schwerpunktsetzung die Mittel für die Mongolei sogar aufstockte. Heute ist die Mongolei der größte Pro-Kopf-Empfänger von Mitteln deutscher Entwicklungshilfe.

Meine deutschen Gesprächspartner freuten sich, wenn man sich mit ihnen über kulturelle oder geschichtliche Ereignisse aus Deutschland unterhielt. Auch wusste ich aus meiner eigenen Erfahrung, dass die Gesprächsatmosphäre gleich lockerer wird, wenn man als Ausländer deutsche Sprichwörter, Aphorismen oder Sprüche passend und treffend benutzen kann. Ein Mensch ist ein Mensch, egal woher er kommt. Die Mongolen sagen, dass sich ein Mensch durch seine Sprache und ein Tier durch seine Beine ausdrückt. Mit wem man wie und worüber ein Gespräch beginnt, will gut überlegt sein. Das gilt nicht nur, aber natürlich in besonderem Maße, für die politische und diplomatische Ebene.

Ich habe Neujahrswünsche an Bundespräsident Johannes Rau und Außenminister Joschka Fischer übermittelt. Neujahrsempfang in Bellevue in Berlin, 2003

Beim Neujahrsempfang mit Bundeskanzler Gerhard Schröder. Berlin, 2003

Oben: Kölner Karneval, 2003

Botschafterempfang im Roten Rathaus, Berlin, 2004

Ein herzliches Gespräch mit Horst Seehofer, Minister für Ernährung, Landwirtschaft und Verbraucherschutz, und mit dem Bürgermeister von Berlin Klaus Wowereit (ganz links) auf der Grünen Woche in Berlin beim Trinken von mongolischen Dschingis-Bier, gebraut nach deutschem Reinheitsgebot. 2006

Mit unseren Honorarkonsuln, die jeweils für verschiedene Bundesländer zuständig waren, pflegte ich enge, freundschaftliche Kontakte. Hierzu gehörten Dirk Pfeil, Honorarkonsul für Hessen und Rheinland-Pfalz, Andreas Pitum, Honorarkonsul für Bayern, Heinrich Großsender, Honorarkonsul für Nordrhein-Westfalen, und Henning Melchers, Honorarkonsul für Bremen und Hamburg. Ich nenne sie die »deutschen Mongolen«. Sie machten allesamt gute Werbung für die Mongolei, organisierten viel und halfen den Mongolen, wenn Hilfe gebraucht wurde. Einer von ihnen, mein Freund Dirk Pfeil, ist fast jedes Jahr dienstlich mit Vertretern aus Politik und Wirtschaft oder privat in der Mongolei. Selbstverständlich ist dann jedes Mal Zeit für einen geselligen Abend bei mir zu Hause reserviert.

Neben meiner Erfahrung in politischen Ämtern, der Vorbereitung durch das Außenministerium und Ratschlägen erfahrener mongolischer Diplomaten profitierte ich als Botschafter insbesondere von meiner unternehmerischen Tätigkeit. Denn unabhängig von der Art der Tätigkeit geht es überall vorrangig um Fragen des Managements. Nicht zu Unrecht sagte Jonathan Swift bereits vor 300 Jahren, dass derjenige, der zwei Ähren Korn wachsen lässt, wo vorher nur eine gedieh, mehr Anerkennung verdient als alle Schwätzer. Auch Botschafter sind Manager, deren Aufgabe es ist, die Beziehungen zweier Länder zum Wohle aller gedeihen zu lassen. Daher war es mir ein besonderes Anliegen, die deutsch-mongolischen Wirtschaftsbeziehungen zu verbessern. Dazu mussten vor allem die deutschen und europäischen Investitionen in der Mongolei und die Zahl mongolischer Studenten in Deutschland erhöht werden. Die Zusammenarbeit mit dem Auswärtigen Amt verbesserte sich in meiner Amtszeit, es wurden einige gemeinsame Projekte und Programme verabredet, es folgten Kredit- und Entwicklungshifezusagen. Insgesamt wurde die Zusammenarbeit konkreter und intensiver. In dieser Zeit wurde in den Bundes- und Landesmedien mehr als zwanzigmal über unser Land oder mich persönlich berichtet. Alle diese Pressemeldungen befinden sich in meinem persönlichen Archiv als Zeugen dieser Zeit. Ich überlege, später diese Materialien als historische Dokumente der bilateralen Beziehungen zu veröffentlichen.

Gefreut hatte ich mich besonders über die Wahl zum »Botschafter des Monats« im März 2004 durch das *Diplomatische Magazin*. Dafür gab es sogar eine Auszeichnung, die mit einer Zeremonie in Leipzig übergeben wurde. In Deutschland sind Botschafter aus über 200 Ländern der Welt und dazu Leiter vieler internationaler Organisationen vertreten. Für die Auswahl gelten Kriterien, wie z. B. die Anerkennung und der Ruf, den der Botschafter genießt, sein Beitrag für die Zusammenarbeit beider Länder und vieles mehr. Später habe ich weitere Auszeichnungen und Ehrungen bekommen, aber diese Auszeichnung vom *Diplomatischen Magazin* hat bis heute einen Ehrenplatz bei uns zu Hause und erinnert mich an die aktiven Jahre der Entwicklung der Zusammenarbeit zwischen der Mongolei und der Bundesrepublik.

Die Ehre galt natürlich nicht nur mir, sondern der ganzen Mannschaft der Botschaft. Unser ganzes Team hatte diese Auszeichnung verdient. Bis heute besuche ich, wann immer ich in Berlin bin, meine alte Wirkungsstätte. Ich blicke voller Stolz und Zufriedenheit auf diese Zeit zurück. Daran erinnern mich auch die Gehwege und Bäume, die wir gemeinsam im Schweiße unseres Angesichts angelegt und gepflanzt hatten.

Beistand vom Lama und Ringern

An einem Samstag im Mai 2004 drehte ich wie jeden Morgen einige Runden im Park. Beim anschließenden Frühstück wollte ich mit meinen Mitarbeitern den anstehenden Besuch einiger mongolischer Regierungsvertreter besprechen. Doch dann klingelte mein Telefon und am anderen Ende der Leitung war der Generalsekretär der MRVP, D. Idevkhten. Er forderte mich auf, der gemeinsamen Entscheidung des Ministerpräsidenten und Außenministers zu folgen, so dass ich am nächsten Tag die Maschine in Richtung Ulaanbaatar nehmen solle. Ich war verblüfft. Was es denn so Dringendes gebe, wollte ich wissen. Das würde ich bei meiner Ankunft erfahren, erwiderte er nur. Er deutete lediglich an, dass es um die bevorstehenden Wahlen und politische Gespräche gehe.

Wie verabredet, stieg ich am Sonntag ins Flugzeug von Berlin nach Ulaanbaatar. Sofort nach der Landung rief ich den Generalsekretär an. Er sagte, dass ich in die Parteizentrale kommen und mit dem Parteivorsitzenden sprechen solle. Man wolle mir für die bevorstehenden Parlamentswahlen einen Wahlkreis in Ulaanbaatar zuteilen. In der Parteizentrale angekommen, spürte ich sofort, dass sich der Wahlkampf bereits in der heißen Phase befand. Doch der Parteivorsitzende war nicht zu sprechen und obwohl man mich aus politischen Gründen eiligst einbestellt hatte, musste ich einige Tage auf einen Termin warten, trotz der Dringlichkeit. Als ich endlich mit N. Enkhbayar zusammentraf, hatte der Parteivorstand sich bereits für meine Kandidatur im Songinokhairkhan-Bezirk von Ulaanbaatar ausgesprochen.

Der Wahlkreis lag weit entfernt vom Stadtzentrum in einer kaum geplanten und mit großer Geschwindigkeit unkontrolliert gewachsenen Jurtensiedlung. Dort wohnten Menschen, die durch den »Dzud« ihre Lebensgrundlage auf dem Land verloren hatten und nun in der Stadt nach einer besseren Zukunft für sich und ihre Familien suchten: extrem kalte und schneereiche Winter, in denen die Tiere kein Futter unter der geschlossenen Schneedecke finden und eine große Zahl von Tieren aufgrund von Hunger und Kälte stirbt.

In dem Bezirk fehlte es an jeglicher Infrastruktur wie modernen Schulen und Krankenhäusern, vielerorts gab es sogar keine geregelte Stromversorgung. Der Lebensstandard war niedrig. Die Sorgen und Nöte der Menschen waren mir durchaus bekannt, denn früher hatte ich selbst in dieser Gegend gelebt und war dort zur Schule gegangen. Ich sollte, meinte Enkhbayar, sogleich mit dem Wahlkampf beginnen. So abrupt endete meine Zeit als Botschafter.

Bis zum Wahltag war nur etwas mehr als einen Monat Zeit. Ich war mir nicht sicher, ob man in diesen wenigen Wochen überhaupt einen Wahlkampf führen konnte. Mir fehlte zudem jede Wahlkampferfahrung. Doch ich verdrängte diese Frage, um das Vertrauen, das die Partei und ihr Vorsitzender in mich gesetzt hatten, nicht zu enttäuschen. Die Entscheidung war gefallen und es gab kein Zurück mehr. Ich musste gewinnen. »Also, Terbishdagva, du musst dem Vertrauen, das die vielen Menschen in der Partei in dich gesetzt haben, gerecht werden«, diesen Gedanken wiederholte ich wie ein Mantra beim Verlassen des Büros des Parteichefs. Einerseits schien es mir sehr schwer, bei einer politischen Wahl zu kandidieren, auf der anderen Seite sagte ich mir, dass ich keine andere Wahl hätte, als zu gewinnen.

Ähnlich wie 1996 sollte es bei der kommenden Parlamentswahl 76 verhältnismäßig kleine Wahlkreise mit je einem Mandat geben. Als erstes suchte ich Unterstützer für mein Wahlkampfteam. Vor allem benötigte ich einen erfahrenen und fähigen Wahlkampfmanager. Die Suche nach Personal war nicht leicht, da alle anderen Kandidaten ihre Teams bereits zusammengestellt hatten. Ich dachte an meine ehemaligen Mitarbeiter aus dem Landwirtschaftsministerium, doch diese durften mich laut Wahlgesetz als Beamte nicht unterstützen. Mein Unterstützungsgesuch an die MRVP der Stadt Ulaanbaatar brachte ebenfalls nichts ein. Mir blieb also nichts anderes übrig, als aus Freunden und Verwandten eine Mannschaft zusammenzustellen. Wir waren allesamt sehr unerfahren, aber motiviert. Wir begannen umgehend damit, im Wahlkreis Jurten für den Wahlkampf aufzustellen und Veranstaltungen durchzuführen.

Als *Spiritus Rector* entpuppte sich schnell mein drittältester Bruder Purevdaavuu. Er hatte bei der Polizei ein hohes Amt bekleidet und war ein

Mein erster Sieg in der Parlamentswahl 2004

scharfsinniger Mensch. In seinem Beruf hatte er gelernt, schnell Entscheidungen zu fällen und strategisch zu denken. Er entwickelte also unsere Strategie. Meine Pflicht war es demnach, an die Türen der Jurten zu klopfen und das Gespräch mit den Bürgern zu suchen. Die zahlreichen übrigen Aufgaben teilte sich das Team untereinander auf.

Wenn ich ehrlich sein soll, hatten die Wähler durchaus Schwierigkeiten mit einem Kandidaten, der offiziell immer noch Botschafter im fernen Deutschland war. Fast niemand kannte mich, nur einigen war ich als ehemaliger Vizeminister im Ministerium für Landwirtschaft und Ernährung in Erinnerung.

Mein Bruder meinte nun, dass wir gezielt die Parteibasis mobilisieren sollten, um mich dort als Kandidaten bekannt zu machen. Dazu die Wähler, die aus meiner Heimatregion stammten, und die Belegschaft des Fleischkombinats, die größtenteils in meinem Wahlkreis wohnte. Diese Strategie zeigte schnell Erfolge. Darüber hinaus sprach es sich herum, dass ich selbst an die Türen der Bürger klopfte. Das verschaffte mir Ansehen und sorgte für positive Mundpropaganda, und diese findet bei einem nomadisch geprägten Volk schnell Verbreitung.

In meinem von Armut gekennzeichneten Wahlkreis lautete das Motto unserer Kampagne: »Die Entwicklung kommt in das Jurtenviertel!«. Mein Wahlprogramm sah vor, dass die Struktur des Jurtenviertels erhalten bleiben, aber alle Haushalte einen Stromanschluss erhalten, Straßen gebaut und weitere Investitionen in die Infrastruktur getätigt werden sollten.

Die Zuversicht in unserem Wahlkampfteam wuchs von Tag zu Tag, und wir arbeiteten wie immer fleißig. Damals war es zudem erlaubt, im Wahlkampf religiöse Zeremonien abzuhalten. Deshalb baten wir den altehrwürdigen Gelehrten und Vorsteher des Bayankhoshuu-Klosters auf dem Berg Bayankhoshuu eine Zeremonie durchzuführen. Da der Lama schon über 90 Jahre alt war, musste er von meinen jungen Unterstützern mit Händen auf den Berg getragen werden. Es kamen so viele Gläubige zusammen, dass der Platz auf dem Berg knapp wurde. Unter ihnen waren auch bekannte Ringer aus meiner Heimatregion, wie der zweifache Gewinner des nationalen Ringkampfwettbewerbs während des Naadam-Festes. Sie hielten Unterstützungsreden und man sah deutlich, welch positive Wirkung das auf die Zuhörer hatte.

Auf diese Art und Weise führten wir im Wahlkampf viele weitere Veranstaltungen durch. Wir arbeiteten Tag und Nacht für den Erfolg. Mir war es wichtig, in meinen Gesprächen mit den Bürgern und bei meinen Reden nur Dinge zu versprechen, von denen ich überzeugt war, dass ich sie auch halten konnte. Mein oberstes Ziel war es, die Bürger meines Wahlkreises im Parlament ehrlich und rechtschaffend zu vertreten.

Eines Tages trat ein Mann mit dem Angebot an mich heran, mir belastendes Material über meinen Gegenkandidaten von der Demokratischen Partei zu beschaffen. Damit könne ich seine Reputation unwiderruflich schädigen. Als Neuling in der parlamentarischen Politik schockierte mich dieses Angebot. Es kam für mich überhaupt nicht in Frage, das Material zu verwenden. Ich wollte eine ehrliche und faire Wahlkampfauseinandersetzung auf den Grundpfeilern der Gesetze. So startete ich in meinem Wahlkreis die Initiative, ein Abkommen für einen fairen Wahlkampf mit meinen Mitbewerbern zu schließen. Meine Konkurrenten willigten ein, und wir alle hielten uns bis zum Wahltag an die Vereinbarung.

In die Wahlkampfzeit fiel auch der Besuch einer hochrangigen Delegation deutscher SPD-Politiker. Geleitet wurde sie vom Parlamentarischen Staatssekretär im Ministerium für Wirtschaft und Arbeit, Gerd Andres. Zur Delegation gehörte auch mein Freund Heino Wiese, den ich als Botschafter kennengelernt hatte. Heino Wiese hat mich später auch mit dem ehemaligen Bundeskanzler Gerhard Schröder und einflussreichen SPD-Politikern wie Sigmar Gabriel und Frank-Walter Steinmeier sowie vielen anderen Politikern und Unternehmern bekannt gemacht. Ich bin meinem Freund Heino für immer dafür dankbar, dass ich aus seinem großen politischen Wissens- und Erfahrungsschatz schöpfen und für mein ganzes politisches Leben lernen durfte.

Im Gespräch mit der Delegation erzählte ich von meinem Studium in Deutschland und dem laufenden Wahlkampf. Ich bat die Gäste um ihre Ratschläge und bot ihnen an, an einer meiner Wahlkampfveranstaltungen teilzunehmen. Zu dieser Zeit durften auch ausländische Gäste im Wahlkampf Reden halten, es gab überhaupt weniger Argwohn als heutzutage. Als Bühne diente uns die Ladefläche eines russischen Lasters. Viele Menschen drängten sich an der Bühne, am Rand sahen Zuschauer aus den Sätteln ihrer Pferde zu. Dort hielt der erfahrene Politiker Heino Wiese eine wirklich flammende Rede. Ein koreanischer Freund tat es ihm gleich. Nach den Reden gab es Musik und Tanz. Die Stimmung war gelöst und die deutschen Gäste schienen beeindruckt und zufrieden zu sein. Das Leben im Jurtenviertel interessierte sie wohl sehr.

So vergingen die Tage bis zur Wahl, dann kam der Tag der Entscheidung. Ich konnte nur noch an das Wahlergebnis denken. Über einen Monat hatten mein Team und ich auf dieses Ziel hingearbeitet, dem Wahlsieg hatten wir alles andere untergeordnet. Und jetzt warteten wir nervös darauf, welches Urteil die Wähler über unsere Arbeit fällen würden. Im Laufe des Wahlabends trafen erste Zwischenergebnisse ein. Wir waren bis auf das Äußerste gespannt. Wenn Ergebnisse aus Wahllokalen, die wir für uns entscheiden konnten, verkündet wurden, freuten wir uns laut. Gingen die Wahllokale an die Gegner, zogen wir lange Gesichter. Erst spät in der Nacht stand das Endergebnis fest: Sieg, Sieg, Sieg! Mein Herz hüpfte vor Freude in der Brust. Parteifreunde, Verwandte und Bekannte, die ebenso fiebrig mit uns gewartet hatten, waren voller Freude.

Wir fielen uns in die Arme, und die Telefone klingelten ununterbrochen. Es war ein Sieg des ganzen Teams, jeder Einzelne im Wahlkampfteam, die Parteimitglieder, die Freunde aus der Heimat und natürlich die Wähler hatten hierzu einen wichtigen Beitrag geleistet.

Obwohl es während des Wahlkampfes kritische Stimmen aus der MRVP-Zentrale gegeben hatte, dass unser Wahlkampf unzureichend wäre, weil meine Bekanntheit wegen des kurzen Vorlaufs zu gering sei, wir nur über Jurten statt Büros verfügten und man davon ausgehe, dass wir verlieren würden, errang ich das Mandat mit einer Mehrheit von 63,13 Prozent der Stimmen. Ich war nun zum ersten Mal gewählter Abgeordneter im Großen Staatskhural, wie das Parlament in der Mongolei genannt wird. Mein Weg in die Politik war damit besiegelt und unumkehrbar. Die Wähler hatten nun jemanden auf ihrer Seite, der sie verstand und bereit war, für sie zu kämpfen.

Die Wahl 2004 brachte auch der MRVP einen großen Erfolg. Sie hatte mit dem positiven Slogan »Für Sie – mit Ihnen« die Menschen gewonnen. Das Wahlprogramm enthielt große und gut formulierte Ziele zur Entwicklung der Mongolei. Diese positive Stimmung für die Partei hatte sicherlich einen Beitrag zu meinem Wahlerfolg geleistet.

Der Teufel, Lobbyisten und ein Viehzüchterkongress

Trotz des guten Wahlergebnisses der MRVP bedurfte es 2004 einer Koalition, um die Mongolei zu regieren. Als sich die beiden großen Parteien – die MRVP und die Demokratische Partei – auf die Bildung einer Koalition verständigt hatten, wurde mir das Amt des Ministers für Ernährung und Landwirtschaft angeboten.

Ich hatte noch gute Erinnerungen aus meiner Zeit als Vizeminister und freute mich sehr über die neue Aufgabe. Von den Mitarbeitern des Ministeriums wurde ich herzlich empfangen. Gleich zur Begrüßung teilte ich der versammelten Belegschaft des Ministeriums mit, dass ich keine Entlassungen aus politischen Gründen veranlassen würde, obwohl dies in der Mongolei nach Regierungs- und Ministerwechseln

Bürgertreffen in meinem Wahlgebiet, Ulaanbaatar, 2004

üblich geworden war. Jeder, der seine Arbeit gut erledigt, solle bleiben dürfen.

Für eine solche Ankündigung gab es einen guten Grund: Unmittelbar nach meinem Amtsantritt wurde mir von verschiedenen Seiten zugeflüstert, die Mitarbeiter, die der Demokratischen Partei angehörten, zu entlassen, da dieses Ministerium nun von der MRVP geführt würde. Doch meine Auffassung war, dass Landwirtschaft und Lebensmittelindustrie nicht von der Politik abhängig sein dürfen und es wichtiger war, qualifizierte Mitarbeiter zu halten als Parteipolitik zu betreiben. Jeder Beamte, so meine Auffassung, müsse ungeachtet seiner Parteizugehörigkeit seine Pflichten erledigen. Ich sagte meinen Einflüsterern und auch den Mitarbeitern des Ministeriums, dass ich sogar den Teufel anstellen würde, wenn er ein zuverlässiger und kompetenter Beamter im Landwirtschaftsministerium sein könnte. Danach erhielt ich solche fürsorglichen Hinweise nicht mehr. Und ich weiß seitdem, dass man jeder Art von Kungelei sofort Einhalt zu gebieten hat, damit sie nicht die Oberhand gewinnt.

Es ist meine Überzeugung, dass es bei der guten Arbeit eines Ministeriums auf die gesamte Belegschaft ankommt. Die Mitarbeiter müssen qualifiziert und motiviert sein, ihre Pflichten kennen und sich untereinander vertrauen. Das Verwaltungspersonal sollte daher unabhängig von politischen Konjunkturen und dem Wechsel der Regierungsparteien sein. Nur so kann die Verwaltung nachhaltig Wissen und Erfahrung gewinnen und zum Wohl des Landes arbeiten. Doch in der Mongolei war zu jener Zeit das genaue Gegenteil der Fall. Es galt das ungeschriebene Gesetz, wonach jeder neue Minister und Behördenchef nach Gründen suchte, Mitarbeiter mit der »falschen« Parteizugehörigkeit oder auch nur mit Sympathie für eine andere Partei zu entlassen, um eigene Gefolgsleute, sei es aus der eigenen Partei oder der Verwandtschaft, auf die freigewordenen Stellen zu bugsieren. An dieser fatalen Praxis, die bei jedem Regierungswechsel, ja selbst bei einem Regierungsumbau, das bislang angesammelte Wissen und die Kontinuität der Verwaltungsvorgänge ernsthaft gefährdet, hat sich leider bis heute wenig geändert.

Es lag auf der Hand, dass sich solche neuen Mitarbeiter verständlicherweise weniger dem Staat als ihrem Gönner verpflichtet fühlten. Und darunter litt die Qualität der öffentlichen Verwaltung. An dieser Praxis habe ich mich nie beteiligt. Überall, wo ich gearbeitet habe, fand ich fähige Leute vor, mit denen ich gut zusammenarbeiten konnte. Insbesondere junge Menschen habe ich gefordert und gefördert. Viele von ihnen absolvierten anschließend, zu meiner Freude, erfolgreiche Karrieren.

Als meinen zweiten Grundsatz präsentierte ich der Belegschaft des Ministeriums, dass jeder Fachmann für Landwirtschaft, vom ehemaligen Minister und Abteilungsleiter über Wissenschaftler bis zu den Viehzüchtern und Bauern, für uns wichtige Berater waren. Deren Ratschläge sollten wir in unserer Arbeit ernstnehmen. Hierzu führte ich im Zweiwochenrhythmus Gesprächsrunden ein. In der Vorgängerregierung galten die erfahrenen Fachleute als Vertreter der alten Zeit und man gab wenig auf deren Ratschläge, weil sie das sozialistische System in Staat und Gesellschaft mitgetragen hatten. Darunter litt jedoch die Qualität der Arbeit des Ministeriums, da in der neuen Zeit noch nicht ausreichend qualifizierte Fachkräfte nachgewachsen waren.

Zum Schluss kündigte ich an, in der Arbeit des Ministeriums mit neuen Methoden und Arbeitsweisen zu experimentieren. Zur Verbesserung der Produktivität jedes einzelnen Mitarbeiters und jeder Dienststelle führte ich die Regel »Ein Mitarbeiter – Eine Innovation« ein. So wollte ich die Eigeninitiative der Mitarbeiter fördern und sie dazu motivieren, über das Tagesgeschäft hinaus neue Ideen und kreative Lösungsansätze zu entwickeln, um die Wiederbelebung des Landwirtschaftssektors zu beschleunigen. Wir organisierten sogar eine Ausstellung mit den Ideen der Mitarbeiter. Manche der dort gezeigten Produkte erfüllten sogar die Voraussetzungen, um als Patent registriert zu werden. Im Rückblick mag manche dieser Maßnahmen noch nach sozialistischer Erziehung aussehen, aber man darf die desolate Lage voller Verantwortungslosigkeit und planloser Unwissenheit nicht unterschätzen, die damals in der Mongolei herrschte. Harte Zeiten erforderten mitunter ungewöhnliche Mittel.

Mir war es besonders wichtig, jeden einzelnen Mitarbeiter an seinem Arbeitsplatz zu besuchen und dort ein kurzes Gespräch zu führen. So verschaffte ich mir ein Bild von den Arbeitsbedingungen und -belastungen im Ministerium. Dabei fiel mir der schlechte Zustand der Büroausstattung besonders auf. In vielen Räumen wackelten die Tische, waren die Stühle kaputt und das Licht zu dunkel. All dies galt es möglichst schnell zu beheben. Bei einigen Mitarbeitern musste auch Unterstützung bei der Verbesserung der Lebensbedingungen, zum Beispiel durch Hilfe bei der Suche nach einer Wohnung und deren Finanzierung, geleistet werden.

Um für einen Ausgleich neben der Arbeit zu sorgen, führte ich das Angebot von Freizeitaktivitäten wie Ausflüge, Sport- oder Kulturveranstaltungen ein. In einer Halle des Ministeriums stellten wir eine Tischtennisplatte auf. So wuchs der Zusammenhalt im Ministerium, und das wirkte sich förderlich auf die Motivation der Mitarbeiter aus. Das war auch dringend erforderlich, denn es gab viel zu tun, und dazu brauchte man Energie und Teamgeist. Wenn wir etwa Gesetzentwürfe ausarbeiteten, dann saßen wir manchmal bis tief in die Nacht in unseren Büros.

Mit den Kollegen und Freunden aus dem Parlament arbeitete mein Ministerium gut zusammen. Wir gingen dabei sehr engagiert zu Werke. Manchmal musste mich der Parlamentsvorsitzende bei Debatten ermahnen, auch anderen Abgeordneten aus dem zuständigen Ausschuss die Gelegenheit zu geben, Fragen aus dem Plenum zu beantworten. Mein Redeanteil bei Projekten, die das Landwirtschaftsministerium betrafen, war auch deshalb so hoch, weil ich wollte, dass sie unbedingt gelangen und die vielen daran beteiligten Mitarbeiter nicht umsonst gearbeitet hatten. Für die Parlamentssitzungen hatten mich die Mitarbeiter immer gut und detailliert vorbereitet, und wir hatten dafür reichlich Überstunden, auch an Wochenenden und Feiertagen, geleistet. So fiel in meine Amtszeit etwa die Erarbeitung des nationalen Programms zur Entwicklung der Landwirtschaft von 2007 bis 2021, auf dessen Grundlage viele neue rechtliche Regelungen und erfolgreiche Maßnahmen wie etwa die Modernisierung der Agrartechnologie durch die Gewährung von günstigen Krediten eingeführt wurden.

Einmal versuchte ich sogar, Einfluss auf die US-Botschaft in der Mongolei zu nehmen, um Fehlentscheidungen der Vorgängerregierung zu korrigieren. Getreidelieferungen der USA an die Mongolei, die eigentlich als Hilfslieferungen gedacht waren, wurden nämlich verkauft, und mit den Erlösen aus dem Getreideverkauf wurden Projekte mongolischer Partner finanziert. Auf die Verteilung dieser Mittel hatte die mongolische Regierung nur wenig Einfluss. Früher stand dieses Geld der mongolischen Regierung selbst zur Verfügung, doch weil es in der Vergangenheit schlecht verwaltet worden war, hatten die USA die Entscheidungshoheit an sich gezogen. Doch ich war der Auffassung, dass eine Unterstützung der Mongolei durch das Geld amerikanischer Steuerzahler auch der Regierung dieses Landes zur Verfügung stehen sollte. Ich ließ eine Verordnung ausarbeiten, die vorsah, dass die Einnahmen aus dem Verkauf von Getreide, das als Hilfslieferung aus den USA in die Mongolei gebracht wurde, in einen Fonds des Landwirtschaftsministeriums fließen. Daraufhin meldete sich die US-Botschaft bei mir und beharrte auf der bisherigen Praxis. Es mag sein, dass die Vorgängerregierung Fehler gemacht hatte, doch meiner Meinung nach musste dringend in neue Agrartechnologien, moderne Gerätschaften und die Ausbildung von Fachkräften investiert werden, um die mongolische Getreideproduktion zu steigern. Dies war das ehrliche Ansinnen unseres Ministeriums, und so wurde es auch mit japanischen Getreidelieferungen gehandhabt. Mit meinem Vorschlag verfolgte ich keine eigensüchtigen Interessen, auch wenn das vielleicht vermutet worden war. Leider war unserer Initiative kein Erfolg beschieden, auch wenn das Geld ausgereicht hätte, um die mongolische Landwirtschaft entscheidend voranzubringen – und die Amerikaner mitunter das Geld stattdessen für sehr verschiedene Zwecke ausgegeben haben.

Ähnliche größere und kleinere Meinungsverschiedenheiten mit mongolischen und internationalen Partnern gab es immer wieder. Ich halte das für nichts Ungewöhnliches, es gehört zur politischen Arbeit dazu. Trotz mancher Probleme arbeitete mein Team außerordentlich fleißig und wir haben viele positive Veränderungen erreicht und Vorhaben durch das Parlament beschließen lassen können. Die Voraussetzung hierfür war es, die Abgeordneten umfassend über die Herausforderungen zu informieren, denen sich unser Ministerium gegenübersah und die es zu lösen versuchte.

Darüber hinaus lud ich stets Abgeordnete zu verschiedenen Fachkonferenzen ein, damit sie sich selbst ein Bild verschaffen konnten. Da die meisten Abgeordneten ländliche Wahlkreise vertraten, waren diese Themen für sie von großem Interesse. Die Einladungen überreichte ich in der Regel persönlich und hob noch einmal die Bedeutung der Veranstaltungen hervor. Durch spätere Telefonate sicherte ich die Teilnahme der Eingeladenen zusätzlich ab. So wurde etwa der erste »Kongress der 1000 Viehzüchter« ein voller Erfolg. Aus allen Teilen der Mongolei kamen die besten und erfahrensten Viehzüchter nach Ulaanbaatar, um ihre Sicht der Dinge darzustellen. Die eingeladenen Parlamentsabgeordneten erfuhren so aus erster Hand von den vielen Problemen der Viehzüchter und natürlich auch von deren Erfolgen. Es wurde ausgiebig und offen über die weitere Entwicklung der Viehwirtschaft in der Mongolei diskutiert. Die Abgeordneten haben sich, wie auch bei unseren übrigen Veranstaltungen, gerne intensiv in die Diskussion eingebracht, und das gewonnene Wissen war ihnen nützlich für die parlamentarische Arbeit. Wir führten auch viele Einzelgespräche mit den Abgeordneten, um ihnen die Bedeutung unserer Anliegen für die Entwicklung der Mongolei und ihrer Landwirtschaft zu vermitteln. Das war wichtige Lobbyarbeit, um die Unterstützung des Parlaments zu gewinnen. So gelang es uns, dass wir in den meisten Fällen, wenn es zu Abstimmungen über unsere Vorhaben kam, die Mehrheit der Abgeordneten auf unserer Seite wussten. Dafür bin ich den damaligen Abgeordneten sehr dankbar. Zu den wichtigen Projekten, die vom Parlament beschlossen wurden, zählte unter anderem die Mehrwertsteuererleichterung für den einheimischen Getreideanbau und die Mehlproduktion. Für den Erfolg unserer Arbeit spricht auch, dass wir den Etat des Landwirtschaftsministeriums in meiner Amtszeit mehr als verfünffachen konnten. Denn mehr Geld bedeutete mehr Investitionen, eine verbesserte landwirtschaftliche Produktion und mehr Unterstützungen für den einzelnen Bauer oder Viehzüchter.

In meiner Amtszeit wuchs der Etat des Ministeriums für Landwirtschaft und Ernährung von 13,4 Milliarden Tugrig auf 29,7 Milliarden Tugrig. Für 2008 konnte ich den Etat sogar auf 78,6 Milliarden Tugrig erhöhen, das entsprach seinerzeit etwa 47 Millionen Euro. Das waren damals Rekordzahlen, die einen großen Erfolg und Fortschritt für die Landwirtschaftsbranche darstellten. Hinter den trockenen Zahlen verbargen sich steigende Investitionen, die Lösung von strukturellen Problemen, die Überwindung von großen Hindernissen und die Entwicklung neuer Chancen für jeden Einzelnen.

Dschingis-Bier, aber zwei Hasen mit einer Kugel

Unsere Vorfahren pflegten zu sagen, dass bei Menschen die vertrauten und bei Kleidungsstücken die neuen besser sind. Diese Weisheit schätzen die Mongolen seit alters her. Und so hielt ich es auch mit meinen Vorgängern im Ministeramt. Sie waren allesamt Persönlichkeiten, die über einen wertvollen Erfahrungsschatz verfügten. Heutzutage bringt die jüngere Generation der Mongolen den Älteren leider nicht mehr so viel Respekt und Achtung entgegen. Sie verwechseln Erfahrung mit Rückständigkeit. Aber gerade in der Landwirtschaft und im produzierenden Gewerbe sind Erfahrung und Ratschläge ein wichtiger Erfolgsfaktor.

Aus diesem Grund lud ich alle ehemaligen Landwirtschaftsminister, die seit 1940 gearbeitet hatten, und deren Stellvertreter ins Ministerium ein. Rund 40 von ihnen folgten der Einladung. Die ganze Belegschaft war zu dem Gespräch eingeladen, damit möglichst alle von den Erfahrungen meiner Vorgänger profitieren konnten. Aus dem Gespräch ergaben sich viele Ideen, die wir in das Arbeitsprogramm des Ministeriums aufnahmen. Es gelang uns, Traditionen und Veränderungen erfolgreich zu verbinden. Wir organisierten insgesamt 15 landesweite Konferenzen zu den Themen aus unserem Arbeitsbereich, wie etwa die Getreideproduktion, die Anliegen speziell junger Viehzüchter, die Probleme der Yak-Züchter, die Bewässerung, die Veterinärmedizin und die Verbesserung von Investitionen im Agrarsektor, die Einführung von Agrargenossenschaften sowie die Entwicklung der Lebensmittelindustrie. Das Ministerium steuerte zu jeder Konferenz einen Vortrag bei und stellte diesen zur Diskussion. Bei meinen Vorträgen ging ich auf die historische Entwicklung der Landwirtschaft in der Mongolei im Sozialismus und der Zeit davor ein und fragte, was man daraus für die Zukunft und die Entwicklung der neuen Gesellschaft unter den Bedingungen von Demokratie und Marktwirtschaft lernen könne. Ich nutzte die historische Erfahrung, um neue politische Ideen zu entwickeln. Im Anschluss an die Konferenzen waren wir über die Probleme und Herausforderungen der jeweiligen Sektoren gut informiert und konnten daraus Schlussfolgerungen für die weitere Arbeit des Ministeriums ziehen.

Zu den schönsten Erinnerungen aus dieser Zeit gehört, dass ein älterer Viehzüchter und »Held der Arbeit« aus der sozialistischen Zeit während einer Konferenz zum Rednerpult ging und verkündete, dass er als alter Viehzüchter vor Freude fast platze, weil die mongolische Viehwirtschaft durch die Arbeit des Ministeriums nun endlich wieder über eine feste Stütze verfüge. Er habe erlebt, wie die Landwirtschaft nach dem Übergang zur Marktwirtschaft in Windeseile zerstört wurde und es nun endlich mit deren Wiederaufbau vorangehe. Der Saal nahm diese Worte mit großem Beifall auf.

Ein anderes Bild bot die Reform des Getreideanbaus. Dieser erholte sich nach Jahren der Vernachlässigung nur langsam. Es war offensichtlich, dass der Staat unterstützend eingreifen musste. Wir nutzten das anstehende 50-jährige Jubiläum der Kampagne zur Gewinnung von Ackerland, um ein neues Programm mit demselben Ziel zu entwickeln. In das Programm wurde viel Arbeit investiert. Dadurch gelang es, den Getreideanbau erfolgreich wiederzubeleben: Von anfänglich 13 bis 15 Prozent Bedarfsdeckung an mongolischem Getreide aus eigenem Anbau sind wir seit ein paar Jahren bei 100 Prozent. Die von uns gesäte Saat ging nicht nur hier auf.

Um Anschluss an die weltweite Entwicklung zu finden, veranstalteten wir auch einige internationale Konferenzen. Wir wollten von anderen Ländern lernen und die Produktivität unserer Landwirtschaft verbessern. Eine direkte Folge dieser Bemühungen waren Technologietransfers aus den USA und Kanada zur Verbesserung des Getreideanbaus durch Mechanisierung. Unterstützung erhielten wir auch aus China, das der Mongolei 1000 kleine Multifunktionstraktoren zu günstigen Konditionen zur Verfügung stellte. Eigentlich war das Geld für andere Projekte vorgesehen, doch ich konnte den chinesischen Botschafter in harten Verhandlungen davon überzeugen, dass die Mongolei vor allem bei der Mechanisierung Nachholbedarf hatte. Nach mongolischen Maßstäben glich die Einführung der Traktoren einer technologischen Revolution, und zwar nicht nur beim Ackerbau, sondern bei der Viehzucht. Die Ernteerträge nahmen infolgedessen deutlich zu. Nur Dürrejahre konnten uns einen Strich durch die Rechnung machen.

Um die Mongolei als Produzent von Agrarprodukten international bekannter zu machen, nahmen wir in meiner Amtszeit auch an der Grünen Woche in Berlin teil. Diese hatte ich das erste Mal während meiner Zeit als Dozent an der FDJ-Jugendhochschule in Bernau besucht, als Deutschland noch durch eine Mauer geteilt war. Mit Unterstützung der mongolischen Botschaft in Berlin und meiner deutschen Freunde gelang es mir, dass die Mongolei zu vergünstigten Konditionen an dieser weltweit bedeutenden Agrarmesse teilnehmen konnte.

Besondere Aufmerksamkeit erfuhren wir bei der Grünen Woche 2006, als sich der mongolische Stand in einer großen Jurte befand. So fanden auch deutsche Spitzenpolitiker, wie der damalige Landwirtschaftsminister Horst Seehofer und der Regierende Bürgermeister von Berlin Klaus Wowereit ihren Weg zu uns. In der Jurte probierten sie das in der Mongolei nach dem deutschen Reinheitsgebot gebraute Dschingis-Bier. Das war für uns eine große Ehre, denn die Konkurrenz um die Aufmerksamkeit der prominenten Besucher und die für uns wichtige, damit verbundene Medienöffentlichkeit war unter den fast 200 vertretenen Ländern groß. Viele Journalisten berichteten über die mongolische Jurte in Berlin. Unsere Erzeugnisse waren sehr gefragt, und die Vorräte an Dschingis-Bier waren schneller erschöpft, als wir geplant hatten, so dass aus der Mongolei schnell Nachschub geliefert werden musste.

Ich, der Viehzüchter, platze vor Freude aus allen Nähten meines Deels

In Anlehnung an die deutsche Grüne Woche führten wir in der Mongolei die Grünen Herbsttage ein. Der Name rührt von der besonderen Bedeutung, die der Goldene Herbst in der Mongolei hat. Außerdem war es aus urheberrechtlichen Gründen nicht möglich, eine Messe in der Mongolei Grüne Woche zu nennen. So kamen wir zu unseren Grünen Herbsttagen, die ich schon als Vizeminister gemeinsam mit den Mitarbeitern des Ministeriums organisiert hatte. Produzenten aus der ganzen Mongolei präsentierten den Verbrauchern ihre besten Lebensmittel, darunter Gemüse, Fleisch- und Milchprodukte sowie Zuchttiere. Erstmals wurde in der Mongolei eine Messe auch von Schülern und Studenten besucht, die dort vor Ort verschiedene Zuchttiere bestaunen und sich bei Vorträgen über die Lebensmittelproduktion informieren konnten. Und auch die Produzenten konnten etwas lernen, indem sie wie bei einer Wissensbörse gegenseitig ihre Erfahrungen austauschen konnten. Die Grünen Herbsttage wurden von Jahr zu Jahr größer und haben sich fest als Tradition in der Hauptstadt, aber auch in verschiedenen Aimakzentren etabliert.

Ich war ständig auf der Suche nach solchen Ideen. Aus anderen, weiter entwickelten Ländern haben wir ebenfalls viele Ideen übernommen. Beispielsweise importierten wir aus Japan das Konzept »Ein Dorf – ein Produkt« oder begannen mit ökologischer Landwirtschaft. So konnten wir die mongolischen Produzenten dabei unterstützen, eigene Markenprodukte zu entwickeln. Die Zahl von Lebensmittelproduzenten in der Mongolei stieg kontinuierlich an.

Bei der Reform des Landwirtschaftssektors waren wir sehr bemüht, die Erfahrungen anderer Länder zu studieren. Offizielle Besuche mit Protokoll sind dafür sicherlich wichtig, aber vielleicht noch bedeutender sind die Freundschaften, die sich aus solchen Begegnungen entwickeln. Durch meine Auslandsreisen nach Deutschland, China, Ungarn, Tschechien, Russland, Japan, Südkorea, Frankreich, Italien, Ägypten, Laos und

Vietnam habe ich viel über die Landwirtschaft und Lebensmittelindustrie in diesen Ländern gelernt. Wegen der schlechten Haushaltslage in der Mongolei war es während meiner Amtszeit nicht immer einfach, ausländische Gäste in der Mongolei angemessen zu empfangen und den hohen Standards für Gastfreundschaft zu entsprechen.

Aus diesem Grund fanden wir eine einfache Lösung: Den Besuchern sagte ich, dass die Mongolen geschätzte Gäste zu sich nach Hause einladen. Meine Frau empfing die Gäste dann nach allen Regeln der Kunst und mongolischen Kultur. Was als Ausnahme gedacht war, wurde bald fast zu einer Regel. Dies fiel mir erst auf, als mich der Leiter des Referats für Internationale Beziehungen darum bat, aufgrund der angespannten Haushaltslage Gäste fortan nur noch bei mir zu Hause zu empfangen. Wir begrüßten daher einen Kreis illustrer Gäste in unserem Haus. Darunter waren Minister und Vizeminister aus Russland, China, Südkorea, Laos, Vietnam und Japan. Mein Haus wurde für eine Weile die inoffizielle Empfangsstätte des Ministeriums für Landwirtschaft und Ernährung.

Ich leistete auf diese Weise gerne einen Beitrag zur Aufbesserung des Haushalts unseres Ministeriums. Mit Blick auf die internationale Kooperation sind wir dem mongolischen Sprichwort gefolgt, wonach »nur der lernt, der lernen will, da ansonsten auch tausend Worte nicht helfen«. Wir waren stolz, dass wir dazu beitragen konnten, neue Kooperationen zu begründen und Investitionen in die Mongolei zu locken. Meine Frau und ich waren gerne Gastgeber und ich denke, dass es auch unseren Gästen gefallen hat. In der privaten Atmosphäre des eigenen Hauses ergeben sich ungezwungenere und herzlichere Gespräche als in offiziellen Räumlichkeiten. Man schließt schneller Freundschaften und entwickelt neue Ideen für die Zusammenarbeit.

Als Leiter der mongolischen Delegation in der Mongolisch-Russischen Regierungskommission konnte ich sehr gute Beziehungen zu dem Leiter der russischen Delegation, Landwirtschaftsminister Alexej Gordejew, aufbauen, der heute russischer Vizepremierminister ist. Während seiner Amtszeit besuchte er die Mongolei zweimal. Dabei empfing ich ihn auch zu Hause. Gemeinsam besuchten wir Viehzüchter, damit er die mongolische Lebensweise kennenlernte. Unser gutes persönliches Verhältnis erleichterte die Aushandlung von Verträgen für Getreideimporte.

Russland gewährte der Mongolei günstige Konditionen, bis die Mongolei in der Lage war, ihren Bedarf selbst zu decken. Leider musste ich feststellen, dass nach meinem Ausscheiden aus dem Amt die Mongolei einen höheren Importpreis zahlte. Die Gründe hierfür sind mir nicht bekannt.

Auch der südkoreanische Landwirtschaftsminister Pak Chung Su besuchte auf meine Einladung die Mongolei. Wir freundeten uns schnell an, die Chemie zwischen uns stimmte sofort. Passenderweise hatten wir auch fast am gleichen Tag Geburtstag. Auf Paks Einladung besuchte ich Südkorea und besichtigte dort die Fleisch- und Milchproduktion sowie Gewächshäuser. Wir machten auch einen Abstecher in seinen Geburtsort und zu seiner Familie. Dort fuhren wir mit seinem Auto herum, und er zeigte mir sowohl seine Heimat als auch die neuesten Agrartechnologien. In dieser Zeit führten wir mit koreanischen Mitteln in der Mongolei umfangreiche Studien durch, um in der im Osten des Landes gelegene Khalkh Gol-Region eine kombinierte Produktionsstätte für Getreide und Viehwirtschaft aufzubauen. Weil dort ideale Bedingungen für den Getreideanbau bestehen, ist eine intensive Viehwirtschaft möglich, um Exportprodukte herzustellen.

Als die Mongolei das 800. Jubiläum der Staatsgründung feierte, nahmen viele ausländische Gäste an den Feierlichkeiten teil, unter ihnen der japanische Landwirtschaftsminister Nakagava Shoichi, der die Delegation seines Landes leitete und aus einer alten Politikerfamilie stammte. Wir verabredeten und unterzeichneten einen Vertrag über jährliche Treffen der Abteilungsleiter unserer Ministerien. Nakagava sagte einmal zu mir, dass die Mongolei ein wahres Pferdeland sei und dass seine Tochter gerne reite. Also lud ich ihn ein, mit seiner Tochter die Mongolei zu besuchen, damit sie gemeinsam mit meiner Tochter in der Großen Steppe ausreiten könnte. Das wichtigere Thema war aber die Zusammenarbeit in der Khalkh Gol-Region im Osten des Landes, wo die Mongolei neben Korea auch Japan als Partner sah. Wir sollten dort für den Export nach Japan bestimmten Soba-Buchweizen anbauen und Rinder züchten. Dabei war die von Korea finanzierte Studie sehr von Nutzen. Ich will nicht verheimlichen, dass ich durch die gleichzeitige Kooperation mit Japan und Korea, wie man in der Mongolei sagt, »zwei Hasen mit einer Kugel treffen« wollte.

Meine Erfahrungen als Minister und meine Ideen für die Zukunft habe ich 2008 in dem Buch »Landwirtschaft und Lebensmittelwirtschaft – Entwicklungswege in der Mongolei« veröffentlicht. Der Hauptgedanke war, dass die reichhaltigen Bodenschätze der Mongolei endlich waren und nur einmal verwendet werden konnten, wohingegen sich die Landwirtschaft jedes Jahr aufs Neue betreiben ließ. Drei Ressourcen stellte ich in den Mittelpunkt des Buches: Erstens den nationalen Genpool des mongolischen Viehs, das sich unter den schwierigsten klimatischen Bedingungen als besonders widerstandsfähig erwiesen hat, wie auch die Kultur- und Naturpflanzen der Mongolei sowie die unterschätzten biologischen Reserven wie etwa Mikroorganismen. Zweitens die menschlichen Ressourcen mit ihrer körperlichen und geistigen Fähigkeiten. Und drittens die Beschaffenheit des Bodens und das Wasser als Grundlagen für die Landwirtschaft sowie Sonne und Wind als wichtige Energiequellen. Der Wert des Buches bestand darin, die Beiträge der besten mongolischen Wissenschaftler zu diesen Themen, die für die Konferenzen des Ministeriums entstanden waren, an einem Ort zu versammeln und überhaupt erst einmal zwischen diesen drei Arten von Ressourcen zu unterscheiden.

Botschaftertreffen mit Präsident N. Enkhbayar und Außenminister L. Erdenechuluun, 2003

Im Jahr 2006 trat die Regierung von Premierminister Ts. Elbegdorj, der ich als Landwirtschaftsminister angehörte, zurück. Am Tag unseres Rücktritts war ich bei einer Besprechung im Ministerium. Mein Staatssekretär sagte mir im Anschluss an die Sitzung, dass er gehört habe, ich hätte vor, meinen Rücktritt anzukündigen. Er sorgte sich um die Früchte unserer Arbeit und dass im Falle eines Ministerwechsels alle Mühen umsonst gewesen seien. Er teilte mir mit, dass dies die einhellige Auffassung der gesamten Leitungsebene des Ministeriums sei. Das war für mich die größtmögliche Anerkennung für meine Arbeit.

Aber die Entscheidung stand fest: Das Kabinett war zurückgetreten, und damit musste auch ich mein Amt aufgeben. Das empfand ich als meine moralische Pflicht gegenüber dem übrigen Kabinett. Als ich der Parteiführung einen geeigneten Nachfolger vorschlug, sagte man mir zu meiner eigenen Überraschung, dass es dessen nicht bedürfe. »Sie haben doch noch einiges vor, das hat uns auch das Ministerium mitgeteilt. Bleiben Sie also erstmal an Ort und Stelle.« So war ich einer der wenigen Minister, die nach dem Ende der Regierung von Elbegdorj auch in die neue Regierung unter M. Enkhbold eintraten. Ich übte mein Amt noch bis zum Dezember 2007 und damit fast vier Jahre aus. Heute kann ich guten Gewissens behaupten, dass ich in meiner Amtszeit als Minister für Landwirtschaft und Ernährung in zwei Regierungen die Grundlagen für Reformen und neue Ansätze im Landwirtschafts- und Lebensmittelsektor gelegt habe, die bis heute wirksam sind. Dies ist aber nicht nur mein persönlicher Verdienst, sondern es stecken darin die Arbeit, der Enthusiasmus, der Mut und der Fleiß aller Mitarbeiter des Ministeriums.

Als Vizepremierminister und Mitglied des Parlaments der Mongolei, 2013

6. Kapitel

DER WIND DREHT SICH

Meine Mongolei schrieb und schreibt noch immer große Geschichte. Um an unserem historischen Ruhm teilzuhaben, stritten sich in der Geschichte nicht wenige Länder. Nicht allein Kasachstan, auch unsere nördlichen und südlichen Nachbarländer, bemühten sich darum, das Mongolische Großreich als »wesentlichen« Teil ihrer eigenen Geschichte auszuweisen. Sogar Korea, unser einstiger mongolischer Satellitenstaat, versucht bisweilen, die historische Ordnung von Herrschern und Beherrschten umzudrehen. Alle hätten gerne die großartigen Eroberer in ihrer Historie aufgelistet. So wurde unser Dschingis Khan mal ein Chinese, mal ein Russe und zuletzt ein Kasache. Kasachstan ist ein ganz neues Land, das gerade einmal auf eine 20-jährige Staatsgründung zurückblickt. Keine Geschichte zu haben, ist ein großes Leid, aber eine neu verfassen zu müssen, bedeutet für die Menschen die Suche nach heldenhaften Eroberern und Kultfiguren. Eigentlich standen sie unter der Herrschaft des Khans Zutsch, was der eigentliche Streitpunkt ist. D. Tseveendorj, der ausgezeichnete Archäologe, der sich in den 50 Jahren seines Berufslebens mit den Befunden und Erzeugnissen aus der Zeit der Hunnu und Dschingis Khans beschäftigte, erklärte mir einst: »Angeblich fanden die Chinesen das Grab Dschingis Khans, und auch die Kasachen wollen es entdeckt haben. Am Berg Burkhan Khaldun wurde es aus- und wieder eingegraben. Solche Meldungen sind immer wieder zu vernehmen. Es heißt, der Nation, die das offizielle Auffinden des Dschingis-Grabs bestätigt, gehörte der Khan an. Aber niemand kann die Wahrheit der Geschichte verfälschen.«

Dass diese »Eingemeindung des Mongolischen Großreiches« nicht nur unsere östlichen Nachbarn beschäftigt, bestätigte mir auch der Historiker Ochir: »Für die Mittelasiaten ist Dschingis ihr Khan. Das erfuhr ich, als ich vor einigen Jahren in Ankara in der Türkei war. Ich ging über den Zentralplatz und sprach zu einem wissenschaftlichen Mitarbeiter aus der Türkei: ›Hey, sieh mal, Batu Khans Denkmal‹. Er erklärte mir: ›Batu Khan herrschte über uns, also war er auch unser Khan.‹«

Fünf Brüder

Es ist unstrittig, dass Dschingis Khan ein Weltreich gegründet hat. Wer unter seiner Herrschaft stand, dessen Khan war er. Aber genauso unstrittig ist, dass Dschingis Khan ein Mongole war, der den Grundstein für das vereinigte Großreich der Mongolei legte, das dann 1271 unter dem Namen Yuan-Reich gegründet wurde.

Dabei ist nicht die Dauer eines Reiches alleiniger Maßstab seiner Bedeutung: Jenes Großreich wurde wieder aufgelöst, und viele Stämme und Kulturen, die sich zu Beginn der Gründung des Staates vereinten, trennten sich auch wieder, als dieser zerfiel. Das Khülegün-Land aus Mittelasien war muslimisch, das Reich der Goldenen Horde in Teilen christlich, und das Yuan-Reich hatte eine gemischte Religion, d.h. seine Chinesen lebten nach den Lehren des Konfuzius und die Mongolen nach den Lehren Buddhas. Was diesem Großreich wahrhaft Bedeutung gab, war die Vision einer Einheit über die Verschiedenheit hinweg.

Denn auch die Lebensarten in dem Herrschaftsgebiet der Mongolen unterschieden sich erheblich. Europa war ein Reich von vielen kleinen König- und Kaiserreichen und einem sesshaften Leben. Mittelasien verzeichnete eine gemischte Lebensart – die eine Hälfte lebte sesshaft und die andere nomadisch. Und dass das mongolische Kernland Heimat des Nomadentums war, dürfte mittlerweile bekannt sein. Im Grunde genommen beeinflussten die religiösen Kulturen und die unterschiedlichen Lebensweisen die Auflösung sowie den Zerfall eines Staates mal mehr und mal weniger. Dadurch verschlechterte sich das zentrale Verwaltungssystem und zeigte erste Schwächen. Die Folge daraus war die Auflösung bzw. der Zerfall eines Vielvölkerstaates, der sich in seine ursprünglichen Kulturen, oder besser Stammeskulturen und Lebensarten aufteilte. Der Niedergang der administrativen Institutionen war auch das Ende der Reichseinheit. Das ist meine Meinung, und das könnte man auch für die Mongolei der Moderne diskutieren.

Das Großreich der Mongolei wurde in vier Teile untergliedert: das Reich der Goldenen Horde, die Il-Khanate, das Land Zagaadai und das Yuan-Reich. Nach dem Tod von Abū Sa 'īd wurden die Il-Khanate in viele Emirate unterteilt. Hongwu, einer der Aufstandsanführer der sogenannten Roten Tücher, gründete die Ming-Dynastie und eroberte 1368 die Hauptstadt Khan Balgas des Yuan-Landes. Folglich konnte er das Verwaltungssystem der Mongolei in China vernichten.

Zagaadais Land bestand bis Ende des 13. Jahrhunderts in zwei Teilen: Das eine Land war das der sesshaften Maverennakhr mit der Hauptstadt Samarkand, der andere Teil war ein Land namens Mogolistan, welches am Fluß Doloon mörön und im Turfan-Becken eine nomadische Lebensweise pflegte. Das ganze 14. Jahrhundert kämpften sie gegeneinander. 1340 wurde das Timur-Emirat von Maverennakhr gegründet. Timur trug den Spitznamen »Timur der Lahme« und war auch bekannt unter dem Namen Tamerlan. Nach seinem Tod Anfang des 15. Jahrhunderts wurde sein Land in viele kleine Emirate zerteilt. Der Kaiser Babur gehörte zur Ethnie der Timur-Emirate. Er wurde von den Usbeken vertrieben, lebte danach in Indien und gründete sein Land Ikh Mogol. Später, im Jahre 1859 wurde Ikh Mogol von den Briten zerschlagen und das Land ging unter. Die Bewohner Mogolistans wurden im 16. Jahrhundert sesshaft und integrierten sich in ihre islamische Umgebung.

Die Länder der Goldenen Horde zerfielen im Laufe des 15. Jahrhunderts in die verschiedenen Gebiete turksprachiger Völker. Es entstanden Länder wie Kasan, Krim, Astrahan, Nogain-ord und die Fürstentümer von Sibirien. Der Zerfall des Großreichs der Mongolei in einen Vielvölkerstaat sollte und konnte unser mongolischer Ursprung sein, den Dschingis Khan durch die Verschmelzung der vielen Ethnizitäten verursacht hat, mutmaßt Ochir, mit dem ich die Geschichte ein wenig nachzuzeichnen versuchte.

Um nun Dschingis Khan aus meinen Gedanken zu entlassen, möchte ich abschließend den hervorragenden Wissenschaftler A. Tsanjid zu Wort kommen lassen, mit einem Zitat aus seinem Buch »Das Regieren der mongolischen Weisheit«: »Dschingis Khan hatte die willkürlichen Kaiser der Erde vernichtet, etablierte Versöhnung und Harmonie, regierte die Menschen aus einer Hand und war tolerant gegenüber allen

Religionen, Gewohnheiten und Gepflogenheiten. Die Menschen konnten sich durch diese Toleranz ohne Schranken zu ihrem Glauben bekennen. Das sind Eigenschaften eines Wegweisers der Welt. Regeln und Gesetze wurden von ihm verordnet, und ihm gelang es, Gerechtigkeit im Steuersystem einzuführen. Damit konnte zumindest meistens ein fairer Handel betrieben werden.« Man muss dieses Lob nicht in allen Aspekten teilen und kann doch anerkennen, dass Rechtsstaatlichkeit, Toleranz und praktische Gerechtigkeit durch das mongolische Großreich auf eine Geltungsstufe gehoben wurden, die historisch ihresgleichen suchte. Auf diese Errungenschaften Dschingis Khans konnten seine Nachfolger aufbauen.

Kublai Khan gründete die Yuan-Dynastie, verlegte die Hauptstadt und regierte sehr erfolgreich, doch später wurden seine Nachkommen vertrieben. Ob die Verlegung der Hauptstadt nach Süden richtig oder falsch war – oder beides –, darüber gab und gibt es viele Diskussionen unter Wissenschaftlern. Die einen meinen, infolge der Verlegung der Hauptstadt von Kharakorum nach Peking sei unsere westliche Heimat der Mongolei, welche zuvor das Zentrum der Politik und der Wirtschaft war, ein abgelegenes Dorf. Für den Bedeutungsverlust des mongolischen Kernlandes machen sie Kublais Politik verantwortlich. Die anderen sagen, um die Chinesen auf dem riesigen Gebiet regieren zu können, musste man in ihrer Mitte leben, es gab keine andere Wahl. Von Kharakorum ein so riesiges Land regieren zu können, sei undenkbar gewesen. Und nicht regieren können heißt verlieren, und in diesem Fall hieß verlieren der Anfang des Zerfalls der Dynastie. Das sind im Wesentlichen die gegensätzlichen Meinungen. Über diese Thematik habe ich mehrmals mit den Wissenschaftlern intensive Gespräche geführt.

»In neuester Gegenwart findet die letzte Einschätzung immer mehr Unterstützung. Die Besonderheit Kublais war, dass er das mongolische Land nicht mit dem der Chinesen verschmolz, obwohl er ganz China beherrschte. Es war den Chinesen sogar verboten das ursprüngliche Heimatgebiet der Mongolen zu betreten und zu besiedeln. ›Soldaten des Khans‹, so wurden die ursprünglichen Mongolen genannt, und ihr Land war die ›Heimat der Pferde‹. In der alten Heimat kamen die Kinder des Khans zur Welt und sie lebten dort. Die militärische Basis befand sich nach wie vor dort. Das Gebiet im Süden war sehr heiß, weswegen es dort keine Möglichkeit für die Aufrechterhaltung der Pferdeschulen gab. Als die Soldaten ihren Feldzug durch Vietnam führten, fielen die Pferdehufe ab, und bei der sengenden Hitze sollen den Tieren die Haare ausgefallen sein, so lauten zumindest die Legenden. Aufgrund der strategischen Ausrichtung der politischen Kontrolle und Militärverwaltung konnten die Chinesen trotz der zahlenmäßigen Überlegenheit die Herrschaft der Mongolen nicht unterwandern. Das ist das Verdienst der Politik Kublais. Falls damals die mongolische Hauptstadt Kharakorum das Zentrum des gesamten Reichs geblieben wäre, hätten die Chinesen jederzeit ungehindert in die ursprüngliche Heimat der Mongolei einreisen können«, erzählte Ochir.

»Kublai war sehr an China interessiert, weshalb er sich dort lange aufhielt, und er achtete sehr auf die chinesischen Belange. Dadurch war er auch weit weg von dem mongolischen Kernreich und seiner eigentlichen Heimat. Das gab den mongolischen Großfürsten Gelegenheit, sehr selbstständig zu werden. Während Kublai Khan das Kaiserreich des traditionellen Yuan-Reichs festigte und bei den Chinesen Anerkennung genoss, geriet die Balance der Macht in den westlicheren Provinzen in Gefahr.«

Dieser Einschätzung A. Ochirs steht die Ansicht L. Bolds gegenüber, der Kublai Khans Strategie eher im kulturpolitischen Bestreben sieht, die mongolische Herrschaft gegenüber der chinesischen Einfluss-Sphäre zu stärken: »Die Chinesen sollten sich der Schirmherrschaft der Mongolen unterordnen, und die Hauptstadt der mongolischen Völkerschaften wurde von Kharakorum nach Peking verlegt. All das sind Kublais Fehler, so kritisieren viele Forscher. Man wird aber wohl nie das Rätsel lösen, welche großen Ziele Kublai erreichen wollte. Meiner Meinung nach war sein Ziel, die Quadrat-Schrift neu zu erfassen. Damit beabsichtigte er, mit Hilfe der Schriftkultur die Chinesen auszustechen. Das war seine Politik.«

Die Untersuchungen über die Vergangenheit bleiben Aufgabe der historischen Forschung, aber diese sollte keinesfalls das heutige Verständnis für Richtigkeit und Fehlentscheidungen überlagern, das bin ich meinem Inneren Ich schuldig. Jenseits der Bewertung der Politik Kublais bleiben einige Grundüberlegungen bestehen, denen wir nach wie vor Geltung zusprechen und Beachtung schenken sollten. Eine davon, denke ich, ist die Weisheit »Wer sich von den Verwandten trennt, fällt Außenstehenden zum Opfer.«

Die Chronik »Die Geheime Geschichte der Mongolei« erzählt: Als die fünf Brüder nicht versöhnt, sondern zerstritten waren, rief die Mutter Alungoo sie zu sich. Die Mutter gab jedem einzelnen einen Stab und sagte ihnen, sie sollten diesen zerbrechen. Die Söhne zerbrachen die einzelnen Stäbe sehr schnell. Die Mutter band die fünf Stäbe zusammen und sagte ihnen wieder, sie sollten sie zerbrechen. Die Söhne versuchten nacheinander die zusammengebundenen Stäbe zu zerbrechen, aber keiner schaffte es. Da sprach die Mutter Alungoo zu ihnen: »Ihr, meine fünf Söhne, wurdet aus meinem Leib geboren. Wenn ihr als ein einzelner Mensch wie der einzelne Stab seid, dann verliert ihr jeden Kampf leicht. Seid ihr aber wie der zusammengebundene Stab versöhnt und haltet zusammen, verliert ihr nicht so leicht.«

Diese Lehre der Nomadenmongolen wurde über die Jahrhunderte hinweg getragen und weitergegeben. Für die Eintracht ihrer Kinder haben die Mongolen viele Lehrschriften, Chroniken, Märchen, Legenden, mündlich tradierte Literatur und Sprüche, die ihnen den Wert der Einigkeit in ihr Gedächtnis einprägen sollen.

Für die Throne der Khane kämpften ganze Familienclans. Vor lauter Auseinandersetzungen kamen sie nicht zur Ruhe, sondern beraubten sich gegenseitig. Nach Dschingis Khan wurden zwischen 1228 und 1600, also in rund 400 Jahren, insgesamt 36 Khane auf den Thron erhoben. Ashidchew Khan wurde zum letzten Monat des Jahres »Gelber Drache« 1328 gekrönt und trat nach gerade mal einem Monat wieder zurück. Khüslen Chan wurde im Jahr 1329 feierlich eingesetzt, verstarb aber noch im selben Jahr. Rintshinbal Khan wurde bereits als Siebenjähriger auf den Thron erhoben und war zwei Monate später tot.

Ochir kommentierte diesen Mangel an Geschlossenheit mit der historischen Entwicklung: »Nach dem Untergang der Yuan Dynastie kamen die Mongolen zurück in die alte Heimat und kümmerten sich selbstverständlich weiter um ihre Viehhaltung. Aus dieser Tätigkeit heraus entwickelte sich ein politischer Kampf gegeneinander, der Kampf um das Regieren, der Streit um die Untergebenen und um den Nachlass der Steuern. Das alles führte zu den Stammeskämpfen unter- und gegeneinander, wie zum Beispiel zum Krieg der Oiraten gegen die Khalkha-Mongolen und innerhalb der Khalkha-Stämme die Kämpfe der östlichen gegen die westlichen Regionen. Auch in einem geeinigten Staat sollten sich die Steuern nach dem Viehbestand richten, und das Weideland sollte vom Staat eingeteilt werden. Seit der Zeit Dschingis Khans wurden einem Staatsmann – so er irgendeinen politischen Fehler begangen hatte – seine Untergebenen und sein Gebiet entzogen und an einen anderen weitergegeben. So zogen zum Beispiel einst die Bewohner Kalmückiens wegen der Steuern nach Khökh Nuur. Ihre Stammeskämpfe zerteilten ihr Territorium und ihr Land wie Rindernieren. Das darauffolgende Verhängnis war, dass die mongolischen Gebiete von der Qing-Dynastie besetzt wurden. Wären die Kräfte der Mongolen vereint gewesen, hätten sie viel stärker gegen die Mandschuren kämpfen können.«

Damit berührt Ochir einen Punkt, der gerade im Westen für Irritation sorgt, denn dort wird die Mandschurei meist als chinesisches Gebiet betrachtet. Daher lautet mein Einwand: »Die Mongolen waren zu keiner Zeit von den Chinesen erobert. Aber manche Menschen sprechen von der Unterdrückung der Chinesen, wenn sie die Herrschaft der Mandschuren meinen.« Diese Meinung präzisiert auch Ochir: »Die Mandschurei ist nicht China. Die mandschurischen Herrscher sind mandschurisch-tungusischer Abstammung aus der Zeit der Hunnu. Die Khalkha-Mongolen, die Oirat-Mongolen und die Mongolen am See Khökh Nuur, die ihre Kräfte gegen die Mandschuren vereinigten, konnten nicht leicht besetzt werden, denn die Mandschuren waren nicht besonders stark. Sie haben die Mongolen in drei Feldzügen nacheinander erobert. Wen sie zuerst unterworfen hatten, dessen Kraft nutzten sie, um die nächsten Teile der Mongolei niederzuwerfen. Zum Beispiel besetzten die Mandschuren zunächst die Innere Mongolei und holten viele Reiter aus dem dortigen Gebiet Barga. Mit dieser Verstärkung überwanden die Mandschuren die Khalkha-Mongolen im mongolischen Kerngebiet. Beim ersten Mal war es leicht, die Mongolen zu besiegen, weil sie so verstreut und nicht versöhnt waren. In ihrer Geschichte gerieten die Mongolen deswegen nur einmal unter koloniale Unterdrückung, die mandschurische. Eine Zeit lang standen die Mongolen zwar auch unter der Herrschaft der Turk völker und der Uighuren. Aber diese waren nicht wie der mandschurische Staat eine überaus organisierte Kolonialmacht, die für die Besetzung ganz Chinas auch die Kräfte des unterworfenen Reiterstamms der Khortshin- oder Khartshim-Mongolen nutzten.

Die Mandschuren übten bei der Eroberung der mongolischen Gebiete die »Politik der weichen Kräfte« als Ergänzung militärischer Optionen aus. So sendeten sie werbende Briefe mit dem Versprechen politischer Teilhabe an mongolische Fürsten: »Folgt uns! Ihr werdet glücklich sein!« Unter dieser Perspektive gewannen sie manche Fürsten aus der Mongolei als mandschurische Kundschafter und Spione: Was geschieht in der Mongolei? Wer will gegen die Mandschuren kämpfen? Wer würde den Mandschuren einfach Gefolgschaft leisten? Wer mag Geschenke? – All diese Informationen gaben die »weichen« Fürsten der Mongolei bereitwillig den Mandschuren. Von der Regierung der Mandschurei wurden den Mongolen ständig große Geschenke dargebracht. Zu ihren Gaben gehörten auch gut aussehende junge Frauen und extravagante Dienstgrade und Titel. Diese Geschenke im weitesten Sinne sollten die geneigten Fürsten der Mongolei gefügig machen.«

Eine merkwürdige Begebenheit in dieser historischen Umwälzung der Herrschaftsverhältnisse ist, dass Kublais Verordnung auch weiterhin unter den mandschurischen Machthabern galt: Die chinesischen Bauern durften keinen Schritt hinter die Weiße Mauer auf die Seite der Mongolei setzen.

Auch wenn die Mongolen ihre Eigenständigkeit verloren hatten, unter dem Verwaltungssystem der Mandschuren genossen sie weiterhin bestimmte Freiheiten. Einer der vielen wichtigen Bestandteile der Politik Kublais, den die Mandschuren übernommen hatten, war die Armeestruktur und -ausbildung, die denen der Streitkräfte der Mongolen ähnelte. Insofern waren die untergebenen Mongolen das Modell des militärischen Erfolges ihrer Beherrscher. Die Mongolei trug den Titel »Das Weideland der Herden des mandschurischen Khans«. Für die Besatzer mussten Pferde für die Soldaten sowie Schafe und Ziegen als Heeresverpflegung zur Verfügung gestellt werden. Die Herden von Dariganga waren Ausgangspunkt für Tierlieferungen an den mandschurischen

Khan, ebenso wurde Vieh in den westlich gelegenen Gebieten Uliastai und Khovd eingetrieben. Dem entsprach das schrittweise Vorgehen der mandschurischen Eroberung: Nicht die ganze Mongolei kapitulierte mit einer Unterschrift, sondern wurde nach und nach durch Kämpfe in Besitz genommen, wobei die noch nicht eroberten Gebiete wirtschaftlich durchaus schon in den Einflussbereich der Mandschurei gerieten, bevor sie politisch integriert wurden.

Das Religionsoberhaupt der Mongolei, G. Zanabazar, wurde von den Fürsten nach seiner Meinung zur Kapitulation gegenüber der Mandschurei gefragt: »Folget dem untergehenden Staat, anstatt einem auflodernden Staat«, lautete seine Antwort. Dem untergehenden Staat folgen hieß, dass die Mongolei mehr Chancen haben könnte, wieder als starke Mongolei zurückzukehren. Das waren wichtige Überlegungen, die – wenn auch wesentlich später infolge der nationalen Unabhängigkeitsbewegung 1911 – zu einem Manifest der Souveränität werden konnten.

Über diese Nationale Unabhängigkeit sprach ich mit A. Ochir: Wie entstand die Idee des Kampfes für die nationale Unabhängigkeit?

»Die Unabhängigkeit der Kultur, der Politik und der Wirtschaft ist ein wichtiger Teil für die Menschen, deren Geist von der Sehnsucht nach Unabhängigkeit geprägt ist. Aus dieser tiefen Kraft des Schöpfens entspringt die Idee der Nationalen Unabhängigkeitsbewegung«, erklärte mir A. Ochir. »Die Unabhängigkeitsbewegung erreichte in der Tat die Verabschiedung des Abkommens von Kjachta aus dem Jahre 1915. Die Fürsten wurden zum Kampf für die Unabhängigkeit gerufen, aber die gesellschaftliche Lage war nicht einfach für sie: Durch das Abkommen der drei Länder – Mongolei, Russland und China – wurde die Souveränität der Mongolei auf die ›Autonome Republik der Äußeren Mongolei‹ beschränkt. Innerhalb der Landesgrenzen bewohnten die Stämme der Khalkha-Mongolen vier Fürstentümer, bis zur Grenze Khovds. Es wurde absichtlich verboten, dass die mongolischen Völkerschaften ein vereinigtes Land gründen durften. Die Folge war, dass die Innere und Äußere Mongolei weiterhin getrennte Länder waren, denn größere Länder entschieden nach ihren eigenen Interessen, nicht nach denen der Mongolen. Eine bedingungslose Kapitulation anstelle einer Unabhängigkeit stand immer noch als eine Möglichkeit im Raum, als Drohung gegenüber der

Mongolei. Dieses Vorgehen prägte die Verhandlungen des Kjachta-Abkommens. Über ein Jahr erkannten der Ministerpräsident und die Verhandlungsführer, Graf Tserendorj und Graf Tseveen Dshamsran das Abkommen nicht an, weil sie es für unannehmbar hielten. Sowohl von russischer als auch von chinesischer Seite wurde zuletzt so großer politischer Druck auf die Regierung des letzten mongolischen Herrschers Bogd Khan ausgeübt, dass es sogar zu einem zeitweiligen ›Ausschluss‹ der Mongolei von den Verhandlungen und zu einem Personalwechsel kam. Das politische Ultimatum endete mit einem Teilerfolg für die Mongolei. Diese historische Praxis zeigt, wenn die Mongolen miteinander in Eintracht leben, sind sie stark.«

Eine Bilanz, die wahrscheinlich in all den Jahren seit der mongolischen Unabhängigkeit nichts von ihrer Tragweite und Bedeutung verloren hat, wenn ich auf die Ereignisse der letzten Jahre blicke.

Ränkespiele mit abgestufter Verantwortungslosigkeit

Bei den Parlamentswahlen von 2004 gewann die MRVP genauso viele Sitze wie der Zusammenschluss der Oppositionsparteien, die unter dem Namen »Heimat-Demokratie-Koalition« (HDK) antraten. Nach dreiwöchigen Koalitionsverhandlungen bildeten beide Seiten eine Koalition. Dabei wurde verabredet, den Parlamentspräsidenten und Premierminister in der Hälfte der Legislaturperiode auszutauschen. Der Vorsitzende der DP, Ts. Elbegdorj, wurde zu Beginn der Legislaturperiode zum Premierminister gewählt. Beide Koalitionspartner stellten je einen Vizepremierminister. In der HDK gab es jedoch im weiteren Verlauf der Regierungszeit Uneinigkeiten darüber, wer das Amt des Premierministers ausüben sollte. Eine Gruppe lehnte Elbegdorj ab und wollte stattdessen M. Enkhsaikhan. Darüber zerbrach die HDK. Enkhsaikhan und einige seiner Anhänger gründeten die Nationale Neue Partei. Die MRVP lehnte nach dem Bruch der Koalition Elbegdorj als Premierminister ab. Insgesamt hatte er sich fast zwei Jahre im Amt halten können, anschließend übernahm die MRVP die Regierungsgeschäfte. Unter Premierminister

M. Enkhbold wurde eine Regierung gebildet, in der die Vorsitzenden aller größeren Parteien vertreten waren, darunter auch M. Enkhsaikhan. Die Demokratische Partei ging allein in die Opposition.

Schon am Tag nach der Regierungsbildung forderte die Opposition den Rücktritt einzelner Minister. Auch in der MRVP herrschte Unruhe. Man überzog sich gegenseitig mit Rücktrittsforderungen, und es kam sogar zu Handgreiflichkeiten zwischen Ministern im Plenarsaal des Parlaments. Die Regierung startete also sehr turbulent. In einer Plenarpause wurde L. Odonchimed als Minister für Soziale Sicherung und Arbeit entlassen. Wenig später wurde auf Antrag des Vorsitzenden der Volkspartei, L. Gundalai, der Minister für Industrie und Handel sowie Vorsitzender der Republikanischen Partei, J. Jargalsaikhan, wegen Interessenkonflikten entlassen. Nach dem Absturz eines Militärhelikopters wurde der Rücktritt von gleich vier Ministern gefordert, und der Minister für Bau und Stadtentwicklung starb bei einem Verkehrsunfall.

Für die mongolische Politik war das eine stürmische Phase. Alle Parteien verloren an Ansehen, da sie sich vor allem durch Intransparenz und innere Konflikte auszeichneten. Es mangelte ihnen an innerparteilicher Demokratie und Bindung an die Bürger. Es gab Ränkespiele und Kabalen, hinter den Kulissen wurden Fäden gezogen und Stolperdrähte gespannt. Die Besetzung von Posten wurde immer undurchsichtiger und in den Augen der Bürger auch ungerechter. Wissen und Erfahrung spielten bei der Auswahl von Kandidaten für Ämter keine Rolle mehr. Gesucht wurden willfährige Parteigänger, die die Korruption ihrer Vorgesetzten mittrugen. Es war bezeichnend, dass nach dem Absturz des Militärhelikopters mit Todesopfern niemand die Verantwortung übernahm. Man sprach in dieser Zeit viel über Korruption in den Ministerien und der Verwaltung sowie über die abgestufte Verantwortungslosigkeit im Land.

Auch die MRVP war tief in diese Entwicklungen verstrickt. Sie stürzte in den Umfragen immer weiter ab. In dieser schwierigen Zeit war ich Minister. Aber anstatt mich im bequemen Ministersessel auszuruhen, drängte ich darauf, die Partei zu reformieren. Ich wollte meinen Prinzipien treu bleiben, und auch wenn es schwierig war, der Versuchung widerstehen, den Weg des geringsten Widerstandes zu gehen. Im Rückblick bereue ich dies nicht.

Im Jahr 2007 kam der Abgeordnete Ch. Ulaan auf mich zu und bat mich um eine Unterschrift auf einem Zettel. Dazu gab er mir einen Stapel Papier. Auf meine Frage, worum es gehe, antwortete er nur: »Lies es durch und unterschreibe, wenn du zustimmst!« Nach der Lektüre zögerte ich nicht mit der Unterschrift. Ulaan hatte in dem Papier Vorschläge zur Reform der MRVP formuliert, die ich allesamt unterstützenswert fand. Von den Kabinettsmitgliedern hatte das Papier, außer mir, der damalige Justiz- und Innenminister D. Odbayar unterschrieben.

Am 6. Juli 2007 überreichten 13 namhafte MRVP-Mitglieder die Petition zur Reform der Partei dem Premierminister und MRVP-Vorsitzenden M. Enkhbold. Gefordert wurde eine kritische Betrachtung der Arbeit der MRVP in der Regierung. Die Schuldigen für die schwierige Lage sollten in den eigenen Reihen gesucht werden. Es wurde eine Reform der öffentlichen Verwaltung gefordert, um diese dem Zugriff der Parteien zu entziehen und dadurch Korruption zu bekämpfen. Die Verwaltung sollte kleiner und transparenter werden. Nach weiteren Forderungen schloss das Papier damit, dass die Verfasser keinerlei Ämter anstrebten, sondern dass ihnen an einer tatsächlichen Erneuerung der Partei gelegen sei. Deshalb sollte schnellstmöglich ein Parteitag einberufen werden. Dass ich als Regierungsmitglied gemeinsam mit einigen Kabinettskollegen die Petition unterschrieben hatte, sorgte im Nachgang für heftige Diskussionen. »Warum wenden Sie sich gegen Ihren eigenen Chef?«, wurde gefragt. Parteiinterne Gegner nannten unsere Gruppe höhnisch nach dem populären Spielfilm »Die Dreizehn« des sowjetischen Regisseurs Michail Romm aus dem Jahr 1936. Der Film handelt von Soldaten, die weiterkämpften, obwohl sie im Wüstensand stecken geblieben waren. Die, die uns den spöttischen Namen gegeben hatten, wollten uns wie die 13 Soldaten im politischen Sand stecken lassen sowie vom politischen Leben fernhalten. Doch ich kümmerte mich nicht darum und habe unsere Forderungen gegenüber Enkhbold offen angesprochen.

In einem Punkt war ich mit meinen »Sand 13«-Kollegen uneinig und habe dies auch deutlich zur Sprache gebracht. Ich war der Meinung, dass der Premierminister Enkhbold das Amt des Parteichefs zeitweise abgeben müsse. Er sollte sich in Zeiten schlechter Umfragewerte und nahender Wahlen ganz auf die Regierungsgeschäfte konzentrieren. Die Reform

Ich forderte nehrmals die Verbesserung des Oyu-Tolgoi-Vertrages, von der Regierung von S. Bayar (2007-2009) und von der Regierung von Tsh. Saikhanbileg (2014-2016), hier im Parlaments- und Regierungshaus, 2013

Ich nehme sehr aktiv an allen Beratungen und Sitzungen im Parlament und in der Regierung teil.

der Partei war eine zu große Aufgabe, um sie parallel zu den Regierungsgeschäften zu erledigen. Und man muss ehrlich sagen, dass es in der Parteiarbeit damals – im Unterschied zur Regierungsarbeit – große Mängel gab. In der damaligen besonderen Situation schien mir die Trennung des Amts des Premierministers und des Parteivorsitzes unvermeidlich. Ansonsten bin ich nach wie vor der Meinung, dass der Parteichef auch die Regierung führen sollte. Doch mit meiner Position konnte ich mich in unserer Gruppe wie auch in der Partei nicht durchsetzen und hatte das zu akzeptieren, denn es ist nun mal das Prinzip der Demokratie, dass die Mehrheit entscheidet.

In der für ihre Geschlossenheit berühmten MRVP gab es im Jahr 2005 das erste Mal die Bildung unterschiedlicher Flügel unter Führung namhafter Politiker. Parteifreunde reagierten darauf bisweilen ungehalten. Der bekannte Politiker Ts. Nyamdorj sagte zum allgemeinen Entsetzen, dass er zur Unterbindung der Flügelbildung gerne die Schrotflinte zur Hilfe nähme. Und wenig später kam mit unserer »Sand 13«-Gruppe noch ein weiterer Flügel hinzu. Der Aufruhr war groß, wir jagten dem Parteichef und dem Parteivorstand regelrecht Angst ein. Doch wir hatten auch Unterstützer, die uns darum baten, angesichts der katastrophalen Umfragewerte auf einen Sturz der Parteiführung hinzuarbeiten und umfangreiche Änderungen in der Parteisatzung anzustreben. Wir einigten uns darauf, beim nächsten Parteitag die Trennung der Ämter des Parteivorsitzenden und Regierungschefs zu beantragen und Änderungsvorschläge für die Parteisatzung vorzulegen.

Es wurden Stimmen laut, die besagten, dass Staatspräsident N. Enkhbayar hinter uns stehe und wir, die »Sand 13«, uns auf sein Geheiß gegründet hätten. Der ehemalige Arbeitsminister und heutige Publizist L. Odonchimed schrieb später in einem Buch, dass es Personen gegeben habe, die sich mit dem Staatspräsidenten getroffen und ihn um Rat gebeten hätten. Ich möchte das an dieser Stelle für andere Personen weder abstreiten noch bestätigen, ich zumindest habe den Staatspräsidenten getroffen, bin aber in meiner Position der Sache nach unbeeinflusst geblieben. Jedenfalls war es L. Odonchimed selbst, der damals offen gesagt hatte, dass er sich S. Bayar statt M. Enkhbold als Parteivorsitzenden wünschte. Ich persönlich war fest davon überzeugt, dass die Partei unbedingt reformiert werden müsse und dass der Premierminister und Parteivorsitzende M. Enkhbold auf sein Parteiamt verzichten solle. Diese Ansicht habe ich ihm als Landwirtschaftsminister seines Kabinetts auch persönlich mitgeteilt. Ich sagte zu ihm: »Die Partei hat nur geringe Chancen, bei der kommenden Parlamentswahl zu siegen. Das Volk hat große Erwartungen an uns. Deswegen sind ein Parteitag und Reformen unumgänglich.«

Jede Veränderung bringt Gewinner und Verlierer hervor. Unsere Gruppe hatte damals fast eine Revolution in der MRVP gestartet. Viele unterstützten, dass wir offen für Veränderungen eintraten und uns gegen den bis dahin üblichen Personenkult um den Vorsitzenden, das Fehlen von Kritik an der Führung und die übertriebene Parteidisziplin wandten. Dazu gehörte in der damaligen Situation tatsächlich eine gehörige Portion Mut. Persönlich brachte uns das keine Vorteile ein, aber darum ging es auch nicht, obwohl das damals oft vermutet und uns vorgeworfen wurde. Wichtiger ist, dass von heute aus gesehen die MRVP mittelfristig von unserer Initiative profitierte. Die von vielen als verschlossen wahrgenommene Partei öffnete sich etwas. Darum ging es uns. Hätten wir damals nicht die Courage aufgebracht, mit unseren Vorschlägen vorzupreschen, wäre die Partei in ihren alten Strukturen verharrt und hätte die nächsten Wahlen garantiert verloren.

Revoltiert haben wir nicht im gewalttätigen Sinne von Ausschreitungen, sondern im Sinne friedlicher Veränderungen durch Reformen, wie es auch beim Fall der Mauer in Deutschland der Fall gewesen war. Bei den nachfolgenden Wahlen 2008 war es für uns 13 ganz und gar nicht einfach, von der Partei einen Wahlkreis zu erhalten. Es dürfte der Wahrheit recht nahekommen, wenn ich behaupte, dass uns absichtlich Wahlkreise zugeteilt wurden, die nur schwer zu gewinnen waren. Auf diese scheinbar saubere Weise wollte man uns politisch ausschalten. »Eine Kerze brennt und wird kleiner, aber bis zum Schluss spendet sie Licht und beleuchtet ihre Umgebung«, sagte ich mir. Wir waren fest entschlossen, die Mauern, die es in der Partei gab und die dem Fortschritt entgegenstanden, einzureißen.

Parteitag der Hoffnung, Schmierkampagnen, Geld und Macht

Der von unserer Gruppe geforderte Parteitag der MRVP fand im Dezember 2007 in Ulaanbaatar statt. Er wurde nicht nur von den Parteimitgliedern, sondern von der ganzen Öffentlichkeit mit Spannung erwartet. Um den Parteivorsitz gab es eine Kampfkandidatur zwischen dem Amtsinhaber und Premierminister Enkhbold und seinem von Staatspräsident Enkhbayar unterstützten Herausforderer S. Bayar. Letzterer wurde mit knapper Mehrheit gewählt. Unmittelbar nach seiner Wahl forderte S. Bayar bereits, dass man ihm alle Pflichten auferlege und auch zum Premierminister wähle. Wenig später wurde er auch im Parlament mit großer Mehrheit gewählt.

Nach dem Amtsantritt Bayars berichtete ich ihm über den Zustand der Landwirtschaft und von unseren Plänen. Ich legte ihm besonders den Getreideanbau ans Herz, in dessen Verbesserung wir viel Arbeit investiert hatten. Der Premierminister ließ in dem Gespräch nicht viel über seine Ansichten durchblicken, doch ich war mir sicher, dass er mir genau zugehört und die ihm übergebenen Papiere durchgearbeitet hatte. Denn unsere Vorschläge zur Erschließung neuen Ackerlandes wurden von seiner Regierung umgesetzt.

Bayar befand sich unmittelbar nach Amtsantritt bereits im Wahlkampf. Er reiste viel durch das Land und führte Gespräche mit den Bürgern. Er besaß die Fähigkeit, seine Politik gut und leicht verständlich zu kommunizieren. Durch seine Art weckte er große Hoffnungen in der Bevölkerung. Die MRVP gewann die Parlamentswahlen 2008 deutlich. Im Rückblick kann man sagen, dass wir mit unserer »Sand 13«-Gruppe die Grundlage für diesen Wahlsieg gelegt hatten.

Bei den Parlamentswahlen 2008 gab es eine wichtige Neuerung: Das alte Mehrheitswahlrecht wurde nach Kritik von Wissenschaftlern und Politikern durch ein Verhältniswahlrecht ersetzt. Nach dem neuen Wahlrecht wurden auch die Wahlkreise vergrößert, und pro Wahlkreis gab es mehrere Mandate. Die Wähler verfügten zudem über eine Stimme, die sie direkt einem Kandidaten geben konnten.

Mein Wahlkreis umfasste nun eine Fläche von 1200 Quadratkilometern, auf der 300 000 Menschen in Jurtensiedlungen und Wohnhäusern wohnten. In unserem Wahlkreis konnten vier Abgeordnete gewählt werden. Eine einzelne Person vermochte beim besten Willen nicht, einen derart großen Wahlkreis zu betreuen. Ich bildete daher mit Parteifreunden ein Team, um den ganzen Wahlkreis im Wahlkampf abdecken zu können. Ich war sehr siegessicher, auch wenn die Konkurrenz stark war. Ich kannte den Wahlkreis gut und hatte mich in der abgelaufenen Legislaturperiode sehr für die Interessen des alten Wahlkreises eingesetzt. Ich wusste daher viele Wähler hinter mir. Außerdem hatte ich mir durch die Arbeit als Landwirtschaftsminister einen guten Ruf erarbeitet. Man wusste spätestens seit meiner Aktivität in der Gruppe »Sand 13«, dass ich mich nicht leicht einschüchtern oder unterkriegen ließ. Ich hatte Mut bewiesen, als ich gegen viele Widerstände für eine Reform der Partei eintrat. Das alles nährte meine Hoffnung auf einen Sieg.

Aber jede Wahl ist für Überraschungen gut. Für die DP kandidierte in meinem Wahlkreis der ehemalige Sumoringer K. Batbayar. Er hatte in Japan große Erfolge gefeiert und war in der Mongolei bekannt wie ein bunter Hund. Das galt natürlich auch für unseren Wahlkreis. Allein dadurch besaß er einen großen Vorteil. Darüber hinaus versprach er den Wählern das Blaue vom Himmel. Im Namen der DP-Kandidaten versicherte er, dass 10 000 junge Arbeitslose für gut bezahlte Jobs nach Japan geschickt würden, wenn die DP diesen Wahlkreis gewänne. Das beeindruckte die Wähler natürlich und sie kamen in Scharen zu Batbayars Wahlkampfveranstaltungen. Dabei trieb nicht wenige der Wunsch an, den berühmten Ringer persönlich zu treffen. An Parteipolitik waren sie weniger interessiert.

Auch wenn wir von der MRVP nicht mit einem so spannenden Kandidaten aufwarten konnten, hielten wir vier Kandidaten zusammen und sprachen mit einer Stimme. Das verschaffte uns am Wahltag Erfolg. K. Batbayar, N. Altankhuyag, S. Oyun und ich wurden mit großer Mehrheit der Stimmen ins Parlament gewählt – und das bei über 30 Gegenkandidaten.

Im Wahlkreis hatte ich allerdings die leidige Erfahrung machen müssen, dass ein größerer Wahlkreis auch die Gefahr erhöht, von vielen Seiten, und durchaus auch von »Parteifreunden«, angegriffen zu werden. So initiierte man auch eine Schmierkampagne gegen mich und versuchte, mir den Wind aus den Segeln zu nehmen. Einige Konkurrenten, die ihre Chancen schwinden sahen, hielten es wie der Ertrinkende, der wie ein Wilder aufs Wasser schlägt und sich noch an den kleinsten Strohhalm klammert. So rief mich eines Morgens ein aufgeschreckter Wähler an und wollte wissen, warum ich meine Kandidatur zurückgezogen hätte. Ich war überrascht und fragte, wie er zu dieser Auffassung gekommen sei. Dann erzählte er mir von bunten Zetteln, die in seinem Hauseingang hingen, auf denen stand, dass D. Terbishdagva seine Kandidatur zurückziehe. Den Rest des Tages waren meine Mitarbeiter dann damit beschäftigt, die Zettel einzusammeln. Dabei erkannten wir, dass die Aktion gut geplant war. Die Zettel waren über Nacht an wirklich jeden Hauseingang geklebt worden.

Wir rätselten darüber, ob es sich dabei um eine Aktion von »Parteifreunden« oder der DP gehandelt hatte. Unabhängig davon hätten die Auswirkungen verheerend für unseren Wahlkampf sein können, denn es waren nur noch wenige Tage bis zur Wahl. Gott sei Dank erfuhren wir rechtzeitig davon, und trotzdem mussten wir in den folgenden Tagen viel Energie in die Richtigstellung dessen stecken, was man heute als *Fake News* bezeichnen würde. Im Endeffekt hat mir diese Aktion aber nicht geschadet, denn die Wähler machten sich ihre eigenen Gedanken zu der fiesen Aktion und ihren Hintermännern.

Die Parlamentswahlen 2008 waren für die MRVP ein großer Erfolg. Unsere Partei konnte mit 45 von 76 Sitzen die absolute Mehrheit erringen. Die Demokratische Partei kam auf 28 Sitze, die restlichen Sitze gingen an kleinere Parteien und unabhängige Kandidaten.

Nach der Wahl machten in den Medien Gerüchte die Runde, die MRVP würde eine Koalitionsregierung mit der DP eingehen. Ich hielt das für Unfug, denn wenn eine Partei über die absolute Mehrheit verfügt, so meine Überzeugung, dann soll sie auch alleine regieren. Schließlich muss es auch eine starke Opposition geben, um die Regierung zu kontrollieren. Ich war fest davon überzeugt, dass dies auch die Meinung der Parteiführung sei. Das teilte ich vor dem Kleinen Parteitag, der über die Regierungsbildung entscheiden sollte, auch einigen Parteifreunden mit.

Doch der Kleine Parteitag brachte eine überraschende politische Wende. Gleich zu Beginn erklärte S. Bayar, dass man heute die außergewöhnliche und historische Entscheidung einer Koalitionsregierung mit der DP fällen werde. Die Rede des Vorsitzenden wirkte seltsam auf mich. Seine Hauptbotschaft bestand darin, dass die seit Langem diskutierten Großprojekte im Bergbau, die Kupfermine Oyu Tolgoi und die Kohlemine Tavan Tolgoi, nur im Einklang der beiden großen Parteien angegangen werden könnten. Der nachdenklichen Stille im Saal zufolge war ich sicher nicht der einzige, den diese Ankündigung überrascht hatte. Es gab im Anschluss an die Rede 32 Wortbeiträge, von denen sich alle für die Bildung einer Koalitionsregierung aussprachen und die »weise« Entscheidung des Parteivorsitzenden lobten, auf nationale Einigkeit zu setzen. Die Redner waren erkennbar darum bemüht, dem Parteivorsitzenden zu schmeicheln. Das war ein beschämender Anblick. Der Parteitag stimmte dann Bayars Vorschlag mit großer Mehrheit zu.

Mit diesem überraschenden Verlauf des Kleinen Parteitags bestätigten sich meiner Einschätzung nach die Gerüchte, dass viele Delegierte im Vorfeld bei Trinkgelagen beeinflusst worden waren. Ich hatte dem Tratsch keinen Glauben geschenkt. Noch am Vorabend hatte ich mit einigen Parteifreunden darüber gesprochen, dass eine Koalitionsregierung keine gute Idee sei. Jetzt hockten sie still, wie mundtot gemacht, auf ihren Plätzen. Einige nickten sogar zustimmend bei der Rede Bayars. Von dem plötzlichen Sinneswandel dieser Parteifreunde war ich schwer enttäuscht. Es bewahrheitete sich das mongolische Sprichwort, dass der Zauber des Herrschers nicht auf Magie, sondern auf der Kriecherei der Untertanen beruhe. Nur wenige Delegierte verließen aus Protest demonstrativ den Sitzungssaal. Anschließend wurden die Medienvertreter rauskomplementiert und der Parteitag wurde unter Ausschluss der Öffentlichkeit fortgesetzt.

Ich setzte mich zum Abgeordneten Ulaan und fragte ihn flüsternd, was hier eigentlich vor sich gehe. Man rieche den Modergeruch des staatssozialistischen Einparteiensystems und des »demokratischen Zentralimsus«, bei dem die Parteiführung unwidersprochen die Richtung vorgab. Die Parteimitglieder waren nur zum Abnicken da. Aber wir wollten doch eigentlich Demokratie und Gerechtigkeit in der Mongolei verwirklichen, und das Volk hatte der MRVP durch den großen Wahlsieg einen klaren Regierungsauftrag erteilt. Und der Demokratischen Partei hatte es ebenso deutlich die Rolle der Opposition zugewiesen. Doch was hier vor sich ging, war das genaue Gegenteil davon. Die Bildung der von Bayar angestrebten Koalition verletze die Grundidee der Verfassung. Eine solche Entscheidung war für mich nicht akzeptabel. Ulaan schien mir mit der Entscheidung des Parteitags ebenfalls unzufrieden zu sein und stellte mit Bedauern fest, dass es nun zu spät sei, um die Bildung der Koalitionsregierung noch aufzuhalten. Ihm sei zugetragen worden, dass die Parteivorsitzenden der Regionen bereits entsprechend instruiert seien. Es sei zwecklos, jetzt noch dagegen vorgehen zu wollen.

Meine Verbitterung über den bisherigen Verlauf des Kleinen Parteitags war grenzenlos. Bis dahin hatte ich gedacht, dass ich als Delegierter auf dem Parteitag Mitglied in einem respektierten Entscheidungsgremium war. Doch das kriecherische Gebaren vieler Delegierter stieß mich ab. Ich verlor die Geduld und ergriff das Wort. Meine Worte waren deutlich und zugespitzt: »Wir ignorieren das Votum und den Willen der Wähler. Wir spucken auf unsere Parteimitglieder und Wahlhelfer, die sich im Wahlkampf bis zum Umfallen für den Sieg der MRVP verausgabt haben. Was ist der Sinn und Zweck einer Koalitionsregierung? Willst du damit die fünf Todesopfer bei den Unruhen nach den Wahlen am 1. Juli vergessen machen? Die MRVP hat gesiegt und hat nun eine absolute Mehrheit. Die Koalitionsbildung macht das Wahlergebnis sinnlos. Dann hätten wir eigentlich auch keine Wahlen gebraucht.« Ich beobachtete, dass es im Saal nicht wenige Delegierte gab, die ähnlicher Meinung waren.

Dem Parteivorsitzenden Bayar stand der Ärger über meinen Beitrag ins Gesicht geschrieben. Doch ich wollte nicht, dass der Parteitag eine Fehlentscheidung von so großer Tragweite ohne jegliche Gegenwehr fällte. Ich konnte nicht mitansehen, wie Parteifreunde gegen ihre Überzeugung den Vorgaben der Parteiführung folgten. Für mich war es offensichtlich, dass dem Parteivorsitzenden die Macht zu Kopfe gestiegen war und sich zwischen ihm und seinen Mitläufern auf der einen Seite und den übrigen Parteimitgliedern eine Mauer aufbaute. Mir war auch nicht verborgen geblieben, dass die Gruppe um Bayar hinterhältige und böswillige Methoden anwendete, um ihre Macht auszubauen.

Wiedergewählt, meinen Eid gesprochen und unterzeichnet. 2016

In meinem Arbeitszimmer im Regierungs- und Parlamentshaus, 2015

Man schien den Parteivorsitzenden wie einen schlechten König in einem Vakuum abzuschirmen. Seine Ohren waren taub und seine Augen blind geworden. Er fühlte sich allwissend und gottgleich. Dem einfachen Volk wurde der Zugang verwehrt. Nur auf den eigenen Vorteil bedachte Kriecher, Lakaien, Verehrer und Verleumder wurden vor den Thron gelassen. Sie schwirrten wie Fliegen um einen Kuhfladen. Ihre Speichelleckerei verwandelte den Herrscher in eine andere Person. Weit entfernt von der Realität, vom Volk und von der Wahrheit dachte er nur noch an seinen eigenen Vorteil und das Wohlergehen seiner Mitläufer. Man konnte von ihm keine klugen Entscheidungen mehr erwarten. Er diente nicht mehr auf vernünftige Weise dem Gemeinwohl.

Diese plötzliche Erkenntnis machte mich sehr betroffen. Denn S. Bayar hatte für die MRVP von einer schwierigen Ausgangslage aus einen guten und mit Erfolg gekrönten Wahlkampf geführt. Dafür waren S. Bayar viele Parteimitglieder dankbar, die schon bei seiner Wahl zum Vorsitzenden großes Vertrauen in ihn gesetzt hatten. Auch ich fühlte und dachte so. Doch leider verändert die Macht manche Menschen schnell zu ihrem Nachteil. Die Geschichte kennt unzählige Beispiele von Staatsmännern, die mit großem Elan und vorbildlicher Opferbereitschaft ihr Werk zum Wohl des Volkes beginnen, dann durch den schlechten Einfluss ihrer Umgebung vom Volk abgeschirmt werden und so nach einiger Zeit vom rechten Weg abkommen. Dann kommen die schlechten Eigenschaften deutlich zum Vorschein und lassen die Mauer noch undurchlässiger werden. Macht läuft immer Gefahr, zu verharschen und zu korrumpieren.

Mit meinem Redebeitrag wollte ich für alle sichtbar demonstrieren, dass ich mit dieser Entwicklung und der Errichtung einer unsichtbaren Mauer um den Parteivorsitzenden nicht einverstanden war. Als ich geendet hatte, gab es natürlich keinerlei Diskussion. Obwohl mein Redebeitrag in den nicht-öffentlichen Teil des Parteitags gefallen war, hatten die Journalisten davon Wind bekommen und bestürmten mich mit Fragen, warum ich mich gegen die Parteiführung stellte. Darauf antwortete ich kurz und bündig, dass die Medizin, die S. Bayar der mongolischen Politik mit seiner »nicht-standardmäßigen« Regierung, wie er es nannte, verschrieben hatte, sicherlich zum Tod des Patienten führen würde. Wenn man beim Bauen die Standards und Normen nicht einhalte, werde das Haus ständig repariert werden müssen. Wenn man die Verkehrsregeln ignoriere, werde die Zahl der Unfälle ins Unermessliche steigen. Der Bruch von Verfassungsgrundsätzen könne also nur zu Unordnung führen, denn in der Verfassung als Mutter aller Gesetze stehe schwarz auf weiß, dass die Mehrheitspartei alleine die Regierung bildet.

Dennoch stimmten die Delegierten wie in den alten sozialistischen Zeiten Bayars Antrag über die Koalitionsregierung per Handzeichen beinahe einstimmig zu. Viele von ihnen waren innerlich wohl nicht mit dem von Bayar eingeschlagenen Kurs zufrieden, doch ihnen fehlte der Mumm, dies auch öffentlich zu äußern. Es gab unter den MRVP-Mitgliedern die schlechte Angewohnheit, hinter vorgehaltener Hand die Missstände in der Partei zu kritisieren, aber gegenüber der Parteiführung zu schweigen und Folgsamkeit zu leisten. Das war schon früher so und hat sich bis heute leider kaum geändert.

Von da an nahm die Arroganz Bayars stetig zu. Andersdenkende wurden ignoriert. Er lebte nach dem mongolischen Sprichwort: »Wer mir etwas vorschreiben kann, der kann auch einen Hund melken.« Er war in Interviews sogar stolz darauf, dass er seinen Vorstoß zur Bildung einer Koalitionsregierung mit niemandem abgesprochen hatte und ihn die Meinung der Partei nicht interessierte.

Als ich noch Botschafter war, hatte ich ein gutes Verhältnis zu Bayar. Wir waren oft in Kontakt, wir berieten und unterstützten uns gegenseitig. Doch diese Entscheidung Bayars konnte ich nicht akzeptieren. Meine auf dem Parteitag vorgetragene Kritik war nicht gegen Bayar persönlich gerichtet, sondern es ging mir um die übergeordneten Interessen des Landes, den Respekt vor der Verfassung und der darin liegenden Wertschätzung der Demokratie. Da konnte ich nicht aus Rücksicht auf unser persönliches Verhältnis schweigen. Ich gab öffentlich bekannt, dass für mich ein Eintritt in die neue Regierung, auch wenn man mir ein Ministeramt auf einem Khadag überreichte, nicht infrage komme. Auch die mir gemachten Angebote, Ausschussvorsitzender oder stellvertretender Parlamentssprecher zu werden, schlug ich aus. Als einziger prominenter Gegner der Koalitionsregierung musste ich konsequent bleiben. So blieb ich von 2008 bis 2012 ein einfacher Abgeordneter.

In den folgenden vier Jahren widmete ich mich voll und ganz meinem Wahlkreis und den Bürgern des Songinokhairkhan-Bezirks in Ulaanbaatar. In fast 600 Treffen mit Bürgern habe ich ihren Interessen und Sorgen Aufmerksamkeit geschenkt und durchaus mit Erfolg versucht, dass einige Lösungsvorschläge für diese Probleme Eingang in die Gesetzgebung und Regierungspolitik finden. So konnte ich dazu beitragen, das Leben der Menschen zu verbessern. In meinem Wahlkreis stieß ich damit auf große Zustimmung. Man sagte dort, unser Songinokhairkhan-Berg steht, wo er immer steht, und unser Terbishdagva kommt stets zu uns, auch wenn wir ihn manchmal kritisieren.

Kuhhandel nach schwarzen Tagen

Was steckte hinter der Entscheidung für eine »nicht-standardmäßige« Koalitionsregierung aus MRVP und DP, die für mich und viele Juristen einfach eine verfassungswidrige Regierung war?

Vermutlich war ein schwarzer Tag in der Geschichte der modernen Mongolei daran schuld. Es handelt sich dabei um die Tragödie, die sich am 1. Juli 2008 nach den Parlamentswahlen ereignete. Einige Politiker hatten eine Protestkundgebung gegen das Wahlergebnis organisiert und waren bestrebt, Unruhen anzustiften. Am Tag nach der Wahl saß ich mit meinen Parteifreunden im Wahlkampfstab. Wir waren in ausgelassener Stimmung und feierten euphorisch den Wahlsieg. Das Telefon stand vor lauter Gratulationsanrufen nicht mehr still. Doch plötzlich erhielten wir die Nachricht, dass auf dem zentralen Sukhbaatar-Platz eine Protestkundgebung gegen den Wahlsieg unserer Partei stattfinde, dessen Rechtmäßigkeit angezweifelt wurde. Ich wunderte mich über diese Meldung, vor allem auch deswegen, weil das endgültige Wahlergebnis noch gar nicht feststand. Aus Neugier suchte ich die MRVP-Zentrale in Ulaanbaatar auf. Doch auch dort wusste niemand Bescheid. Wir maßen den Protesten der Wahlverlierer keine große Bedeutung bei und gingen wieder auseinander.

Am frühen Abend war ich bei einem Empfang in der Japanischen Botschaft. Dort kursierten dann schon Gerüchte, dass die Protestkundgebung alles andere als friedlich verlaufe. Ich verließ den Empfang und wollte mich zur Parteizentrale begeben. Doch es gab kein Durchkommen, der Verkehr stand still. Ich fuhr deshalb nach Hause und schaltete den Fernseher ein. Als ich die gewaltsamen Proteste sah, war ich schockiert. Der Schock saß so tief, dass meine Erinnerung an diesen denkwürdigen Abend auch heute nicht getrübt ist. Ich muss viel telefoniert haben, vor allem riefen besorgte Parteifreunde vom Land an und wollten wissen, was sich in der Hauptstadt ereigne. Wie meine Freunde und Bekannte war ich unschlüssig, was zu tun sei. Mehrmals versuchte ich, ins Stadtzentrum zu gelangen, doch es war einfach kein Durchkommen. Später am Abend verhängte der Präsident den Ausnahmezustand und berief eine Sondersitzung des Parlaments ein.

Die Ereignisse des 1. Juli 2008 waren für alle in der Mongolei ein großer Schock. Wir hatten in den 1990er Jahren einen friedlichen Übergang zur Demokratie erlebt. Dafür wurde uns in aller Welt viel Anerkennung zuteil. Doch das Bild des friedliebenden demokratischen Steppenlandes drohte nun Kratzer zu bekommen. Die Proteste forderten fünf Todesopfer und viele Verletzte auf Seiten der Demonstranten, aber auch bei den Sicherheitskräften.

Bis heute sind die Ursachen und Umstände, die zu den gewaltsamen Protesten führten, nicht geklärt. Wer waren die Anstifter? Waren ausländische Kräfte daran beteiligt? Man hätte damals nach dem Sprichwort »das Ziegenfleisch ist warm zu verzehren« handeln und ohne Verzug eine umfassende Untersuchung einleiten müssen. Ein parlamentarischer Untersuchungsausschuss hätte unverzüglich ermitteln müssen, ob die Proteste genehmigt waren, seit wann die Demonstration geplant war, welche Maßnahmen die Regierung ergriffen hatte und welche Strategie die Sicherheitskräfte verfolgten. Dann wäre es sicherlich möglich gewesen, die Schuldigen für die Eskalation einer friedlichen Protestkundgebung zu den gewaltsamen Ausschreitungen zu ermitteln. Doch die Untersuchung erfolgte erst ein Jahr später und konzentrierte sich auf die Arbeit der Sicherheitsorgane. Ich war Mitglied des mit der Untersuchung beauftragten Ausschusses für Staatsorganisation und erlebte, wie die Untersuchung Seltsames zutage förderte. So gaben von den insgesamt 997 festgenommenen Personen 715 an, an der Parlamentswahl gar nicht teilgenommen zu haben. Doch wieso demonstrierten sie dann gegen das Wahlergebnis? Ich vermute, dass es mächtige Interessen gab, die eine vollständige Aufklärung der Hintergründe der gewaltsamen Proteste verhinderten.

Der Ausschuss für Staatsorganisation führte die Untersuchungen der Tragödie vom 1. Juli 2008 gründlich und umfassend durch. Doch er war durch den ausschließlich auf die Arbeit der Sicherheitsbehörden beschränkten Untersuchungsauftrag in seiner Arbeit stark eingeschränkt. Die eigentlich wichtigen Fragen nach den Hintergründen der Unruhen konnten auch durch den Abschlussbericht nicht aufgeklärt werden. Zudem blieb der Abschlussbericht folgenlos. Er wanderte zwischen Aktendeckeln und wurde vergessen. Es wurden keinerlei Maßnahmen ergriffen. Eine große Schande für den mongolischen Staat.

Bis heute ist der 1. Juli 2008 ein schwarzer Fleck in den Herzen und Seelen der Mongolen. Auch in meinem Herzen. Mein innigster Wunsch ist es, dass sich solche Ereignisse niemals wiederholen werden und dass sich irgendwann die politischen Verhältnisse so zum Guten wenden, dass der Wille zur Aufklärung dieser dunklen Tage die Wahrheit ans Licht bringen wird.

Trotz des schwarzen Tages waren nach dem deutlichen Wahlerfolg der MRVP die Erwartungen in der Bevölkerung groß. Doch auch in der Koalition mit ihrer übergroßen Mehrheit verfehlte die Regierung die auf dem Wahlparteitag formulierten Ziele. Und schlimmer noch, die Regierung verletzte Standards ethischer Politik und guten Regierens.

Die Partei hielt auch an ihrer verfehlten Personalpolitik, die wir mit der »Sand 13«-Gruppe so scharf kritisiert hatten, fest. Und auch sonst blieb alles beim Alten. Alle auf dem Parteitag beschlossenen Reformen standen nur auf dem Papier, das in den Schubladen der Parteiführung verstaubte. Die Parteiführung ruhte sich auf dem Wahlsieg aus und entfremdete sich von den einfachen Mitgliedern und dem Volk. Das blieb uns als Parlamentsabgeordneten ebenso wenig verborgen wie der breiten Öffentlichkeit. Besonders die vom Parteivorsitzenden und Premierminister Bayar versprochenen »Fünf Vervollkommnungen«, die bei der Öffentlichkeit auf große Zustimmung gestoßen waren, gerieten schnell in Vergessenheit und verkümmerten als Papiertiger. Ja, es wurden nicht nur keine Fortschritte erzielt, sondern es kam zu Rückschritten. Das war ein großes Versäumnis, denn die Mongolei hätte von der Umsetzung des Programms sehr profitiert.

Doch mit der Regierung verhielt es sich wie in dem mongolischen Sprichwort, dass alles schiefläuft, wenn man sich beim Besteigen des Pferdes schief in den Sattel setzt. Die den Grundsätzen der Verfassung zuwiderlaufende Regierungsbildung zeitigte innerhalb der MRVP eine Politik der Arroganz und Ignoranz gegenüber den einfachen Parteimitgliedern sowie der Verfolgung und Unterdrückung von innerparteilichen Kritikern. Innerhalb der Partei wurde die Stimmung immer schlechter und Zwietracht griff um sich.

Auch die Koalitionsregierung arbeitete schlecht. Sie hielt nicht, was sie versprochen hatte. Sie kümmerte sich weder um die Industrialisierung des Landes noch um die Schaffung von Arbeitsplätzen. Der Lebensstandard der Bürger verbesserte sich nicht. Damit verlor diese ungewöhnliche Regierung in meinen Augen jede Legitimation. Hätte Bayar gehalten, was er und seine Regierung versprochen hatten, dann würde er heute vielleicht als Volksheld gefeiert werden. Doch die Geschichte nahm einen anderen Verlauf. Die Regierung entzog sich jeder parlamentarischen Kontrolle. Ein Kuhhandel hinter den Kulissen folgte auf den nächsten. Zu den wenigen gelungenen Vorhaben gehörte – das muss ich leider jenseits aller Bescheidenheit sagen – die Umsetzung meines Programms zur Gewinnung neuen Ackerlandes. Wenn die Regierung auf allen Feldern so gute Arbeit geleistet hätte, dann würde sie heute sicherlich anders bewertet werden.

Die Mongolei litt in dieser Zeit nicht nur unter der schlechten Politik der Koalitionsregierung, sondern wurde von der seit 2008 herrschenden internationalen Finanzkrise hart getroffen. Das Land rutschte im Jahr 2009 in eine Rezession. Der Premierminister konnte sein Amt wegen häufiger Krankheiten nicht ausfüllen. Und der von der Regierung ausgehandelte Vertrag mit einem privaten Investor zur Ausbeutung der riesigen Kupfervorkommen von Oyu Tolgoi wurde in der Öffentlichkeit zunehmend kritisiert. Gegen all dies unternahm die Regierung kaum etwas. Angesichts der wachsenden Kritik entschloss sich Bayar, von seinen Ämtern zurückzutreten. S. Batbold wurde als sein Nachfolger bestimmt. Das war zumindest ein würdevoller Abgang, denn es ist besser, aus freien Stücken zurückzutreten, als durch andere aus dem Amt gejagt zu werden.

Jähe Wendungen sind in der Politik nichts Ungewöhnliches. So auch bei uns. Eines Tages hieß es plötzlich: »Es findet eine Besprechung in Terelj statt«. Das Thema der Besprechung – unbekannt, mir jedenfalls. Erst später stellte sich heraus, dass die Parteiführung der MRVP beantragt hatte, den Namen der Partei zu ändern: Das Wort »Revolutionär« sollte aus dem Namen der Mongolischen Revolutionären Volkspartei

Nach einer Sitzung im Parlament. 2020

gestrichen werden. Um darüber zu beraten, hatte man die Parlamentsfraktion der Partei nach Terelj bestellt, einem ruhigen Ort, etwa 50 Kilometer von Ulaanbaatar entfernt.

Mir persönlich war es schleierhaft, wieso man ausgerechnet nach dem großen Erfolg bei den Wahlen 2008 den Namen der Partei ändern wollte. Das wäre sicherlich eine gute Idee gewesen, wenn man die Wahl verloren und sich mit dem sozialistischen Erbe unserer Partei hätte auseinandersetzen wollen. Aber jetzt? Nachdem wir bei den Wahlen doch einen klaren Regierungsauftrag von den Wählern erhalten hatten? Andererseits war ich auch kein strikter Gegner einer Umbenennung. Doch wäre ich dafür gewesen, zunächst Gutachten einzuholen und Wissenschaftler zu befragen. Eine solche Entscheidung von großer symbolischer Tragweite darf man nicht leichtfertig fällen. Insbesondere der Zeitpunkt der Umbenennung bereitete mir Unbehagen. Die nächsten Wahlen waren nicht mehr weit, nur etwas mehr als ein Jahr. Es schien mir nicht die klügste Taktik zu sein, so kurz vor den Wahlen einen Namen zu ändern, der sich seit Langem in die Köpfe der Menschen eingeprägt hatte.

Namen sind wichtig, man weiß dies auch aus der Geschäftswelt. Die Marken Apple, Microsoft, Coca-Cola oder Toyota sind Milliarden wert. Was war die Marke MRVP wert? Dieser Wert bemaß sich daran, dass die Mongolische Revolutionäre Volkspartei in den letzten 90 Jahren die mongolische Geschichte bestimmt hatte. Vor diesem Hintergrund durften keine überstürzten Entscheidungen getroffen werden. Man hätte zuerst die Parteibasis fragen und einen Mitgliederentscheid durchführen müssen. Stattdessen entschied eine kleine, elitäre Gruppe und verkündete am 21. August 2010 auf Druck der Parteiführung das Manifest von Terelj, das unter der Überschrift »Erneuerung, Führung, Entwicklung« der Öffentlichkeit präsentiert wurde. Darin hieß es, dass die Partei eine soziale, nationalistische und demokratische Politik verfolgen werde. Doch dieser Dreiklang wurde umgehend heftig kritisiert und man änderte die Formulierung in »soziale und demokratische Politik«. Später erfuhr ich, dass ausländische Partnerparteien das Wort »nationalistisch« kritisiert hatten. Das hastig niedergeschriebene Manifest wies gravierende Fehler auf. Dennoch wurde es angenommen, und seitdem heißt unsere Partei »Mongolische Volkspartei« (MVP). Da nicht alle mit dieser

Entscheidung einverstanden waren, verließen etliche Mitglieder die Partei und gründeten eine neue, im Grunde genommen alte Partei namens MRVP unter der Führung des Staatspräsidenten Enkhbayar. Es gab nun zwei miteinander aufs heftigste rivalisierende Parteien, die sich auf die Geschichte der Mongolischen Revolution beriefen.

Auch wenn sich die Partei einen neuen Namen gegeben hatte, ging es mit der Arbeit der Regierung nicht voran. Kritiker wurden weiterhin mundtot gemacht, und ein kleiner Machtzirkel zwang der Partei seine Entscheidungen auf. Getrieben von dem Wunsch, all dies zu ändern, schrieb ich zusammen mit drei Kollegen einen Brief an den Vorsitzenden der MVP und Premierminister S. Batbold.

Darin forderten wir, den Oyu-Tolgoi-Vertrag nachzubessern und die Kokskohlevorkommen von Tavantolgoi zu erschließen sowie in den Wirtschaftskreislauf einzubinden. Wir verlangten zudem, dass kritische Stimmen in der Partei gehört werden müssten. Premierminister S. Batbold nahm das Schreiben höflich entgegen. In der Folgezeit traf sich unsere Gruppe viermal mit dem Premierminister. Bei jedem Treffen sagte er uns zu, dass die von uns angeprangerten Missstände beseitigt werden würden. Doch es geschah nichts. Stattdessen bekamen wir Ärger mit dem Ethikkomitee unserer Partei. In einem Schreiben des Komitees wurden wir ermahnt, angesichts der nahenden Wahlen nicht die Einheit der Partei zu gefährden. Wir sollten, so die Absicht der Verfasser des Schreibens, mundtot gemacht werden. Auf dieses Schreiben hin verfasste ich eine schriftliche Stellungnahme und schickte diese an den Parteivorsitzenden, den Premierminister und an den Generalsekretär U. Khurelsukh:

»Ich bestätige den Erhalt des offiziellen Schreibens der Ethikkommission der MVP. Ich bin bestürzt über den rücksichtslosen Umgang der Partei mit einem ihrer Mitglieder, einem vom Volk gewählten Abgeordneten und Mitglied des Vorstandes von Partei und Fraktion. Anstelle eines klärenden Gespräches hat man mir einen offiziellen Brief geschrieben und eine schriftliche Antwort verlangt. Wie weit muss die Parteiführung sich von der Basis, von ihren Mitgliedern entfernt haben, um in einem Brief an ein Mitglied zu schreiben, dass man auf Kooperation hoffe.«

Ich bin 2008 von der Partei nominiert und vom Volk als Abgeordneter direkt gewählt worden. Ein Abgeordneter ist aus meiner Sicht ein Volksvertreter, der für die Souveränität des Landes und für das Wohl des Volkes treu und ehrlich zu kämpfen hat. Ein Abgeordneter muss dabei in ständigem Kontakt mit seinen Wählern stehen, um die Gesetzgebungsarbeit des Parlaments zu vermitteln. Zugleich ist er die Stimme für die Sorgen und Nöte der Wähler. In dieser Funktion habe ich über 500 Treffen mit meinen Wählern im Songinokhairkhan Bezirk veranstaltet, und bis heute treffe ich Unternehmen und Bürger meines Wahlbezirkes regelmäßig zum Gespräch.

Bei aller Hochachtung für meine Partei schätze ich die weise Wahlentscheidung des Volkes und die Interessen der Mongolei höher. Das Land und sein Volk stehen über den Interessen jeder Partei. Aus diesem Grund habe immer wieder öffentlich Positionen vertreten, die nicht mit denen der Partei übereinstimmten. Ich bin zum Beispiel der Meinung, dass die kritische Einstellung des Volkes zum Oyu Tolgoi Vertrag, wonach der Vertrag nachteilig für die Mongolei ist, endlich Gehör finden und konkretes Handeln nach sich ziehen sollte. Das mongolische Volk hatte bei den Wahlen 2008 der damaligen MRVP sein Vertrauen geschenkt. Die Partei hatte 45 Sitze gewonnen und konnte allein die Regierung stellen. Doch stattdessen hat die MRVP zusammen mit ihrer Konkurrentin DP eine »nicht-standardmäßige« Koalition gebildet. Für mich war dies eine Missachtung und Erniedrigung des Wählerwillens, die zugleich einen massiven Vertrauensbruch darstellte. Dass ich die Bildung einer solchen Regierung für amoralisch hielt, hatte ich wiederholt in aller Deutlichkeit zur Sprache gebracht.

Die überstürzte Umbenennung der Partei hatte gravierende Konsequenzen. Sie führte zur Spaltung der Partei, die 90 Jahre lang die Repräsentation von »Macht« für das mongolischen Volk gewesen war – und zumindest über viele Jahre auch teilweise das Vertrauen der Bevölkerung genossen hatte. Auch wenn das aus heutiger Sicht befremdlich anmuten muss, so war doch das Ansehen der Partei in der Ära nach Stalin nicht so negativ, wie das totalitäre Regime einer von der Sowjetunion vorgegebenen und überwachten Alleinherrschaft der kommunistischen Partei es erwarten ließ. Die neue MVP wurde dadurch empfindlich geschwächt und musste sorgenvoll auf die anstehenden Parlamentswahlen blicken. Ich wollte, dass die Partei sich reformiert und für eine Wiedervereinigung eintritt. Eine wiedervereinigte Partei wäre stärker als zuvor gewesen.

Und für diese Überlegungen und meine Kritik an der Parteiführung, die die MVP in einen undurchdringlichen politischen Nebel geführt hatte, sollte ich jetzt eine Erklärung vor dem Ethikkomitee abgeben? Kein Zweifel, ich hätte damit mein Recht auf freie Meinungsäußerung verwirkt. Wäre die Partei ernsthaft an ihrer Einheit und einem Erfolg bei den nächsten Wahlen interessiert gewesen, hätte sie sich fragen müssen, warum einige Wenige, denen das Schicksal der Partei alles andere als gleichgültig war, eine derart scharfe Kritik äußerten, anstatt diese auszugrenzen, abzumahnen und zu verwarnen.

Es war wirklich nicht die Zeit für Hochmut, Selbstüberschätzung und Überheblichkeit der Parteioberen gegenüber den einfachen Mitgliedern der Partei, wie es vielleicht früher üblich gewesen war. Es war ein denkbar schlechter Zeitpunkt für eine Entfremdung zwischen der Parteiführung und der Basis, indem man kritische Mitglieder mundtot zu machen versuchte. Bis heute ist dieses Verhalten ein Schwachpunkt der MVP-Führung. Mitglieder, die wahre Worte gesprochen haben, werden herabgesetzt, indem man ihnen Spitz- und Spottnamen verpasst und offen oder versteckt mit ihnen abrechnet. Die Parteiführung übt durch die Medien und sogar die Staatsgewalt großen Druck auf Mitglieder aus, die der heiligen Parteilinie nicht folgen. Ein gutes Beispiel dafür sind die vielen bezahlten Beiträge in den mongolischen Medien.

Anstatt nah an der Parteibasis zu sein und deren Gedanken wie Stimmungen mitzubekommen, entfernen sich die wenigen Parteioberen immer mehr vom einfachen Parteivolk. Sie verschanzen sich hinter Getreuen und Beratern, die ihnen bei wichtigen parteiinternen Entscheidungen »helfen«. Die Partei wird damit zur Erfüllungsgehilfin bestimmter Interessengruppen. Diese Gruppen arbeiten oft parteiübergreifend und nur zu ihrem eigenen wirtschaftlichen Vorteil, so dass es immer wieder zu Deals mit den Führungspersonen der Opposition kommt. Dadurch verliert die Parteipolitik insgesamt an Profil, was dem Ansehen der parlamentarischen Demokratie erheblichen Schaden zufügt. Diese Tendenzen führen zwangsläufig zu Kritik in den eigenen Reihen, was wiederum zu Spaltungen innerhalb der Partei führen kann. In der Tat war die Partei damals so uneinig wie nie zuvor. Das machte sich auch in schlechten Umfrageergebnissen bemerkbar. Die nächsten Wahlen standen vor der Tür, aber die Partei war mit sich selbst beschäftigt. Es fehlte die Kraft für einen erfolgreichen Wahlkampf.

Als Parteimitglied sah ich es als meine Pflicht an, diese Zustände anzuprangern und vor der Quittung durch den Wähler zu warnen. Wie vielen anderen Parteimitgliedern war mir die Einheit der Partei besonders wichtig. Doch anstatt sich darum zu bemühen, war die Parteispitze damit beschäftigt, ihre persönlichen Ambitionen zu befriedigen, Kritik zu unterdrücken und so dogmatisch wie engstirnig jede abweichende Meinung zu bekämpfen. Das war eine sehr gefährliche Entwicklung für unsere Partei. Deshalb mussten wir Kritiker alle verfügbaren Mittel nutzen, um zur Parteiführung durchzudringen. Deswegen suchten wir die Öffentlichkeit. Es war absurd, dass mir das Ethikkomitee deshalb »Schädigung des Ansehens und das Handeln gegen die Einheit und Interessen der Partei« vorwarf. Dergleichen hatte ich nie im Sinn.

Heute wie damals ist mein Recht zur freien Meinungsäußerung durch die Verfassung der Mongolei garantiert. Durch keinen Vorsitzenden und kein Ethikkomitee kann dieses Grundrecht eingeschränkt werden. Ich werde stets für die Interessen der Mongolei, für die Entwicklung und das Gedeihen des Landes und für ein besseres Leben des mongolischen Volkes eintreten.

Aber nein, ich erhielt eine strenge Abmahnung für meine Bemerkung, dass »die Würmer sich von innen in das Holz hineinfressen«. Das ließ meine Unzufriedenheit nur noch wachsen. Sollte ich für das Aussprechen der Wahrheit zur Verantwortung gezogen werden, so wie der kleine Junge, der sagte, dass der Kaiser nackt ist? Wurde jetzt allen Parteimitgliedern der Mund verboten?

In einer Pressekonferenz, 2015

7. Kapitel
DAS VERSCHWINDEN DER DEMOKRATIE

Seit dem Beginn unserer Demokratie und der marktwirtschaftlichen Freiheit loben die USA und manche anderen westlichen Länder unser Land. Sie sagen, die Mongolei sei eine »Oase der Demokratie«, wenn auch mitunter mit einem leichten Unterton, der die zugegebenermaßen noch existierenden Defizite stärker erscheinen lässt als die Errungenschaften. Dem widerspreche ich nicht ganz, aber für mich zählt auch, dass mein Land eine archäologische Oase ist, deren reiche Geschichte ein Andauern und Überleben der Mongolei belegt, auch wenn es schwierige Zeiten gab, schwierigere sicher noch als heute. In den letzten Jahren reiste ich kreuz und quer durch die Mongolei und begriff immer mehr, wie zutreffend diese Hoffnung in das Bleibende, das historisch Manifeste als Ausweis der gestalteten Vergangenheit wirklich ist.

Urmenschen im Permafrostboden

Die Gespräche mit dem Archäologen D. Tseveendorj sind der Grundstock für meine Annahmen und stützen sie. Mit ihm sprach ich über die spektakulären Zeugnisse vergangener Zeiten, nicht zuletzt das von ihm entdeckte Grab im Dauerfrostboden. D. Tseveendorj gab hier interessante Einblicke in die nationale Indienststellung auch der archäologischen Wissenschaften:

»Vor unserer Entdeckung wurde von einer russischen Expedition bereits ein Grab im Dauerfrostboden, 20 Kilometer jenseits der mongolischen Grenze, im russischen Teil des Altai-Gebirges, gefunden. Der Präsident der Mongolischen Akademie der Wissenschaften, B. Chadraa, besuchte damals die Stadt Nowosibirsk und wurde gefragt, ob es in der Mongolei auch solche Gräber im Permafrostgebiet gebe. Chadraa antwortete unmittelbar darauf: ›Ja, gibt es.‹ Als er zurückkam, beauftragte er mich, dass ich eine Expedition organisieren und einsetzen sollte, um genau ein solches Grab zu entdecken. Noch konkreter verlangte er, dass das Grab nicht verschmolzen sein durfte, sondern ein ›Frostgrab‹ sein müsste. Aufgrund dessen war ich mit dem bekannten Archäologen Wjatscheslaw Molodin aus Russland fast zwei Monate lang auf einer Forschungsmission am vorderen Hang des Altai-Gebirges. Im ewigen Eis an den Bergmassiven Altai Tavan Bogds entdeckten wir dann ein ›Frostgrab – eigentlich sogar drei –, dessen Inhalt aus einem Menschen mit seiner ganzen Ausrüstung und zwei Pferden bestand. Die dort lebenden Menschen nennen die Bergmassive des Altai, besonders den Berg Altai Tavan Bogd das ›Dach der Mongolei‹, denn das Gebiet liegt zwischen 2500 und 4374 Metern über dem Meeresspiegel. Weil das Grab in einer kalten Höhe angelegt worden war, schuf das Wasser in den vielen Jahren auf dem Dach des Mausoleums eine Eiskuppel, eine Art Hülle aus Eis. Ein solches Grab nennt man ›Permafrostgrab‹. Natürlich waren die sterblichen Überreste in diesem Zustand so gut wie mumifiziert und alle Fundstücke sehr gut erhalten. Manche Rumpfteile des Menschen waren mit Haut und Fleisch vertrocknet – eine Mumie, die Dörrfleisch gleicht. Die geophysikalische Untersuchung aus dem Jahr 2005 warf die Frage auf, ob es dort tatsächlich eine Eiskuppel gegeben hat. Im Jahr 2006 gruben wir die drei ausgewählten Gräber aus. Eines der Gräber barg den Menschen, mit seiner ganzen Ausrüstung und noch zwei Pferden. Zur Öffnung des Mausoleums begegneten wir zufällig dem damaligen Staatspräsidenten Enkhbayar am Altai Tavan Bogd, der dort gerade einen Ausflug unternahm. Er interessierte sich sehr für unsere Ausgrabung und die registrierten Felszeichnungen. Dort hielt er sich vier Stunden mit uns auf, und wir nutzten die Zeit, um ihn über die nicht leichte Arbeit, das Frostgrab freizulegen und die Gegenstände nach Ulaanbaatar zu transportieren, aufzuklären. Der Präsident beschloss, einen Hubschrauber zu dem Fundort fliegen zu lassen. Damit konnten wir zum ersten Mal in der Geschichte der Mongolei ein ganzes Grab-Mausoleum mit den dazu gehörenden Gebrauchsgegenständen in die Hauptstadt bringen. Heute kann man das Holz-Mausoleum noch betrachten, die anderen Teile sind im Eis verblieben. Das Vakuum des Eises besteht fort, und damit

Steinstatuen in der Turegzeit, Zuun Zuur, Erdenemandal sum, Arkhangai Aimak

In der schneebedeckten Steppe. Ulziit sum, Mittelgobi Aimak, 2018

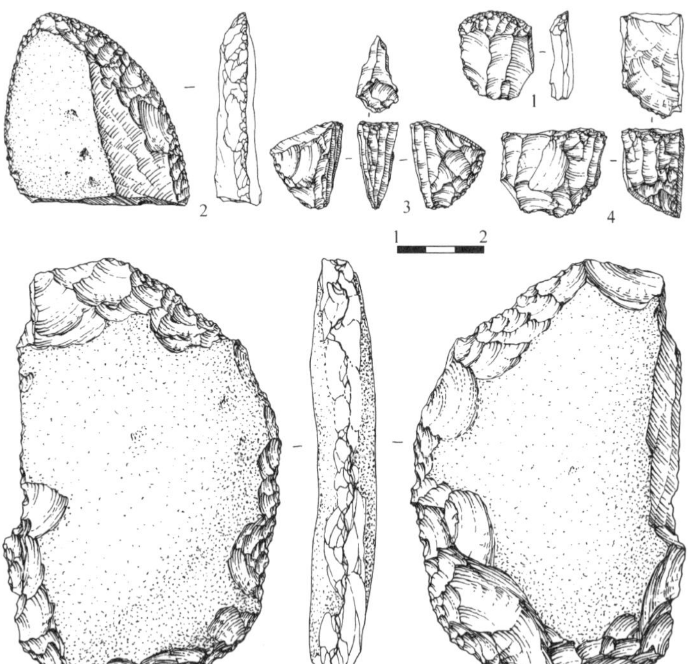

Ausgrabungstätte und Fundstücke der Steinzeitsiedlung.

können die Überreste im mumifizierten Zustand bleiben. Wir mussten die Fundstücke aus der Frostgrabstätte nicht trocknen, denn sie sind in einem annehmbaren Zustand. Deshalb lassen sie sich so einfach ausstellen. Einzige Bedingungen dafür sind die geeignete Temperatur und der passende Raum. Sollte das Eis dauerhaft entfernt werden, müsste der konservatorische Prozess unter großem Aufwand künstlich denselben Effekt nachahmen, den die natürliche Kühlung über Jahrhunderte aufrechterhalten hatte.

Südlich der Aimakhauptstadt Tüw gibt es ein archäologisches Museum, in dem das Eis-Mausoleum mit seinen Fundstücken ausgestellt wird. Obwohl solch ein Fundstück aus dem Nomadenleben sehr selten ist, droht die Bedeutung dieser Entdeckung im schnelllebigen Forschungsgeschäft gelegentlich unterzugehen. Deshalb ist es angebracht daran zu erinnern, dass die Zeitschrift *Discover* aus den USA 2007 das mongolische Permafrostgrab zu einem der zehn wichtigsten Fundstücke der Welt erklärte. Nach der Restaurierung – die ganz wesentlich mit deutscher Hilfe erfolgte – warten die Grabbeigaben auf weitere Analysen und Entdeckungen.«

Natürlich wollte ich wissen, ob es noch mehr solche Frostgräber in diesem Gebiet gibt: »Ein Mann in einem Grab voller Wertgegenstände wie Pferde und Ausrüstung. Sollte dieser Mann wirklich so allein in einem Einzelgrab ruhen?«

»Der Meinung bin ich auch, das kann kein Einzelfall sein«, betonte Archäologe D. Tseveendorj. »Ja, natürlich gibt es Gräber, mindestens zehn. Ein Grab ist aber genug für die Forschung. Die anderen bleiben, wo sie hingehören. Man darf sie nicht alle einfach ausgraben und aushöhlen. Die Gräber sind wert- und geheimnisvoll, deswegen müssen sie ihre Geheimnisse bewahren – also lassen wir sie dort. Die Wissenschaft muss sich weiterentwickeln, um später an solchen Fundstücken erneut forschen können.«

Diese Forderung nach einem verantwortungsvollen Umgang mit den Relikten der Vergangenheit, zumal es sich um menschliche Funde handelt, scheint mir ein wichtiger Anspruch der modernen mongolischen Wissenschaft zu sein – und sollte nicht nur auf diese begrenzt sein. Tseveendorj bekräftigte das mit einem weiteren Beispiel: »Um das

Jahr 2002 fanden junge Menschen beim Goldgraben in der Gegend Salchit, im Khentii Aimak, einen Schädel. Den Schädel brachte mir einer meiner Schüler mit den Worten: ›Der Schädel sieht nicht ganz so aus wie ein menschlicher Schädel.‹ Ich sah ihn mir gleich an und erkannte, dass es der Schädel eines Urmenschen war. Unser Laboratorium ist jedoch nicht gut genug ausgerüstet für eine passende Untersuchung. Daher haben wir sämtliche Informationen ohne Pressekonferenz, ohne öffentliche Berichterstattung und ohne Veröffentlichung in einer nationalen Fachpublikation ins Internet gestellt. Sofort lärmten und tobten die Wissenschaftler aus dem Ausland. Das Simpson Institute aus den USA und Wissenschaftler aus Deutschland meldeten sich mit Kritik an diesem Vorgehen. Mein Freund, der bekannte russische Archäologe Dirwenko, rief mich ebenfalls an und tadelte: ›Seit 1970 arbeiten wir bereits zusammen. Du und ich sind die Schüler des gleichen Lehrers. Wie konntest du so eine verehrenswerte und teure Entdeckung verheimlichen?‹ ›Wir wollten dieses Fundstück der Öffentlichkeit nicht als eine Entdeckung präsentieren. Wenn du willst, komm her‹, antwortete ich ihm. Anschließend sandten wir sämtliche Proben an ein internationales Labor. Aus Italien berichtete man uns aus ihrer ersten Untersuchung, dass der Schädel ca. 28 000 Jahre alt sei. Der Schädel des Urmenschen ist dann durch einen Beschluss der Regierung als zweifelsfreier Wertgegenstand anerkannt und aufbewahrt worden.«

Auf diese Weise bleibt er, besonders geschützt, der besseren Forschung der Zukunft erhalten, ist er doch ein wichtiger Beleg dafür, dass bereits in sehr früher, prähistorischer Zeit Menschen auf dem Gebiet der heutigen Mongolei lebten. Über diesen Fund hinaus hat man bis zum heutigen Tag viele Spuren menschlicher Anwesenheit – wenn auch noch keine menschlichen Überreste – gefunden, die weit länger zurückdatieren: Forscher schätzen mindestens bis zu einer Million Jahre, es könnte aber noch ältere Funde geben – zumindest deuten eine Vielzahl urmenschlicher Stätten in Khovd Aimak, Bayankhongor Aimak oder Dundgovi Aimak darauf hin.«

D. Tseveendorj verwies zu Recht auf andere weltbekannte Objekte, die nicht aufgrund ihres Alters allein, sondern auch wegen ihrer kulturellen Relevanz besondere Erwähnung verdienen:

»So wurde im Gebiet ›Morin tolgoi‹ (Pferdekopf) der Ortschaft Altanbulag im Tuw Aimak ein einzigartiges Musikinstrument, eine Pferdekopfgeige aus Knochen, geborgen. Die Geige ist 15 Zentimeter lang, man nennt sie Zungengeige. Interessant ist, dass der Mensch vor 2000 Jahren ein solches Musikinstrument besaß. Nach einem Zeitungsbericht verbreiteten in- und ausländische Künstler, Kulturveranstalter und Wissenschaftler die Nachricht ganz schnell. Ich wurde von Ungarn eingeladen und sollte ein Museum in Österreich besuchen. Die Menschen ehrten mich auch in Amerika, weil ich als mongolischer Wissenschaftler solch einen Wertgegenstand entdeckt hatte. In Amerika besuchte ich eine bekannte Werkstatt für die Herstellung von Kirchenmusikinstrumenten. Ein Mitarbeiter erzählte mir: ›Zuallererst waren es Ihre Mongolen, die dieses Musikinstrument herstellten und es mit dem Mund spielten. Aber wir mechanisierten die Instrumente anschließend. Dadurch entstand der Sockel des Klaviers.‹ Das Stück ist aus der Hunnuzeit, was ungewöhnlich früh ist. Die Hunnu haben damit einen wichtigen Teil zur Musikkultur der Menschheit beigetragen.«

Dass mein Land eine »reiche archäologische Oase« ist, davon sind nicht nur die Mongolen überzeugt, wie mir D. Tseveendorj bestätigte: »Es gibt kaum ein anderes Land außer der Mongolei, das so im Mittelpunkt der Interessen von Archäologen liegt. Bekannte Wissenschaftler aus Russland, wie etwa Dirwenko und Wjatscheslaw Molodin, wollten ihre Werke in der Mongolei herausgeben. ›Die in der Mongolei erschienenen Bücher werden innerhalb von sechs Monaten weltweit bekannt, in Russland dauert das zwei Jahre‹, so waren ihre Überlegungen. Ihre Argumente unterstreichen, dass das Forschungsniveau der mongolischen Archäologen Weltmaßstab hat. Sie sagten ebenfalls zu mir: ›Die Mongolen sollten sich vor niemandem bücken, dank ihrer großen Kultur und der Geschichte ihres Volkes.‹

Gegenwärtig sind viele Mongolen immer noch Nomaden. Die Kultur und Zivilisation der Nomaden ist konservativ in dem Sinne, dass sie althergebrachte Prozesse in einem ursprünglichen Zustand bewahrt hat und daher immer noch ein großes Forschungsfeld darstellt. Dieses Forschungsfeld zieht in- und ausländische Forscher wie ein Magnet an. Viele Dinge, die nicht nur für mein Land, sondern ebenso für andere und die gesamte Weltgeschichte wichtig sind, wurden in der Mongolei entdeckt. Gerade bei solchen Funden bemühen wir uns zu helfen und zu unterstützen, damit auf diesem Feld der Archäologie Forschung betrieben werden kann«, ergänzte D. Tseveendorj.

Seine Worte erinnerten mich an die alte Tugend der mongolischen Menschen, nämlich freundlich, hilfsbereit und klug zu sein. Aber nicht nur archäologische Funde zeugen von der reichen Vergangenheit nomadischer Kultur: Mongolische Vertreter der Akademie der Wissenschaften besuchten den Iran und erörterten die Beziehungen beider Länder während der Hunnu-Zeit. Über die Existenz solcher Kontakte zeigten sich die Iraner sehr verwundert, aber die Mongolen konnten als Beleg Fotos von einem in der Mongolei gefundenen Teppich präsentieren: Dieser wurde dem Hunnu-Khan vor etwa 2000 Jahren vom Herrscher des Iran geschenkt. Der Teppich ist eine Handarbeit in der Größe von 1,2 mal 3 Metern, und die iranischen Wissenschaftler sagten, dass sie im Iran selbst bislang nie so einen Teppich gefunden hätten und waren äußerst erstaunt. Bei uns in der Mongolei gibt es viele außergewöhnliche Dinge, die die Welt ins Staunen versetzen.

Zu diesen Artefakten gehören mit Sicherheit in erster Linie auch die Hirschsteine. Es handelt sich hierbei um manchmal vereinzelte, meist aber zwischen quadratischen oder rund aufgehäuften Steinhügeln platzierte Stelen, auf deren Rumpf Figuren und Ornamente geritzt sind. Am prägnantesten davon sind die Hirschköpfe, die stets in diagonal aufsteigender Reihe die Längsseiten der Stelen zieren. Bekannt sind sie seit längerem als »ein Relikt aus geraumer Zeit«, doch ihr genauer Ursprung ließ sich bisher nicht feststellen. Seit meiner Kindheit hatte ich sie frei und unbeschützt entdeckt. Sie waren schlicht ein Teil der Landschaft, wie auch die anderen Grabstätten, deren Funktion als Gräber kaum noch wahrgenommen wurde, von uns Kindern sowieso nicht. Wie oft mögen diese Hirschsteine zerbrochen sein und wie viele Male wohl hin und her getragen, bis sie ihren Bestimmungsort fanden? Das weiß niemand. Aber die hohe Kunstfertigkeit, mit der alle Stelen angefertigt sind, die Hingabe an die Details und die Wertschätzung, die diesen steinernen Zeugen der Vergangenheit entgegengebracht wurde, sieht jeder noch heute nach über dreitausend Jahren.

Vor kurzem hatte ich die Gelegenheit, zusammen mit Prof. Sebastian Lalla aus Deutschland von der Nationalen Universität der Mongolei bei einer mehrtägigen Fahrt etliche dieser Steine zu untersuchen. Unsere Bewunderung für die Kunstfertigkeit der Menschen vor dreieinhalbtausend Jahren nahm nie ab, egal wie viele Hirschsteine wir auch fanden. Dabei überlegten wir immer wieder, wie die »Logistik« der Herstellung sich mit dem spirituellen Gehalt verbinden und über so große Zeit- und Lebensräume hinweg transportieren ließ. Auch wenn wir nicht wissen, wieso ausgerechnet Hirsche zum dominanten Bildmotiv wurden, welchen praktischen Zweck die Steine erfüllten und wer sie zuerst so geschaffen hatte, dass sie für andere als kulturelles Symbol lesbar wurden – die Faszination für die Hirschsteine bleibt auch angesichts vieler offener Fragen erhalten. Es fällt mir nicht schwer, Sebastian zuzustimmen, dass von den vielen archäologischen Kostbarkeiten, die wir auf der Reise sehen durften, die Hirschsteine einen besonderen Platz auf der Liste bewundernswerter Artefakte einnehmen.

»Früher schienen die Wissenschaftler aus Russland und aus dem Westen der Ansicht zu sein, dass der Hirschstein aus Mittelasien und dem Iran verbreitet und von der Mongolei übernommen wurde. Aber unsere Forscher bestätigen, dass es unter den meisten Hirschsteinen eine viereckige Opferstelle gibt«, berichtete der Archäologe und Historiker Ochir. »Außerdem fand man dort auch Viehknochen, den Kopf, vier Beine, Hals, Lunge und Herz eines Pferdes. Nun konnte man anhand solcher Funde versuchen, das Alter der Hirschsteine zu ermitteln. Nach der Verbreitung der Hirschsteine wurde anhand einer Stichprobe untersucht, ob sie aus dem Zentrum oder von den Rändern des Verbreitungsgebietes stammten. Dabei ergab sich, dass der älteste Hirschstein aus der Mitte stammte. Deshalb schlussfolgerte man, dass die Hirschsteine sich aus dem mongolischen Gebiet, und zwar aus dem Zentrum heraus, verbreitet hatten, eine Theorie, die Wissenschaftler aus aller Welt anerkennen. Auf mongolischem Territorium entdeckte man bislang über eintausend Hirschsteine.«

Da achtzig Prozent der weltweit verbreiteten Hirschsteine und über achtzig Prozent der weltweit verbreiteten Hunnufürstengräber in der Mongolei entdeckt worden sind, kommt man nicht umhin, für den

Zeitraum von etwa 1000 bis 1200 v. Chr. ein real funktionierendes Großreich auf mongolischem Gebiet vorauszusetzen. Denn die enorme Organisation, die Produktion, Logistik und der Schutz solcher Grabanlagen voraussetzt, lässt sich nicht mit einer »primitiven« Steppenhirten-These erklären. Wer besorgte die Steine? Wie wurde sichergestellt, dass die Werkstätten über Jahrhunderte die gleichen Muster hervorbrachten? Und hatten die Steine neben der Funktion als Grabmonumente noch eine kultische Funktion? Der immense Aufwand, mit dem ein nomadisches Gemeinwesen solche Grabkulturen anlegte, spricht immer weniger für die Theorie barbarischer Horden und immer mehr für eine durchorganisierte Kult- und Herrschaftselite, die ihren Anspruch auf Respekt und Ehrerbietung in Stein meißeln ließ.

Tseveendorj teilte meine Ansicht in einem aufschlussreichen Gespräch über Hirschsteine: »In der Mongolei wurden Hirschsteine aus der Zeit vor den Hunnu entdeckt. Ich kam in eine Gegend in der Dshargalant-Schlucht im Tüw Aimak und sah vor mir fast 30 große Hirschsteine, der höchste misst fast viereinhalb Meter. Für ihr Entstehen und Erbauen brauchte man nicht nur den Glauben und ein entsprechendes Brauchtum, sondern auch eine starke politische Einheit und Macht. Meine Vermutung ist, dass bereits vor den Hunnu ein großes Land hier existiert hat.« Die Belege für quasi-staatliche Organisationsformen bereits 1500 Jahre vor unserer Zeitrechnung verdichten sich. Aber auch hier, im Umfeld der Hirschsteine, bleiben viele Rätsel – und Spekulationen sind leichter zu finden als Gewissheiten.

Das bestätigte mir auch der Archäologe Dr. N. Erdene-Ochir, mit dem ich viel unterwegs war: »Unser Land ließ sich für seine außergewöhnlichen Fundstücke bewundern, die stellvertretend für die jeweilige historische Epoche stehen und zu den größten Fundstücken gehören. Ein Schädel ohne Stirn von einem Urmenschen aus der Steinzeit, das ist ein seltener Zufall. Der Hirschstein, die größeren Gräber und das Quadrat-Grab sind aus der Bronzezeit – wunderbare Kulturen. Weltweit wurden insgesamt über 7000 Hunnu-Stücke gefunden, davon 80 Prozent in der heutigen Mongolei. Die größten Fürstengräber der Hunnu befinden sich in der Mongolei. Während der Ausgrabungen entdeckte man nicht nur viele Wertgegenstände lokaler Herkunft, sondern auch verloren geglaubte Wertgegenstände der alten Griechen, Römer, aus Südasien, dem chinesischen Han-Land und aus vielen anderen Regionen.«

Anders als durch regen Handel kann man die Fülle der Artefakte nicht erklären: Römische Glaswaren als Grabbeigabe für Hunnufürsten, Goldschmuck und kostbar geschnitzte Figuren widerlegen auf eindrucksvolle Weise die Annahme, bei den Hunnu habe es sich um wenig zivilisierte Reiterkrieger gehandelt, die außer Verwüstung keine Spuren hinterlassen hätten. »Die Länder, die im 13. Jahrhundert auf dem Territorium der heutigen Mongolei bestanden, führten Eroberungskriege und veränderten die Weltordnung. Ganze Großreiche auf der Weltkarte verschwanden oder wandelten sich durch die Eroberungen der Hunnu und Tureg. Aber der damalige Brennpunkt, von dem der Ursprung ebenso ausging wie eine kontinuierliche Weiterentwicklung der Nomadenkultur ist unser Land, die Mongolei. Es gibt daher keinen Zweifel daran, dass die Wertgegenstände der Hunnufürstengräber in der heutigen Mongolei entstanden sind«, schloss N. Erdene-Ochir.

Chronologisch betrachtet beginnen die wunderbaren Zeugnisse in der Mongolei allerdings nicht erst mit den Hirschsteinen vor etwa 3500 Jahren. Auch die wesentlich älteren Felszeichnungen sind ein »Wunderwerk« früher und frühester Kultur. Ochir spricht davon, dass »die Felsmalereien das Alltagsleben in Farbe zeigen, genauso wie das in der Mongolei sehr bekannte Gemälde ›Ein Tag in der Mongolei‹ von Sharav Balduu aus dem Jahre 1912. Die Felszeichnungen erzählen von den Ochsenkarawanen, dem Bogenschießen, dem Tanzen, den Jagdhunden, die dem Wild hinterhereilten, und vielem mehr. Deswegen reisen viele Wissenschaftler zu uns in die Mongolei und untersuchen diese Dinge. Mein Land ist das reichste Land an Felszeichnungen, wobei der Reichtum nicht unbedingt immer in der Verbreitung und Quantität liegt, sondern in den Darstellungen. Wie Gemälde aus der Gegenwart erscheinen die Felszeichnungen. Eine Hinterlassenschaft einer großen Kultur unserer Vorfahren.«

D. Tseveendorj wusste Ähnliches zu erzählen: »Die Felszeichnungen der Mongolen sind ungewöhnlich. In der Höhle von Altais wurden die Felswände vor 7000 Jahren bemalt, die Wände einer Höhle im Bayan-Ülgii Aimak, die auf einen Schlag durch den Felsen entstanden ist, vor bis zu 20 000 Jahren. In der Mongolei gibt es unzählige solcher Felszeichnungen, die auf diese Art hergestellt wurden. Ich war im Amt, als die Aufnahme in den UNESCO-Schutz beantragt wurde, und die mongolischen Felszeichnungen wurden sofort aufgenommen. Auf den Felszeichnungen kann man z. B. das Bild eines Menschen sehen, der versucht mithilfe eines Hundes einen Hirsch zu erlegen; oder wir entdecken auf einer anderen 3000 Jahre alten Zeichnung einen Skiläufer. Man sieht also darauf den Beginn der Geschichte des Skisports. Es folgten weitere Untersuchungen. Die wesentlichen Felszeichnungen zeigen Reiter, Viehhüter, Erlegen des Wildes, die Ger (mongolisch für ›Jurte‹) sowie die Behausung und andere Alltagsdinge der Nomaden.«

Ja, die Wissenschaftler sagen, es sei eine Besonderheit, dass die Felszeichnungen und das Ritual der Bestattung beides Elemente der Bräuche und der Religion der Nomaden sind. Ochir präzisierte diese These: »Die Bräuche der Mongolen stehen in einer unermesslichen Verbindung zum Himmel. Vor dem Schamanismus gab es bereits drei Glaubensrichtungen. Es gab den Animismus, den Glauben an die Geister, sowie den Totemismus und einen Glauben an materielle Gegenstände. Aus Letzterem entwickelte sich der Schamanismus.«

Der Akademiker Sh. Bira wurde für sein Buch »Der Glaube an den Himmel der Mongolen« von der britischen Queen Elisabeth II. ausgezeichnet. In seinem Buch schildert er, wie Dschingis Khan den Schamanismus für seine politische Strategie verwendete. Zu den zentralen Lehren dieser religiösen Praktiken gehörte, dass »die Mongolen die Menschen des Himmels« sind. Dschingis Khans Ansicht wurde zu einer Ideologie, die besagte, dass während seiner Eroberungskriege kein Mensch gegen ihn kämpfen sollte. Biras Erkenntnisse lassen sich so zusammenfassen: »Der Glaube an den Himmel als Religion der Nomaden ist fest in deren Brauch, Alltagskultur und Gewissen verankert.«

Ich denke, mit Blick auf die heutigen geschichtlichen Ereignisse in der Mongolei hat dieser Glaube an den Himmel, wenn auch nicht als Religion, aber doch als Ausdruck einer Hoffnung auf Gerechtigkeit, die seit Hunderten von Jahren unsere Geschichte geprägt hat, nichts an Deutlichkeit und Notwendigkeit verloren.

Bei allen politischen Auseinandersetzungen erdet es in gewisser Weise, wenn man sich vor Augen hält, dass die menschliche Zeitspanne, die uns als Handlungsraum zur Verfügung stand, doch recht kurz ist. Weitaus länger war die prähistorische Zeit – und auch, wenn die Mongolen nichts dafür konnten, ist es doch gerade diese gewaltige Epoche, der die Mongolei einen guten Teil ihrer Berühmtheit in wissenschaftlichen Kreisen verdankt. Auch deshalb kann ich nicht umhin, meiner kulturellen Zeitreise durch die Mongolei noch ein paar Anmerkungen zu den Dinosauriern zu widmen.

Vor einigen Jahren wollte man bei einer Auktion in den USA einen Dinosaurier, einen Tarbosaurus, verkaufen. Aber das angebotene Skelett war, wie die Mongolen sagen, »eindeutig als Kamel erkennbar«, das heißt, in seiner Herkunftsdeklaration anzuzweifeln – und daraus resultiert die Frage, woher das Skelett stammt. Die Antwort ist einfach, da diese Art nirgendwo anders als in der Mongolei gelebt hat, stammte es natürlich aus der Mongolei. Der Tarbosaurus wurde in seiner Heimat, im Südgobi-Aimak, entdeckt und gesetzeswidrig über die mongolische Grenze geschmuggelt. Über das Tier wurden weltweit Gerüchte in den Medien verbreitet. Der Tarbosaurus (lat.: furchteinflößende Echse) und ähnliche seiner Artgenossen waren bis zu 12 Meter lang und lebten vor 83 bis 66 Millionen Jahren in der mongolischen Gobi, es waren wahre Giganten. Im Jahr 1946 entdeckten eine paläontologische Expedition unter der Leitung von I. A. Efremow ein Kinn und andere Knochenteile dieser Dinosaurierart im Tal Nemegtiin Hündii im Südgobi-Aimak. Seit 1955 trägt der Tarbosaurus den mongolischen Beinamen »Held«. Siedler und Hirten aus den Gebieten des Bergs Nemegt und dem Tal Nemegt sprachen ehrfürchtig über aus dem Boden zutage tretende Skelettteile wie Schädelfragmente oder eine Wirbelsäule. Die Fundstellen, wo Knochen in Haufen gefunden wurden, nannten die dort lebenden Menschen »Das Grab der Drachen«. Die Viehherden durften den Knochen nicht zu nahekommen. Diese Zeit ist noch nicht lange her, doch das Gebiet ist jetzt ohne jeden Knochenrest, nahezu staubfrei gereinigt. In den letzten zwanzig Jahren streiften Beute suchende Menschen von nah und fern über das Gebiet und stahlen die Knochenteile. Auch das Skelett des Tarbosaurus, der eine solch berüchtigte Geschichte mitmachen musste, um wieder in seine Heimat zurückzukommen, war unter diesen illegal entwendeten Fundstücken. Er ist der bislang größte Tarbosaurus, der in Eurasien gefunden wurde. Auch die Eier der Dinosaurier von vor einigen Millionen Jahren sind heute ein Wertgegenstand. Der illegale Handel mit Eiern floriert noch immer.

Es gibt leider noch viele andere beschämende Beispiele. An der Grenze zwischen den Aimaks Dornogobi und Ömnögobi – das ist die Provinz Südgobi – wuchs der sogenannte Ündsen mod, ein junger versteinerter Wald. Der ganze Wald wurde von der Wurzel an »gerodet« und ins Ausland transportiert. Fünfzig bis sechzig Bäume, mit einem Gesamtgewicht von einigen Tonnen, wurden mithilfe moderner Technik von skrupellosen Dieben weggebracht, ein klarer Fall organisierter Kriminalität, ein offener Raub mongolischen Kulturgutes.

Zufällig hatte auch ich die Gelegenheit, ein Dinosaurier-Ei zu kaufen. Vor vielen Jahren näherte ich mich während einer Dienstreise der Grenze der Mongolei. Plötzlich traf ich einen jungen Mongolen, der versuchte, ein Ei außerhalb der Mongolei zu verkaufen. Obwohl ich ein junger Mann war, interessierte ich mich nicht für den Preis der »Ware«, sondern ich dachte mir, dass das Ei in seiner Heimat bleiben sollte. Er nannte mir den Kaufpreis und ich bezahlte, was er mir vorschlug. Dieses dank meines Heimatgefühls erworbene Dinosaurier-Ei ist seitdem bei mir zu Hause aufbewahrt. Weltweit gibt es viele Museen für Dinosaurier, die Mongolei jedoch, in der so viele gefunden wurden, hat bislang kein wirklich angemessenes Museum für die größten Lebewesen der Vergangenheit zustande gebracht. In der Urzeit streiften die Dinosaurier durch mein Land – heute ist ihr Lebensraum das Museum. Unser Naturkundemuseum, das jahrzehntelang eine gute Anlaufstelle für Dinosaurierfunde war, steht seit Jahren leer und verfällt, vermutlich, um von Spekulanten irgendwann abgerissen und durch ein seelenloses Hochhaus in bester Lage ersetzt zu werden, eine Schande. Meine Hoffnung ist, dass die Mongolei doch irgendwann ein Museum auf internationalem Niveau für diese urzeitlichen Tiere gründet. Wenn es so weit ist, komme ich als erster Gratulant und bringe ihnen mein Saurier-Ei als Geschenk.

Nicht nur ich, sondern auch andere Familien in meinem Land besitzen ein versteinertes Ei oder sogar mehrere. Die historischen Fundstücke wurden entweder gezielt geplündert oder durch den um sich greifenden Bergbau beiseitegeschafft. Die Gobi wurde dementsprechend düster, anrüchig und obskur. Die Überreste des Lebens so vieler Erdzeitalter, von den Sanddünen unzählbar viele Jahre geschützt, werden schonungslos an die Oberfläche gezerrt, die urzeitliche Geschichte wird nach und nach bloßgelegt.

Zu den großen Entdeckern von Saurier-Resten gehört der renommierte Paläontologe R. Barsbold. Er ist der Sohn von B. Rentschin (1905–1977), einem großen Wissenschaftler, Literaten und politischen Kritiker während der Zeit des Sozialismus. Barsbold entdeckte über zwanzig verschiedene Dinosaurier-Arten, darunter den Adasaurus, Gallimimus ingeni, Cengosaurus und den Oviraptor.

Barsbold konstatierte, dass die Mongolei nicht nur reich an Fossilien ist – hierin liegt sie weltweit auf einem der vordersten Plätze –, sondern auch führend in der Dinosaurierforschung ist: »Die USA, die Volksrepublik China und die Mongolei sind die ersten drei Länder, wenn es um Forschung über Dinosaurier geht. Was ist von den Tieren übrig, die vor etlichen Millionen Jahren lebten? Nur noch Fossilien. Deshalb kann man viele Fragen nicht einfach beantworten. Welche Nahrung hatten sie? Wie verhielten sie sich untereinander? Wie waren die Lebens- und Verhaltenskonstellationen? Man darf die Dinosaurier nicht ohne Weiteres mit den heutigen Tieren vergleichen, denn die Paläontologie stutzt sich nur auf sehr wenige Materialien. Vor 300 Millionen Jahren entstand das Festland. Die Mongolei ist die Stirn Zentralasiens, so sagt man. Trotz ihrer großen Fläche sind nur sieben Prozent der Mongolei bewaldet. Auf dem Territorium der Mongolei gibt es alle Pflanzen- und Tierarten, die in den letzten knapp 600 Millionen Jahren entstanden sind. Wegen dieser Verhältnisse bietet die Mongolei beste Möglichkeiten für die paläontologische Forschung: Die Wüste Gobi ist reich an Dinosaurier-Fundgruben der Kreidezeit. Löwen, Elefanten und Nashörner sowie Organteile anderer Urtiere aus dem Pleistozän wurden und werden in der Nordmongolei entdeckt und gefunden.«

Auf meine Frage, ob die Dinosaurier vor allem in der Gobi der Mongolei lebten, anwortete Barsbold: »Mehr als in anderen Gebieten wurden die Dinosaurier-Überreste in der Gobi gefunden. Sanddünen spielen dabei eine wichtige Rolle für den Aufbewahrungsort der Fundgegenstände.

Zum Beispiel gibt es in der Gegend ›Reiche Saxaul‹ in dem Gebiet der ›Kamelpfütze‹ eine Sandformation aus der jüngsten Kreidezeit. Hier siedelten die vierbeinigen Pflanzenfresser Protoceratops herdenweise. Ausgewachsen waren sie so groß wie ein Schaf. Von diesen Pflanzenfressern wurden 15 Eier auf einmal und sehr viele Fossilien in den Dünen entdeckt. Die vielen Eier der Protoceratops-Fundgruben beweisen zuallererst, dass die Dinosaurier in jungen Jahren in Herden lebten. Sie waren Herdenwesen, eine Besonderheit unter damaligen Pflanzenfressern. Dabei decken die Dinosaurier auf dem mongolischen Territorium das evolutionäre Spektrum der letzten 150 Millionen Jahre ab. In fast allen Ecken unserer Erde, auch in der Antarktis oder am Südpolarmeer, wurden Dinosaurier-Skelette entdeckt. Sie stammen aus dem anfänglichen Stadium der Kreidezeit. Die Besonderheit der Dinosaurierfunde in der Mongolei zeigt das Beste ihrer Lebensentwicklung, nämlich dass es so viele Arten von Dinosauriern gab. Auf dem kleinen Teil Festland, auf dem sich die Mongolei befindet, lebten über achtzig verschiedene

Mit dem Staatspräsidenten N. Enkhbayar bei einem Arbeitsbesuch in Gobi-Altai Aimak, 2007

Dinosaurierarten, d. h. fast ein Viertel der bislang in der Forschung bestätigten vierhundert Arten. Und die Forschung dauert immer noch an. Nicht zuletzt wegen der klimatisch begünstigten Lagerstätten bietet die Mongolei hier herausragende Bedingungen.«

Voller Stolz berichtete Barsbold über die langjährige Erforschung der Dinosaurier-Skelette in der Mongolei: »Die allererste Entdeckung eines Dinosaurier-Fossils war ein Ei, welches im Südosten Frankreichs 1860 entdeckt wurde. Man hiel es für ein Vogel-Ei, und es wurde in der Wissenschaft nicht als die Besonderheit akzeptiert, die es zweifellos war. 1923 wurden von einer Expedition unter der Leitung des amerikanischen Forschers Roy Chapman Andrews (1884–1960) im Gebiet der ›Kamelpfütze‹ die Dinosaurier-Skelette entdeckt, anhand derer man zum ersten Mal beweisen konnte, dass die Dinosaurier Eier legten. Die mongolisch-polnische Expedition von 1971 entdeckte die weltberühmten Fossilien ›zwei kämpfende Dinosaurier‹ in der Gobi. Es handelt sich hierbei um zwei erwachsene Tiere, einen Protoceratops und einen fleischfressenden Velociraptor, die ineinander verschlungen sind. Auch hier ist die Forschung noch lange nicht abgeschlossen.«

Und der Direktor des Instituts für Paläontologie und Geologie H. Zogtbaatar ergänzte nachdenklich: »Wir haben die unendlich wertvollen Fossilien der Dinosaurier, die Forschungsstätten und renommierten Wissenschaftler, aber es gibt in der Mongolei bisher kein Museum für Paläontologie. Wenn es das Budget dafür gäbe, könnten wir ein Museum für alle Arten der Dinosaurier inmitten ihrer alten Heimat, der Landschaft der Wüste Gobi, errichten. Durch die Anziehungskraft auf die Reisenden würde sich dadurch der Tourismus erweitern.« Ich teile die Meinung des kompetenten Mannes völlig.

Die Mongolen haben einen unschätzbaren Reichtum an Dinosaurier-Fundstellen. Es gibt Länder, die mit sehr viel weniger Wertgegenständen große Museen betreiben. Mongolische Paläontologen sind der Meinung, dass die Untersuchungen über die organische Urwelt eine Aufgabe von weltweiter Relevanz ist. Deswegen sind sie bemüht, mit ausländischen Wissenschaftlern in Projekten zusammenzuarbeiten. Die mongolische Forschung der Paläontologie ist fortgeschritten und beschränkt sich nicht auf die Forschung über die Dinosaurier, sondern erstreckt sich

Im August 2020 initiierte und organisierte ich eine Studien- und Forschungsreise unter dem Motto »Journey to the Earth Secret« unter Beteiligung des bekannten Paläontologen Prof. Dr. Kh. Tsogtbaatar/Director Institute of Paleontology, Mongolian Academy of Sciences /, des Archäologen PhD N. Erdene-Ochir / Scientific Secretary of Institute of Archaeology of Mongolian Academy of Sciences /, des Akademikers L. Tsedensodnom, Prof. Dr. Sebastian Lalla und weiterer interessierter enger Freunde.

Während der o.g. Reise haben wir die neueste Fundstelle eines Protoceratops andrewsi Dinosaurus der Oberkreidezeit, dessen Alter rund 85-70 Millionen Jahre beträgt. Tugrigiin Shiree, Bulgan sum, Südgobi Aimak, 2020s

Der Kopfteil des neuentdeckten, ca. 1,80 m großen Pflanzenfressers Protoceratops während unserer Studien- und Forschungsreise im August 2020. Tugrigiin Shiree, Bulgan sum, Südgobi Aimak, 2020

Tarbosaurus bataar, ca. 72 Millionen Jahre, Späte Kreidezeit – Tar-Bow-Sore-Us »alarmierende Eidechse«.
Dieser riesige Fleischfresser mit seinen Reihen dolchartiger Zähne ist ein älterer Verwandter des bekannteren nordamerikanischen Tyrannosaurus. In der mongolischen Wüste Gobi wurden zehn vollständige Skelette gefunden.

auch auf die Untersuchung von versteinerten Pflanzen, Insektenfressern und Säugetieren. Inzwischen gibt es auch Fachspezialisten für die Paläontologie der Bakterien, welche in einer selbstständigen Forschungsdisziplin arbeiten.

Über und unter der Erde hinterließ meine Heimat all ihre Kostbarkeiten der Menschheitsgeschichte. Auf der Suche nach diesen Kostbarkeiten entdeckten wir nicht allein die Knochen der Dinosaurier, sondern – langer Rede kurzer Sinn – das Leben in all seinen Facetten: natürlich und kulturell, von den Menschen unserer Heimat geprägt, die wir als die »Wiege der Schätze« besingen sollten. Von ihr können wir immer noch lernen, und sie wird hoffentlich noch Bestand haben, wenn wir selbst lange gegangen sein werden.

Messer im Rücken

Vielleicht war die Welt der Dinosauerier einfacher als die heutige Welt der Politik. Denn hier passieren unbegreifliche Dinge, von denen man kaum zu träumen wagt. Auch nicht in Albträumen. In der Politik sind Lob und Beleidigung zwei Seiten derselben Medaille. Unsere Vorfahren wussten das, als sie sagten, dass man nicht unter Leute gehen solle, wenn man Angst vor Gerede habe. Ich denke, sie haben recht. Wenn man mit Kritik und Konfrontation nicht umgehen kann, dann hat man in der Politik nichts verloren. Politiker müssen psychisch belastbar und stabil sein. Das ist noch wichtiger als körperliche Belastbarkeit.

Der Staatspräsident Enkhbayar sollte nach dem Willen seiner Gegner noch vor der Präsidentschaftswahl gestürzt werden. Er sollte zum Sündenbock für alles gemacht werden, was in der mongolischen Politik falsch lief. Pläne dazu habe ich nie gesehen, aber ich bin auch mit zeitlichem Abstand davon überzeugt, dass sie existierten und nach einem gut durchdachten Drehbuch umgesetzt wurden. Wie ein weißer Schneeleopard auch von einer Überzahl an Ameisen besiegt werden kann, so wurde Enkhbayar zum Opfer gegen ihn gerichteter Intrigen.

Vom Königsthron wird man schnell gestürzt, sagt eine mongolische Redewendung. Und Enkhbayar bestätigte deren Wahrheit später in

Interviews, in denen er schilderte, wie ihn seine nächste Umgebung am schnellsten fallen ließ, als er aus dem Präsidentenamt vertrieben worden war. Seine Untergebenen hatten ihn als Präsidenten angehimmelt, aber als normalen Bürger feindeten sie ihn nun an. Wer eng mit Enkhbayar zusammengearbeitet hatte, war nun darum bemüht, dies zu verbergen.

Dieser Mangel an echter Freundschaft und Charakterstärke erschütterte mich. Doch diesen Typ Mensch, der beinahe mit einem Messer auf diejenigen losgeht, die keine wichtigen Ämter innehaben, gab und gibt es in meiner Partei leider sehr häufig. Männer, die sich vorher gegenseitig die Räuberleiter hielten, sich aber im ersten günstigen Augenblick gegenseitig in den Rücken fallen. Doch die Frage »Wozu braucht man politische Feinde, wenn man Parteifreunde hat?« stellt sich wohl nicht nur in der Mongolei. Ich jedenfalls hätte gedacht, dass Menschen, die gemeinsam an einem Ziel arbeiten, anständiger miteinander umgehen würden. Diese Haltung wollte ich auch in schwierigen Situationen nicht aufgeben.

Als es Enkhbayar schlecht ging, wollte ich ihm Freund und Stütze sein. Schließlich hatte er weder einen Menschen ermordet noch sich gegen die mongolische Gesellschaft gestellt. Ganz im Gegenteil, er hatte die ihm anvertrauten wichtigen Ämter allesamt zum Wohle des Staates und der Bürger ausgeübt. Dass nun auch ich wegen meiner Unterstützung für Enkhbayar verleumdet wurde, hatte ich ignoriert, auch wenn in der Presse schmutzige Falschmeldungen über mich verbreitet wurden. Ein echter Mongole lässt einen Menschen, der sich in einer schwierigen Situation befindet, nicht im Stich.

Die Fraktionskämpfe innerhalb der MVP erinnerten mich an die Auseinandersetzungen der Mongolen untereinander, wie sie in der »Geheimen Geschichte der Mongolei« beschrieben werden. Die Koalitionen und Allianzen änderten sich so schnell, dass man kaum noch folgen konnte. Der innerparteiliche Streit um Macht und Einfluss war für die Opposition ein gefundenes Fressen. Von den Auseinandersetzungen ließ sich Enkhbayar mitreißen. Er vergaß sein eigenes Motto: Sind wir friedlich, sind wir stark. Hätte er mit Bedacht reagiert, wäre er wohl nicht gestürzt worden. Andererseits ist das Verhalten, das Premierminister und Parlamentssprecher gegenüber dem Staatspräsidenten an den Tag legten, zutiefst unethisch gewesen. Doch dies war die Folge der

Fraktionskämpfe innerhalb der MVP, die die Gruppe um Bayar befeuert hatte, und deren Ziel es war, Enkhbayar aus der mongolischen Politik zu drängen. Enkhbayar wiederum hatte diese Situation falsch eingeschätzt. Doch auch Bayars Leute hatten sich verkalkuliert, denn vom Sturz Enkhbayars sollte vor allem die Demokratische Partei mit ihrem Vorsitzenden Ts. Elbegdorj profitieren: Alle hatten Fehler gemacht.

Maskierte Männer

Am Nachmittag des 12. April 2012 passierte etwas ganz Unerwartetes. Der Vorsitzende der MRVP und ehemalige Staatspräsident Enkhbayar wurde vor den Augen der Öffentlichkeit verhaftet.

Als sich das Unglaubliche ereignete, plauderte ich gerade in meinem Abgeordnetenbüro mit dem Kollegen D. Baldan-Ochir, als ich zufällig auf dem Fernsehbildschirm las, dass Enkhbayar aus seinem Auto heraus verhaftet wurde. Die Scheiben seines Autos seien eingeschlagen worden und man hätte sogar versucht, N. Enkhbayar zu erschießen. Ich stand unter Schock. Was war passiert? Was machen wir jetzt?

Ich konnte nicht tatenlos herumsitzen und entschied mich, zu Enkhbayar zu fahren. D. Baldan-Ochir wollte mich nicht begleiten, er meinte, da wolle er sich lieber zurückhalten. Ich befürchtete, dass sich die Ereignisse vom 1. Juli 2008 wiederholen würden oder etwas noch Schlimmeres wie etwa ein Staatsstreich bevorstand. Ich rief kurzerhand die Abgeordneten O. Chuluunbat und Ch. Ulaan an, die noch ahnungslos waren. Sie wollten mich zu Enkhbayar begleiten. Es war schon Feierabend und meine Frau, mein Sohn und mein Fahrer warteten auf mich vor dem Regierungsgebäude, um nach Hause zu fahren. Ich teilte ihnen mit, dass ich dringend zu Enkhbayar fahren müsse. Meine Frau sorgte sich, sie versuchte mich von meinem Vorhaben abzubringen. Doch mein Sohn bestärkte mich und sagte: »Papa, du musst da jetzt hin.«

Ich kam gegen acht Uhr abends bei Enkhbayar an. Vor dem Haus stand Wachpersonal und ließ niemanden hinein. Viele Menschen hatten sich dort versammelt, es gab lautstarkes Geschrei und heftiges Gedrängel. Der Abgeordnete Chuluunbat war schon da. Als Abgeordnete wurden wir

Am 01. 07. 2008 wurde unser Parteihaus angezündet.

Der ehemalige Präsident der Mongolei N. Enkhbayar wurde von mehreren Hundert Polizisten verhaftet. Ulaanbaatar, 2012

von dem Wachpersonal durchgelassen. Ulaan, der ganz in der Nähe wohnte, erwartete uns drinnen. Enkhbayar erzählte uns, dass er weder eine Vorladung der Behörden noch einen Haftbefehl erhalten hatte. Als er auf dem Weg nach Hause war, erschienen plötzlich Maskierte in der Nähe seiner Wohnung. Schnell hatten Passanten eine Kette gebildet, um die Maskierten von der Wohnung fernzuhalten – worüber später niemand berichtete. Mit Gewalt setzte sich die Polizei durch und ging bei der Verhaftung Enkhbayars sehr grob vor. Fast alle Medien berichteten live. Einige Journalisten hielten sich sogar in Enkhbayars Wohnung auf, damit die Geschehnisse später nicht anders dargestellt oder unter den Teppich gekehrt werden konnten.

Wir versuchten, mehr Informationen zu erhalten. Premierminister S. Batbold teilte uns lediglich mit, dass die Justiz schon wisse, was sie tat. Der Justizminister und der Parlamentssprecher waren für uns nicht zu erreichen. Das brachiale Auftreten und Vorgehen der Polizei besorgte mich. Wenn man schon mit einem ehemaligen Staatspräsidenten so umging, was blühte dann einfachen Bürgern? Uns erreichten viele warnende Anrufe: Keiner wusste, was als Nächstes passieren würde. Drohte der Einsatz von Waffengewalt oder war es nur ein Manöver zur Abschreckung? Wir tendierten zu Letzterem. Es würde schon gut ausgehen, dachten wir. Man würde mit einem ehemaligen Staatsoberhaupt schon respektvoll umgehen. Über Nacht lichteten sich die Reihen der Demonstranten, die Enkhbayars Haus beschützten. Die Polizeipräsenz blieb aber so massiv wie bei einem Terroranschlag.

Um fünf Uhr morgens hörte man Aufruhr und Geschrei. Es wurde heftig gegen die Tür getreten. Und dann brachen maskierte Männer mit einem Vorschlaghammer die Tür ein und strömten mit Gebrüll in Enkhbayars Wohnung. Es waren Szenen wie aus einem Kinofilm. Das Geräusch des Vorschlaghammers auf Enkhbayars Tür erinnerte mich an das Geräusch der Vorschlaghämmer auf der Berliner Mauer. Nur wurde hier nicht Freiheit geschenkt, sondern genommen – ein Unterschied wie Tag und Nacht. Im Gebrüll der Eindringlinge konnte man nichts verstehen. Später, auf Fernsehaufnahmen, hörte ich, dass sie »Hände hoch, Hände hinter den Kopf, hinlegen!« schrien. Wir versuchten, die jungen Sicherheitskräfte zu beruhigen. Wir dachten ohnehin nicht daran, sie bei ihrer

Arbeit zu behindern. Ein Oberstleutnant las Enkhbayar den Haftbefehl vor. Als Enkhbayar anmerkte, ob er etwas fragen dürfe, antwortete der Oberstleutnant etwas, das als Zustimmung interpretiert werden konnte, aber die maskierten Männer fingen an zu brüllen und hoben Enkhbayar einfach in die Luft. Er bat darum, sich etwas überziehen und Schuhe anziehen zu dürfen. Doch das ging in dem Gebrüll unter.

Später erzählte mir Enkhbayar, dass sie ihm die Kehle abgeschnürt hatten, bis er ohnmächtig wurde, als sie ihn packten. Er wurde nicht offensichtlich geschlagen, aber die Hände der Maskierten klammerten wie Schraubstöcke, jeder kleine Griff tat weh. Auch wir kamen nicht unbeschadet davon. Chuluunbat trug eine leichte Gehirnerschütterung davon, Ulaan Schürfwunden, meine Wange war angeschwollen. Enkhbayars Wohnung wurde während seiner Verhaftung verwüstet. Überall lag zerbrochenes Geschirr, demolierte Stühle und Tische. Auch das war eine Szene, die man sonst nur aus Filmen kennt. Enkhbayars Kinder waren zu Tode erschrocken. Sie vergossen viele Tränen. Und trotzdem wollte die Polizei nach all dem Aufruhr das Haus noch einmal durchsuchen. War das alles wirklich notwendig, um eine Person zu verhaften?

Als ich vor die Tür trat, empfingen mich meine Frau, mein Sohn und der Fahrer voller Sorge. Sie hatten die ganze Nacht im Auto gewartet und waren froh, dass mir nichts passiert war. Meine Frau sagte, dass ihnen die Polizisten keine Auskunft gegeben hätten. Nicht einmal das Auto durften sie verlassen. Meine Frau wollte, dass wir zu einem Gerichtsmediziner fuhren, damit er meine Verletzung untersuchte und protokollierte. Ich lehnte ab, doch eigentlich hätte ich das nicht auf die leichte Schulter nehmen sollen.

Die Zeit nach Enkhbayars Verhaftung im April 2012 war nicht nur für die Beteiligten, sondern für das ganze Land nervenaufreibend. Mir schien die Mongolei damals in eine tiefe Depression zu versinken. Zwei Seiten standen sich gegenüber. Die einen sorgten sich um Enkhbayars Wohlbefinden, die anderen waren der Meinung, dass er, der der Korruption verdächtigt wurde, bekam, was er verdiente. Um gegen seine Verhaftung zu protestieren, begann Enkhbayar am 4. Mai mit einem trockenen Hungerstreik.

In diesen Tagen wurde heiß diskutiert, was die Gründe für seine Verhaftung waren, wer dahintersteckte, wer wann was gewusst hatte und wie unabhängig die Justiz agierte. Dabei war die Mehrheit der Bürger der Auffassung, dass mit N. Enkhbayar ein politisches Spiel gespielt wurde und der Kampf gegen die Korruption nur vorgeschoben war. Mir war klar, dass es schwer werden würde herauszufinden, was wirklich gespielt wurde.

Am 7. Mai wurde N. Enkhbayar in ein anderes Gefängnis verlegt. Zu diesem Zeitpunkt erstattete ich dem Parlament Bericht über seinen Gesundheitszustand. Dem Präsidenten, dem Parlamentssprecher und dem Premierminister ließ ich das Schreiben eines Krankenhauses zukommen, dass Enkhbayar auf medizinische Betreuung angewiesen war. Ich erhielt keine Antwort. Damit war meine Geduld aufgebraucht. Es zählte jede Stunde, ja jede Minute, die Enkhbayar nicht medizinisch versorgt wurde. Dies teilte ich der Öffentlichkeit ebenso mit wie meinen erfolglosen Versuch, die Staatsführung zu kontaktieren. Dank der ausführlichen Berichterstattung darüber wurde Enkhbayar am 10. Mai vom Gefängnis in ein Krankenhaus verlegt. In dieser Zeit litt ich unter Schlaflosigkeit, so viele Sorgen machte ich mir.

O. Chuluunbat, Ch. Ulaan und ich waren beinahe die einzigen Parteifreunde, die sich für Enkhbayar einsetzten. Wir wollten, dass die Wahrheit an die Öffentlichkeit kam. Mit dem Leben eines Menschen durfte man nicht spielen. In dieser Zeit war ich immer an Enkhbayars Seite, das galt für seinen Hungerstreik ebenso wie für die Verhandlung. Durch den öffentlichen Druck erreichten wir, dass Präsident Elbegdorj uns zu einem Gespräch einlud, bei dem auch Medienvertreter anwesend waren. Das Gespräch war mehr ein Schlagabtausch und endete fruchtlos. Wir drohten unseren Mut zu verlieren.

Diejenigen, die vor kurzem noch Enkhbayars Nähe gesucht und sich mit seiner Hilfe einflussreiche Positionen im öffentlichen Dienst ergattert hatten, benahmen sich nun, als ob man ihnen die Zunge abgeschnitten hätte. Ich dachte, dass zumindest diejenigen, die früher wie ein Schatten an Enkhbayar geklebt hatten, genug Mut hätten, wenigstens einmal den Mund aufzumachen, und zwar unabhängig davon, was sie über die Rechtmäßigkeit der Verhaftung dachten. Ich wartete vergebens darauf, dass sie wenigstens ein kleines bisschen Menschlichkeit oder gar Solidarität zeigten.

Ich versuchte, für Enkhbayars Schutz die Unterstützung einflussreicher Persönlichkeiten zu sichern. Doch nur der MVP-Parteivorsitzende U. Enkhtuvshin besuchte Enkhbayar im Krankenhaus. Ich verspätete mich absichtlich, um den beiden die Möglichkeit zu geben, einige Minuten alleine zu sprechen. Als ich eintrat und die beiden sprechen sah, schnürte es mir die Kehle zu. Ich erinnerte mich, wie die beiden in jungen Jahren die MRVP in die richtige Richtung gelenkt und gemeinsam Siege errungen hatten. Aber sie jetzt in dieser Situation zu sehen, erschütterte mich zutiefst. Ich bemitleidete Enkhbayar und ich war berührt von der Charakterfestigkeit Enkhtuvshins. Er war nicht als Parteivorsitzender, sondern als Privatperson zu Enkhbayar gekommen. Später, als sich Enkhbayars Gesundheitszustand verschlechterte, berief er eine Sondersitzung der Fraktion ein, um den Kranken zu schützen. Enkhtuvshin gehört für mich zu den anständigen und aufrichtigen Politikern, die sich nicht wegducken, wenn es schwierig wird. Andere hielten sich schadlos und blickten später mit echtem oder geheucheltem Bedauern zurück. Ich bin froh und dankbar, dass ich in dieser schweren Zeit auf Freunde wie Enkhtuvshin zählen konnte.

Die Würfel sind gefallen

Die damalige Führung der MVP stellte sich in der »Affäre Enkhbayar« absichtlich taub. Schriftliche Anfragen der Abgeordneten wurden ebenso ignoriert wie Vorschläge zur Lösung der Situation. Das hatte auch in der Bevölkerung viel Vertrauen in die Führung und Erneuerung der Partei gekostet. Ungefähr zehn Abgeordnete, die mit der Situation unzufrieden waren, trafen sich nun regelmäßig. Ich gehörte dazu, und wir überlegten gemeinsam, was getan werden musste und konnte. Unsere Gruppe blieb der Presse nicht verborgen, und Gerüchte von einer Spaltung der Fraktion machten die Runde. Doch darum ging es uns eigentlich nicht. Unser Hauptanliegen war es, Veränderungen in der Partei anzustoßen.

Im Auftrag unserer Gruppe traf sich der Abgeordnete Ulaan mit dem Ministerpräsidenten Batbold. Das Gespräch verlief ergebnislos. Wir waren über das Verhalten der Parteiführung enttäuscht und hatten das Gefühl, es mit sprichwörtlichen Betonköpfen zu tun zu haben. Von unseren Kollegen im Parlament erhielten wir im Stillen viel Zuspruch, doch öffentlich wollte sich kaum jemand auf unsere Seite schlagen.

Wir vier, Ch. Ulaan, der inzwischen verstorbene O. Chuluunbat, Ts. Shinebayar und ich, die bei der Festnahme von Enkhbayar an Ort und Stelle waren, gaben eine Presseerklärung heraus, in der wir feststellten, dass mit seiner Verhaftung die Immunität eines Abgeordneten und die Rechte des Parlaments verletzt worden waren, und forderten eine Untersuchung durch den Parlamentsvorsitzenden D. Demberel. Diese Forderung, so gaben wir weiter bekannt, überbrachten wir dem Vorsitzenden in schriftlicher Form auch persönlich und baten darum, darüber bei der MVP-Fraktionssitzung zu beraten. Doch wir stießen auf taube Ohren. Aus diesem Grund entschlossen wir uns, die MVP zu verlassen und der MRVP beizutreten.

Als Ulaan und ich die MVP in Richtung der MRVP verließen, taten wir dies mit der Absicht, die beiden Parteien in naher Zukunft wieder zu vereinigen. Durch unseren Schritt wollten wir bewirken, dass in der MVP endlich Reformen umgesetzt würden. Denn uns war bewusst, dass es für beide Parteien von Nachteil ist, wenn sie mit ähnlicher Zielsetzung um dieselben Wähler werben. Wenn sich wie Vietnam oder Deutschland ganze Länder trotz ursprünglich gegensätzlicher Ideologien wiedervereinigen können, dann muss das doch für zwei verwandte Parteien erst recht möglich sein, dachten wir.

Und so erneuerten Ch. Ulaan, O. Chuluunbat und ich unsere MRVP-Mitgliedschaft am 1. Mai 2012. In der Öffentlichkeit versuchte man, uns wegen dieses Schrittes zu diskreditieren. Gerüchte und Unwahrheiten über unsere Motive wurden verbreitet. Über mich behauptete man beispielsweise, dass ich von der MVP keinen Wahlkreis erhalten hätte und deswegen gewechselt habe. Doch das Gegenteil war der Fall. Der MVP-Vorsitzende Batbold hatte mir mehrmals mitgeteilt, dass außer mir kein MVP-Kandidat meinen Wahlkreis gewinnen könne. Ein Parteiwechsel aus Machtgier oder um weiter aufzusteigen kam für mich nicht infrage.

Als wir den Parteiwechsel vollzogen, hatten sich viele alte Freunde und Verbündete bereits von Enkhbayar abgewandt. Die MRVP galt als veraltet und ihr wurde bei den kommenden Wahlen nicht viel zugetraut. Wären wir bloße Egoisten gewesen, wie man uns unterstellte, dann hätten wir entgegen unseren eigenen Interessen gehandelt.

Der Wechsel fiel uns angesichts der ausbleibenden Reformen und der ideologischen Nähe sowie der gemeinsamen Wurzeln der beiden Parteien nicht schwer. Und heute denke ich nach wie vor, dass sich die beiden verwandten Parteien gegenseitig respektieren sollten. Bei so vielen Gemeinsamkeiten sollte eine Wiedervereinigung nach wie vor das Ziel sein. Zu meinen alten Parteigenossen unterhielt ich auch nach dem Austritt aus der MVP gute Beziehungen. Egal ob man sich ideologisch unterscheidet oder sich wegen der Arbeit in den Haaren liegt, man sollte sich trotzdem immer menschlich behandeln. So hatte ich mich mit meinen Freunden immer wieder am Arbeitsplatz gestritten, aber es war auch immer klar, dass wir nach der Arbeit freundschaftlich miteinander umgehen werden. Ich denke, dies ist eine wichtige Charaktereigenschaft, die man sich angewöhnen sollte.

Als wir der MRVP beitraten, war der Parteivorsitzende in Haft, und offizielle Stellvertreter gab es nicht. Durch unseren Parteiwechsel verfügte die MRVP mit einem Mal über drei Parlamentssitze. Deshalb sollte aus unseren Reihen ein stellvertretender Parteivorsitzender benannt werden. Meiner Meinung nach war Ulaan der beste Kandidat. Er verfügte über die Fähigkeiten und die Erfahrung, um die Rolle in dieser schwierigen Zeit gut auszufüllen. Doch er lehnte ab. Dann schlug O. Chuluunbat vor, dass ich den Posten übernehmen sollte. Auch wenn ich dies eigentlich nicht wollte, fühlte ich mich doch dazu verpflichtet, denn es wartete eine Berg Arbeit auf uns. Wir mussten unseren Parteivorsitzenden aus dem Gefängnis holen, die Mitgliederzahl unserer Partei erhöhen und das Tagesgeschäft verrichten.

Bei den Parlamentswahlen 2012 kam zum ersten Mal ein neues Wahlrecht zur Anwendung. Von den 76 Abgeordneten wurden 48 durch Mandate in den Wahlbezirken und die restlichen 28 durch die Wahlresultate der Parteien proportional sofort eingesetzt. Zur Vorbereitung des

Regierungsmannschaft von Ts. Elbegdorj 2004–2006

Regierungsmannschaft von M. Enkhbold, 2007

Wahlkampfes besuchte ich Enkhbayar regelmäßig in seiner Haft. Die MRVP schloss vor der Wahl eine Allianz mit der MUAN (Mongolische Nationale Demokratische Partei). Wir traten unter der Führung von Enkhbayar als Gerechtigkeitskoalition bei der Wahl an. Mit M. Enkhsaikhan und Enkhbayar erstellte ich eine Liste von Kandidaten, die sich direkt zur Wahl stellen und die über die Liste ins Parlament einziehen sollten. Später gelang es mir nach langer Anstrengung, Enkhbayar gegen Kaution aus der Haft freizubekommen.

Bei der Parlamentswahl 2012 kandidierte ich zum dritten Mal als Direktkandidat im Songinokhairkhan-Bezirk von Ulaanbaatar. Als stellvertretender MRVP-Vorsitzender hätte ich auch über die Landesliste kandidieren können, doch ich wollte mich von den Parteivorsitzenden von MVP, DP und anderer Parteien unterscheiden, die auf der Liste kandidierten. Sie änderten dies auch nicht, als ich sie öffentlich aufforderte, sich nicht zu verstecken, sondern sich fair und offen zur Wahl zu stellen. Die Gegner der etablierten Parteien bekämpften uns heftig, aber wir hatten die große Mehrheit der Wähler auf unserer Seite. Wir profitierten dabei auch von der großen Unzufriedenheit mit der Regierung von Premierminister Bayar, die ich öffentlich kritisiert hatte. Ich erhielt zudem viel Zuspruch dafür, dass ich einer der Wenigen war, die sich für Enkhbayar eingesetzt hatten. Die Bürger honorierten, dass ich mich ohne Vorbehalte für einen Menschen eingesetzt hatte, der sich in einer schwierigen Situation befand. Umfragen zeigten uns, dass ich der am besten angesehene Kandidat im Wahlkreis war, da ich mich in den letzten acht Jahren ununterbrochen für die Interessen des Wahlkreises eingesetzt hatte. Ich galt mittlerweile als politisches Schwergewicht.

Natürlich versuchte der Kandidat der MVP, mich als Verräter zu diskreditieren. Ich ließ mich davon nicht beirren, schließlich sah ich MVP und MRVP als Schwesterparteien an. Folglich ließ ich kein schlechtes Wort über die MVP fallen, auch wenn ich der Meinung war, dass es die Regierung war, die durch die Bildung einer gegen die Verfassung gerichteten Koalition und die Verhaftung von Mitstreitern bloß für den eigenen politischen Vorteil Verrat geübt hatte. Derjenige, der das offen anspricht und dagegen vorgeht, ist für mich kein Verräter. Doch unter diesem Missverständnis hatten schon so einige Politiker in der Geschichte zu leiden gehabt, darunter viel bedeutendere als ich: Churchill und Ghandi ging es zum Beispiel ganz ähnlich, als sie sich gegen die korrupten Verhältnisse und Parteien wandten. Nein, wahre Verräter sind Leute, die stehlen, Arbeitslosigkeit und Armut vergrößern und versuchen, das Volk mit kleinen Geldgeschenken ruhigzustellen.

Auch wenn ich so fühlte, widerstand ich der Versuchung, den MVP-Gegenkandidaten in meinen Reden damit zu konfrontieren. Ich wollte mich lieber an die Zahlen und Fakten halten, die für sich genommen bereits eine deutliche Sprache sprachen. Doch dies konnte meine Gegner nicht davon abbringen, mich unentwegt zu verleumden und zu beleidigen. Trotz alledem hatte ich aufgrund meiner langjährigen Zugehörigkeit zur MVP gemischte Gefühle, wenn ich die Umfragen sah, die uns einen eindeutigen Sieg voraussagten, der dann auch eintrat. Aus einem Feld mit 18 Kandidaten gewann ich mit 37,2 Prozent der Stimmen. Dieses starke Ergebnis wirkte sich auch auf die Partei aus. Drei Abgeordnete konnten deswegen über die Liste ins Parlament einziehen. Landesweit gewann die Gerechtigkeitskoalition elf Sitze. Damit konnten wir im Parlament eine eigene Fraktion stellen.

Der Grund für unseren Erfolg war, dass ich in den acht Jahren zuvor mit meinen Wählern einen intensiven Kontakt gepflegt hatte. Für ihre Sorgen und Gedanken hatte ich immer ein offenes Ohr. Und wo ich konnte, da half ich nach Kräften. Schließlich zählte der Songinokhairkhan-Bezirk zu den Randbezirken – im geografischen wie übertragenen Sinne – mit der höchsten Bevölkerungsdichte der Mongolei, woraus eine Vielzahl großer Probleme wie die Versorgung mit Strom, der Zustand der Straßen oder die fehlenden Plätze in Kindergärten und Schulen folgte. Ich hatte immer wieder versucht, das Unmögliche möglich zu machen. Und doch reichte meine Kraft oft einfach nicht aus. Gegen die Interessen einflussreicher Netzwerke kam ich als Einzelperson nicht an. Das ließ mich innerlich verzweifeln. Doch die Wähler vermochten es schon richtig einordnen, dass ein einziger Mensch nicht alle Probleme auf einmal lösen kann und nach der Lösung eines Problems sich mehrere neue stellen können. Aber die Wähler wussten auch, dass ich niemals aufgebe.

Die ganze Wertschätzung meiner Bemühungen durch die Wähler konnte nicht verhindern, dass es in meinen Wahlkampfveranstaltungen immer wieder zu Störungen gekommen war. Unwahrheiten wurden verbreitet, und durch trickreiche Fragen sollte ich in ein schlechtes Licht gerückt werden. Ich kann mich noch ganz genau an die Namen und Gesichter dieser Agitatoren erinnern. Ich vermute, sie waren mit einem geringen Entgelt entlohnte Handlanger meiner Gegner.

Schneesturm

Die Demokratische Partei war aus den Parlamentswahlen als stärkste Fraktion hervorgegangen, doch sie verfügte nicht über die notwendige Mehrheit zur Regierungsbildung. Deshalb kam sie mit einem Koalitionsangebot auf die Gerechtigkeitskoalition und eine weitere kleine Partei zu. Wir bildeten eine Arbeitsgruppe, die sich regelmäßig mit Vertretern der DP traf und hart verhandelte. Die DP hatte die Wahl nur knapp gewonnen, führte sich aber immer wieder wie ein überlegener Wahlsieger auf. Fast täglich änderten sich Zuschnitte und Verteilung der Ministerien und die politischen Ziele einer möglichen Koalition. Unser Parteivorsitzender Enkhbayar wurde wie der Parteivorsitzende der DP bei den

Ein Besuch als Vizepremierminister auf dem Land, 2007

Koalitionsverhandlungen ebenfalls regelmäßig konsultiert, vor allem dann, wenn die Verhandlungen stockten. Doch auch zwischen den Parteivorsitzenden und ihren Verhandlungsteams kam es immer wieder zu Konflikten. Es waren ausgesprochen schwierige Verhandlungen, bei denen die MRVP weniger Regierungsposten erhielt, als ihr der DP-Parteivorsitzende versprochen hatte.

Schließlich einigten sich die drei Parteien auf die Bildung einer »Reformregierung« genannten Regierungskoalition unter Premierminister N. Altankhuyag. Doch Enkhbayar schien mit dem Verhandlungsergebnis nicht zufrieden. Wütend beschuldigte er unser Verhandlungsteam, schlecht gearbeitet zu haben. Während der Koalitionsgespräche bat er mich, besonders darauf zu achten, dass sein Gerichtsverfahren unabhängig und ordentlich entschieden würde. Dagegen hatte ich nichts einzuwenden, ich wollte schließlich selbst sicherstellen, dass alles nach Recht und Gesetz entschieden würde. Doch die DP lehnte N. Enkhbayar zweimal als Vizepremierminister ab. Somit fiel die Wahl für den Posten des Vizepremierministers letztlich auf mich. Ich nahm mir vor, die Arbeit zum Wohle unserer Partei so gut wie möglich zu verrichten und mich für Gerechtigkeit im Umgang mit unserem Parteivorsitzenden einzusetzen. Wir durften das Vertrauen, das so viele Wähler in uns gesetzt hatten, nicht enttäuschen.

In meiner langen Karriere war die Arbeit als Vizepremier die aufreibendste und schwierigste. Das lag sowohl an der äußerst komplizierten Zusammenarbeit mit der DP als auch an Meinungsunterschieden in unserer Partei. Hinzu kamen die rechtlichen Probleme und die daraus resultierenden Gefahren für unseren Parteivorsitzenden. Schwierig gestaltete sich auch die Zusammenarbeit mit den Agenturen und Kommissionen, denen ich als Vizepremierminister mit der Oberaufsicht über die öffentliche Verwaltung vorstand. Dort herrschte stets großer Zeitdruck. Manche Aufgaben waren auch risikoreich, denn wenn die Regierung in den Augen der Bürger ihren Pflichten nicht nachkam, war ich dafür verantwortlich.

Mein Zuständigkeitsbereich umfasste sechs nationale Agenturen, von denen einige jederzeit für Notfälle vorbereitet und ausgerüstet sein mussten: die Entwicklungszusammenarbeit mit China, Russland und

Deutschland, die Organisation des Naadam-Festes und weiteres mehr. Oft verhinderte der Berg an Arbeit, dass ich abends nach Hause kommen konnte. Jetzt profitierte ich davon, dass ich in meinem ganzen Leben gelernt hatte, mich anzustrengen und einmal begonnene Arbeiten auch zu Ende zu bringen. Jedenfalls konnte ich auf meine Erfahrung als Abgeordneter und Kabinettsmitglied zurückgreifen.

Über unsere Regierungsarbeit wurde ein gemischtes Urteil gefällt. Ich persönlich kann zumindest mit einiger Zufriedenheit darauf zurückblicken. In meinem Aufgabenbereich konnte ich Reformen umsetzen. So verbesserten wir die Ausstattung und Ausbildung der mir unterstellten Agenturen, wir erhöhten das Verantwortungsbewusstsein der Mitarbeiter, zogen ausländische Investitionen an und bauten die Auslandsbeziehungen aus.

Der größte Erfolg der Regierung war es sicherlich, durch eine große Auslandsanleihe umfangreiche Investitionen in der Infrastruktur tätigen zu können. Doch im Rückblick muss man auch selbstkritisch eingestehen, dass sich das alltägliche Leben der Menschen hierdurch nicht verbessert hatte. Und zur Wahrheit gehört auch, dass in unserer Regierungszeit trotz einzelner Erfolge die Auslandsinvestitionen insgesamt rückläufig waren. Vor diesem Hintergrund war der Regierung nur eine begrenzte Lebenszeit beschieden. Doch ich bin der Überzeugung, dass das Land heute in einem besseren Zustand wäre, wenn man die Reformregierung länger hätte arbeiten lassen. Denn mit der folgenden sogenannten Entscheidungsregierung unter Ch. Saikhanbileg besserten sich die Verhältnisse nicht.

Mit dem Premierminister arbeitete ich gut zusammen. Er hatte eine schnelle Auffassungsgabe, war entscheidungsstark, fleißig, Neuem gegenüber aufgeschlossen und er sprach offen aus, was er dachte.

Altankhuyag war außerdem ein großer Wanderfreund. Auch als Premierminister durchstreifte er gerne die Natur. An einem Wochenende im April 2013 beschloss er, mit Freunden und Parteikollegen den Berg Burkhan Khalduun zu erklimmen. Die Wandergruppe bestand aus 70 Personen, sie wurde aber von einem schlimmen Sturm überrascht. Ich erhielt Anrufe der Chefs der Agentur für Katastrophenschutz und der staatlichen Sonderschutzbehörde, dass der Kontakt zum Premierminister abgebrochen sei. Ich eilte sofort ins Büro und berief eine Sitzung der Notfallbehörde ein. Der Staatspräsident meinte nur, als ich ihn über die Lage informierte, dass ich mich nicht so anstellen solle, er habe noch vor kurzem mit einem Teilnehmer der Wandergruppe telefoniert. Doch den Mitarbeitern des Katastrophenschutzes gelang es trotz vielfacher Versuche nicht, Kontakt zur Gruppe herzustellen. Die Sonderschutzbehörde dagegen konnte eine Verbindung mit einem Teil der Gruppe herstellen, der sich nicht verirrt hatte, und meldete lapidar, dass sie die Lage unter Kontrolle hätte. Diese Fehlinformation wurde so auch an den Präsidenten weitergegeben.

In Wahrheit hatte sich die Wetterlage dramatisch verschlechtert. Ein starker Schneesturm war aufgezogen, den kein Flugzeug oder Hubschrauber durchdringen konnte. Also machte ich mich mit dem Auto auf den Weg zum Ort des Geschehens. An meiner Stelle koordinierte nun der Justizminister die Lage in der Hauptstadt. Als wir frühmorgens am Berg eintrafen, waren die Verschollenen gerade von einem Bergungstrupp gefunden worden. Sie hatten nur knapp die Nacht überlebt. Mir lief ein Schauer über den Rücken, als ich ihre vom Feuer rußverschmierten Gesichter sah und ihre Erzählung hörte. Der Schnee hatte ihnen bis zur Brust gereicht und sie konnten sich nur Schritt für Schritt vorankämpfen. Einigen waren vor Angst die Tränen gekommen. Die Gruppe hatte sich in zwei Teile geteilt, aber es später doch wieder geschafft zusammenzufinden. So hatten sie ihr Überleben gesichert. Einige hatten leichte Erfrierungen davongetragen, aber ansonsten waren alle wohlauf. Da ich wusste, wie sich ein Schneesturm und erfrorene Gliedmaßen anfühlen, fiel mir angesichts des glimpflichen Ausgangs dieses Abenteuers ein Stein vom Herzen.

Am Khalkhin Gol

Als Vizepremierminister leitete ich verschiedene bilaterale Kommissionen. Besonders eng arbeitete ich mit Russland, China und Deutschland zusammen. Bei der Weiterentwicklung unserer Außenbeziehungen genoss ich das Vertrauen der Regierung, was für mich wiederum ein großer Ansporn war. Und die Anstrengungen wurden durch den Besuch gleich zweier Staatsoberhäupter befreundeter Länder belohnt.

Vertragsunterzeichnung zwischen der Mongolei und Russland, 2004 im Kreml

Arbeitsbesuch vom russischen Präsidenten in Ulaanbaatar, 2015

Zum 75. Jahrestag der Schlacht am Fluss Khalkhin Gol, in der sowjetische und mongolische Truppen 1939 die Japaner besiegt hatten, besuchte am 26. August 2014 der russische Präsident Wladimir Putin die Feierlichkeiten in der Mongolei. Ich war als Vorsitzender der Arbeitsgruppe für die Organisation verantwortlich. W. Putin verneigte sich am Ort der Schlacht sichtlich bewegt vor der Statue des dort siegreichen sowjetischen Marschalls Georgi Schukow. Es ist derselbe Schukow, dessen Truppen später im Zweiten Weltkrieg vor Stalingrad siegten und Berlin eroberten. In Putins Gesicht spiegelten sich Dankbarkeit und Stolz gegenüber den Opfern vergangener Generationen. Jedem Anwesenden schüttelte Putin die Hand.

Ich hatte ihn bereits während meiner Zeit als Landwirtschaftsminister getroffen, als ich 2005 Premierminister Enkhbayar als Vorsitzenden der mongolisch-russischen Regierungskommission auf einer offiziellen Reise nach Russland begleitete. Als ich Putin damals die Hand schüttelte, begrüßte ich ihn auf Deutsch und beglückwünschte ihn zur Rede, die er kurz vorher im Deutschen Bundestag gehalten hatte. Nun, beim Wiedersehen nach neun Jahren, schien sich der russische Präsident an mich zu erinnern. Ich sprach ihn wieder auf Deutsch an und er antwortete in derselben Sprache.

Erinnerungen verblassen mit der Zeit, aber wie russische und mongolische Soldaten Schulter an Schulter kämpften, um unser Land zu verteidigen, darf nicht vergessen werden. Der Vorsitzende der Arbeitsgruppe zur Vorbereitung des Jubiläums zu sein, war für mich eine große Ehre. Vor dem Jubiläum wurden weitreichende Kooperationen zwischen der Mongolei und Russland bei Verkehrsverbindungen, Öl- und Gastransporten von Russland nach China über mongolisches Gebiet und Energielieferungen diskutiert. Auf russischer Seite wurden die Gespräche von Umwelt- und Bergbauminister Sergej Donskoi geführt, mit dem ich bereits als Vorsitzender der Mongolisch-Russischen Regierungskomission und als Vizeminister zusammen gearbeitet hatte. Als er die Mongolei besuchte, machten wir einen Ausflug aufs Land. Wir waren fischen, fuhren auf dem Ochsenkarren, besuchten Nomaden und genossen die unberührte Natur. So konnte er Präsident Putin einen realistischen Eindruck über die Mongolei vermitteln.

Beim Staatsbesuch von Präsident N. Enkhbayar in Russland. 2006

In Vorbereitung auf Putins Reise konnten sich Donskoi und ich, nicht zuletzt wegen unseres freundschaftlichen Verhältnisses, schnell auf viele Punkte einigen. Um rasch die Ebene freundschaftlicher Beziehungen zu erreichen, informiere ich mich stets über die Interessen und Hobbies meiner ausländischen Gesprächspartner. Denn es ist meiner Erfahrung nach immer einfacher, politisch zusammenzuarbeiten, wenn man ein gutes zwischenmenschliches Verhältnis pflegt. So werden Verträge und Verabredungen zwischen Staaten auch wirklich mit Leben gefüllt. Das gilt in besonderem Maße für Russland und China, unsere zwei unmittelbaren Nachbarn.

Doch die mongolischen Außenbeziehungen leiden stark unter den instabilen politischen Verhältnissen. Regierungen und Minister wechseln häufig, Verträge werden vergessen und nicht eingehalten, Absprachen werden infragegestellt und so weiter. Dadurch gehen sehr viel Zeit und Energie verloren. Zu häufig sind unterschriebene Papiere wertlos: Hier muss sich im Vergleich zu anderen Ländern noch viel tun.

Vor dem Besuch Putins einigten sich Russland und die Mongolei darauf, der Mongolei ein Darlehen von 50 bis 100 Milliarden Rubeln zu vergünstigten Konditionen zu gewähren und einen rechtlichen Rahmen zum Umtausch der nationalen Währungen zu schaffen. Wir vereinbarten zudem, Maßnahmen zu ergreifen, die die Erträge russisch-mongolischer Gemeinschaftsunternehmen erhöhen sollten. Auch über die Untersuchung der Umwelteinflüsse in Russland durch das geplante Wasserkraftwerk auf mongolischer Seite wurde Einigkeit erzielt: Das Kraftwerk, für das der Fluss Selenge hätte aufgestaut werden sollen, was Russland als umweltschädigend für den Baikalsee kritisierte, wurde bis heute nicht gebaut. Russland erklärte sich bereit, der Mongolei Seehäfen zur Verfügung zu stellen, um bessere Exportbedingungen für mongolische Rohstoffe herzustellen. Der größte Erfolg der Verhandlungen war jedoch, dass für die Bürger beider Länder Visafreiheit gelten sollte, denn die bisherigen Bestimmungen hatten den mongolisch-russischen Austausch seit der Wende erheblich erschwert. Unsere Kommissionen hatten gute Arbeit geleistet. Für die Mongolei schlugen vor allem die gemeinsamen Rohstoffvorhaben und zuverlässige Energielieferungen zu Buche.

Am weitesten gediehen ist die Zusammenarbeit mit unserem südlichen Nachbarn China. Kurz nach dem russischen Präsidenten besuchte der chinesische Präsident Xi Jingping die Mongolei. Bei diesem Besuch wurden immerhin 26 Abkommen zur Vertiefung der Zusammenarbeit unterschrieben. Die Vorbereitungen hierfür waren umfangreich, und als Vorsitzender der mongolisch-chinesischen Regierungskommission war ich damit natürlich befasst. Als Stellvertreter des Premierministers nahm ich auch an den Treffen der Shanghai Cooperation Organisation teil und vertrat dort die mongolischen Interessen. Zu meinen chinesischen Verhandlungspartnern konnte ich, im Interesse der guten Beziehungen zwischen unseren Ländern, ebenfalls ein freundschaftliches Verhältnis aufbauen. Mit China verhandelten wir vor allem über finanzielle Unterstützung, Rohstoffgewinnung und -export und Energielieferungen. Der Mongolei kam hierbei auch die wichtige Rolle zu, Kooperationen zwischen Russland, China und der Mongolei zu ermöglichen.

Das Land, das ich am besten kenne, war und ist natürlich Deutschland. Ich konnte wegen meiner Vertrautheit mit den Menschen, der

Geschichte und der Kultur viele Brücken zwischen Deutschland und der Mongolei bauen. Durch ein offenes Gespräch mit meinen deutschen Freunden konnten wir manche verzwickte Frage lösen. Auch mit Deutschland arbeiteten wir intensiv in den Bereichen Bergbau und Technologie zusammen.

Besonders gerne habe ich die Mongolei bei der Vereidigung von Bundeskanzlerin Angela Merkel nach der Bundestagswahl 2013 vertreten. Ich wurde von der mongolischen Regierung nach Deutschland geschickt, um Kontakte zur neuen Bundesregierung aufzubauen. Das fiel mir leicht, da ich viele Abgeordnete und Regierungsmitglieder persönlich kannte. Während dieser Reise traf ich mich unter anderem mit dem damaligen Vizekanzler und Wirtschaftsminister Sigmar Gabriel. Wir vereinbarten die Einsetzung einer Arbeitsgruppe auf Regierungsebene für die Bereiche Rohstoffe, Industrie und Technologie. Trotz des vollen Terminkalenders blieb auch Zeit für ein Treffen mit dem ehemaligen Bundeskanzler Gerhard Schröder.

Durch die Vermittlung meines Freundes Heino Wiese konnte ich auch einige Abgeordnete treffen, die eigentlich mit der Regierungsbildung vollauf beschäftigt waren. Darunter waren auch die beiden langjährigen Freunde der Mongolei Ute Kumpf und Manfred Grund. Ein Termin bei Außenminister Frank-Walter Steinmeier war nicht verfügbar, aber ich wurde zu einer Veranstaltung eingeladen, an der Außenminister, Politiker und Unternehmer aus der Europäischen Union teilnahmen, um am Rande der Veranstaltung mit Steinmeier zu sprechen. Als er mich sah, forderte er mich spontan auf, eine Rede zu halten. So konnte ich vor diesem exklusiven Publikum die Mongolei vorstellen. Ich nutzte die Gelegenheit, um den Außenminister im Namen der mongolischen Regierung zur Feier des 40-jährigen Jubiläums der diplomatischen Beziehungen zwischen Deutschland und der Mongolei nach Ulaanbaatar einzuladen. Er sagte sofort zu und besuchte tatsächlich im Juli 2014 die Mongolei. Das war der erste Besuch eines gesamtdeutschen Außenministers.

Nach zwei Jahren wurde die Reformregierung von Altankhuyag am 5. November 2014 vom Parlament gestürzt. Daran hatte Altankhuyags Partei kräftig mitgewirkt, denn viele ihrer Abgeordneten nahmen absichtsvoll nicht an der Abstimmung teil. Nach der Abwahl des Premierministers wurde ich als sein Stellvertreter amtierender Premierminister.

Ich erinnere mich noch sehr deutlich an die Worte Altakhuyags, als er mir das Regierungssiegel übergab: »In der kurzen Zeit unserer Reformregierung haben wir erfolgreich zusammengearbeitet. Ich hoffe, dass unsere Nachfolger dieselben Werte teilen wie wir. Was du für unser Land getan hast, wird von unserem Volk wertgeschätzt.« 16 Tage später übergab ich dem neugewählten Ministerpräsidenten Ch. Saikhanbileg die Regierungsgeschäfte.

In meiner kurzen Amtszeit wollte und sollte ich keine weitreichenden Entscheidungen fällen. Es ging vor allem darum, in der Übergangszeit den reibungslosen Ablauf der Regierungsgeschäfte zu organisieren. Dabei musste auch verhindert werden, dass manch einer die unübersichtliche Situation ausnutzte, um sich zu bereichern. Ein Freund sagte einmal, dass ich viel Glück gehabt hätte, so oft in hohen Regierungsämtern zu dienen. Doch ich bin überzeugt, dass dies die Folge meiner verantwortungsvollen Amtsführung war. Denn ich war mir meiner Verantwortung vor Staat und Gesellschaft stets bewusst.

Anstatt, wie es Brauch ist, meinem Nachfolger formell das Regierungshaus zu übergeben, erledigte dies der Präsident selbst. Damit wollte er wohl ein politisches Signal senden – die Autokratisierung und Konzentration politischer Macht beim Präsidenten zu Ungunsten des Parlaments und der Regierung fängt mitunter im Kleinen an. Der neue Premierminister betonte in seiner ersten Rede, dass er sich vor allem und beinahe ausschließlich um die wirtschaftliche Entwicklung des Landes kümmern wolle. Seine Aufgabe sei es, den wirtschaftlichen Abschwung zu überwinden, in dem sich die Mongolei damals befand. Ich teilte diese Zielsetzung. Doch ich konnte es mir nicht nehmen lassen, in der Aussprache zur Rede des neuen Premierministers darauf hinzuweisen, dass man mit Disziplin- und Verantwortungslosigkeit keinen Wirtschaftsaufschwung herbeiführen könne. Er solle also gern über Wirtschaft, aber mehr noch über Disziplin und Verantwortung sprechen, denn das fehle in der Mongolei im Allgemeinen und der mongolischen Politik im Besonderen.

Ein Staat im Staate

In der Mongolei wurde seit Jahren diskutiert, wie man das große Kupfervorkommen im Süden des Landes, Oyu Tolgoi genannt, am besten ausbeuten könne. Schon in meiner Zeit als Landwirtschaftsminister war unsere damalige Regierung unter der Leitung von M. Enkhbold an einer deutlich besseren Formulierung eines Vertrages über Oyu Tolgoi beteiligt gewesen. Für eine auf das Gemeinwohl orientierte Ausbeutung dieses riesigen Rohstoffvorkommens, wäre dieser Vertrag deutlich besser geeignet gewesen als der schließlich mit dem britisch-australischen Bergbaukonzern Rio Tinto abgeschlossene Kontrakt in der Regierungszeit von S. Bayar.

Ich befürwortete seinerzeit die wirtschaftliche Erschließung von Oyu Tolgoi, aber man hätte bei der Vertragsgestaltung vorsichtiger vorgehen müssen, denn schließlich soll die Mine auf Jahrzehnte hinaus einen wesentlichen Beitrag zum Staatshaushalt, zur Entwicklung der mongolischen Infrastruktur und der einheimischen Wirtschaft leisten. Darauf hatte ich immer wieder hingewiesen und immer wieder davor gewarnt, dass die am Vertragsschluss Beteiligten nicht ihr Privatinteresse über das Gemeinwohl stellen dürften. Doch die Warnungen stießen auf taube Ohren. Das Gleiche galt für meinen Vorschlag, vor Vertragsabschluss eine Machbarkeitsstudie anzufertigen. Doch da ich die Regierung Bayars als »gegen die Verfassung gerichtet« kritisiert hatte, gab man nicht viel auf mein Wort.

Dennoch führten wir hitzige Debatten in der MRVP-Fraktion. Die Kritiker der Regierung, die einen klaren Standpunkt hatten, wurden von Gefolgsleuten des Parteivorsitzenden scharf attackiert. Gegen einen Vertrag, der die Mongolei gegenüber dem Investor benachteiligte, erhoben auch Abgeordnete der Opposition ihre Stimme. Wir alle wurden als Feinde der Entwicklung der Mongolei diffamiert. Je näher der Vertragsabschluss rückte, desto heftiger wurden die Attacken. Der Öffentlichkeit wurde suggeriert, dass bei einem Nichtzustandekommen des Vertrages die Mongolei keinerlei ausländische Investoren mehr würde anziehen können. Die Vertreter von Oyu Tolgoi richteten sich in Briefen direkt an den Parlamentspräsidenten und an alle Abgeordneten. Es handelt sich hierbei um ein Paradebeispiel, wie große internationale Konzerne die politischen Prozesse kleiner Entwicklungsländer beeinflussen und unter Druck setzen.

Zum Glück waren es nicht nur wir Politiker, die den Vertrag kritisierten. Auch eine große Zahl von Bürgern protestierte gegen den Vertrag. Anerkannte Wissenschaftler sprachen sich öffentlich und mit detaillierten Erläuterungen ebenfalls dagegen aus. Alles, was sie befürchteten, hat sich leider bewahrheitet. Die Kosten, die für die Mongolei mit Oyu Tolgoi verbunden sind, sind immens, und viel Gewinn hat die Mine für uns noch nicht abgeworfen. Die Regierung Bayars schlug alle Warnungen und Gegenargumente in den Wind. Hastig wurde am 7. Oktober 2009 der Vertrag über die Ausbeutung von Oyu Tolgoi unterzeichnet. Man hatte das Gefühl, die drei Minister, die den Vertrag unterzeichneten, wären aus Ehrfurcht vor dem internationalen Konzern auf

Als Vizepremierminister hatte ich oft Sitzungen in meinem Beratungszimmer, 2013

Knien zur Vertragsunterzeichnung gerutscht. Das war nicht nur traurig, sondern im höchsten Maße verdächtig. Wie zum Hohn feierte die Regierung den Vertragsschluss im Regierungsgebäude. Man schüttelte sich die Hände und vergoss beinahe Freudentränen. Ich hatte an den Feierlichkeiten bewusst nicht teilgenommen. Für mich war es ein trauriger Tag, denn wir hatten die reichhaltigen Schätze unserer heimischen Erde weit unter Wert verkauft. Die Regierung schien Ausländer höher zu schätzen als die eigene Bevölkerung.

Sie hatten missachtet, was der russische Historiker und Wissenschaftler I. Maiski über unsere Vorfahren überlieferte: »Ich habe mehr als nur einmal diese Worte aus dem Mund von intellektuellen Mönchen und Adeligen gehört, von denen man dachte, dass sie es besser wissen müssten. Unser Volk lebt in Armut. Der Viehbestand ist, was uns gerade rettet. Wir wissen das. Aber wir müssen den zukünftigen Generationen etwas hinterlassen. Unsere Kinder und Enkel werden von den Schätzen in der Erde leben. Wir dürfen diese Schätze daher nicht vor der Zeit anrühren.«

Auf diese Weise wurde ein Vertrag unterzeichnet, über den zwei Parlamente und drei Regierungen gerungen hatten. Mit zeitlichem Abstand zeigt sich immer deutlicher, wer von diesem Vertrag profitiert – und das ist nicht die Mongolei. Ich werde den Gedanken nicht los, dass sich einige Politiker auf Kosten aller Mongolen bereichert haben. Aus ihrem Profit haben sie eine Mauer zwischen sich und dem Volk errichtet, die sie zu ihrem Schutz bis heute immer weiter verstärken. Sie missachten das Wort meines alten buddhistischen Lehrers, dass man in hundert Lebensjahren nicht den Reichtum von tausend Jahren braucht. Denn am Ende scheiden wir alle auf die gleiche Weise aus dem Leben. Die Leute, die damals das Sagen hatten, vergaßen jede Rücksicht. Sie waren blind vor Gier. Sie waren nicht die Mauern, die unser Land gegen die Interessen ausländischer Investoren verteidigten. Sie waren stattdessen wie Ziegelsteine, Pfeiler oder Balken für jene Mauern, die Ausländer gegenüber den Mongolen errichteten. Ich sah, wie diese Mauer erbaut wurde und bekämpfte sie daher lautstark, auch wenn ich dafür beleidigt wurde. Ich werde diesen Kampf nicht aufgeben.

Insgesamt wurden zwei Verträge erstellt, ein Investorenvertrag und ein Aktionärsvertrag. Nur einer davon war öffentlich einsehbar. Der Abgeordnete N. Batbayar der DP machte den geheimen Vertrag später öffentlich. Dort sind Vereinbarungen enthalten, die die mongolischen Erträge aus Oyu Tolgoi stark mindern können. Dies führte zu viel Aufregung und Forderungen nach einer Änderung des Vertrages. Die rechtschaffenen Politiker teilten diese Forderung unabhängig von ihrer Parteizugehörigkeit. Es stand schließlich die Zukunft unseres Landes und seiner Menschen auf dem Spiel.

Von einem Freund aus dem Ausland, der sich mit Auslandsinvestitionen auskannte, erhielt ich die Mitteilung, dass sich die mongolische Regierung vor der Vertragsunterzeichnung mit Oyu Tolgoi von Goldman Sachs beraten ließ. Die Investmentbank war aber wiederum als Aktionär an Ivanhoe Mines beteiligt, dem Vertragspartner der mongolischen Regierung bei Oyu Tolgoi. Es soll Juristen gegeben haben, die in so einer Konstellation einen Interessenskonflikt und Befangenheit geltend gemacht hätten. Die Regierung wäre besser beraten gewesen, unabhängige internationale Banken und Berater zusammen mit fähigen einheimischen Juristen und Bergbauspezialisten mit den Vertragsverhandlungen zu betrauen. Spätere Untersuchungen von ausländischen Experten sollten zeigen, dass in dem Vertrag über Oyu Tolgoi betrügerische Klauseln enthalten sind. Als uns dies zu Ohren kam, schrieben parteiübergreifend zwanzig Abgeordnete an Premierminister S. Batbold. Nur wegen unserer heftigen Reaktion und dem Protest von Wissenschaftlern konnte der Vertrag noch einmal nachverhandelt werden. Jetzt muss die mongolische Regierung zustimmen, wenn ihre Anteile an den Gewinnen reduziert werden und die Investoren ihre Anteile verkaufen wollen. Damit sind zwar noch nicht alle Missstände behoben, aber wenigstens wichtige Verbesserungen erzielt worden.

Oyu Tolgoi war und ist ein wunder Punkt in der Wirtschaftspolitik der Mongolei.

Als ich noch Vizepremierminister war, kam der damalige Bergbauminister D. Gankhuyag zu mir und erklärte, dass man keine Kontrolle der Bilanzen von Oyu Tolgoi vornehmen könne, weil sich das Unternehmen weigere, die entsprechenden Papiere herauszugeben. Diese würden noch nicht einmal in der Mongolei gelagert. Man könne daher nicht nachvollziehen, ob die jüngsten Kostensteigerungen begründet seien. Oyu Tolgoi verhielt sich zu dieser Zeit wie ein eigener Staat. Noch nicht einmal für die Bankgeschäfte wurden mongolische Banken genutzt. Internationale Konzerne und Banken benahmen sich wie ein Staat im Staate – praktizierter Neoliberalismus in Zeiten der Globalisierung.

Ich forderte daraufhin, dass Vizepremier-, Finanz- und Bergbauminister gemeinsam dagegen vorgehen. Wir erhielten umgehend die Zustimmung des Premierministers. So gründete sich am 25. März 2013 eine Arbeitsgruppe mit 24 Spezialisten aus unterschiedlichen Regierungsbehörden, um die Finanzen von Oyu Tolgoi zu überprüfen. Nach einem Jahr intensiver Arbeit – unzählige Dokumente mussten aus dem Ausland herbeigeschafft werden – wurde das betrügerische Treiben, bei dem der mongolische Staat um 1,8 Milliarden Dollar betrogen wurde, aufgedeckt. Immerhin konnten wir so zeigen, dass der Staat nicht so wehrlos war, wie sich manche das vielleicht gewünscht hatten.

Der Betrug bestand darin, dass Kosten, die vor dem Vertragsschluss angefallen waren und ausdrücklich nicht mit einbezogen werden sollten, dennoch veranschlagt wurden. Dies betraf vor allem die Kosten für die Exploration. Dabei war als ein Ziel des Vertrages ausdrücklich festgelegt worden, dass die Mongolei nicht die Kosten und Risiken der Exploration tragen sollte. Darüber hinaus wurden einer Baufirma mehr als 52 Millionen US-Dollar zu viel überwiesen, und andere Kosten konnten nicht zugeordnet werden, weil einfach Belege fehlten. Die Kosten für die Wohnung von Managern, Schulgebühren für deren Kinder, private Urlaube, Geschenke und Spenden sowie Mieten für Büros im Ausland wurden von Oyu Tolgoi großzügig übernommen. Dabei handelte es sich um mehr als 200 Millionen US-Dollar, die außerdem noch absichtlich falsch verbucht wurden. Aus dem Investitionskredit wurden so Umlaufmittel entnommen und den Mongolen in Rechnung gestellt. Und mehr noch: Der mongolische Staat wurde an Kosten für Ausgaben beteiligt, die im Ausland vorgenommen wurden. Und so schrumpften Investitionen von angeblich 7,9 Milliarden US-Dollar auf nur noch 1,1 Milliarden US-Dollar zusammen. Die restlichen Ausgaben standen in keinem Zusammenhang mit der Ausbeutung des Kupfervorkommens, erhöhten aber die Schulden des mongolischen Staates, der Anteilseigner bei Oyu Tolgoi war.

In umso weitere Ferne rückte der Zeitpunkt, ab dem das Vorhaben für die Mongolei einen Gewinn abwerfen könnte. Denn um seinen 34-prozentigen Anteil an Oyu Tolgoi stemmen zu können, musste sich der mongolische Staat zu einem äußerst ungünstigen Zinssatz verschulden. Zwar konnte dieser im Zuge unserer Proteste später etwas korrigiert werden, aber er betrug dann immer noch 6,5 Prozent. Wir liefen Gefahr, an den Zinsen und Zinseszinsen zu ersticken.

Bevor jedoch die Regierung von Altankhuyag mit Oyu Tolgoi über eine Behebung der durch die Bilanzkontrolle aufgedeckten Missstände verhandeln konnte, wurde sie abgesetzt. Es wäre die Hauptaufgabe der Nachfolgeregierung gewesen, den Faden hier aufzunehmen. Aber der Premierminister der »Entscheidungsregierung«, Ch. Saikhanbileg, handelte ohne Beteiligung des Parlaments einen neuen Vertrag mit Oyu Tolgoi aus und wischte die Ergebnisse der Bilanzkontrolle vom Tisch. Er reduzierte in dem neuen Vertrag auch die Strafe des Steueramtes, die Oyu Tolgoi zahlen musste, um 100 Millionen US-Dollar auf lediglich 30 Millionen US-Dollar. Angeblich hatten sich die Steuerprüfer verrechnet, weil ihre Fremdsprachenkenntnisse mangelhaft gewesen seien.

Ich war schockiert, als ich das hörte. Der mongolische Staat vertraute nun also seinen eigenen Experten nicht mehr. Ich weiß, wie hart und ehrlich diese Leute während der Kontrolle gearbeitet hatten. Jeder Stein wurde umgedreht und alles wurde überprüft. Als Vizepremierminister hatte ich alles getan, um die Arbeitsgruppe, die Oyu Tolgoi kontrollierte, zu unterstützen. Ich machte meine Frustration auch öffentlich und gab in einem Zeitungsinterview bekannt, dass ich mich wie ein Vaterlandsverräter fühlen würde, wenn ich mit Premierminister Saikhanbileg und seiner Regierung zusammenarbeiten würde.

Der gesamte Themenkomplex um Oyu Tolgoi, der mit all seinen Vor- und Nachteilen für die Mongolei den Rahmen dieses Buches sprengen

Als Kommandeur der festlichen Parade anläßlich des 75. Jubiläum des Siegs am Khalkhiin gol. Choibalsan-Stadt, Dornod Aimak, 2014

würde, liegt mir gleichwohl sehr am Herzen. Ich beabsichtige, ein eigenes Buch zu der Aufarbeitung der Vorkommnisse um die Verträge, die Errichtung der Bergbauanlagen und ihre Auswirkungen auf die Mongolei zu veröffentlichen. Dann werde ich mehr Gelegenheit haben, die komplizierten Sachverhalte aufzuschlüsseln und nachzuweisen, dass und wie mongolische Interessen unzureichend beachtet worden sind. Vor allem aber geht es mir darum, die mangelhafte Transparenz aufzudecken, mit der internationale Großkonzerne unter tatkräftiger Mithilfe einer bestimmten Gruppe mongolischer Politiker die gesetzlichen Rahmenbedingungen so überdehnt haben, dass am Ende die wertvollen Schätze unserer Heimat unter Wert verschleudert werden.

Geheime Absprache

Weil Enkhbayar und ich so lange in der Politik zusammengearbeitet hatten, konnten wir von Angesicht zu Angesicht offen über alles reden. Er gab uns Anweisungen, die wir umsetzten, so im Jahr 2013, als die Präsidentschaftswahl anstand. Für uns gab es mehrere Optionen: Die MRVP oder die Gerechtigkeitskoalition könnten einen eigenen Kandidaten aufstellen oder mit der DP oder der MVP zusammenarbeiten. Die beiden Parteien der Gerechtigkeitskoalition beschlossen, dies jeweils für sich zu entscheiden. Unabhängig davon war mir klar, dass es für unsere Koalition oder Partei nur einen gemeinsamen Kandidaten geben kann.

In der Presse wurde jedoch wild über mögliche Kandidaten spekuliert. Es war wie vor dem Naadam-Fest, wenn darüber spekuliert wird, welcher Ringer in diesem Jahr gewinnen würde. Für die MRVP wurden der stellvertretende Parlamentssprecher L. Tsog, Finanzminister Ch. Ulaan, die Gesundheitsministerin N. Udval, der Abgeordnete Ts. Tsolmon und ich als Kandidaten gehandelt. Die Journalisten schienen sich darauf verständigt zu haben, dass meine Kandidatur am wahrscheinlichsten sei.

Daraufhin rief mich eines Tages Enkhbayar zu sich ins Krankenhaus, wo er gerade behandelt wurde. Er zeigte mir Umfrageergebnisse von den drei großen Parteien, bei denen ich ziemlich gut abschnitt, auf dem Land und in der Stadt war ich immer unter den ersten drei. Weil er selber wegen des laufenden Gerichtsverfahrens nicht nominiert werden dürfe, so Enkhbayar, sei es doch recht wahrscheinlich, dass man mich aufstellen würde. Ich solle mich gut darauf vorbereiten. Vor einer Kandidatur hatte ich Respekt, aber keine Angst.

Letztlich wird in den mongolischen Parteien über Kandidaten für politische Ämter entschieden. Dabei folgt man aber oft der Empfehlung des Parteivorsitzenden. Die Geschehnisse rund um die Präsidentschaftswahl 2013 lassen mir keine andere Wahl, als hier zu erzählen, was hinter den Kulissen ablief.

Die Demokratische Partei war schon deshalb daran interessiert, dass jemand von der MRVP kandidiert, weil damit die Chancen des MVP-Kandidaten geschmälert würden. Das wusste die MVP natürlich und

Oben: Treffen der Ministerpräsidenten der Schanghai-Organisation für Zusammenarbeit (SOZ) in Taschkent, 2013

Besuch von Xi Jinping in der Mongolei, 2014

versuchte, ebendies zu verhindern. Die MVP teilte Enkhbayar mit, dass ein schwacher Kandidat, vor allem aber nicht ich, aufgestellt werden sollte, damit der MVP-Kandidat bessere Chancen hätte. Solche Gedankenspiele wurden mir natürlich zugetragen.

Als ich wieder bei einem meiner routinemäßigen Besuche bei Enkhbayar war, lud dieser mich ein, auf den Balkon zu treten, denn sein Zimmer wurde rund um die Uhr mit Mikrofonen und Kameras überwacht. Ich wusste sofort, dass ein wichtiges Gespräch folgen würde. Enkhbayar zeigte mir ein Buch, das ihm der amtierende Staatspräsident Elbegdorj mit der Widmung »Für meinen Freund, 1. Juli« geschenkt hatte. Die Botschaft dahinter war klar: Ein schwacher Kandidat, wie die Gesundheitsministerin Udval, sollte von der MRVP aufgestellt werden, dann könne Enkhbayar am 1. Juli mit seiner Begnadigung rechnen. Er gestand mir, dass er dieser netten Empfehlung Folge leisten werde, denn er sei gesundheitlich stark angeschlagen und auf seine Familie werde großer Druck

Mit Bundeskanzlerin Angela Merkel im Bundestag, Berlin, 2013

ausgeübt. Ich verstand, schüttelte ihm die Hand und sagte, dass er nicht ins Gefängnis dürfe und es nichts Wichtigeres als ein Menschenleben gebe.

Von mir fiel augenblicklich eine große Last ab, denn unser Parteivorsitzender sollte endlich freikommen. Damit würden auch die Gerüchte verstummen, dass ich im Geheimen gegen seine Freilassung arbeitete. Wie genau und mit wem die Absprache zur Begnadigung Enkhbayars getroffen worden war und umgesetzt werden sollte, war mir im Einzelnen nicht bekannt. Ich wollte es auch nicht wissen. Für mich zählte allein, dass ein ehemaliges Staatsoberhaupt der Mongolei wieder in den Genuss seiner Freiheit kam. Ich war glücklich und stolz darauf, ein Leben gerettet und eine Familie wieder zusammengeführt zu haben, auch wenn es um den Preis geschah, dass Enkhbayar dadurch Elbegdorj geholfen hatte, Staatspräsident zu werden – was bei einer Kandidatur meinerseits zwar nicht unmöglich, aber doch recht unwahrscheinlich gewesen wäre. Zumindest hätten B. Bat-Erdene oder ich ihn in eine Stichwahl gezwungen, die er vermutlich verloren hätte. Die Geschichte ist leider anders

Mit Ex-Bundeskanzler Gerhard Schröder und meinem guten Freund, Ex-Bundestagsmitglied Heino Wiese, Berlin, 2013

verlaufen, Spekulationen über »was wäre, wenn ...« sind dennoch im Rückblick nie ganz aus meinem Denken verschwunden.

Von ganzem Herzen habe ich dann Udvals Wahlkampfteam geleitet.

Mit Enkhbayar hatte ich in all den Jahren sehr gut und vertrauensvoll zusammengearbeitet. Dabei kam es natürlich immer wieder auch zu Meinungsverschiedenheiten, die bisweilen lautstark ausgefochten wurden. Das lag auch daran, dass es verschiedene Personen gab, die auf verschlungenen Pfaden ihren Weg in die Politik gefunden hatten und versuchten, aus dem Schatten heraus Macht auszuüben. Hierzu erfanden und verbreiteten sie Gerüchte, die sie Enkhbayar zuflüsterten. Ich wurde darin mit allem Möglichen in Verbindung gebracht: Terbishdagva würde machen, was er wolle. Er höre nicht mehr auf den Vorsitzenden. Ich hätte zusammen mit dem Generalsekretär die Macht in der Partei usurpiert. Es gelänge uns nicht, Parteispenden einzusammeln. Ich würde nichts dafür tun, dass Enkhbayar freikäme. Ich wollte Enkhbayar als Parteivorsitzenden ersetzen. Und so weiter.

Mit Vizekanzler Sigmar Gabriel, 2013

Diese Gerüchte wurden mir zugetragen. Das Ziel war klar: Zwischen Enkhbayar und mich sollte ein Keil getrieben werden. Und mir blieb nicht verborgen, welch großen Einfluss sie auf Enkhbayar ausübten, der aus gesundheitlichen Gründen fern der Heimat in Südkorea lebte, von seiner Familie getrennt und in Depressionen versunken. Und in der Partei brodelte es zu dieser Zeit. Ein Teil der Mitglieder verehrte Enkhbayar fast wie eine Gottheit, andere wollten sich abspalten. Ich versuchte, all dies, so gut, wie es ging, zu ignorieren. Doch mein Geduldsfaden war in dieser angespannten Situation kurz vor dem Reißen.

Die Giftmischer hantierten ungeniert weiter. Man erzählte nun, dass ich als Vizepremierminister in meine eigene Tasche gewirtschaftet hätte, dass ich der Partei nichts gespendet und Parteimitgliedern keine Regierungsjobs besorgt hätte. Auch falsche Dinge werden für wahr gehalten, wenn man sie nur oft genug wiederholt. Ich bemerkte, wie der Parteivorsitzende sein Verhalten mir gegenüber schrittweise änderte, obwohl ich mich stets darum bemüht hatte, unsere noch junge Partei in dieser schwierigen Zeit zusammenzuhalten, im Interesse des Parteivorsitzenden.

Und in der Tat traf ich regelmäßig auf Personen, die mir sagten, dass sie für die Partei und Enkhbayar gekämpft hätten und ich sie dafür mit einem Job belohnen sollte. Das tat mir weh angesichts der vielen jungen und talentierten Mitglieder, die sich unserer Partei angeschlossen hatten. Denn die Menschen sollen doch für ihre Überzeugungen kämpfen, aber nicht mit der bloßen Absicht, einen guten Job zu ergattern. Man darf seine Seele doch nicht verkaufen, nur um an die Macht zu kommen.

Ich spürte den Druck. Das Einzige, woran ich denken konnte, war, die Partei zusammenzuhalten, bis der Vorsitzende aus dem Ausland, wo er sich inzwischen zur Behandlung aufhielt, zurückkam. N. Enkhbayar, der nach seiner Verhaftung in einen trockenen Hungerstreik getreten war und dessen gesundheitlicher Zustand sich daher permanent verschlechterte, war eine Behandlung in Korea erlaubt worden. Er konnte die Partei in dieser Zeit also nicht direkt selbst führen. Dennoch wollte ich, dass er der Vorsitzende bleibt. Denn ich war der Überzeugung, dass jede Partei ebenso wie über ein Ziel auch über einen Kopf verfügen muss. Deswegen hatte ich mich auch gegen Enkhbayars Vorschlag gestellt, dass es zwei stellvertretende Parteivorsitzende geben solle. Denn je mehr führende Positionen es gibt, desto schwächer wird eine Partei. Falls er mit meiner Arbeit nicht zufrieden sei, so bot ich ihm an, könne ich jederzeit zurücktreten. Aber er lehnte das ab. Dennoch entschied die Partei wenig später, die Position eines zweiten stellvertretenden Parteivorsitzenden einzuführen. Sofort schossen die Gerüchte ins Kraut, dass man dies nur gemacht habe, um mich loszuwerden. Ich wollte mich mit diesem Gerede nicht mehr abfinden und bot daher Ende 2015 meinen Rücktritt an – dies wurde weder angenommen noch abgelehnt und führte mir vor Augen, dass trotz meiner politischen Ämter in der Partei eine gewisse Distanz zu mir eingekehrt war. Als man mir später den Fraktionsvorsitz der Gerechtigkeitskoalition anbot, lehnte ich auch ab.

Nach all dem Trubel hatte ich das Bedürfnis, in mich zu gehen und zu reflektieren, was alles passiert war, was ich falsch gemacht hatte und wie das zu bewerten war. Als ich dies Enkhbayar mitteilte, wirkte das wie Öl, das ins Feuer gegossen wurde. Ein heftiger Streit brach aus. Mit Zornesröte im Gesicht warf er mir vor, dass ich ihn ins Gefängnis gebracht

Mit dem Vorsitzenden der Deutsch-Mongolischen Parlamentariergruppe Manfred Grund, Botschafter der Mongolei in Deutschland B. Davaadorj, Parlamentsmitglied L. Bold 2018

hätte und dies auch wieder beabsichtige. Das machte mich wütend. Ich schleuderte ihm entgegen, ob ich aussähe wie jemand, den man beleidigen und beschimpfen könne. Ich hatte ihm doch in seiner schwersten Zeit ohne jeden Hintergedanken beigestanden! Wie konnte er mir nur so etwas Ungeheuerliches und Ungerechtes vorwerfen?

Im Leben eines Politikers geschehen viele unerwartete Ereignisse – und manches Mal muss man sich von vielen Leuten harsche, eigentlich unaussprechliche Worte anhören und äußert diese gelegentlich auch selbst. Doch wann immer ich mich so verhalten habe, ging es mir nie darum, Menschen herabzuwürdigen, sondern Probleme zu lösen und die Verhältnisse zu verbessern. Und wenn man mich hart anging, war ich nie nachtragend. Aber ich war auch nie jemand, der ohne Widerspruch alles akzeptierte, was Enkhbayar sagte. Wenn ich mit einer Entscheidung nicht einverstanden war, dann habe ich diese ruhig und sachlich kritisiert. Denn eine Partei ist nicht der Privatbesitz einer einzelnen Person, sondern eine Gruppe von Menschen mit ähnlichen Interessen, Werten und Zielen. Es ist daher auch nicht erstrebenswert, dass eine Person alles alleine entscheidet. Widerspruch und Diskussion als Kern der

Mit Gerd Müller, Bundesminister für wirtschaftliche Zusammenarbeit und Entwicklung, 2013

Der Bundespräsident Frank-Walter Steinmeier, als er noch Außenminister war, besuchte die Mongolei auf meine Einladung, Ulaanbaatar, 2014

Mit dem ehemaligen Außenminister Hans-Dietrich Genscher, 2013

Frau Ute Kumpf, ehemaliges Bundestagsmitglied, ist eine begeisterte Freundin der Mongolei; sie half mir bei meinem Buch, damit es in Deutschland erscheint. Ein gemeinsames Foto im Regierungs-und Parlamentshaus, Ulaanbaatar, 2018

Demokratie innerhalb einer Partei sind überlebensnotwendig. Gibt man das auf, dann machen sich Verlogenheit und Speichelleckerei breit. Das müsste doch eigentlich jeder wissen.

Das politische Leben in der Mongolei ist unstet und schnellen Veränderungen unterworfen. Unentwegt werden Kämpfe in Parlament, Regierung und Parteien ausgefochten. Das ist wie Rost, der sich durch Eisen frisst und Wirtschaft wie Gesellschaft erodieren lässt. Ich habe als stellvertretender Parteivorsitzender der MRVP alles getan, um dagegen anzukämpfen. Das war eine sehr anspruchsvolle Aufgabe. Denn in der Partei und auch der Parteiführung gab es viele ungelöste Fragen und Konflikte. Am Ende musste ich einsehen, dass mir nichts anderes übrigblieb als der Rücktritt vom Amt des stellvertretenden Parteivorsitzenden. Die Gründe für meinen Rücktritt teilte ich Enkhbayar durch das Sekretariat des Parlaments in einem privaten Brief mit, den ich dem offiziellen Rücktrittsschreiben beilegte.

Auf frischer Tat ertappt

Von 2000 bis heute hatte ich mich in unterschiedlichen Positionen für das Wohl des ganzen Landes eingesetzt. Ich hatte von meinem Bezirk aus gearbeitet und viele Regionen der Mongolei bereist. Es gab unzählige Begegnungen mit Bürgern, deren Wünsche und Ziele ich mir anhörte und denen ich die von Parlament und Regierung verabschiedeten Regelungen und Gesetze erklärte.

Die nächsten Parlamentswahlen standen für 2016 an. Deshalb war ich schon in der Sitzungspause des Parlaments im März 2015 auf dem Land und in meinem Wahlkreis unterwegs, um Bürgergespräche zu führen. Ich hatte mehr als 80 Treffen organisiert, an denen über 10 000 Menschen teilnahmen. Über 600 schriftliche Gesuche wurden mir dabei übergeben. Dort wurde immer wieder darauf gedrängt, dass sich die MVP und MRVP auf eine Zusammenarbeit verständigen, später sogar wiedervereinigen sollten. Und von mir sollte die Initiative dazu ausgehen. Durch die Wiedervereinigung sollten korrupte Abgeordnete und Politiker zur Verantwortung gezogen und die verdeckten Netzwerke stillgelegt werden. Die Menschen fühlten zu Recht, dass die Zukunft der Mongolei von den beiden großen Parteien MVP und DP abhing. Sie kritisierten nicht nur die Arbeit der beiden großen Parteien, sondern auch die Spaltung der MVP.

Die Idee einer Zusammenarbeit und Wiedervereinigung der beiden Parteien wurde von Anfang an durch die Abgeordneten U. Enkhtuvshin, B. Bat-Erdene und den MVP-Generalsekretär J. Munkhbat unterstützt. Auch ihnen war klar, dass eine wiedervereinigte Partei die Wahlen 2012 gewonnen hätte. Und mehr noch: Seit der Spaltung hatten beide Parteien auch bei anderen Wahlen nicht besonders gut abgeschnitten. Tatsächlich hatte es in der Vergangenheit durchaus Anläufe zu einer Wiedervereinigung gegeben. Die Gespräche wurden sogar auf der Ebene der Parteivorsitzenden geführt. Doch zu einem Durchbruch kam es trotz einiger vielversprechender Ansätze nicht. Mir und anderen MRVP-Abgeordneten wurden zudem immer wieder Angebote gemacht, der MVP beizutreten. Ich war stets der Meinung, dass eine Wiedervereinigung nicht an den privaten Befindlichkeiten einzelner Führungspersonen scheitern dürfe. Und so arbeitete ich unermüdlich für die Wiedervereinigung der beiden Parteien, denn niemand würde gewinnen, wenn man zwischen den beiden Parteien eine Mauer hochzog. Das habe ich auch in der Öffentlichkeit immer wieder betont. Die Parlamentswahlen im Sommer 2016 waren meiner Meinung nach ein guter Anlass, um die Wiedervereinigung der beiden Parteien, die sich so viele Menschen wünschten, herbeizuführen. Es wurde zwar darüber gesprochen, dass beide Parteien gemeinsam den Unabhängigkeitstag im November und das Neujahrsfest im Februar feiern sollten, doch dazu kam es nicht. Immerhin gab es am 1. März 2016 eine gemeinsame Feier, bei der beide Parteien dem Revolutionshelden und Parteigründer Sukhbaatar sowie Dschingis Khan ihre Ehre erwiesen. Viele einfache Parteimitglieder und Bürger erblickten Licht am Ende des Tunnels.

Es wurde eine Arbeitsgruppe gegründet, um über die Zusammenarbeit zu beraten. Obwohl ich mich seit vielen Jahren für die Wiedervereinigung eingesetzt hatte, gehörte ich der Arbeitsgruppe nicht an. Doch ich unterstützte deren Arbeit, wo ich konnte. Immer wieder musste ich zwischen den Führungspersönlichkeiten vermitteln. Nach langwierigen und komplizierten Verhandlungen wurde im Mai 2016 ein Abkommen von den Arbeitsgruppenleitern unterzeichnet: Von den 76 Wahlkreisen sollte die MVP in 51 und die MRVP in 25 kandidieren. Ein gemeinsamer und paritätisch besetzter Führungsrat sollte etabliert werden. Enkhbayar sollte Vorsitzender des Führungsrates werden. Im Falle eines Wahlsieges sollte eine Partei den Premierminister und die andere den Parlamentsvorsitzenden stellen. Das Abkommen wurde von den Parteimitgliedern freudig begrüßt. Sie erwarteten noch weitergehende Ergebnisse.

In dem Abkommen hatte die MVP der MRVP große Zugeständnisse gemacht, doch zu unserer Überraschung lehnte die MRVP-Führung die Übereinkunft der Arbeitsgruppe ab und stellte weitergehende Forderungen. Dafür gab es parteiintern viel Kritik, auch von mir. Auf einem Kleinen Parteitag schlug ich vor, dass sich die beiden Parteivorsitzenden treffen sollten, um über das weitere Vorgehen zu beraten. Das wurde von vielen Parteimitgliedern unterstützt. Da die MVP parallel tagte, rief ich sogleich deren Vorsitzenden Enkhbold und den Generalsekretär Munkhbat an. Als sie meinen Bericht gehört hatten, unterbrachen sie die Versammlung, und es kam zu dem Treffen der Parteivorsitzenden. Wegen der immer neuen Forderungen, die die MRVP-Führung vorbrachte, konnte man sich jedoch nicht einigen. Das Abkommen war damit gescheitert. All die Arbeit, Zeit und Kraft, die so viele Menschen, mich eingeschlossen, dafür aufgebracht hatten, waren vergebens. Es betrübte mich sehr, wie die MRVP-Führung den Wunsch vieler Tausender Parteimitglieder und Bürger so missachten konnte. Man konnte doch die Wünsche der Menschen nicht mit Füßen treten.

Nach dem ergebnislosen Treffen der Parteivorsitzenden berieten Ulaan und ich uns mit dem MVP-Vorsitzenden und Generalsekretär. Wir verstanden uns schnell. Ich schulde keinem Politiker und keiner Partei etwas.

Dank des Staates konnte ich im Ausland studieren, dadurch wurden für mein Leben entscheidende Weichen gestellt. Ich bin also der Mongolei etwas schuldig – und niemand anderem verpflichtet. Für mich gibt es nur eine Fraktion – die Mongolei. Niemand kann meine Meinung darüber ändern. Die Zusammenarbeit und Wiedervereinigung von MVP und MRVP waren das Ziel von Ulaan und mir. Vor vielen Jahren hatten die Deutschen es gemeinsam geschafft, die Berliner Mauer niederzureißen und sich zu einem gemeinsamen Staat zu vereinen. Aber wir Mongolen im 21. Jahrhundert streiten uns wie vor Jahrhunderten. Als wäre die Mongolei nicht groß genug, werden Mauern zwischen verschiedenen Gruppierungen errichtet. Es ist bejammernswert, dass die vielen Parteimitglieder für einige wenige einflussreiche Personen kaum mehr als Figuren auf einem Schachbrett waren. Es gibt viele, die das ändern wollen, ihnen fehlt aber der Mut. Doch es war ebensolcher Mut, der die Berliner die Mauer einreißen ließ, die ihre Stadt teilte. Ich habe immer wieder versucht, zwischen den Verzagten und den Mutigen eine Brücke zu bauen. Ulaan und ich versuchten mit einem letzten Schritt, die Mauer einzureißen: Am 4. Mai 2016 teilten wir öffentlich mit, dass wir zur MVP zurückkehren.

Ulaan ist jemand, der die Dinge von allen Seiten betrachtet, aber auch jemand, der mutige Entscheidungen fällen kann. Ein richtiger Staatsmann mit hoher Bildung und großem Wissen. Wir sind gute Freunde, die sich in den schwierigsten Zeiten eine feste Stütze waren. Wir beide teilten das Ziel, stets für das Volk zu arbeiten. In unserer Erklärung vom 4. Mai schrieb Ulaan, der der Arbeitsgruppe zur Zusammenarbeit und Wiedervereinigung von MVP und MRVP angehört hatte, dass Politiker an Wahlen teilnehmen, um zu gewinnen. Die MVP aus der Region Sukhbaatar habe ihm die Kandidatur für die Parlamentswahl angetragen. Daher werde er der MVP beitreten. Er, so Ch. Ulaan weiter, lasse sich von niemandem vorschreiben, was er sagen oder tun soll. Er sei ein unabhängiger Politiker, der seine eigenen politischen Entscheidungen fällen könne. Ich hatte dem nichts hinzuzufügen.

Einen Tag, nachdem Ch. Ulaan und ich unseren Parteiwechsel bekanntgegeben hatten, und kurz vor dem Wahltag wurde wieder einmal das Wahlgesetz geändert. Man kehrte nun zum Mehrheitswahlrecht zurück. Denn das Verfassungsgericht hatte ein paar Tage vorher entschieden, dass die Mischung aus Mehrheits- und Verhältniswahlrecht gegen die Verfassung verstoße. Eine weitere wichtige Neuerung im Wahlrecht war, dass der Wahlkampf auf 17 Tage begrenzt wurde. Eine kurze Zeit, um Wähler zu treffen und über die Ziele, die man sich für die nächste Wahlperiode gesetzt hatte, zu informieren.

Ich kandidierte im 74. Wahlkreis für die MVP und gewann diesen zum vierten Mal in Folge. Wieder einmal hatten meine Konkurrenten versucht, meinen Ruf zu beschmutzen. Man zog sogar in Zweifel, dass ich jemals irgendetwas für den Wahlkreis erreicht hätte.

Natürlich konnte ich im Wahlkampf darauf verweisen, was ich seit 2004 für den Wahlkreis erreicht hatte. Ich musste mich keiner leeren Versprechungen schämen. Doch in Wahlkampfzeiten ist es den Wählern mindestens ebenso wichtig, ihre eigenen Ziele, Sorgen und Nöte mitzuteilen.

In keinem Wahlkreis gab es mehr Kandidaten als in meinem. Schnell teilte sich das Feld in zwei Lager: Alle anderen gegen mich. Meine Gegner verabredeten sich und versuchten, mich auf jede mögliche Weise anzugreifen. Am ersten Tag des Wahlkampfs wurden in den Straßen, Bushaltestellen und allen möglichen Orten, an denen viele Menschen unterwegs waren, Flugblätter verteilt, die Beleidigungen und Verleumdungen über mich zum Inhalt hatten. Ich hatte einen Verdacht, wer dahinterstehen könnte, aber leider keine Beweise. Aber am dritten Tag des Wahlkampfes ertappten drei schlaue Mitarbeiter meines Wahlkampfteams zusammen mit einem Polizisten einen jungen Mann auf frischer Tat, als er die Flugblätter verteilte. Er gestand, dass er im Auftrag meines Gegenkandidaten der Demokratischen Partei unterwegs sei und von dessen Büro bezahlt werde. Er führte den Polizisten zum Bruder meines Gegenkandidaten, der in dessen Wahlkampfteam eine führende Rolle spielte. Dort fand man Hunderte Zettel mit meinem Foto und dazu gedruckten Beleidigungen.

Jeder wusste, dass diese Art von Wahlkampf durch das Wahlgesetz verboten war. Und dies ist nur eines von vielen Beispielen, wie meine Gegner versuchten, mich mit unlauteren Mitteln zu besiegen. Keine Taktik war ihnen dabei zu schmutzig, kein Trick zu schäbig. Zu einem ihrer wichtigsten Werkzeuge wurde das Internet und vor allem Facebook, wo sie unentwegt Verleumdungen über mich verbreiteten. Doch es gelang uns oft, die Urheber zu ermitteln und bei der Polizei Anzeige zu erstatten. Die Spuren führten immer wieder zur Demokratischen Partei.

Premierminister Altankhuyag, der der Demokratischen Partei angehörte, hatte wohl vergessen, dass wir vor nicht allzu langer Zeit Teil derselben Regierung gewesen waren und bei unserer Arbeit für die Mongolei oft an einem Strang gezogen hatten. Ich fragte mich, wie zufrieden sich eine Person mit sich selbst fühlen kann, die mit solchen Methoden ein politisches Amt erringt. Ist diese Person dafür überhaupt geeignet? Kann ein Mensch überhaupt ehrlich sein, der, ohne rot zu werden, andere verleumdet? Wie kann er seinen Konkurrenten in die Augen schauen?

Während des Wahlkampfs hatte ich im ganzen Wahlkreis unzählige Gespräche mit Bürgern geführt. Eine ältere Frau erzählte mir bei dieser Gelegenheit von einer Wahlkampfveranstaltung der Demokratischen Partei, die sie besucht hatte. Die aggressiven Reden dort hätten ihr sehr zugesetzt. Sie war 2012 von der MVP in die MRVP übergetreten und wollte nun wieder zur MVP zurückkehren. In einem Interview, das sie gab, äußerte sie ihre Unterstützung für mich. Leider verstarb sie noch vor dem Wahltag an einem Herzleiden. Während ich noch meine Beileidsbekundung schrieb, diffamierten mich bereits die Gegner. Sie behaupteten sogar, die Frau sei während unseres Gesprächs gestorben und sie hätte mich kurz vor ihrem Tod noch als Verräter bezeichnet. Die meinen Gegnern freundlich gewogene Presse berichtete darüber. Mich beschämte das. Wie konnte man den Tod eines Menschen so hemmungslos für den eigenen Wahlkampf instrumentalisieren? Doch wir verfügten über die Aufnahme des Interviews mit der Frau und dokumentierten die Verleumdungen minutiös. Aus Respekt vor der Verstorbenen verzichtete ich auf eine Anzeige bei der Polizei. In diesen wenigen Tagen war ich für einen Teil der Öffentlichkeit der schlimmste und für den anderen Teil der beste Kandidat.

Im Unterschied zu vielen anderen Kandidaten habe ich bei keiner einzigen Wahl einen sogenannten Schweigevertrag mit Internetmedien, Zeitungen und Fernsehen abgeschlossen, denn in meinem Keller findet man keine Leichen. Ich habe es also nicht nötig, das Schweigen der Presse durch Geldzahlungen zu kaufen, um für eine bestimmte Zeit aus der Schusslinie genommen zu werden.

Doch in dieser Zeit, in der ich im Kreuzfeuer von Beleidigungen und Verleumdungen stand, habe ich mich gleichwohl oft gefragt, ob ich wirklich in der Politik sein will. Es gibt doch auch ein Leben jenseits

Während der Wahlkampagne in 2016

der Politik. Als ich wieder einmal darüber grübelte, kam mein älterer Bruder – der auch wieder mein Wahlkampfleiter war – zu mir: »Was sitzt du hier herum? Hast du jemanden umgebracht? Hast du etwas Falsches gemacht? Warum sitzt du hier wie ein Trauerkloß? Steh auf und kämpfe!« Als Polizist traf er mit seiner klaren Ansage den richtigen Ton. Mit neuem Mut stand ich fast wie ein Soldat auf. Die dunklen Gedanken verflogen und ich ging wieder an die Arbeit.

Am Wahltag kam es vormittags an einer eigentlich ruhigen Kreuzung zu einem großen Stau. Meine Konkurrenten fuhren mit rund 300 Autos Wähler in die Wahllokale, wie ich aber erst nach den Wahlen erfuhr. Offiziell handelte es sich dabei um Freiwillige, die den Menschen helfen wollten, ihre Stimme abzugeben. In Wirklichkeit versuchte man auf diese Weise, Stimmen einzufangen. Es waren meine Konkurrenten von der DP und MRVP, die sich hier gegen mich vereint hatten. Sie hatten im Endspurt auch eine Vielzahl von Wahlschildern aufgestellt. So viele, dass man, wie wir spaßten, fast darüber stolperte.

Parlamentsmitglieder 2012–2016

Die Wahl von 2016 war für mich die schwierigste. Doch ich konnte erneut die Wähler überzeugen. Mit fast 36 Prozent der Stimmen konnte ich das Mandat erringen. Landesweit war die Wahl ein großer Erfolg für die MVP, die 65 von 76 Parlamentssitzen gewann. Im neuen Parlament wurde ich Vorsitzender des Ständigen Ausschusses für Wirtschaft. Während der noch andauernden schweren Wirtschaftskrise setzte ich mich dort für eine Verbesserung der Lage ein.

Die Losung meines ersten Wahlkampfes »Die Entwicklung kommt ins Jurtenviertel« habe ich bis heute nicht vergessen. Auch wenn viele Politiker in der Mongolei es mit unseriösen Wahlversprechen immer wieder suggerieren, gelingt die Einlösung eines solchen Versprechens nicht an einem Tag. Es braucht immer wieder neue und langfristig angelegte Projekte. Infrastruktur und Arbeitsplätze – die dringendsten Bedürfnisse der Bewohner der Jurtenviertel – schafft man nur so. Berlin glich nach dem Zweiten Weltkrieg einem Trümmerhaufen. Überall herrschten Arbeitslosigkeit und Armut. Aber die Deutschen schrieben Geschichte, indem sie nach dem Krieg alles wieder aufbauten – und zwar in verhältnismäßig kurzer Zeit. Auch die Umstrukturierungen und die Überwindung der wirtschaftlichen Schwierigkeiten nach dem Mauerfall und der Wiedervereinigung wurden, bei allen Problemen, die damit entstanden, in vergleichsweise kurzer Zeit gemeistert. Wenn man es mit den Herausforderungen in anderen Ländern vergleicht, die es wirtschaftlich oft noch viel schwerer getroffen hatte, waren die Ergebnisse in Deutschland ebenso beeindruckend wie beispielhaft. Ich war ein Zeuge dieses Aufschwungs gewesen und werde weiterhin dafür arbeiten, dass wir so etwas auch in der Mongolei erleben.

Mit meiner Familie, Sukhbaatar Platz, Ulaanbaatar 2015

8. Kapitel:
RÜCKKEHR IN DIE WELT

Ich bin kein Historiker, kein Literat, kein Forscher, kein Archäologe, kein Anthropologe. Ich bin ein Ingenieur. Frei von den Grenzen meines erlernten Berufes habe ich meinen Blick geweitet. Ohne Scheuklappen bin ich meinen Weg in die Politik gegangen und habe mich weiterhin der historischen Forschung gewidmet. Die Forschung ist meine Leidenschaft. Durch das Lesen, Untersuchen und Niederschreiben bilde ich mich ständig weiter, treffe mich mit Weisen und Wissenschaftlern, höre ihnen zu und studiere ihr Wissen, fühle mich in den großen Bibliotheken der Welt zu Hause.

Die herbstliche Morgensonne scheint warm auf meinen Kopf, die vergilbten Blätter wirbeln im Wind und man hört ihr Rascheln, und irgendwoher erklingt das Zwitschern der Vögel. Ich sitze in der Sonne neben meiner Jurte. Gedanken, die sich nicht in Worte fassen lassen, sammeln sich in meinem Kopf, und ich lasse sie schweifen. Plötzlich dringt eine mir wohlbekannte Stimme an mein Ohr und reißt mich aus meinen Gedanken: »Mein kleiner Bruder, was meditierst du? Sitzt dort angenehm in der Sonne. Du siehst glücklich aus.«

Es ist L. Bold, der schon viele Jahre in unserer Nachbarschaft wohnt, wir sind uns so nah wie Brüder. Ich habe mich immer gefragt, ob Bold noch Freizeit haben kann, so vertieft, wie er immer in der Sudra gelesen hat und den Spuren des Wissens gefolgt ist, um in die »Seligkeit des Gelehrten« aufzusteigen. Ich sehe ihn nicht als Akademiker, Doktor, Professor, Turkologen, als Direktor des Instituts für Sprache und Literatur oder als ausgezeichneten Wissenschaftler. Unabhängig von seinem Beruf und seinen Titeln nenne ich ihn schon seit jeher meinen Bruder Bold. Nicht immer sind wir uns einig, und unsere Gespräche laufen nicht immer so rund wie ein angestoßener Ball. Ab und an werfen wir uns harte Worte an den Kopf und diskutieren heftig unterschiedliche Meinungen aus. Doch unsere Seelen und unser Verstand sind zugunsten unseres Landes vereint.

Also, Bruder Bold, genau jetzt bin ich der Meinung:
Gehe zum Pass des hohen Berges,
Gehe zum Ufer des breiten Ozeans,
Gib nicht auf, wegen der Weite!
Erreiche, wonach du strebst!
Gib nicht auf, wenn es schwer ist,
Wenn du es heben kannst, trage es!

So lehrte es der große Dschingis Khan. Heute denke ich über diese Lehre nach. Den zwei Dingen, vor denen ich den größten Respekt habe – die Quellen der Geschichte und die großen Ahnen –, will ich Tribut zollen.

Ich vertraue Bruder Bold an, dass mir diese Aufgabe schlaflose Nächte bereitet. Er aber lachte und verspottete mich, stichelte so lange, bis es in meinem Inneren brannte. Sollte ich tatsächlich irgendwann noch ein Buch zum Thema »Die Rückkehr der Mongolei« schreiben? Welchen Beitrag könnte ein solches Buch leisten? Und würde es jemals ein solches Gewicht haben, wie Bolds Buch »Die Erinnerung der Schriften von Orkhon« oder seine Texte im »Allgemeinen Nachschlagewerk über die mongolische Sprache«? Er zeichnet sich mit seinen brillanten Werken als wirklich großer Kenner unserer Geschichte aus, er ist so weise, dass er von innen heraus leuchtet. Als ich ihm das sagte, mussten Bold und ich lachen, und wir setzten in der Herbstsonne unser Gespräch über die Grenzen der Mongolen fort.

Bold meinte: »Grenzen und Unterschiede gestalten sich für jeden unterschiedlich. Bei den meisten sind sie fest und unbeweglich, wie eine Burg, die über alles hinausragt. Vor allem die in unserem Geiste. Im Wesentlichen scheint es sogar ein bisschen, als würde man nur allzu gern unüberlegt einfach mitlaufen. Durch diese Bequemlichkeit wird der Gedanke an die Globalisierung immer mehr verbreitet. Dabei sollten doch gerade wir Mongolen begreifen, was es bedeutet, aus eigener Kraft zu wachsen und den kommenden Generationen ein Land zu überlassen, das von Taten und vom Denken gezeichnet ist. Das ist das Erbe, was uns unsere Ahnen hinterlassen haben. Natürlich waren es nicht die Ahnen allein, die diese Entwicklung möglich gemacht haben. Aber waren es nicht ihr bisheriger Lebensraum in dieser besonderen Witterung, ihre

Art und Weise zu leben, ihr Verhalten, ihre Ethik, ihr Glauben und die Traditionen, sowie der Umgang mit ihren Nachbarn, die dabei halfen, das autonome Wachstum unseres Landes zu bedingen und zu beeinflussen?

Die gegensätzlichen Ideologien des Westens und der Mongolei, oder besser noch ihre Kombination daraus, ermöglichten es, eine gesättigte Dialektik zu praktizieren. Demzufolge ist die alte Mongolei, mit all ihren Werten und Traditionen, nicht verschwunden. Sie existiert in den Köpfen und dem Geist der mongolischen Menschen und wird dadurch am Leben gehalten. Ihre Gedanken nehmen Einfluss auf die Sprache, die Schriften und die Kultur, in denen sich bis heute ihre Einstellungen und Weltanschauungen herauskristallisieren. Tief im Gedächtnis sind diese Werte verankert und prägen jeden mongolischen Menschen.

Im Gegensatz zur mongolischen Sprache hat Sanskrit, trotz der großartigen Kultur Indiens, mit den Göttern Brahma und Vishnu sowie dem herausragenden Denker Buddha Machavira, nicht überlebt. Mongolisch ist eine sehr alte Sprache, die schon seit der Frühgeschichte gesprochen wird und bis heute nicht verschwunden ist, weil sie über die Generationen hinweg überdauert und weitergetragen wird. Unsere Sprache ist ein Teil von uns und bestimmt unsere Souveränität. Sie wird wie die Luft über die Kultur und Bildung durch das Land getragen und verbindet die Mongolen zu einer Einheit. Von Generation zu Generation lassen unsere Wurzeln uns die Brust vor Stolz schwellen und bieten uns einen sicheren Mantel.«

Muttersprache

Bold meinte weiter: »Das mongolische Wort für Wort (Ug) bedeutet im Tibetischen (Tschoi) auch ›Ding‹ oder ›Buch‹. Das heißt, wenn ein Ding von anderen klar unterschieden werden kann, dann hat es auch einen eindeutig definierten Namen und erfährt dadurch eine konkrete Bedeutung. Wer also das Ding kennt, kennt den Namen und hat somit Wissen. Unsere Muttersprache verfügt über einen reichen Wortschatz. Ich denke, dass dank dieses Wortschatzes der Geist der mongolischen Menschen so groß und weit ausgeprägt ist.

Auch die Schrift spielte eine große Rolle für den Erhalt unserer Traditionen und Kultur. Mit ihr wurden Eigenheiten des mongolischen Charakters über die Zeit hinweg transportiert. Die Schrift ist ein feinmaschiges Instrument, mit dem die Besonderheiten und die Überlegungen der Symbolik der Mongolen verewigt werden können. Schrift ist elementar wichtig für die Souveränität unseres Landes.«

Bolds kluge Ausführungen schlugen mich in den Bann: »Die historische Nomadenzeit Asiens findet ihren Ursprung in der Hunnu-Zeit. Chronologisch festgehalten ist die Geschichte der Mongolei erst ab der Staatsgründung auf mongolischem Territorium. Doch gab es vor dieser Zeit eine Zivilisation im Nomadenleben? Hatten die Nomaden eine Schriftkultur? Existierte die Schrift vor den Hunnu überhaupt? Wo liegen die Ursprünge der mongolischen Sprache?«, wollte ich wissen. Bruder Bold zögert nicht lange, meine Fragen zu beantworten:

»Nach den Forschungsergebnissen der Linguisten hat die altasiatische Sprache – aus der sich dann Mongolisch, Türkisch, Mandschurisch,

Durch meine Initiative wurde der größte Heimatsee Ikh nuur wiederbelebt. Erdenemandal sum, Arkhangai Aimak, 2018

Tungusisch und andere entwickelt haben – ihren Ursprung schon lange vor der Hunnuzeit. Eine Mehrheit der Forscher behauptet, dass zu Zeiten der Hunnu die Rahmenbedingungen für die Erfindung der Schrift in Gesellschaft und Kultur bereits gegeben waren. Darauf begründeten die Forscher ihre Annahme, dass es bereits während der Hunnuzeit eine Schrift gab. Deshalb sind die Überlieferungen in den chinesischen Schriften über die Hunnu strittig, die jene nur als kulturlose Barbaren stilisierten. Zwar gibt es Indizien dafür, dass während der Hunnuzeit eine eigene Schrift existierte, allerdings ist die Schrift des Volkes der Tureg, die wesentlich später als die Hunnu lebten, sehr ähnlich der Schrift des Stammes der Huu. Daraus erkennen wir, dass die Hunnu möglicherweise eine eigene Schrift besaßen.«

»Welche Beweise gibt es dafür?«

»Zum einen gründeten sich nach den Hunnu auf dem zentralasiatischen Hochland die Staaten Syambi und Toba; auch das mongolisch sprechende Volk der Tabagachuud siedelte sich dort an. Im weitläufigen Gebiet der Tabagachuud färbte sich die Sprache in unterschiedliche

Unsere Reisegruppe mit Wissenschaftlern, Archäologen, Schriftstellern, Sommer 2018

Dialekte. Die Muttersprache der Tabagachuud jedoch entwickelte sich zur Amtssprache und wurde mit tausenden neuen Zeichen verschriftlicht. Eine Verordnung des Khan (425 v. Chr.) gilt hierbei als eindeutiger Beweis. Ursprünglich war die Sprache der Tabagachuud als Mundart des mongolischen Stamms der Syambi bekannt. Der Khan der Tabagachuud sprach hierbei allerdings von einer neuen Schrift. Deshalb vermuten die Forscher, dass es bereits vor dieser Schrift mit ihren besonderen Akzentuierungen eine andere Schrift gegeben haben muss. Die alte chinesische Schrift Ke-mo (übersetzt: Baum schnitzen) ist der ausschlaggebende Beweis dafür. Da es die Ke-mo-Schrift bereits zu den Zeiten der Hunnu gab, war es also grundsätzlich möglich, Sachverhalte schriftlich zu dokumentieren. Ein Beispiel dafür ist eine alte Nachricht, die in einer mongolischen Schriftquelle gefunden wurde: ›... falls der Vorgesetzte irgendeinen Untergebenen zu ihm rufen wollte, ritzte er ihm ein Zeichen in ein Holz, wodurch der Gerufene wusste, dass er dieser Ankündigung nicht entkommen konnte ...‹

Zum anderen waren die Muttersprache und die Schrift die wichtigsten Bestandteile der Nomaden beim Aufbau ihres Staates. Durch die Muttersprache und die Schrift sollte die Entwicklung des Landes, deren Völker sich zu einem vereinigten, beschleunigt werden. So benötigte der Khitan-Staat zur Zeit seiner Gründung zum Beispiel zwei Schriften, um seine Geschichte niederzuschreiben. Man spricht von der ›großen‹ und der ›kleinen‹ Schrift Khitans. Das mongolische Großreich hingegen hatte bereits zu dem Zeitpunkt seiner Staatsgründung eine einheitliche Amtsschrift, nämlich die uighurisch-mongolische. In der »Geheimen Geschichte der Mongolei« ist dies in einem Bericht festgehalten: ›... Durch die Teilung des gesamten Vermögens des Staates muss der Streit aufgelöst werden. Dieser soll in dem Blauen Heft eingetragen werden.‹ Diese Verordnung wurde von Shikhikhutagt, der den höchsten exekutiven Rang im Staat innehatte, ausgehändigt. Daher gilt dieses Dokument als Staatsschrift.

Seit wann die Schrift praktisch angewendet wurde, darüber sind sich die Wissenschaftler uneinig. Sie sind sich jedoch einig, dass sie schon lange vor dieser Verordnung Verwendung gefunden haben muss, und zwar lange vor dem großen Dschingis Khan.«

Bruder Bold bestätigte also im Wesentlichen, dass unsere Vorfahren zu jener Zeit, egal, wo sie siedelten, ihre eigene Schrift besaßen und ihr Wissen in Büchern sammelten, die sie uns und der Gegenwart hinterließen. Der Enkelsohn von Dschingis Khan, Kubilai, gründete die Yuan-Dynastie und entwickelte mit Hilfe des Lamas Phags-pa die »Quadrat-Schrift«. Diese wurde dann zur gängigen Staatsschrift.

»Später, im 17. Jahrhundert, gründeten die Westmongolen ihren starken Staat. Diesem Staat wollten sich die anderen Mongolen anschließen. Der gemeinsame Nenner für ihre Ideologie wurde der Lamaismus. Diese Umstände ermöglichten der Politik, sich an der Religion zu orientieren und positiv zu agieren. Während dieser Blütezeit entstand die ›Eindeutige

Während unserer privaten Studienreise besuchten wir viele Petroglyphen in Del Uul von Ulziit sum, Mittelgobi Aimak. Herbst 2020

Schrift‹ und wurde von da an verwendet.« Mit diesen Worten gab ich Bold einen Gedankenanstoß, um mit unserer Unterhaltung fortzufahren.

»Durch all diese Punkte, auf die wir in diesem Gespräch gekommen sind, werden mir einige Aspekte immer klarer. Zuallererst ist klar geworden, dass die Kultur, die Sprache, die Schrift und die Buchstaben wichtige Bestandteile der mongolischen Staatsidentität waren und immer sein werden. Das gründet in der Überzeugung, dass die Hunnu bereits eine Schriftkultur hatten. Bereits vor der Zeit der Laut-Schrift entstanden bei uns Felszeichnungen und Hirschsteine, auf denen sich die Menschen äußerten und ihre Erzeugnisse, ihre Gedanken und ihre Meinungen mit anderen teilten und weitergaben.

Auch die Mongolen adaptierten die Buchstaben anderer Kulturländer, allerdings nicht die ihrer unmittelbaren Nachbarn, sondern der geografisch entfernterer. Sie übernahmen zum Beispiel die uighurische Schrift von den Sogdern, einem Stamm aus Zentralasien, die ›Quadrat-Schrift‹ von den Tibetern, die hinter dem Himalaya leben und die ›Soyombo-Schrift‹ aus dem altindischen Sanskrit. Aber die Mongolen verwendeten nie die chinesische Schrift und übernahmen nie den Glauben an den Konfuzianismus. Die adaptierten Buchstaben übernahmen die Mongolen nicht eins zu eins, sie verbesserten und erneuerten sie und passten sie den Besonderheiten der mongolischen Sprache an. Eines darf man dabei nie vergessen und man sollte immer aufmerksam bedenken: Jede Schrift spiegelt die Besonderheit der jeweiligen gesellschaftlichen Entwicklung wider. Darauf müssten vor allem Staatsmänner in der Sprachpraxis achten.«

Weg voller Tränen

Als Oktoberrevolution ging die Revolution in die Geschichte ein, die die Welt später in zwei Teile spalteten sollte. John Reed (1887–1920), der Journalist und Mitbegründer der Kommunstischen Partei der USA, erlebte diese Revolution mit eigenen Augen. In seinem bekannten Buch »Zehn Tage, die die Welt erschütterten« schrieb er: »Lenin und die Arbeiter von Petrograd, dem heutigen Sankt Petersburg, hatten sich bereits für einen Aufstand entschieden [...]. Jetzt sollte das große Russland und dann die große Welt mitmachen. Ob sie beide hintereinander auf unsere Seite kommen? Macht die Menschheit zusammen mit den Russen einen Aufstand? Was erwartet die Welt? Was wird geschehen? Erreicht unsere Arbeit die Länder und Völkerschaften und machen sie bei dem Aufstand mit? Sollte der »Rote Sturm« alles aufwirbeln?«

John Reed schrieb diese Fragen am 1. Januar 1919 nieder. Trotz intensiven Nachdenkens konnte er keine Antworten auf die vielen offenen Fragen geben und sich das künftige Geschehen nach der Oktoberrevolution vorstellen. Nur zwei Jahre später empfingen wir, die Steppenmongolen, die Oktoberrevolution und konnten durch sie auferstehen, so die kommunistisch gefärbte Geschichtsschreibung. In diese Geschichte, in den »roten Weltsturm«, war die Mongolei als zweites Land nach Russland involviert. Für die neue Gesellschaftsordnung, für den direkten Übergang vom Feudalismus zum Sozialismus und das Überspringen des Kapitalismus – wie es in den Lehrbüchern so schön hieß – sollten die Mongolen die Ärmel ihrer Trachten hochkrempeln und sich von der Revolution begeistert mitreißen lassen.

Seitdem beschritt die Mongolei über 70 Jahre den sozialistischen Entwicklungsweg. Anfangs konnte von qualifizierten Arbeitern oder Fachleuten kaum die Rede sein. Das Land folgte den sowjetischen Brüdern: »Die Revolution am 6. und 7. November ist der Anfang der sozialistischen und revolutionären Ära! Arbeiterbewegungen für den Frieden – der Sozialismus siegt! Das Ziel muss erreicht werden!«, so lautete die Losung. Unser Kompass: »Vorwärts auf dem von Lenin angekündigten Weg!« Unter »Umgehung des Kapitalismus« beschritten wir einen ungewissen Entwicklungsweg, typisch für den damaligen Zeitgeist. Obwohl die Gesellschaft sich entwickelte und aufblühte und das Land um- und aufgebaut wurde, wurde es über 70 Jahre von der »unsichtbaren Hand« des Kremls gelenkt. Heute kennt diese Geschichte jeder, der sie kennen möchte.

Die »unsichtbare Hand« war politisch präsent im Ein-Parteien-System, aber die Mongolen waren durch die Abhängigkeit von den »ewigen Nachbarn« und der gleichzeitig weitgehenden Autarkie der nomadisch lebenden Menschen allseitig darin bestärkt, Herr ihrer Heimat zu bleiben. Sie mussten selbstständig sein, ohne es zu dürfen: Es war ein Teufelskreis, aus dem es politisch kein Entkommen gab und der von allen einen hohen Preis forderte. Nicht nur die »herrschende« Arbeiterklasse, auch viele Intellektuelle wurden von der »unsichtbaren Hand« drangsaliert, mitunter eingesperrt oder sogar in den Tod geschickt. Stalin und seine Epigonen hatten den Bibelspruch »Wer nicht mit uns ist, ist gegen uns!« verinnerlicht und glaubten, »die Werktätigen« notfalls ins kommunistsiche Paradies prügeln zu müssen. Der Großteil der Verfolgung entstand aus einem surrealen Bedrohungsgefühl der politischen Elite, aber faktisch war die Bedrohung über viele Jahrzehnte nicht vorhanden. Wenn viele Mongolen sich auch mehr Freiheit wünschten, unterstützten sie doch »ihren« Staat in den Jahrzehnten des wirtschaftlichen Aufbaus.

Will man der Dialektik der Geschichte gerecht werden, kann man die Zeiten des Sozialismus nicht einseitig bewerten. Die Fortschritte, Errungenschaften und Vorzüge darf man nicht negieren, sondern man muss sie benennen. Unsere Geschichte vergisst nicht, welchen Wandel das Land innerhalb der 70 Jahre durchlebte. Trotz des Teufelskreises machten die Mongolen einen großen Sprung in der Bildung. Die Menschen lernten und wurden ausgebildet und entwickelten sich zu energischen und enthusiastischen Persönlichkeiten. Der Junge, der auf dem Rücken seines Rosses wie eine Flagge flatternd galoppieren konnte, flog am Steuer einer Raumkapsel in den Weltraum. Auf dem Lande konnte man die Äcker mit Mähdreschern bearbeiten, die Eisenbahn fuhr lärmend, mit Waggons voller Waren, durch das Land. In den Industriekombinaten polterten die Anlagen, überall war der Fortschritt greifbar. Diese Zeit ist noch nicht lange vorbei.

Seit den sechziger Jahren wurden über 160 000 Facharbeiter, die sogenannten Blaukragen, in mehr als 40 Berufsausbildungseinrichtungen in 116 Fachberufen ausgebildet. Dadurch beschleunigte sich das wirtschaftliche Wachstum. Allein in den zwanzig Jahren zwischen 1940 und 1960 stieg das Bruttosozialprodukt um das 3,7-fache, die nationalen Einnahmen durch die eigene Produktion stiegen 3,8-fach und die gesamte Investition erhöhte sich 33,7-fach. Bis 1940 wurden von den Industriekombinaten nur 10 Prozent des Bruttosozialproduktes geliefert, aber 1960 über 30 Prozent. Die Mongolei wurde ein Land mit Landwirtschaft und Industrie. Mit neuen Produktionszweigen wie der Kupfer-Molybdän-Herstellung, Kohleabbau, Zementherstellung und Hüttenwerken wurden die Wirtschaftsprozesse radikal industrialisiert und die finanziellen Erträge aus diesen Unternehmungen unter anderem dazu verwendet, den Wohnungsbau zu beschleunigen.

Seitdem sind die Mongolen keineswegs ein reines Nomadenvolk mehr, denn der mongolische Alltag wandelte sich in einen sesshaften Lebensstil, in eine »zivilisierte« Lebenswelt. Die Zeiten, in denen »der Mensch im Schein des Butterkerzenlichtes die mongolische Filzwandjurte abtastete«, waren vorbei und man begann, sich in einem hellen Raum mit sowjetisch »gesendetem Licht« Wissen anzueignen. Im Jahr 1989 waren 96,5 Prozent der mongolischen Bevölkerung schriftkundig. Bereiche wie Kunst, Kultur, Theater, Zirkus, Wissenschaft und Bildung brachten die Menschen auf die Suche, um etwas Neues zu erkunden, sich intellektuell zu bereichern und den materiellen Wohlstand zu erhöhen. So gab es im Jahr 1960 an den in- und ausländischen Universitäten rund 6900 Studenten, 1985 waren es schon 24 600. Damit baute die Mongolei in ihrer Blütezeit den nötigten Bedarf an Fachkräften aus. Die traditionelle Medizin wich der wissenschaftlichen, die gesamte Bevölkerung konnte sich medizinische Vorsorgeuntersuchungen und -behandlungen leisten, denn diese Leistungen waren kostenlos. Dank dieser Anstrengungen erreichten die Mongolen ein Durchschnittsalter von 60 Jahren, obwohl die Lebenserwartung vor und nach der Volksrevolution von 1921 gerade einmal bei 40 Jahren lag.

In diesen 70 Jahren erhielt die Mongolei von der Sowjetunion insgesamt 11 bis 17 Milliarden US-Dollar Kredit und Geld als Hilfeleistungen für Aufbauarbeiten und Investitionen in Straßen, Schulen, Krankenhäuser, Industriebetriebe, Wohngebäude, Rentengeld, Fernsehen und vieles mehr. Diese Hilfe und Unterstützung haben die Mongolen nie vergessen, und sie sind dankbar dafür. Deshalb sollten die ehemaligen sozialistischen Brüderländer wie die Sowjetunion, die Deutsche Demokratische Republik, Ungarn, Jugoslawien, Polen, Tschechoslowakei, Bulgarien, Rumänien hier in freundlich-dankbarer Erinnerung erwähnt werden. All die Errungenschaften und Erfolge hätten die Mongolen nicht ohne diese Länder erreicht.

Und wenn ich hier an die positiven Seiten sozialistischer Entwicklungspolitik erinnere, darf gleichwohl nicht außer Acht gelassen werden, dass die politischen und sozialen »Kosten« enorm waren: Viele tausend Buddhisten und Intellektuelle wurden Repressalien ausgesetzt, manche wurden ermordet. Die Freiheit der Mongolen wurde über viele Jahre systematisch eingeschränkt. Es war kein »kurzer Weg voller Tränen« für das Volk.

Die damaligen Regierungsverantwortlichen haben ihr Führungsgeschick unter Beweis gestellt, um dem souveränen Staat zu dienen und diesen als unabhängige Mongolei aufrechtzuerhalten: Nicht wenige von ihnen mussten dafür mit ihrem Leben bezahlen. Das Volk, das unter diesem politischen System Recht und Unrecht erlebte, Bildung genoss und Bevormundung erduldete, hatte keine andere Wahl: ihm stand kein anderer Staat zur Verfügung.

Heute heißt es in der offiziellen Geschichtsschreibung lapidar, dass die mongolische Volksrepublik eine Marionette der Sowjetunion war und von ihr gelenkt und bedient wurde. Natürlich war die Sowjetunion eine Hegemonial- und Supermacht, und die Mongolische Volksrepublik funktionierte als ein »selbstverständliches Schicksalsland«. Doch ohne sowjetische Hilfe und Unterstützung hätten sich die damaligen Mongolen gleich zu Beginn des 20. Jahrhunderts, im Jahr 1911, in die Hände Chinas begeben können. Mit der Entscheidung, sich mit der Sowjetunion zu verbünden, konnten die Mongolen den Chinesen und deren Kolonien aus dem Weg gehen, was ein gutes Schicksal für die Mongolei war. Trotz der Vergangenheit eines überaus unterentwickelten Landes konnte sich die Mongolei, dank der Errungenschaften in diesen 70 Jahren, positiv entwickeln.

In den Jahren 1911, 1921 und 1990 wurde die Mongolei durch drei substantielle Revolutionen herausgefordert. Die mandschurische Vorherrschaft wurde von der mongolischen Autonomie, dem Feudalismus, dem Sozialismus und der demokratischen Gesellschaftsordnung abgelöst. Mongolische Kultur und Zivilisation vermischten sich mit der russischen und europäischen, wodurch der Wandel sich beschleunigte. Das 20. Jahrhundert war ein Sprungbrett für die künftigen Entwicklungen der Mongolen.

Ende und Neubeginn

Das Hauptziel der demokratischen Revolution von 1990 war es, das sozialistische Gesellschaftssystem hinter sich zu lassen. Mit dem »Ende des Sozialismus« planten die Mongolen allerdings nicht, dass sie durch irgendein anderes Land den Anschluss an ihr neues gesellschaftliches Leben finden sollten: Die Mongolei zog eine souveräne Politik einer selbstbestimmten Wirtschaft vor. Die neue Gesellschaftsordnung »Freiheitliche Demokratie« sollte sich auf den traditionellen mongolisch-ethischen Boden stützen und wachsen.

1992 proklamierte die Mongolei in ihrer Verfassung das Ziel: »eine humane, zivile, demokratische Gesellschaft« aufzubauen. Um diesen Anspruch zu erfüllen, sollte das Volk auf etliche äußerst schwierige Proben gestellt werden, da das Land 70 Jahre den Konstrukteuren des Sozialismus gefolgt war. Von einem sozialistischen Land zu einer freien Marktwirtschaft und einer freiheitlichen zivilen Gesellschaft war es ein

Während einer Parlamentssitzung, 2011

großer Entwicklungsschritt. Um diesen zu bestehen, hätten alle, die der Mongolei bei diesem Weg helfen wollten, die nationalen Besonderheiten, den Entwicklungsstand sowie die Vor- und Nachteile der alten wie neuen Gesellschaft besser untersuchen, vermitteln und berücksichtigen müssen.

Demokratie lebt nicht von leeren Versprechungen und Plakaten, und es ist auch nicht egal, wo und in welchem Lebensraum sie praktiziert wird. Prinzipiell kann die Demokratie in jedem Land existieren, aber wie erfolgreich sie ist, hängt auch von der Lebensweise, der Kultur und den Einstellungen der Bewohner ab. Nur auf dem Boden bestimmter Länder mit gewissen Traditionen kann Demokratie von sich aus nachhaltig wachsen.

Freiheit und Demokratie darf der Mensch demzufolge nicht falsch einschätzen, denn beides sind verbreitete Werte der Menschheit, die überall, wenn auch in unterschiedlicher Form, existieren. Historisch bedingt, waren sie jedoch oft unterdrückt und aus der lebendigen Praxis einer Gemeinschaft verbannt. Bevor man dann Freiheit und Demokratie in ein politisches Gemeinwesen integrieren kann, muss das Land wissen, was es ist. Untersucht werden müssen das Land, dessen Entstehungsgeschichte und Entwicklungsstand, traditionelle Gegebenheiten, Lebensweise und -art, geographische Lage, wirtschaftliche Basis, Zivilisationsgrad, nationale Denkhaltung und vieles mehr. Sollte man auf diesen Feldern keine solide Untersuchung durchführen können, müsste man die Demokratie und Freiheit erst an die »fremde Heimat« gewöhnen. Stünde die Demokratie aber mangels einer vorbereiteten Akzeptanz auf wackeligen Beinen, würde sie stürzen und scheitern.

Über 70 Jahre war unser Land eine sozialistische Gesellschaft, die die allgemeinen Errungenschaften der Menschen aus der Demokratie unmittelbar umzusetzen versuchte, was ihr allerdings nicht gelang. Vor 300 Jahren entschieden sich die Europäer, vor 250 Jahren die Amerikaner für einen demokratischen Lebensweg. Die Mongolen konnten in den letzten dreißig Jahren den genannten Staaten nacheifern und sie kopieren. Gleichzeitig mussten sie auf dem Wertesystem des Sozialismus aufbauen und die Denkweise sowie das Verhalten der sozialistisch sozialisierten Menschen berücksichtigen.

Im 20. Jahrhundert interpretierten und praktizierten die Mongolen die marxistische Lehre sehr einseitig und mechanistisch, wenn nicht dogmatisch. Einerseits orientierten sie sich an den traditionellen Wertemustern, andererseits machten sie fast alles nach und mit, was die Sowjets taten. Ähnlich heute: Gegenwärtig ahmen die Mongolen den amerikanischen Liberalismus und sogar den Neoliberalismus nach, jenen Turbo- und Marktkapitalismus, der sich längst von der sozialen Marktwirtschaft verabschiedet hat und überall ständig »Weniger Staat, mehr Markt!« fordert. Vergleichbar mit einer buddhistischen »Bannbulle«, sind die Mongolen in ihren Nachahmungsversuchen aber eher oberflächlich. Dessen ungeachtet gibt es natürlich in der heutigen mongolischen Gesellschaft auch sichtbare Fortschritte.

Die mongolische »Wende« verlief friedlich, anders als zum Beispiel in Rumänien oder einigen ehemaligen Sowjetrepubliken. Bezüglich des politischen Hungerstreiks führender mongolischer Oppositioneller im Zusammenhang mit der mongolischen »Wende«, um den Rücktritt des Politbüros zu erzwingen, verhandelten das Politbüro der MVRP, die Volksvertretungsversammlung und der Rat der Minister sehr fair miteinander und lösten das Politbüro einstimmig auf. Das war eine beispielhafte Entscheidung. Damit hatten die älteren Funktionäre den Weg der Demokratie für die jüngeren politischen Generationen geebnet. Vor allem aber hat die friedliche Wende und der letztlich »freiwillig erzwungene« Verzicht der Partei auf die alleinige Macht der mongolischen Demokratie eine positive Startbilanz eröffnet: Das Miteinander im neuen politischen Modell war ohne die Hypothek einer gewaltsamen Revolution in der Lage, alle politischen Kräfte in die Gestaltung der Zukunft einzubinden, auch wenn die ideologischen Positionen dazu, wie diese Zukunft aussehen sollte, mitunter stark voneinander abwichen.

Nach der ersten demokratischen Wahl vom Juli 1990 konnte die Gesellschaft ihren Weg frei und selbstbestimmt beschreiten. Einen Höhenflug verzeichneten die sogenannten Demokraten, allerdings um den Preis einer gewissen inneren Orientierungslosigkeit: Ihr Flug war vergleichbar mit einem Vogel, der nicht mehr weiß, wo und ob er bald landen kann, oder überhaupt landen will. Der »Demokrat« hatte – und hat bis heute – überhaupt kein solides Konzept für die gesellschaftliche

Entwicklung des Landes. Bedingt durch die Distanz zu etablierten Demokratien waren seine ersten Gehversuche leider oft begleitet von einer allzu unkritischen Übernahme politischer Ratschläge aus den unterschiedlichsten Lagern und Interessenrichtungen. Mongolische »Demokraten« folgen dem Ausspruch Dschingis Khans: »Das Welterobern auf dem Rücken eines Wallachs ist einfach, aber nach dem Absteigen den Staat in Ordnung zu bringen, ist schwer.« Es scheint fast so, als wollten sie gar nicht vom Rücken des Wallachs absteigen.

Die alten Wirtschaftsbeziehungen zur Sowjetunion und den osteuropäischen Ländern erlitten Schiffbruch, was der Mongolei schweren Schaden zufügte. Das Land wurde auf einmal damit konfrontiert, dass es mit seinen eigenen Regeln ganz allein die Fragen und Schwerpunkte einer souveränen Wirtschafts-, Sozial- und Außenpolitik bestimmen musste. Das war keine einfache Aufgabe. Die Sowjets hatten ihre Hilfe und Unterstützung aufgehoben. Nicht bösartig, denn sie waren schon vor uns Mongolen in die Krise von Glasnost und Perestroika geraten. Durch den Beschluss der Obersten Sowjets der UdSSR vom 30. September 1990 wurden die Ausgaben, Hilfen und Kredite für alle andere Staaten endgültig eingestellt. Deswegen mussten auch in der Mongolei alle laufenden Projekte wie Bauarbeiten und Kredite gestoppt werden, was etwa zur Folge hatte, dass bei uns die Warenpreise um das Fünffache stiegen. Viele Versorgungsgüter wurden knapp, große Teile der Bevölkerung gerieten in eine Notlage. Die Situation war vergleichbar mit einem See, dem sein einziger Zufluss versickert ist. Eine reiche »West-Mongolei«, die uns unterstützend zu Hilfe gekommen wäre, gab es nicht. Wir waren nicht die DDR mit ihren Brüdern und Schwestern im Westen.

Kredite, Preiserhöhung, Bezugsmarken

Am 10. September 1990, nach der ersten demokratischen Wahl, wurde D. Byambasuren zum letzten Ministerpräsidenten der Mongolischen Volksrepublik gewählt. Er blieb zwei Jahre im Amt. Das Volk hoffte noch, dass seine Regierung Glasnost und Perestroika als Erneuerer vollenden könnte. Doch die Regierungsmitglieder waren nichts anderes als alte

Gemeinsam mit Parlamentsmitgliedern habe ich eine Nacht unsere Grenze geschützt, 2018

Kommunisten, die sich nun vom Saulus zum Paulus wandeln sollten. Byambasuren konfrontierte sie mit der historischen Aufgabe, eine Koalitionsregierung aus vielen Parteien zu bilden. Seine Regierung pflegte dann vor allem die auswärtigen Beziehungen, insbesondere mit Japan. Dank dieser Zusammenarbeit wurden insgesamt 320 Millionen Dollar an nicht zurückzahlbarer Hilfe von der Weltbank in die Mongolei gebracht.

Es war ein Ausweg aus der langjährigen Abhängigkeit von sowjetischer Hilfe, den D. Byambasuren damals mitgestaltet hat, auch wenn dadurch möglicherweise neue Abhängigkeiten geschaffen wurden. In einem langen Gespräch beschrieb mir Byambasuren die damalige Situation lebhaft:

»Die derzeitige Realität ist wirklich zu bedauern, denn sie ist immer noch geprägt von den ›wilden‹ Bedingungen der Anfangsjahre mongolischer Demokratie. Der Kredit, den die Mongolische Volksrepublik für ihren sozialistischen Aufbau benötigt hatte, war 1,3-mal so hoch wie der Exportwert. Das sogenannte Nehmen, also der Kredit, blieb auf einmal aus. Wie konnten die wirtschaftlichen Bereiche das überstehen? Die politische Lage änderte sich, als die Wirtschaft krachend zusammenstürzte.

Die Strukturen unserer mongolischen Wirtschaft sind äußerst speziell. So schnell sollte es daher nicht zu einem Lebensmittelmangel kommen. Wir hatten genug Kohle, um die Kraftwerke weiterhin am Laufen zu halten, deshalb konnte die Energieversorgung vorerst aufrechterhalten werden. Exporte, wie die aus der Kupfer-Molybdän-Mine in Erdenet sowie aus anderen Bergbaubereichen, funktionierten weiterhin. Und das waren nicht wenige. Laut einer Rechnung sollte der Endbetrag nicht gerade auf Null hinauslaufen. 30 Prozent Inflationsrate war meine Prognose für die Ökonomie. In dieser Lage schritten die Mongolen in die freiheitliche demokratische Gesellschaft. Dadurch konnte die Mongolei die Unterstützung der globalen Gemeinschaft erwarten. Ich besuchte am 1. Mai 1990 den Sitz des IWF. Ich war der erste Mongole, der diese Organisation besuchte. Sehr amüsante Gespräche folgten. Ein kleiner älterer Mann, der Vizepräsident des IWF, sprach mich direkt an: ›Wenn Ihr Land mit dem IWF zusammenarbeiten will, sollte es sich zunächst von den

Ulaanbaatar heute

kommunistischen Ländern verabschieden und Kontakt zu Ländern wie USA, Japan, England und Frankreich aufnehmen.‹ Ich antwortete ihm, dass er wohl nur sehr magere Informationen über die Mongolei habe. Und ich glaube, dass ich nur diesen einen Satz gesagt habe, bevor ich den Raum verließ. Tatsächlich hatten wir keinen weiteren Gesprächsaustausch. Drei Tage später, am Vorabend meines Rückfluges in die Mongolei, waren wir zu einem Empfang eingeladen, bei dem sich der Präsident des IWF bei mir entschuldigte: ›Wir wussten nicht, dass die Mongolei im Umbruch von Glasnost und Perestroika ist. Selbst unser Direktor hat die Ereignisse nicht vollständig verstanden. Wir sind bereit, euch zu helfen.‹ Am 5. Mai trafen wir uns mit den Mitarbeitern des IWF, und sie sagten uns höflich, dass wir einen Antrag stellen sollten. Wenn sie sich für eine Unterstützung entschieden haben, sollten wir sofort davon erfahren. Mit diesen bekräftigenden und zuversichtlich stimmenden Worten flogen wir in die Heimat zurück.

Im Oktober 1990 stellten wir dann unseren Antrag, und am 13. Februar 1991 wurden wir mit Unterstützung der Weltbank Mitglied des IWF. Wortreich und enthusiastisch gratulierten uns diese Organisationen zu dem erfolgreichen gesellschaftlichen Umbruch in der Mongolei, wo damals gerade der Festtag des Weißen Mondes gefeiert wurde. Als Gegenleistung sollten wir uns von Weltbank und IWF abhängig machen und die Hände in den Schoß legen.

Mitte Juni 1991 besuchte ich wieder die USA und hielt mich auf dem Rückweg in New York auf, wo ich einer Sitzung mit dem UN-Entwicklungsprogramm-Chef Willam Henry Draper III beiwohnte. Es ging um die Konstituierung der Ländergruppe, welche die Mongolei unterstützten sollte. Wir hatten an 24 Länder Einladungen geschrieben, und 12 davon nahmen teil. Unsere zwei Nachbarländer konnten laut ihrer jeweiligen Rückmeldung nicht teilnehmen, da sie nur in ›souveränen Beziehungen verhandeln‹ wollten. Die übrigen 12 Länder organisierten gemeinsam einen Ausschuss, den wir ›unsere Geberländer‹ nannten. Sie hielten ihre Versprechen und unterstützten die Mongolei gut. Die Geschäftsführug übernahm Japan. Der japanische Ex-Ministerpräsident Taipu stattete der Mongolei einen Staatsbesuch ab und schenkte uns 15 Millionen US-Dollar als nicht zurückzuzahlende Hilfe wie auch einen Kredit zu vergünstigten Konditionen. Das war unser erster großer Schritt, um die wirtschaftliche Krise zu überwinden. Die Geberländer unterstützten uns fast zehn Jahre lang mit ihren nicht rückzahlbaren Darlehen. Der gesamte Kredit belief sich auf insgesamt 2 Milliarden US-Dollar. Dank dieser Hilfe konnte die Mongolei ihre Umbruchzeit beenden.«

Natürlich wollte ich von D. Byambasuren wissen, ob und wie unser Land seine Wirtschaftsreform nach den Vorschriften des IWF und der Weltbank entwickelt und umgesetzt hat. Er antwortete mir offenherzig:

»Es gab zwei Überlegungen. Eine Überlegung war, wie von der MRVP-Führung vorgeschlagen, erst eine politische und anschließend die wirtschaftliche Reform durchzuführen. Der andere Ansatz war, die politische und die wirtschaftliche Reform gleichzeitig in Angriff zu nehmen. Unsere Regierung war der Meinung, dass das System von Politik und Wirtschaft erneut aus der Balance geraten könnte, wenn die politische Reform getrennt von der wirtschaftlichen durchgesetzt würde. Demzufolge entschieden wir, beide Bereiche auf einmal und gleichzeitig zu erneuern. Bei diesem Vorhaben durfte man nicht von einem Extrem ins andere fallen, wie uns beispielsweise der amerikanische Wirtschaftsfachmann Sachs und andere Experten anheim stellten, als sie uns vorschlugen, sofort den Devisenhandel einzuführen. Der gesellschaftliche Umbruch machte den Mongolen sowieso schon zu schaffen, in ihrem Alltagsleben war marktwirtschaftliches Verhalten bis dahin nicht sehr ausgeprägt. Wenn man noch die neue Wirtschaftspolitik mit der Brechstange duchgesetzt hätte, wäre das Volk in eine tiefe Krise gestürzt.

Das mussten wir bei den Schwerpunkten unsererer Regierungspolitik berücksichtigen, und das wurde auch so von IWF und der Weltbank akzeptiert, angenommen und unterstützt. Die Mongolei wurde von keinem anderen Land bevormundet, aber natürlich mussten wir verschieden Auflagen erfüllen, die wir auch in unserem Wirtschaftskonzept berücksichtigten. Dazu gehörte der Verzicht auf die Planwirtschaft und das staatliche Außenhandelsmonopol, wie wir uns auch von der zentral-staatlichen Versorgung oder Zwangsexporten verabschieden mussten. Der nächste Schritt war die Aufhebung der Preisbindung: Am 16. Januar 1991 wurde die Preiserhöhung für Luxusgüter auf nicht mehr als 50 Prozent des Ausgangspreises festgelegt, die Güter für den täglichen Bedarf wurden von der bisherigen Preisbindung befreit, wobei zunächst noch ein Bezugsmarkensystem den grundlegenden Verbrauch rationierte.

Die Weltbank und der IWF unterstützten diese Entwicklungen, es war nicht zum Schaden der mongolischen Gesellschaft. Uns war klar, dass andere Staaten und Organisationen nicht in unser Land hineinregieren können, wenn die Regierung ein vollständiges und schlüssiges Konzept vorlegen kann. Doch nach den Geschehnissen von 2000 hatte die mongolische Regierung weder ein schlüssiges Konzept noch betrieb sie eine durchdachte Politik. Zunehmend manövrierte sie sich in die eigene Unfähigkeit zu arbeiten. Ich denke, dass so eine Einschränkung und eine Bevormundung von anderen ermöglicht wurde.«

Da ich mich in der mongolischen Politik und Wirtschaft doch etwas auskenne, fragte ich Byambasuren, ob er diese radikalen Reformen wie die Umstellung der Industrieproduktion oder die Einschränkungen im Handel im Nachhinein nicht doch als Fehler betrachte. Ich befürchtete schon, dass ihm meine Frage etwas respektlos erscheinen könne, doch der ehemalige Ministerpräsident lächelte bei seiner Antwort:

»Von außen kann man die Dinge sehr schnell und einfach betrachten, aber wenn man selbst vor der Situation steht und gut über die Umstände Bescheid weiß, ist es sehr viel schwieriger richtig auszuwerten, zu argumentieren und zu beurteilen. Der Grund für den definitiven Untergang der Industriekombinate war, dass die Produkte der Leichtindustrie auf einmal keine Vermarktungschancen mehr im In- und Ausland hatten. 95 Prozent der Produkte konnte die Mongolei bis zur Umbruchzeit in die sozialistischen Länder exportieren. Während des Umbruchs und danach wollten diese keine Produkte mehr haben. Manche Länder überlegten sogar, ihre Botschaften abzuziehen. So hatte der Kreml per Dekret verboten, mongolische Waren in Russland einzuführen. Wir konnten unsere Produkte nicht mehr vermarkten, Textil-, Lederverarbeitungs- und Schuhfabriken mussten ihre Produktion stilllegen. Andererseits konnte die Mongolei vorher ihre Industrieproduktion nur durch die Lieferung von Rohstoffen und Materialien aus den RGW-Ländern gewährleisten. So wurden zum Beispiel Textilfäden aus den osteuropäischen Ländern in die Mongolei geliefert. Durch die Krise und den allseitigen Bruch historisch gewachsener Wirtschaftsbeziehungen konnten unsere Handelspartner ihre Materialien nicht mehr exportieren, was auch für uns ein schwerer Schlag war. Damals hatte die Mongolei nur eine Zentralbank, aber die ausländischen Geschäfts- und Girobanken wollten nicht mit dieser Bank zusammenarbeiten. Das war ein weiterer schwerer Schlag für uns.«

So nüchtern beschrieb Byambasuren die damalige Situation.

Weideland der Korruption

In der Umbruchszeit kamen viele jüngere Menschen in Führungspositionen und damit zu Macht und Einfluss. Ihr Wille zu schnellen Veränderungen stand freilich im krassen Gegensatz zu den dürftigen Erfahrungen und dem mangelnden Wissen, mit dem das Land nun eher schlecht als recht regiert wurde. Sie kannten nur zwei Hauptziele: Abschaffung der Planwirtschaft und Absetzung der Politbüromitglieder. Leider fehlten diesem jungen Führungspersonal sowohl die Fähigkeiten und Fertigkeiten als auch die Führungserfahrung, um die Zukunft des Landes zu planen und zu gestalten. Sie witterten den süßen Köder und rannten in die Falle. Gelenkt von einer »unsichtbaren Hand«, die nun nicht mehr im Kreml saß, sondern in der Wall Street. Die Mongolen wurden mit einem »Häppchen Demokratie« abgespeist.

Nur einen Monat nach den ersten demokratischen Wahlen besuchte der Außenminister der USA, James Addison Baker (1982–1992), die Mongolei. Baker schmierte uns Honig ums Maul und erklärte, die Mongolei sei »eine Oase der Demokratie« und das erste kommunistische Land Asiens, welches die Demokratie gewählt hatte. Nach seinem Mongolei-Besuch floss plötzlich Geld aus dem Entwicklungsprogramm der UNO, von verschiedenen internationalen Organisationen. Großzügig zeigten sich auch Stiftungen und andere Geldgeber, frei nach dem Motto: »Für die Unterstützung der mongolischen Demokratie!« Aber das war nur eine Hintertür zur Finanzierung politischer Parteien. Außerdem wurde der Mongolei nahegelegt, Hilfe von der Asiatischen Entwicklungsbank und der Weltbank anzunehmen. So wurde die Mongolei auch deren Mitglied. Waren diese Organisationen barmherzige Samariter oder streckten sie ihre Hände nach den Reichtümern der Mongolei aus?

Die Beraterteams des IWF, der Weltbank und der Asiatischen Entwicklungsbank strömten in Scharen nach Ulaanbaatar, untersuchten das »Land mit der Planwirtschaft« und fingen an Rezepte zu verschreiben »zur Belebung der Ökonomie«. Ihr Heilungsplan war simpel: das prompte Entfernen der zentralen Planwirtschaft, die rasche Privatisierung des Staatseigentums und -vermögens, die Erneuerung des staatlichen Bankensystems und die Aufhebung der Preisbindung. Bei der Einführung der Marktwirtschaft duldete man keine Verzögerung. Die mongolische Währung wurde abgewertet, um die eigenen Produkte auf dem Weltmarkt konkurrenzfähig zu machen. Ausgaben für Sozialfürsorge, Bildung und Gesundheit mussten eingeschränkt werden.

Natürlich hätte man die abrupte Auflösung der alten Handelsbeziehungen vermeiden oder zumindest langsam gestalten können, doch sie wurden wie in Blitzkriegstempo gekappt. Dadurch wurden die Industriekombinate vollkommen zerstört, die von unseren Vätern, Müttern, den Großmüttern und Großvätern aufgebaut worden waren. Natürlich gab es die Möglichkeit, die Umstrukturierungen zumindest ansatzweise im Voraus zu planen, doch dazu fehlte der politische Wille. Aber wie der Spruch »Eins nach dem anderen« besagt, muss man erst einen Plan haben, um gute Ergebnisse erzielen zu können. Dafür fehlte uns Mongolen schlicht die Zeit. Stattdessen kamen ausländische Fachleute ins Land, die jedoch kaum etwas oder gar nichts über die Geschichte und gesellschaftliche Entwicklung der Mongolei wussten. Eifrig verschrieben sie Medikamente, an deren Heilkraft die meisten Mongolen blind glaubten. Bis heute müssen die Mongolen mit den schlimmen Nebenwirkungen dieser Medizin leben.

Viele aus der neuen Elite erinnern mich irgendwie an die alten Führungskader der Partei, an die roten Revolutionäre, wie sie sich selbst bezeichneten. Beseelt vom Geist der russischen Oktoberrevolution, wollten sie eine gerechte klassenlose Gesellschaft aufbauen, frei von Ausbeutern. Aber sie kopierten einfach das sowjetische Modell oder ließen es sich

Kamelreiten mit meiner Frau S. Baasankhuu, Mittelgobi Aimak, 2011

aufzwingen. Etwa in der Landwirtschaft, wo Lenins Bodenreform in der Zwangskollektivierung aller Bauern mündete und Kolchosen gegründet wurden. Die Mongolen imitierten das sowjetische Vorbild, nannten es freilich nicht »Kolchos«, sondern »Landwirtschaftliche Vereinigung«. Widerspruch oder gar Widerstand wurde nicht geduldet, wer sich gegen die Generallinie der Partei stellte, galt schnell als »Abweichler« oder »Konterrevolutionär«.

Diese »roten-Revolutionäre« sind Anfang der 1990er Jahre zurückgekehrt. Allerdings haben sie Farbe und Tracht gewechselt, ihr äußeres Kennzeichen sind heute schwarze oder dunkelblaue Nadelstreifenanzüge. Ihre Weltsicht ist schlicht: Was gestern als richtig galt, gilt heute als falsch. Also mussten »die Bullen aller Kolchosen« privatisiert und das kollektive Vermögen des Landes sowie das Gemeineigentum weggeräumt werden.

Die neuen Erben Dschingis Khans ritten, bildlich gesprochen, jauchzend und jubelnd in einen Eroberungskrieg. Und wieder benutzen sie nicht ihren eigenen Kopf, äffen und plappern nur nach, was aus dem

Ausland und vor allem aus dem Amerikanischen kommt. Aber die Bevölkerung muss unter der aus Amerika oder irgendwoher anders mitgebrachten Mitgift leiden. Wie ein Magenkranker kann die Mongolei diese Kost nur schwer verdauen.

Unter den Schlag- und Zauberworten »Umstrukturierung«, »Deregulierung« und »Liberalisierung« privatisierte der Staat die Industriekombinate und landwirtschaftlichen Produktionsgenossenschaften. Dafür wurden sogenannte Blau- und Lila-Aktien ausgegeben, also große und kleine Aktien. Hurtig verteilte der mongolische Staat seine Blau- und Lila-Aktien an »vorbildliche Arbeiter«, »verdienstvolle Funktionäre« oder »tugendhafte Geschäftsleute«. Alles, was die Mongolen in den letzten 70 Jahren aufgebaut hatten, wurde verkauft und verteilt. Als auch die Luftfahrtgesellschaft MIAT, die Eisenbahn, Kaschmirfabriken und die Bergbaumine Erdenet verscherbelt werden sollten, machte sich Unmut in der Bevölkerung breit, besonders unter MVRP-Mitglieder und Intellektuellen. Die Proteste waren dann so lautstark, dass man von den Privatisierungsplänen Abstand nahm und die genannten Unternehmen im Staatsbesitz beließ.

Von Aktien und dem Börsenmarkt hatte nicht nur die einfache Bevölkerung, sondern auch die neo-kapitalistische Elite keine Ahnung. So verschwanden, wie von Zauberhand, die Aktienpapiere in den Besitz einiger weniger Privilegierter. Und keiner weiß, wieviele davon sich in ausländischem Besitz befinden. Das ist die bittere Wahrheit.

Betriebe, deren Hauptprodukt Konsumgüter und Bedarfsartikel für die Bevölkerung waren, sollten über Nacht in die Marktwirtschaft transformiert werden. An dieser Aufgabe zerbrachen die meisten, sie verloren ihre Leistungsfähigkeit und waren nach kurzer Zeit gezwungen, ihre Tore dauerhaft zu schließen. Die Folge war eine neue Welle der Arbeitslosigkeit, von der nun auch die gut ausgebildete Arbeiterklasse betroffen war. Viele Menschen, die vorher sinnvolle Arbeit hatten, saßen plötzlich auf der Straße.

Unverblümt muss ich konstatieren, dass die Mongolei seit Einführung der »friedlichen Demokratie« wieder von einer »unsichtbaren Hand« gelenkt wird. Die Mongolei tanzt nach der Musik dieser »unsichtbaren Hand« und lässt sich noch heute von ihrer Kralle ausquetschen.

Ich werde dabei den Gedanken nicht los, dass die lieblichen Töne dieser Musik nur zur Tarnung dienen: Wenn die Regisseure im Hintergrund oder die gebetenen und ungebetenen Berater von Freiheit sprechen, meinen sie Freiheit für den Waren- und Kapitalverkehr; reden sie von Menschenrechten, meinen sie Schürfrechte.

Ähnliche Gedanken äußert auch Erik Steenfeldt Reiner, ein norwegischer Wirtschaftswissenschaftler, in seinem Buch »Warum manche Länder reich und andere arm sind: Wie der Westen seine Geschichte ignoriert und deshalb seine Wirtschaftsmacht verliert«.

Seiner Meinung nach war die Mongolei Testfeld oder Auslöser für eine Art Morgenthau-Plan nach dem Kalten Krieg. Ein Plan, den die US-Amerikaner einst vor Ende des Zweiten Weltkriegs für die deutsche Nachkriegsordnung ausgebarbeitet hatten, dann aber fallen ließen, und der die Deindustrialisierung Deutschlands vorsah und seine Umwandlung in ein Land vornehmlich für Ackerbau und Viehzucht, also in einen Kartoffelacker. Ein solcher Plan beeinflusste die Vernichtung der mongolischen Betriebe sehr stark. Ein halbes Jahrhundert hatten die Mongolen für den Aufbau ihrer Industriekombinate gebraucht. Abbau und Vernichtungen dauerten von 1991 bis 1995, also kaum vier Jahre.

Erik S. Reiner schreibt: »Nach dem Fall der Berliner Mauer stieg die Mongolei schnell zum ›Musterschüler‹ des alten kommunistischen Systems auf. Das Land öffnete seine Wirtschaft nahezu über Nacht für den freien globalen Handel und hielt sich gewissenhaft and die Empfehlungen der Weltbank und des IWF, den Staat auf ein Minimum zurückzufahren. Und die Lenkung dem Markt zu überlassen.«

Reinerts Analysen sind in ihrer traurigen Treffsicherheit leider nicht von der Hand zu weisen, wenn er beschreibt, wie die Vertreter der Finanzinstitutionen in der Mongolei agierten: »Die Konferenz in Ulaanbaatar nahm für mich daher zunehmend surrealistische Züge an. Die hochdekorierten Berater der Weltbank hatten Dokumente bei sich, die nur wenig mit der Realität der Mongolei zu tun hatten.«

Die Entwürfe zur Gesundung der mongolischen Wirtschaft waren nicht für das Land maßgeschneidert, sondern es handelte sich um einen genormten Schnittmusterbogen für alle Entwicklungsländer. Auf noch nicht einmal halbwegs gesicherter Basis wurde eine »Goldene Mitte« zur Leitlinie des Handelns erklärt. Reinert führt weiter aus: »Von meinen westlichen Ökonomiekollegen, die der Bank näher stehen, habe ich später erfahren, dass dies so üblich ist. Es gibt eine Standardpräsentation für alle armen Länder, da werden kaum Unterschiede gemacht, mit Ausnahme des Ländernamens. Probleme gibt es höchstens, wenn man die Suchen-und-Ersetzen-Funktion des Programms nicht ordnungsgemäß nutzt. Da kann es dann plötzlich passieren, dass irgendwo im wirtschaftlichen Langzeitprogramm für die Mongolei dann das Wort ›Ecuador‹ vorkommt.«

Solche äußerst kompetenten Berater einer namhaften internationalen Organisation ließen ein Schriftstück zur Erneuerung der mongolischen Wirtschaft anfertigen – und sorgten damit für wilde Gerüchte im Bankensystem: Die kleinen Banken wurden von der Landesbank für selbstständig erklärt, aber sie mussten im Voraus ihre Bereitschaft zum Einsatz von Wagniskapital erklären und ein entsprechendes Geschäft getätigt haben. Die Banken arbeiteten brav nach Vorschrift der Regierung und zahlten viele Kredite an ihnen nahe stehende Kunden aus. Damit häuften viele Banken Schulden an. Die Folge: Die Regierung musste 1994 zwei Banken, die nun ein Risiko darstellten, mit einer großen Bank fusionieren, es gab keine andere Rettung. Die in Panik geratenen Kunden hoben ihr auf den Sparkonten liegendes Geld ab, was die Bankenkrise nochmals beschleunigte.

Parallel vollzog sich ein rasanter Währungsverfall. Durch die Aufhebung der Preisbindung kletterten die Preise heftig in die Höhe und die Produktivität fiel ab. Die Inflation im Jahr 1992 lag bei 183 Prozent und stieg himmelwärts an – nach einem Jahr bis auf 325 Prozent. Die Preise kannten nun kein Halten mehr, Betriebe ohne staatliche Subventionen wiesen keine Produktivität mehr auf, die Arbeitslosenzahlen stiegen rapide an. Auf der Theke eines Lebensmittelladens gab es außer Natursalz keine weiteren Produkte. Die Produktion stand still, den Menschen wurden die Güter des täglichen Bedarfs mit Bezugsmarken zugeteilt. Viele, die keine Arbeit hatten, reisten nach Russland oder in die Volksrepublik China. Dort begannen sie mit dem »Sattelschnurhandel«, eine

Art Kleinhökerei, bei der billigste Waren ein- und in der Mongolei weiterverkauft wurden. Während dieser Zeit war das Importvolumen der Mongolei zweimal größer als der Export. Bankzinsen erreichten aufgrund der Inflation rund 35 Prozent. Die Heiltherapie der »unsichtbaren Hand« versagte bei dieser »Krankheit«. Die Quacksalberei entsprach eher einem »Verschlimmbessern«.

Wie ein Schneesturm, dessen Wirbel immer tiefere und breitere Lebensfelder verwüstete, wuchs die Arbeitslosigkeit. Menschen in Not klammerten sich zuerst an den bewährten Lebenszweig der Viehwirtschaft. Doch die Kostenerhöhungen, die durch die Privatisierung keine faire Verteilung von Besitz und Vermögen ermöglichten, steigerten die Ungleichheit der wirtschaftlichen Verhältnisse und schickten die Mongolei in einen brutalen Kapitalismus. Demzufolge verloren viele Menschen ihr altes Wertesystem. Ohne wirtschaftlichen und sozialen Halt gingen auch Moral, ethische Gesinnung, Haltung, Handlungsregeln, Anstand, Sittlichkeit, Taktgefühl oder Höflichkeit über Bord. Korruption und Bestechung verbreiteten und verfestigten sich. Die Kontrollen und Prüfungen der Regierung waren und sind schwach. Amtsmitarbeiter, Angestellte und Beamte verdienten und verdienen nicht gerade üppig, wodurch sie für Bestechlichkeit empfänglich sind und auch bestochen werden wollen. Die Bestechlichkeit fing mit einer Flasche Wodka der Marke »Arkhi« an, später wurden daraus größere Geschenke. Gegenwärtig sind es vor allem hohe Geldbeträge. Das Weideland der Korruption ist wahrlich sehr groß geworden.

Behinderte Demokratie

An Helfern, die der kranken Mongolei wieder auf die Beine helfen wollten, sicher oft mit besten Absichten, mangelte es nicht. Dazu gehörten neben dem IWF, der Weltbank, der Asiatischen Entwicklungsbank und anderen Finanzinstituten das amerikanische International Republican Institute (IRI) und andere.

Aber je mehr Geldgeber die Mongolei unterstützten, desto aggressiver und tiefer wurde die politische Krise. Auch die Schuldenliste wurde immer länger. Die Konzepte ausländischer Berater entsprachen und entsprechen nicht der mongolischen Praxis und den Besonderheiten ihrer Ökologie, Politik, Wirtschaft und gesellschaftlichen Mentalität. Trotz allem stoppten die ausländischen Institutionen keinesfalls ihre Heilstherapie. Die vielgerühmte Strukturanpassung entpuppte sich als Diktatur der Schulden. Die Verzweiflung wuchs und wächst nach wie vor, je wankelmütiger die Wirtschaft wurde und bleibt, desto mehr steigt die Abhängigkeit der Mongolei von fremder Hilfe und den Krediten des Auslands.

Ich bezweifle, dass mit dieser Behandlungsmethode irgendein Land wirklich wieder auf die Beine gestellt wurde. Denn die Therapie zur angeblichen Gesundung beruhte und beruht im Wesentlichen auf einer neoliberalen Schockstrategie. Die bekannte kanadische Globalisierungskritikerin Naomi Klein hat das in ihrem Buch »Die Schockstrategie. Der Aufstieg des Katastrophenkapitalismus« furios beschrieben:

Internationale Konzerne und Großbanken bevorzugen das Chaos einer Übergangsgesellschaft und agieren blitzschnell, um den Wandel im eigenen Interesse durchzusetzen. Auch die Börsen lieben die überhitzten, sehr künstlichen Momente, die die Aktienkurse in die Höhe schießen lassen. Der Staat wird als Beute betrachtet, man orientiert sich am Modell des profitorientierten Regierens, das Ziel ist die Privatisierung der Regierung. Der Transfer von Reichtum ist umso profitabler, je schneller und gesetzloser er vollzogen wird. Oder besser noch: Um den Anschein von Legalität zu wahren, schreibt man die Gesetze gleich selbst. So werden Privilegien verrechtlicht. Und propagandistisch wird die Mär vom Trickle-down-Effekt verkündet, eine Theorie, wonach Gewinne und Wirtschaftswachstum von oben nach unten sickern und jeder etwas davon hat. Als ob man einem Pferd bloß Hafer zum Fressen geben müsste, dann hätten am Ende auch die Spatzen was von den Pferdeäpfeln. Die Mongolei galt bislang als bedingungslose Ja-Sagerin gegenüber den Helfern und Therapeuten. Warum und unter welchen Bedingungen steht mein Land in dieser merkwürdigen, kulissenhaften Krise mit einer brüchigen und gebrechlichen Gesellschaft und Wirtschaft?

Es entsprach wohl einer Wunschvorstellung, dass der Geldzufluss aus Geberländern und von Hilfsorganisationen mit dem Titel

»Unterstützung der Haushalte« als Hilfeleistung großzügig von der Regierung ausgezahlt werden sollte. Eher schien es, dass die Regierung diese Gelder selbst anstelle der Steuereinnahmen kassiert hat: Geldzufluss als willkommene Ergänzung zum Staatshaushalt.

In den Jahren 1991 bis 2017 unterstützten uns die Geberländer mit vielen Millionen US-Dollar. Deswegen wurde die »unsichtbare Hand« immer stärker. Ihre Kraft nahm auch zu, weil es nicht in der Natur der mongolischen Gesellschaft liegt, schnell entschiedene Maßnahmen zu treffen. Lieber ordnete man sich der kapitalistischen Freiheit ohne Regierungskontrolle und -koordination unter. Das »Land ohne Grenzen« geriet in der Grenzenlosigkeit des »wilden Kapitalismus« leider doch an ganz andere Grenzen, die bis heute die wahre Gesundung zu einer starken Mongolei behindern.

Wenn ein Land und dessen Staat eine gut durchdachte Regierungspolitik vorweisen kann, können Hilfe und Unterstützung mit Krediten gute Ergebnisse erbringen. Wo aber die Regierung korrupt ist, herrscht eine schlechte Staatlichkeit, und jede noch so gut gemeinte Gabe versickert und versandet im Getriebe des korrupten Machtgefüges. Die allseitige Unterstützung durch den Geldzufluss von außen wurde wegen der korrupten Regierung in der mongolischen Gegenwart eher zu einer langfristigen Last anstatt zu einer kurzfristigen Entwicklungshilfe.

Einige Beobachter aus dem Westen machten aus ihrer Verwunderung über die mongolische Gesellschaft keinen Hehl. Denn je tiefer die Wirtschaft der Mongolei unterging, desto freier gab sich das politische System des Landes. Der Umbruch der Mongolei führte zu einer Kopie der amerikanischen Demokratie, allerdings einer schlechten. Diese schlechte Kopie mutierte zu einer »behinderten Demokratie«, in der praktisch kein Verursacher der gekenterten Wirtschaft des Landes ausfindig gemacht werden konnte. Im Ergebnis kann das Land nicht vernünftig regiert werden.

Der amerikanische Historiker Morris Rossabi befasste sich in seinem Buch »Modern Mongolia. From Khans to Commissars to Capitalists« (Von den mongolischen Khanen über Kommissare zu Kapitalisten) mit D. Ganbold, dem Parteivorsitzenden der Mongolischen National-Demokratischen Partei (MNDP), der in einer Rede zugegeben hatte: »Anhaltende Unterstützung durch das International Republican Institute

(IRI) wird es uns ermöglichen, die Kontrolle über das Parlament in den Wahlen von 1996 zu gewinnen.« Außerdem zitierte Rossabi aus einer offenherzigen Rede von Ts. Elbegdordsh, dem Vorsitzenden der Koalierten Demokratischen Partei: »Der Sieg ist ebenso sehr der Sieg des IRI wie es unser Sieg ist.« Die Berater des Westens erweiterten ihren Einfluss durch ihre Betätigung in der Politik. Vertreter des IWF waren für den Ministerpräsidenten als Berater für die westliche Wirtschaft tätig. Der Ministerpräsident hatte sein Büro im Regierungshaus, in dem sich das mongolische Parlament versammelt. Ebenso wie das große amerikanische Vorbild, deren Regierungsvertreter sich im amerikanischen Senat aufhalten. Solche Eingeständnisse der regierenden Elite kommen selten vor, und umso berechtigter ist Rossabis Kritik an der zu engen Verflechtung von Politik und Wirtschaft mit ausländischen Beratungsprofis.

Die Gestaltung der Zukunft der Mongolen kann nicht länger aufgeschoben werden. Dazu muss der Staat nach einem durchdachten und einheitlichen Regierungsprogramm arbeiten, in dem ein zweckgebundenes Konzept für eine starke Wirtschaft im Vordergrund steht. Diese Ziele sollten im absoluten Zentrum der Politik des mongolischen Staates stehen. Ein gutes Regierungsprogramm muss an seinen Grundpfeilern ununterbrochen festhalten, unabhängig von wechselnden Koalitionen. Eine unabhängige Justiz sowie eine kompetente und pflichtbewusste Führung sind Garanten für »gutes Regieren« im Interesse von Freiheit und Gleichheit. Und sie sind auch die Voraussetzung dafür, dass sich dieses pflichtbewusste Leben in der gesamten Bevölkerung ausbreitet.

Das Jahr des Weißen Pferdes

Die Mongolen können stolz auf eine fast 2000 Jahre alte Staatsgeschichte zurückblicken, aber nicht nur in patriotischer Selbstreflexion: Die mongolische Staatsgeschichte ist auch ein unabdingbares Erbe der gesamten Menschheit. Aber anstelle sich mit der Aufwertung der alten Staatlichkeit der Mongolei zu beschäftigen, konzentrieren sich die Berufspolitiker wie der gegenwärtige Staatspräsident, der Ministerpräsident und andere Minister auf die Einkünfte aus eigener Korruption, auf ihre Sucht und ihre Gier, ganz nach dem Beispiel listiger und gewinnsüchtiger Menschen aus anderen Weltteilen.

Können die Mongolen heute auch über Erfolge eigenen Wirtschaftens berichten? Gewiss, man braucht bloß die Fleißarbeiter in der Landwirtschaft und in den Kleinunternehmen befragen, oder die Gewerbetreibenden und »Sattelschnurhändler«. Auf ihren Fleiß und die wirtschaftlichen Errungenschaften stützt sich die heutige Mongolei. Unser ungebrochenes mongolisches Rückgrat gegenüber dem Schweren lässt uns mit unbeugsamem Mut jede Härte überwinden.

»Schutzgeist des Staates, sei uns gnädig!«, so legten unsere Vorfahren die pure Verehrung ihres Landes in ein alltägliches Stoßgebet. Diese verehrende Anerkennung soll uns garantieren, dass die Nachkommen, die in unserem Staat aufwachsen und ihn besiedeln, klug und weise sein werden. Der Staat soll Ohr und Auge des Volkes und sein souveränes Rückgrat sein.

Ich denke, das sind alles mongolische Weisheiten, deren Gehalt zeitlos ist. Daher sollte sich der Staat immer weiter entwickeln und immerwährend an sich wachsen. Berechtigte Interessen von Fremden sollte der Staat in das Konzept seiner Politik aufnehmen, aber darauf achten, dass die »unsichtbare Hand« nicht so viel Macht erhält. Man darf nicht glauben, dass Entwicklungshilfe und Kredite auf Dauer einen besonderen Wert für die ganze Entwicklung der Gesellschaft garantieren. Natürlich kann man darauf basierend einen Anfang für den Ausbau materieller und immaterieller Kulturgüter schaffen, wie zum Beispiel der Bildung, der Persönlichkeitsentwicklung und so weiter. Eigentlicher Reichtum fängt klein an, aber die Mongolei müsste konsequent an der Schaffung substantiell nachhaltigen Reichtums arbeiten. Ein Land, das kulturellen Reichtum aufbaut, erklimmt den »Entwicklungspass« keinesfalls mit der Schrittgeschwindigkeit einer Schildkröte. Heute sitzt die Mongolei in einer Falle von anderen, in die sie leider selbst hineingetappt ist. Da hilft der Mongolei kein Strampeln oder Zappeln mehr. Es ist ein echter Denkzettel – und wir sind alle aufgerufen, die Lehren daraus zu ziehen.

Laut mongolischem Kalender war 1990 das »Jahr des Weißen Pferdes«. Es bescherte der Mongolei eine demokratische Revolution. Seitdem sind 30 Jahre vergangen.

Heiliger Berg Otgon Tenger Khairkhan, Otgon sum, Zavkhan Aimak, 2007

Rückblickend wird der beschwerliche Weg, den man beschritten hat, von einem selbst meist als leichter betrachtet und bewertet, aber die Zeit wird die Vergangenheit nicht zurückbringen. Unser mongolisches Alltagsleben von heute ist der Spiegel unserer Vergangenheit. Was kann man in dem Spiegel lesen, und gibt es da noch etwas?

Laut der Verfassung der Mongolei von 1992 ist eine »demokratische und humane Gesellschaft«, eine, die das Menschenwohl als Ziel hat. Haben sich die heutigen Mongolen die Arbeitslosenzahlen, die Armut und Enttäuschung der Gesellschaft angesehen? An ihrem Spiegelbild hat sich so gut wie nichts geändert. Armut und Arbeitslosenzahlen und die daraus entstandene Wut der Gesellschaft sind genauso wie vor 28 Jahren. Das bislang gewünschte Gesellschaftsbild einer »demokratischen und humanen Gesellschaft« ist nur noch als ein Schatten auf dem historischen Spiegel zu erkennen. Rund drei Millionen Einwohnern der Mongolei ist der Nährboden für ein menschenwürdiges Leben entzogen. Geraubt von etablierten »Demokraten« durch die Einführung eines Mehrparteiensystems mit Hilfe verschiedener Theorien, Methoden, Modelle und Gelder. Es profitieren diejenigen, die auch früher schon profitiert haben. Da diese rund drei Millionen Mongolen weit verstreut sind und das kleine Volk so zerstritten ist, müssen die Menschen die ursprünglichen Maschen ihres gemeinschaftlichen Netzes erst wieder mühevoll zusammenziehen.

Ein Großteil des Volkes ist unzufrieden mit der Regierungspolitik, Wut staut sich auf, Meinungsverschiedenheiten werden immer lauter geäußert. Aber nur sehr wenige Menschen bilden einen festen Kreis, um sich bewusst gegen den Amtsmissbrauch und Korruption aufzulehnen oder um sich gegen beschränkte und bornierte Ansichten zur Wehr zu setzen.

Ein anderer kleiner Kreis von Personen hat sich das meiste Eigentum der »verloren gegangenen Gesellschaft« durch die sogenannte Privatisierung angeeignet. Diese Menschen sonnen sich heute in ihrem Reichtum, schwelgen im materiellen Überfluss und genießen ihre Privilegien. Dank ihres zu Unrecht erworbenen Geldes kleben diese Personen an ihren Amtssesseln, wie festgenagelt hinter den Schreibtischen von Staatspräsidenten, Ministerpräsidenten, Ministern oder Abgeordneten. Für diese Posten lebt die Oligarchie der Mongolei. Wie? Die Oligarchie betoniert ihren Sockel zunächst durch die Rekrutierung von Personal, das sich aus den nächsten Verwandten und anderen Bezugspersonen zusammensetzt. Zumindest bis zum Jahr 2000 wurde das Land relativ offen durch die Heiltherapie der Fremden gelenkt, aber eigentlich dauert diese heimliche Praxis bis heute an.

Zu jener Zeit schwappte die nächste »Bergbauwelle« übers Land, doch wegen der mongolischen Politiker, die ihre Begierde nach Reichtum über eine gezielte und grundlegende Wirtschaftsentwicklung stellten, erzeugte diese Welle keine nachhaltigen Effekte für die Volkswirtschaft. Diese Politiker begannen von sich aus, in die Taschen der Beute suchenden ausländischen »Experten« zu wirtschaften. Der Bergbau taumelte in eine tiefe Krise in einer fast anarchistischen Gesellschaft. Die staatliche Organisation der Gesellschaft war in Auflösung begriffen.

Von den Ausführungen des Schweizer Soziologen Jean Ziegler in seinem Buch »Die neuen Herrscher der Welt und ihre globalen Widersacher« sind mir folgende Gedanken (die ich hier dem Sinn nach wiedergebe) besonders im Gedächtnis geblieben: Die Hauptgestalten des marktwirtschaftlichen Kapitalismus sind Menschen auf der Suche nach Beute und ihre Gier ist unbeschränkt. Geld wird zusammengekratzt und Sündenböcke für Staat und Land werden an den Pranger gestellt, nachdem die Bodenschätze geplündert wurden und die Landschaft und Natur zerstört worden sind. Wo die Gier nach grenzenlosem Profit regiert, werden die lokal ausfühenden Personen von dem »Reiter ohne Kopf« ihres jeweiligen Landes durch Korruption rekrutiert. Deren Söldner verrichten ihren Dienst in Legionen eines zügellosen Kapitalismus: Sie treten als Brandlöscher der Weltbank und der Welthandelsorganisation in Erscheinung, aber in Wirklichkeit sind sie die Brandstifter... Soweit die Gedanken Zieglers, in denen ich große Ähnlichkeiten zur Entwicklung in der Monglei der letzten zwei Jahrzehnte wiederfinden kann.

In einem Gespräch mit mir bestätigte auch D. Byambasuren, der mongolische Ex-Ministerpräsident, das beschriebene Vorgehen ausländischer Investoren, als sie den mongolischen Bergbausektor eroberten:

»Im Jahr 1990 folgte die Mongolei einer anderen Politik als heute. Das Privatisierungsgesetz wurde von meiner Regierung verabschiedet. Bis zum Regierungswechsel im Jahr 1992 waren 13 Prozent des Gesamtvermögens der Industriekombinate und 50 Prozent des Viehbestands privatisiert. Der Hauptschwerpunkt der Privatisierung lautete: Die Privatisierung der Betriebe, die Übertragung von staatlichem Eigentum an private Eigentümer, kann durch Aktien auf kollegialer Basis durchgeführt werden – das sei die oberste Präferenz. Nach der Parlamentswahl 1992 konnte die MRVP allein die Regierung bilden. Die neue Regierung annullierte das Privatisierungsgesetz und öffnete die Tore dafür, dass die Industriezweige und Kleinbetriebe durch Auktion und Abonnement ver- und gekauft werden konnten. Die Folge daraus war, dass die bisherigen Betriebsarbeiter keine Teile, Bereiche oder Gerätschaften kaufen konnten. Wiederum konnten die Aufkäufer mit Betriebszweigen, in denen sie keine Erfahrungen hatten, nicht fachmännisch umgehen, was zu massiven Ausfällen bei der Produktion und einem signifikanten Rückgang der Produktivität führte. Allmählich kamen die Anlagen zum Stillstand und wurden dann billig verkauft. ›Ausrauben‹ kann man zu dieser Privatisierung sagen. Darauf satteInd ist die mongolische Oligarchie entstanden und damit keineswegs eine humane, zivile und demokratische

Gesellschaft. Amerikanische Oligarchen, wie z. B. John Pierpont Morgan (1837–1913) und John D. Rockefeller (1839–1937) sind durch die Herstellung des elektrischen Motorantriebs und den Bau der Eisenbahnlinien zu ihrem Wohlstand gekommen, die mongolischen Oligarchen aber durch den Missbrauch der Privatisierungsgesetze. Mongolische Oligarchen sind, vom heutigen Stand aus gesehen, äußerst gierig und besitzen kaum eine Fähigkeit, jedenfalls haben sie keinen erfinderischen Geist. Sie sinnieren darüber, was es noch vom Staatseigentum zu holen gibt und gleichen in ihren Auseinandersetzungen um Privilegien und Machtzuwachs dem Gezänk hungriger Hyänen. Um ihre Stellung zu halten und auszubauen, wollen sie um jeden Preis auf einem Regierungsposten bleiben.

Ende der 1990er Jahre kamen viele Personen als Investoren in die Mongolei und wollten, wie Wunderheiler, die Mongolei zunächst wirtschaftlich kolonialisieren. Bis 2000 wurden vom Ausland keine nennenswerten Investitionen in größere Betriebe gesteckt. Nur ein Beispiel: Die Waren der mongolischen Konfektionsindustrie wurden in den USA steuerfrei gestellt. Anschließend kamen unsere südlichen Nachbarn, die Chinesen, mit ihren Nähmaschinen in die Mongolei und ließen von den Mongolen Bekleidung nähen, die dann in die USA exportiert wurde. Seit dem Jahr 2000 strömen ausländische Investoren zunehmend in die Mongolei, weil das Gesetz über Bodenressourcen im Jahr 1997 verabschiedet wurde. Das Goldunternehmen Boroo arbeitete zusammen mit einem ausländischen Partner vertraglich an dem Abbau von 40 Tonnen Gold, ohne dass dieses ausländische Unternehmen vor seiner Heimkehr Steuern bezahlt hätte. Was steckt dahinter?

Viele Firmen erzählen über solche Machenschaften. Der Großbergbau Oyu Tolgoi erlebte das gleiche Schicksal. Zugunsten des Eigennutzes verschwören sich manche Oligarchen mit den Ausländern. So begann die Mongolei mit der Verschwendung von umsonst ausgegrabenen Bodenschätzen.

Oyu Tolgoi, ein mongolisches Bergbauunternehmen, hat folgende Vorräte: 42 Millionen Tonnen Kupfer, 1800 Tonnen Gold und 11 000 Tonnen Silber. An den staatlichen Haushalt führt Oyu Tolgoi nur sehr wenige Steuern ab. Die Mongolei erleidet durch die Korruption einen Verlust, wo sie eigentlich durch den Verkauf ihrer nationalen Ressourcen zumindest einen Gewinn für das eigene Land erzielen sollte. Wie kann sich die Mongolei von der ›Herrschaft der Oligarchen‹ befreien? Das Land braucht eine große Umgestaltung. Die Parteien müssen sich wandeln.«

Am Ende unseres Gesprächs stieß der alte Ministerpräsident einen betrübten Seufzer aus.

Auf dem Schauplatz der Rohstoffausbeutung der Erde ist die Mongolei ein sehr junges Land. Meine Heimat ist kein ausgehöhltes Land, sondern beherbergt noch eine Menge unberührter Rohstoffvorräte und Mineralien. Oyu Tolgoi gehört zu den fünf größten Großkupferminen der Welt. Zweitgrößtes Bergbauprojekt der Mongolei ist das Bergbaugebiet Tavan Tolgoi mit 6,5 Milliarden Tonnen Kohle, große Teile davon Kokskohle. Doch die »unsichtbare Hand« aus dem Ausland will weiterhin im Besitz dieses und anderer Bergbau-Anlagen bleiben, um noch mehr Profit zu scheffeln. Mit dem überzogenen Überschuss an Erträgen im Vergleich zu den Aufwendungen des Unternehmens entsteht ein satter Gewinn. Ausländische Betrüger plündern, unter dem Tarnmantel als Investoren, unser Land. Geldgierige mongolische Politiker und Oligarchen unterstützten sie und verrieten dadurch die Zukunft der Mongolei. Die Politiker der Mongolei haben sich dadurch in einen Widerspruch zueinander gebracht, denn die ausländischen Scharlatane ließen markante Verordnungen verabschieden, die auch die Vorteile der mongolischen Oligarchen beförderten.

Gerne würde die Mongolei eine eigene Art der Demokratie entwerfen, aber die bisher praktizierte gleicht einer Schlamperei. Ein Durcheinander der Regierung und das daraus entstandene unverständliche Gesellschaftssystem sind die Folgen für »ein Land ohne Gesetze«. Das demokratische System der Mongolei ist mittlerweile verdorben, und das unfähige politische System ebnet den Pfad und öffnet die Tore in die Bergbauminen für die in- und ausländlischen Beutesucher. Wenigstens über den gegenwärtigen Profit sollte gesprochen werden – es geht schließlich um die Souveränität der Mongolei!

Laut Verfassung bildete die Mongolei 1992 ein parlamentarisches Regierungssystem. An die Mongolei grenzen nur zwei große Länder, von daher sind ein parlamentarisches System und eine funktionierende

Geopolitik unabdingbar für das Land. Aber der Grundsatz, der Inhalt und die Festlegung des parlamentarischen Regierungssystems sind konfus. Diese umnachtete Politik sollte ihre Wurzeln in der Verfassung suchen: Der Staatspräsident wird durch das Volk gewählt und besitzt das Recht auf Gesetzesvorschläge an das Parlament, die Personalrekrutierung und die Haushaltsänderung. Damit beschränkt der Staatspräsident die Regierung in ihrer Vollzugstätigkeit – die eigentliche demokratische Gewaltenteilung im Parlamentarismus ist nicht mehr gegeben. Daraus folgt, dass der mongolische Staat drei Köpfe hat, die in drei verschiedene Richtungen schauen. Unter derartigen Umständen spiegelt die Staatspolitik keineswegs eine einheitliche Politik wider, sondern drei verzweigte. Nicht einmal Semi-Parlamentarismus ist dadurch gegeben. Polarisierende Gruppen innerhalb der Oligarchie verfolgen ihre Interessen unter dem Deckmantel des demokratischen Parlamentarismus. Gesetzesänderungen sind inzwischen eine Beliebigkeit geworden, und man weiß am Ende nicht, wer was gemacht hat – also gibt es keine Täter.

Das ist nicht nur ein Phänomen, das die Mongolei auszeichnet, sondern das betrifft alle Länder, die im Würgegriff des Neoliberalismus gefangen sind: Die tatsächlichen Machthaber werden unsichtbar gemacht, Verantwortliche verstecken sich hinter Instutionen und Organisationen, arbeiten im Verborgenen, lenken aber die gesellschaftlichen Prozesse und beeinflussen unsere Meinungen, Gedanken und Gefühle. Sie sind die eigentlichen Regierungen.

Jeder einzelne mongolische Minister wird in die Tagesordnung der Großen Versammlung eingetragen, aber ob er berufen wird, darüber entscheiden sein Aufgabenbereich und sein Jahresbudget. Dadurch werden die Regierungstätigkeit, deren volle Verantwortung und der endgültige Vollzug sehr eingeschränkt. Offensichtlich hat die Regierung kaum ein eigenes Management. Kabinettsmitglieder der Regierung werden einzeln durch das Parlament berufen, und demzufolge wird der Ministerpräsident vom Parlament, von den Parlamentsausschüssen sowie von Parteigruppierungen aus einer Gruppe von Kandidaten ausgewählt, also von seinen Regierungsmitgliedern ernannt.

Die mongolische Regierung gibt sich immer viel Mühe bei der Vorstellung des Haushalts, wobei es stets eher um Werbung für die

Schwerpunkte geht, die für die Parlamentarier vorteilhaft sind. Wichtiger wäre es jedoch, den Haushalt aufgrund wissenschaftlich basierter Expertisen aufzustellen, danach, was von praktischem Vorteil für die Fiskal- und Wirtschaftspolitik ist, was wirklich gebraucht wird und geleistet werden kann.

In den 30 Jahren seit 1990 erlebte die Mongolei 16 Regierungswechsel, wobei eine Regierung durchschnittlich 1,6 Jahre an der Macht blieb. Daran sieht man, wie holprig und instabil das politische System der Mongolei ist. Warum sind die Regierungen so kurzlebig? Warum wird so oft die Regierung, die eigentlich für vier Jahre von der Bevölkerung gewählt wird, so schnell abgesetzt?

Die Instabilität und Arbeitsunfähigkeit der Regierung hängen von den politischen Spießbürgern ab, welche die ausländischen Scharlatane, die Beutesucher, freizügig bedienen. Auch innerhalb der Oligarchie bekämpfen sie sich gegenseitig. Eigentlich müsste die Regierung vom Parlament, von der Öffentlichkeit und den Medien kontrolliert werden. Aber die Kontrollposition ist und war schwach, und daher wurden und werden Gesetzesverstöße selten oder nie bestraft. Deshalb konnte die egoistische Interessenpolitik seitens der Oligarchen frei und ohne Barrieren und Hindernisse umgesetzt werden. Fieberhaft triumphierten und konkurrierten die Oligarchen, sei es bei Bergbaulizenzen, Industrie-Entwicklungen und anderen größeren Projekten, etwa im Infrastrukturbereich. Falls sie ihr Vorhaben infolge der Vorschriften nicht erreichen sollten, sind sie schon bereit für den Staatsstreich.

Die bisherigen Regierungen waren bislang sehr schwach und betrügerisch, sie glichen immer mehr einem Kriegsschauplatz der Oligarchen. Denn die Beutesucher aus dem Ausland mischten sich in die Finanzierung der mongolischen Parteien ein, damit diese für Vermögen und Geld mit- und gegeneinander kämpfen müssen. Beutesucher aus dem Ausland sind sehr weit vernetzt und halten ein langes Lasso in der Hand. Sie haben ihre Kontakte zu vielen Unternehmen ausgebaut. Durch Geldwäsche vermehren die Unternehmer ihren Besitz, dabei unterstehen sie Kontroll- und Medienorganen, die sich direkt oder indirekt in der Hand derer befinden, die sie eigentlich überwachen sollen. Die Kontrollorgane schützen die Machthabenden und Gierigen aus dem In- und Ausland eher, als dass sie deren Machenschaften Einhalt gebieten. Entgegen ihres Auftrags sind die »Unabhängigen« nicht unparteiisch, weil es ihnen zu leicht gemacht wird. Bei allem Bekenntnis zu Demokratie und Transparenz bleibt es doch ein offenes Geheimnis, dass viele Geldgeber aus westlichen Ländern letztlich gar nicht so genau wissen wollen, was mit ihrer Unterstützung vor Ort passiert. So bleiben Transparenz und Gerechtigkeit Gefangene einer käuflichen Justiz und einer willfährigen Politik.

Die Historie bestätigt, dass viele rohstoffreiche Länder am Schluss jede Menschlichkeit verloren. Schuld daran waren die Politiker der jeweiligen Länder, die von Beutesuchern restlos ausgeraubt worden waren. Aber natürlich kann es nicht nur darum gehen, dem Ausland die Schuld zuzuweisen: Es sind vor allem mongolische Politiker und Wirtschaftsführer, die an ihre eigene Bereicherung denken, während ein großer Teil der Bevölkerung in Armut versinkt und die Entwicklung einer Mittelklasse bestenfalls stagniert.

Diese schmutzige Technik der Macht funktioniert in der Mongolei wie geschmiert. Sie verhindert die gesellschaftliche Entwicklung, spielt mit den Regierungen, lässt die Staats- und Landespolitik zusammenbrechen, verbreitet die Korruption und bringt das Land in eine andauernde Krise. Bei der Regierungsbildung geht es nicht um die Qualifikationen einer Person wie Berufserfahrung, Fachwissen, Bildung und Kenntnis der Staatsethik und Gesetzestreue usw., sondern darum, wer treu wie eine Marionette einer bestimmten politischen Gruppe oder Partei dient. Solche Leute werden gern rekrutiert, sie arbeiten dann nur für ihre in- und ausländischen Einflüsterer. Sie füllen deren Geldtaschen und bemühen sich um die Verabschiedung von Verordnungen, die für sie von Vorteil sind. Parallel dazu nutzt die schmutzige Technik die Medien für ihre Gehirnwäsche und missbraucht auf abartige Weise das Vertrauen, die Zuversicht, die Naivität und die Gutherzigkeit der mongolischen Menschen.

Sowohl die moralisch Verführten als auch die politischen Verführer der heutigen Mongolei strecken ihre Hände nach den ertragreichsten Produktionsstätten aus und beseitigen alle Hindernisse und Barrieren, die ihren Unternehmen im Wege stehen. Für fleißige, ideenreiche und engagierte Geschäftsleute mit ehrlichen Absichten bleibt oft nur das

Nachsehen. Und für ihre Schmeichler machen die Politiker den Weg frei, wie eine grüne Ampel regeln sie das problemlose Durchkommen: Arbeitsstellen, welche vom Staatshaushalt ordentlich finanziert sind, werden zwar durch Ausschreibungsverfahren öffentlich bekannt gemacht, sind aber im Voraus schon durch Patronage und Intrige vergeben. Die am besten vom Ausland finanzierten Projekte wurden und werden von politisch einflussreichen Gönnern in die eigene Tasche delegiert.

Wer gegen die Oligarchen arbeitet, wird von den höheren staatlichen Einrichtungen, wie Gericht und Polizei, beobachtet, verhört oder kommt sogar in Untersuchungshaft. Auf Dauer verabschieden sich gutwillige und kompetente Unternehmer von Innovationen und Investitionen, andere werden nach einiger Zeit von der »unsichtbaren Hand« abgeholt und in den exklusiven Zirkel eingereiht. Die mongolischen Oligarchen können und wollen ihr Raubgeld aus Land und Staat gar nicht in die inländische Entwicklung investieren, stattdessen sind in letzter Zeit immer mehr Fälle aufgedeckt worden, bei denen Offshore-Banken und Steueroasen die illegalen oder zumindest umoralischen Gewinne der mongolischen Wirtschafts- und Politikelite gerne angenommen haben. Viele fast kriminelle Wirtschaftsleute haben sich in den mongolischen Staat eingeschlichen und sind so in der Immunität politischer Posten untergetaucht.

Das Haupt des Staates ist Dank ihnen wie von Würmern befallen. Ihr unausgesprochenes Ziel ist gegen die Entwicklung der Mongolei gerichtet, das heißt, sie halten die Bevölkerung in Armut. Sollte die Bevölkerung sich Sorgen um die Bezahlung ihres Abendbrots machen, würde sie nicht mehr auf das einmalige, mundgerechte Stückchen Fleisch hereinfallen, das ihr zur Ablenkung in Form von Wahlversprechen vorgesetzt wird. Die organisierte Domestizierung der Bevölkerung durch die Oligarchen erinnert an die Abrichtung von Greifvögeln, denen nach Gutdünken Köder hingeworfen werden. Dieser Zähmung und Dressur, dieser Beschwichtigungspolitik und jeder Form von Korruption der Parlaments- und Präsidentschaftswahl muss schleunigst ein Ende gesetzt werden.

Nicht zuletzt bleibt die Frage, ob die Existenz von 33 Parteien wirklich ein Ausdruck gelebter Demokratie ist oder nicht doch eine

Zersplitterung, die wenigen nützt und den meisten schadet, weil politische Kräfte sich in Grabenkriegen verschleißen und das Vertrauen in die Stabilität des Staates zerrüttet wird.

Bislang waren die Parteien die Schützengräben der Oligarchen, von dort aus organisierten sie ihre Sturmangriffe oder – seltener – Rückzugsgefechte. Andersdenkende findet man in ihren Reihen wenige, und wenn, dann werden sie von der Partei schnell beiseitegeschoben oder abgesetzt. Manche, vor allem Intellektuelle, kehren den Parteien von sich aus den Rücken, das heißt nur noch wenige arbeiten für die Oligarchen.

Nachwuchssorgen plagen sie dennoch nicht, Freiwillige lassen sich geschickt rekrutieren. Diejenigen, die in kurzer Zeit viel Geld zusammenraffen wollen, erhalten spielend einen hohen Posten. Ruhm und Macht sind die zwei menschlichen Eigenschaften, die als Dreh- und Angelpunkt für die Oligarchen zählen. Bislang haben die Oligarchen schon viele solcher jungen Karrieristen in ihrem Spinnennetz gefangen. Wenn einer nicht mehr benötigt wurde, nicht linientreu oder verdächtig war, dann war er draußen, außerhalb des Netzes. Gleichwohl scheint die Zahl der Marionetten leider unerschöpflich zu sein.

Mit ihrer Taktik streben die Oligarchen danach, die Arbeit der Parteien, immerhin doch Grundlage einer funktionierenden Staatsmacht, zu zerstören und die Mongolei weiterhin in Unordnung zu bringen. Das mongolische Sprichwort: »Wer hinter dem Vieh herläuft, kriegt immer seinen Mund gefettet« passt hier genau: Für die Mongolen ist Fett als wesentlicher Ernergieträger in einer kalten Umgebung durchweg positiv besetzt. »Ein dauernd gefetteter Mund« verspricht demnach anhaltendes Wohlergehen, und darum allein geht es den Oligarchen. In der Gegenwart sollte das Sprichwort modernisiert werden: »Wer hinter den Parteien und Oligarchen herläuft, kriegt immer den besten Posten.« Diese Haltung verbreitet sich in der ganzen Regierung und Verwaltung auf allen Ebenen: in den einfachen Administrationen, in Wohnvierteln, in Ministerien, im Regierungskabinett und in den höchsten Gesetzgebungsorganen. Damit hat der Staat kaum eine Legitimität gegenüber der Bevölkerung.

In den letzten 30 Jahren kamen zwar manche Persönlichkeiten in die Politik, die an politische Erneuerung glaubten und appellierten, aber

Grenzen, Spaltungen und Reibereien der Parteien, Parlamentsfraktionen und -ausschüsse konnten und können ihre Kräfte und Innovationen zerstören. Viele Staatsbedienstete funktionieren als Wand gegen das Volk und erzeugen fast nur Grenzen und Spaltungen innerhalb der Gesellschaft. Die Regierungsparteien werden von Menschen gemanagt, für die das eigene Wohl vor dem Allgemeinwohl kommt. Es geht also folglich nur um die politische Macht. Zu welchem Preis oder auf welche Kosten der anderen, das ist ihnen egal. Das Wesentliche scheint der Wahlsieg zu sein, dem eine gezielte Propaganda vorausgeht, die selbst nicht davor zurückschreckt, Bargeld in den jeweiligen Wahlbezirken zu verteilen. Die Wahlberechtigten werden gekauft mit Geld, das betrügerisch vom Staat genommen wird.

Aber diese Politik hat keine Weitsicht, denn sie ist nur ein »Feuerlöscher« tagesaktueller Probleme. Deshalb planen die Regierungsparteien keine langfristigen Investitionen. Längst sollten die landesweiten größeren Betriebe und Gewerbezonen für Kleinindustrien in den jeweiligen Regionen ausgebaut sein, aber umgesetzt wurden bisher bestenfalls kurzfristige, einmalig Geld bringende Projekte. Und deren Realisierung glich einem »Showgeschäft«. Künftige Projekte müssen die Zusammenarbeit zwischen Staatsbetrieben und privaten Unternehmen fördern, anstatt mit den verlustreichen Großbetrieben dem Staat – und damit den Bürgern –Kosten aufzubürden und gleichzeitig die Gewinne zu privatisieren. Die Einnahmen der Bergbauminen müssen in die wichtigsten Wirtschaftszweige investiert werden, damit kann man neue Einnahmequellen aufbauen. Schon lange wissen die mongolischen Oligarchen von dem »Schritt ins gute Leben«, nämlich was eigentlich zu tun wäre. Aber sie scheuen diesen Weg, weil sie völlig andere Ziele verfolgen.

Das Territorium der Mongolei ist größer als Deutschland, Frankreich, Großbritannien und Österreich zusammen. Rund drei Millionen Einwohner leben in der Mongolei und die meisten sind jung, sehr jung und haben eine gute Ausbildung. Das Land besitzt über 70 Millionen Nutztiere. Die Mongolei ist reich an Bodenschätzen wie Kupfer, Gold, Feldspat, Silber, Uran, Erdöl, Kokskohle, Seltenen Erden, Eisenerz und anderen Mineralien. Es gibt einen für das Land ausreichenden Ackerbau. Die geographische Lage ist in Nordostasien, das eine Zone wirtschaftlichen

Wachstums sein kann bzw. schon ist. Aber all dieser Tatsachen ungeachtet ist die Mongolei weit entfernt von einem spürbaren wirtschaftlichen Aufstieg.

Wir, die Mongolen, haben unsere alten Betriebe abgerissen, in denen man Kaschmirwolle, Schurwolle, Häute usw. verarbeitete. Auch die Energieträger und die Bergbausektoren leiden an inländischer Inkompetenz. Wer macht daraus was? Die Chinesen – und andere, die manchmal kamen, ohne dass wir sie riefen.

Obwohl die Mongolei reich an Rohstoffen und -materialien ist, hat sie keine Industrie und keine eigenen rohstoffverarbeitenden Betriebe. Deshalb bleibt sie ein Rohstofflieferant. Über diese Tatsache muss jeder einfache mongolische Mensch den Pendelschlag zwischen Bitternis und Wahrheit hören. Wir müssen aufhören, uns in die eigene Tasche zu lügen, dass die Mongolei reich an Potential ist, wenn wir nicht damit anfangen, diese Potentiale zu ehrlichen und moralisch vertretbaren Bedingungen auszuschöpfen. Und es muss allen klar sein, dass nur wir selbst diese Bedingungen aufstellen können und dürfen. Zu lange haben wir dem Lob anderer geglaubt, wo unser Selbstvertrauen uns hätte sagen können, dass wir die Defizite erst erkennen müssen, bevor wir sie beseitigen wollen. Dann wäre es vermutlich langsamer gegangen mit Wohlstand und wirtschaftlicher Ertüchtigung, aber es wäre unsere Entwicklung gewesen. Unsere Erfahrung, wie wir uns selbst wiederaufrichten und anderen zeigen können, dass Freiheit und Rechtsstaatlichkeit schon immer mongolische Werte waren, für die unser Volk einzutreten bereit und große Opfer zu bringen in der Lage ist.

Glaube, Himmel, Geld

»So geht es nicht mehr weiter! Die Entwicklung des Landes stagniert!« So und ähnlich äußert die Bevölkerung offen ihre Meinung. Daneben, den Umständen entsprechend, ziehen die Intellektuellen des Landes einen Teufelskreis um den reinen mongolischen Denkraum: gleich einem Schachspiel, in dem die Zukunft der Mongolei davon abhängt, jetzt die richtigen Züge zu planen. Wie kann die Mongolei dem außenpolitischen

Im Sommer 2019 besuchten wir mit dem Archäologen N. Erdeneochir und weiteren Wissenschaftlern die 3000 Jahre alte Hirschsteinstatue und viele Khirgisuur, eines der einzigartigen historischen Denkmäler der Mongolei und ein wertvolles nationales Kulturerbe. Im Jargalant-Tal, Hanui Bagh, Undur-Ulaan sum, Arkhangai Aimak, 2019

Remis zwischen Russland und China und dem innenpolitischen Schachgebot einer oligarchischen Lähmung der Demokratie entkommen? Welcher politische Schachzug wird helfen, die Wirtschaft zu diversifizieren und auf eine nachhaltige, ökologisch verträgliche Basis zu stellen, die gleichzeitig die gesamte Bevölkerung ökonomisch einbindet und ihr so politische Teilhabe erlaubt? Wie sehen die nächsten beiden Züge aus, um dem drohenden Schachmatt zu entgehen? Was wird dann nach dem dritten Zug passieren?

Aufgrund solcher vorausschauenden Planungen muss der Staat seinen Blick schärfen und eine Politik ohne Kompromisse umsetzen, die Kräfte richtig definieren, dem Potential gerecht werden und Gelder fair und effizient einteilen und in die Bildung investieren. Im Gegenzug sollen die Staatsbürger arbeitsam und fleißig sein. Auch muss jeder Mensch seine sittlichen Werte überwachen. Werden diese genannten Kriterien von Staat und Bürgern umgesetzt, kann die »Starke Mongolei« zurückkehren.

Einst wurde das Großreich der Mongolen durch Eroberung gegründet. Mit kräftigen, aber vom Wuchs her kleinen Wallachen eroberten die Mongolenkrieger die eurasische Hemisphäre. Der Westen und der Orient zitterten vor ihren Bogenschützen mit den blattförmigen Pfeilen. Große Gebiete wurden durch die Heere erobert, der Staat der Mongolei wurde damals aber nicht durch Gewalt, sondern durch eine Vision gegründet: Durch die Herrschaft der Mongolen wurden viele Länder vereinigt, und alle schufen eine friedliche Globalisierung, die fast 150 Jahre lang den Respekt für- und miteinander in Eintracht genoss. Unser mongolisches Erbe aus dieser Zeit kann uns die »Starke Mongolei« zurückbringen. Ich bin da sehr zuversichtlich.

Die Strategie der heutigen mongolischen Entwicklungspolitik dagegen ist überaus düster, weil sie vielleicht auf dem Papier existiert, aber nicht erkennbar umgesetzt wird. Denn die Praxis verlangt, dass traditionelle Werte sowie das selbstständige Wachstum mit den globalen Eigenschaften in Einklang sein sollten. Leider hatte die Mongolei bislang kein solches Konzept. Deshalb stagniert die heutige Mongolei in ihrer Entwicklung.

Ein grundlegendes Problem ist, dass wir heutzutage die Mongolei nicht kennen. Ich meine, wir kennen nur das Abziehbild einer Wahrnehmung, die uns von außen angetragen wurde und die wir übernommen haben, ohne sie auf ihren Gehalt gründlich zu prüfen. Wir kennen die Mongolei nicht, weil wir nicht mehr fragen, wer wir sein wollen, sondern wer wir sein sollen. Wir haben verlernt zu suchen, wie wir Mongolen in der Zukunft denken und leben wollen.

Schon immer gehörte das Leben mit dem Einklang der Natur und den Werten der Freiheit und Gerechtigkeit, die bislang direkt von Generation zu Generation weitergegeben wurden, zur Mongolei. Deren Vernachlässigung käme einem Todesurteil gleich. Das gegenwärtige Bild der Mongolei ist das beste Beispiel dafür. Unsere Geschichte spielt dabei eine große Rolle: Über 200 Jahre existierte die Mongolei unter der mandschurischen Herrschaft und über 70 Jahre im Sozialismus. In den letzten 30 Jahren wurde die Mongolei viel zu stark von der USA und dem Westen dominiert. Das ist zwar meine Einschätzung, aber ich weiß, dass sie von vielen geteilt wird. Wann, frage ich, werden wir willens und bereit sein, die Mongolei wieder selbst zu kontrollieren? Selbstständig zu sein, bedeutet doch auch, über das eigene Schicksal zu entscheiden, Grenzen nicht nur zu verteidigen, sondern sie so zu gestalten, dass sie offen für das Gute nach Innen und Außen sind. Eine »Starke Mongolei«, die der Welt ein lebendiges Beispiel für die Verbindung von Tradition und Zukunft gibt, kann für niemanden eine Bedrohung, aber für alle eine Bereicherung sein.

Aus meiner Forschung über die Historie der Mongolei, meiner Beschäftigung mit deren Gegenwart, meinen Gesprächen mit namhaften Wissenschaftlern der Mongolei und meinen Erkenntnissen aus den Werken internationaler Forscher lässt sich bedauerlicherweise bilanzieren, dass eine neue Entwicklungstendenz das Land charakterisiert. Früher galt der Glaube dem blauen Himmel, heute dem Geld. Ein wahrlich großer, aber nicht großartiger geistiger Wandel. Aus der Verehrung des Himmels als Zeichen des Ewigen und einer über den Menschen hinausgehenden Gerechtigkeit beteten die Mongolen den Groß-Khan an und folgten der Kodifikation im »Ikh Zasag«. Der Staat wurde vom Volk verehrt und das Großreich war stark genug. Man glaubte zunächst an die schamanischen Kräfte, dann an den Lamaismus und später an die kommunistische Partei. Und jetzt? Woran glauben die Mongolen heute? Die mongolische Gesellschaft glaubt an das Geld. Und nicht wenige der Demonstranten, die 1990 für Freiheit und Gerechtigkeit auf die Straße gingen, wurden im Laufe der Jahre selbst korrupt und ein Zerrbild ihrer einstigen Ideale. Sie schleppen den Ballast der verlorenen Authentizität mit sich herum und treffen auf eine andere ebenfalls nicht kleine Gruppe ehemaliger Kommunisten, die in den letzten 30 Jahren ohne Scham reich geworden sind.

Von der Parteiideologie dirigiert, veränderte sich die Moral der sozialistischen Gesellschaft. 1990 wurde die Herrschaft der kommunistischen Partei gestürzt. Das hinterließ ein Vakuum, das dann von Bestechung und Korruption, anstatt von Tradition und moderner Umgestaltung, gefüllt wurde. Dadurch verlor das Land seine sittlichen Werte und seine Ethik. Jetzt existiert eine Ellenbogengesellschaft, die keinen Respekt kennt. Es ist allerhöchste Zeit, diese Entwicklung nicht nur zu erkennen und zu beklagen, sondern aufzustehen und ihr Einhalt zu gebieten. Wir müssen zurück zu unseren Wurzeln der Menschlichkeit, wir müssen deutlich sagen, dass wir nicht Sklaven fremder Interessen, sondern Herren unserer eigenen Zukunft sind.

Organisierter Diebstahl und Lügen sind normale Taten unter Politikern, staatlichen Angestellten und Beamten. Sie sind auch ein Zeichen des legalisierten moralischen Verfalls der kompletten Obrigkeit. Die Täter selbst empfinden das einfach als ein normales Ereignis. Sie sind ein abschreckendes Beispiel dafür, dass die Ethik ihre Bedeutung verliert, wenn der Mensch aus seiner sozialen Position herausrutscht und keine Vorbilder mehr hat. »Wenn die Obrigkeit den Sitz des Kaisersessels nicht finden kann, dann findet ihn der Untertan auch nicht«, so ein zutreffender mongolischer Spruch. Doch die Wahrheit ist für mongolische Politiker nur noch eine Erinnerung an die Vergangenheit. Falls man das ursprüngliche Bewusstsein des mongolischen Menschen ausgraben sollte, dann ist »Mensch sein« sein zentrales Thema, er ist vertrauensvoll und menschlich und er hat Ethik und innere Werte. Schon immer verehrten die Mongolen ihre Geschichte, Heimat, Ethik, Bücher, die Gerechtigkeit und das Arbeiten. Diese Elemente müssen von den heutigen Mongolen erneut belebt werden. Das ist nicht nur der Schlüssel, sondern auch der Wegweiser für das Sich-Wiederfinden der Mongolei.

Darauf stützt sich die heutige Idee der »Fleißigen Mongolei«, mit der ich mich in den letzten Jahren viel beschäftige. Anhand eines politischen Konzepts wird sie schon jetzt umgesetzt. Zu dem Konzept »der arbeitsamen und fleißigen mongolischen Menschen« gehören einige wichtige Eigenschaften: Fleißige Menschen erwerben neues Wissen, haben eine wache Ethik, schätzen die Gerechtigkeit und erlernen berufliche und persönliche Fähigkeiten. Solch ein Mensch könnte sein eigener Herr werden. Er wünscht sich nicht das Leben eines andern, sondern beharrt darauf, unerhört viel zu arbeiten. Durch so einen Menschen wird die Gesellschaft umgestaltet und ausgebaut. Er kann das Land in seiner Entwicklung vorantreiben. Wenn ein Mensch als Staatsbürger diese

Lebensweisheit verinnerlicht hat, hat er die Immunität, den »allseitigen Sturm« zu überstehen.

Doch viele Mongolen vernachlässigen heute die alten Weisheiten und sind stattdessen von Habgier und Gewinnsucht gefangen. Stetig sind diese Menschen im Streit und haben keine wahrnehmbare Ausstrahlung. Als die Mongolen in der Historie gerecht, arbeitsam und verantwortungsbewusst waren, machten sie ihre Errungenschaften bekannt. Sie praktizierten über 140 Jahre lang ihre »Friedliche Ära nach mongolischem Beispiel«. Die Mongolei war stark und mächtig, weil sie ihre eigene Entwicklungsphilosophie hatte und andere Traditionen respektierte. Wandel, Aufstieg und Niedergang, die dann über die Jahrhunderte folgten, ließen die Willensstärke, deren Intensität und Takt die Tatkraft der mongolischen Menschen bestimmte, verstummen.

Am Ende handelt das mongolische Land doch nur durch die Mongolen. Falls jemand meint, dass irgendein fremder Mensch oder ein »Ausland« als ein rettender Gott in die Mongolei kommt und das Land aufbaut, dann sage ich allen Mongolen mein zig-faches »Nein«. Wenn die Mongolen mit allen Kräften zusammenarbeiten, einträchtig bleiben und unter einem einzigen Schirm mit der Aufschrift »Mongolischer Geist« einig sind, dann haben sie reichhaltige Möglichkeiten. Nicht zuletzt wäre eine wirtschaftliche Stärkung der Mongolei auch ein Schutz ihrer politischen Autonomie: Die Achtung anderer Länder wäre für eine autark agierende Mongolei sowohl unmittelbare Anerkennung als auch Beweis ihres langfristigen Erfolges. Ein Land, das sich keine politische Entscheidung von außen aufzwingen lassen muss, weil es ansonsten ökonomisch oder finanziell ausbluten würde.

Ich erinnere mich an ein Ereignis, das sicher noch vielen Mongolen in leidvollem Bewusstsein ist: Die Einladung der mongolischen Regierung an den Dalai Lama zu einem religiösen Besuch in der Mongolei hatte zu schärfsten Protesten Chinas geführt. Als Sanktion für das unbotmäßige Verhalten wurden alle Grenzen für den Warentransport geschlossen, bis die mongolische Regierung sich entschuldigte und eine Wiederholung einer solchen spirituellen Visite ausgeschlossen hatte. Das klingt nach mittelalterlichem Herrschaftsgebaren, liegt aber nur drei Jahre zurück.

Mut und Hochmut

Die Nähe zur Natur prägt das Denken der Mongolen. Ständig revidieren und modifizieren sie, wodurch sie so ein großes Anpassungsvermögen haben. Der mongolische Mensch beherrscht das Respekt- und Senioritätsprinzip, nach dem den Älteren Achtung entgegengebracht wird; er liebt seine Heimat, ist voller Gutherzigkeit, nicht hinterhältig und offensiv. Diese Charaktereigenschaften zeichnen ihn aus. Aber, wenn er in Wirklichkeit unter Fremden ist, verliert er stets seinen Orientierungssinn und gibt sein Schicksal preis. Manch heutiger Mongole will allzu oft nur imitieren. Er verwandelt sich in unschicklicher Manier und hudelt, bis alles über den Rand fließt. Inmitten dieser Globalisierung muss der mongolische Mensch seinen Leichtsinn gründlich überdenken und analysieren. Auf den Erfahrungen basierend, muss er unbedingt seine bisherige Verhaltenstransformation reflektieren. Die Manier heutigen mongolischen Verhaltens ist ein schäbiges Abbild der Sesshaften und Anderen. Es ist so weit, dass der mongolische Mensch bewusst seine ursprüngliche und eigentliche Lebensweisheit im Alltag ebenso benötigt wie Speis und Trank.

Selbst »am Leben sein« ist eine Lebensweisheit der Mongolen. Also eine Einheit von Leben und Sein. Ich verstehe unter dieser Lebensweisheit vor allem den »fleißigen Menschen«. Denn das Wesentliche des Lebens ist das Arbeiten für das Sein. »Mensch werden« heißt arbeiten. »Am Leben sein« ist der Anfang allen Daseins, das Grundbedürfnis des Lebens, Sein als Wirken. Das Sein ist die Natur, das Lebensumfeld, die Gesellschaft, die Kultur und die Wirtschaft. Bewusstsein ist Ethik, Gerechtigkeit und Erziehung.

Das Wichtigste beim »am Leben sein« ist der Fleiß. Erst die Arbeit macht aus einem Menschen einen richtigen Mensch. Man entwickelt sich, auch geistig – man arbeitet an sich. Schon immer konnten die Mongolen die spezielle Erfahrung machen, dass der Mensch bereits im Kindesalter eine passende, angenehm selbstständige Arbeit übernehmen muss. »Wenn man die Hände bewegt, fettet der Mund.« Dieser Spruch offenbart die innere Philosophie der Mongolen. Wenn ein Mensch Sittlichkeit, Gerechtigkeit und Fleiß erworben hat, lässt er sich von niemandem negativ beeinflussen, und die Tapferkeit setzt einen solchen Menschen nie matt.

Diese Faktoren berücksichtigend, arbeite ich seit geraumer Zeit an einem nationalen Konzept des »fleißigen mongolischen Menschen«. Mein Ziel ist es, dass die Mongolen ihre eigenen Produkte verwenden, die aus eigenen Händen zur Landtheke geliefert werden und die sie als ihren Reichtum ansehen. Also das, was im Westen gerade unter den Begriffen regionaler und ökologischer Nachhaltigkeit wiederentdeckt wird. Ein fleißiger, verantwortungsbewusster, ethisch gereifter, auf die Herstellung von Produkten orientierter Mensch ist Garant für die Entwicklung des Landes.

Unsere Nachkommen, unsere Kinder sollen anhand eines festen klugen Konzeptes von Erziehung groß werden. Aus ihnen sollen fleißige und gewissenhafte Menschen werden. Das ist eine echte Investition für die Mongolei. Heutige Mongolen sind sowohl politisch als auch sozial und moralisch sehr polarisiert, das heißt, sie sind sehr von extremen Strömungen ergriffen. Eine auf traditionellen Werten beruhende Erziehung kann hier ausgleichend wirken.

Falls der Vertrauensverlust der Bürger in den Staat und die Parteien zunimmt, vermehren sich diejenigen, die voller Wut zwischen den extremen Polen der Gesellschaft hin und her flitzen, wie schon Karl Marx sinngemäß bemerkte. In diesem Zustand bietet die heutige Mongolei leider ein trauriges Bild. Aber als souveräner Staat muss die Mongolei eine Politik fortsetzen, die aus dem Boden mongolischer Lebensweisheit erwächst. Dies wird gewissermaßen der moralische Hauptstützpunkt des Landes sein.

Grundlinie der Politik jeder Regierung muss ihre Richtlinienkompetenz sein. Aber die bisherigen Regierungen seit 1992 haben den Orientierungsfaden ihrer Politik entweder verloren, zerschnitten oder nicht rechtzeitig weitergegeben. Die Grundlinien der Politik dürfen sich nicht allein am Zeitgeist orientieren, sondern müssen durch die mongolische Lebensweise, herkömmliches Denken, die Mentalität und andere grundlegende Eigenschaften unseres Wertesystems definiert werden, über das wir untereinander dringend wieder ins Gespräch kommen müssen. Die bisherigen politischen Grundlinien waren eher künstlich, sogar sehr künstlich, und deshalb konnten sie seitens der Bevölkerung nicht verstanden werden und keinen Respekt genießen. Demzufolge wurden sie fast direkt nach Beginn jedes »Neuanfangs« wieder geändert.

Die Mongolen haben bislang genug alte sowie von außen kommende Theorien des Westens gelesen. Aber deren praktischer Nutzen scheint sehr mager zu sein. Warum auch sollten diese fremden Theorien in der mongolischen Realität funktionieren? Deshalb müssen die Mongolen ihre eigenen Traditionen studieren, um die Gegenwart zu verstehen und die richtigen Entscheidungen zu treffen. Die Gegenwart verstehen heißt, den ursprünglichen Pfad der Vergangenheit aufzusuchen. Von dort vermehren sich die Reichhaltigkeit und Nachhaltigkeit.

Bisher gab es jede Menge Leitlinien der Gesetzesanwendung, die freilich zu keiner Praxis passten, und jede Menge Doktrinen der Rechtsstaatlichkeit, die nur Propaganda waren. Trotzdem führen diese zwei Irrwege kreuz und quer durch die Gesellschaft der Mongolei. Bis in die Gegenwart werden über Moral, Verantwortungsbewusstsein und Werte der Gerechtigkeit nur leere Reden gehalten. Bestechung und Korruption wuchern weiterhin auf üppigem Weideland. Politische und wirtschaftliche Fraktionen, welche äußerst sektiererisch sind, werden von Tag zu Tag in allen Verwaltungen des Staates mächtiger, sie sind mitunter vollkommen autoritär. All das passt nicht zur Mongolei von morgen, wie auch nicht zur demokratischen Verfassung von 1992. Das liegt hauptsächlich an den Fehlentscheidungen kurzsichtiger Politiker des mongolischen Staates. Ihre Hühnerleiter-Politik ist graues und grausames Hindernis für die Mongolei der Gegenwart und Zukunft. Entsprechend ist die aktuelle Wirtschaftslage – kurz und schmerzlos gesagt: beschissen.

Für eine neue Interpretation mongolischer Zukunftspolitik spielt das Gewissen eine wesentliche Rolle. Deshalb muss die Mongolei mit den in- und ausländlichen »Beutesuchern« in Gericht gehen und insbesondere gewissenhaftes Fachpersonal in allen gesellschaftlichen Bereichen zur Geltung kommen lassen. Wo ist das ursprüngliche und herkömmliche Gewissen des mongolischen Menschen geblieben, wenn wir dulden, dass unfairer Wettbewerb, das Diktat der Reichen und eine korrupte Justiz den herrlichen Gedanken einer unbedingten Geltung des Gesetzes verdrängt und in einigen Bereichen fast ausgelöscht haben? Auch die Rolle der Medien, ihre spezielle Verantwortung für die Stabilisierung der Freiheit, muss verändert werden: Fake News und bezahlte Propaganda sollten einem ernsthaften und ehrlichen Journalismus so zuwider sein wie ethisch fühlenden Menschen die Vorstellung einer Perversion ihres eigenen Lebensideals. Wir brauchen die freie Presse mehr denn je, aber sie droht völlig zu verschwinden, wenn wir nicht den Anspruch verteidigen, dass die Unabhängigkeit der Medien nicht ohne Ethik und Verantwortungsbewusstsein erhalten werden kann.

Auch die Gesetzeslücken zwischen der demokratischen Verfassung, dem Gesetz der politischen Partei und dem Wahlgesetz müssen getilgt werden. Diese drei Gesetze müssen ein gutes gemeinsames Gerüst ergeben, sie müssen sich stützen und gegenseitig stemmen. Die Mongolei muss nach dem Konzept der Richtlinienkompetenz arbeiten.

Ein historisches Beispiel: Nach der Wende 1990, in den schweren Jahren der Mongolei, arbeiteten drei Staatsorgane, die Großversammlung als »Volksvertretung« (Parlament), die Kleinversammlung als »Gesetzgebungsinstanz« und der von der Großversammlung gewählte Ministerpräsident, Hand in Hand. Das war eine glückliche Konstellation, ein funktionierendes System. Wenn die Kleinversammlung die Wahlfunktion des Ministerpräsidenten innehätte, könnte sie die Regierung jede Woche auflösen. Als »Volksvertretung« sollte die Großversammlung erneut belebt werden, womit die Bevölkerung ihre Kontrolle gegenüber dem Staat besser ausüben könnte. In dem Fall wäre die Großversammlung als »Volksvertretung« keine Gesetzgebungsinstanz, sie könnte aber den Ministerpräsidenten und Staatspräsidenten berufen. Auch die Haushaltskontrolle ließe sich so durch die Großversammlung überwachen, weil sie die wesentliche Aufgabenverteilung selbst anderen Instanzen zuschreiben kann. Sie kontrolliert dann die Kleinversammlung und die Regierung und deren Aufgabenbilanz. Nach der Auswertung der Großversammlung kann sie, wenn es nötig sein sollte, auch ihnen Änderungen vorschlagen. Solche Rechte kann das Volksvertretungsorgan innehaben. Anhand dieses Konzepts sollte die demokratische Verfassung von 1992 eine Gesetzesänderung willkommen heißen. Eine echte Balance und Selbstkontrolle der politischen Institutionen müssen wir wollen, müssen wir erkämpfen. Die schenkt uns niemand, wenn wir sie nicht einfordern und uns mit dem blutleeren Selbstbetrug einer Illusion von unabhängiger Justiz und wohlmeinender Regierung betäuben. Die Idee der politischen Gewaltenteilung ist großartig, aber sie wurde in der Mongolei so pervertiert, dass nur noch zwischen denen geteilt wird, die sie haben und denen, die sie nicht – und auch sonst nichts – haben.

Die Mongolei hat nur rund drei Millionen Einwohner und ihre Wirtschaft ist überschaubar. Ein ehrliches Leben in Wohlstand wäre für alle Mongolen möglich, wir müssen es nur wirklich wollen. Damit die Mongolei zu einem ethischen, wirtschaftlichen, sozialen, gesellschaftlich reichen und gesunden Land umgestaltet werden kann, bedarf es an vorderster Stelle einer konsequenten Wirtschaftspolitik. Diese muss auf der einen Seite die eigenständigen Gewerbe fördern, und auf der anderen Seite müssen Industrien gebaut werden, die Endprodukte herstellen, wie zum Beispiel Hüttenwerke, Erdöl-, Kupfer- und Kokskohleverarbeitung. Auf diese Schwerindustrien gestützt, kann auch die Leicht- und Lebensmittelindustrie besser vorankommen. Danach gäbe es weniger Arbeitslose, und jede Familie hätte ein gutes Einkommen.

Mit dem Fleiß der Unternehmen könnte die Mongolei eine wirtschaftliche Blüte erleben, so zeigen Parameter meiner Analyse. Je weiter sich die Unternehmen ausdehnen, desto mehr expandiert die Wirtschaft, und der Elan des Unternehmertums steigt. Sämtliche Staatspolitik würde dieses Unternehmertum unterstützen. Seit dem Abschied von der Planwirtschaft kann der Staat keine Unternehmer mehr leiten und konkurriert mit den Privatunternehmen. Dabei bin ich sicher nicht der Einzige, der aus eigener Erfahrung die Stärke und Leistungsfähigkeit kennt, die kleine und mittlere, oftmals familiengeführte Unternehmen für die wirtschaftliche Gesundung eines Landes haben. Deutschland ist auch hier, wie in vielen Bereichen, für mich und für die Mongolen ein leuchtendes Vorbild.

Die Regierung muss ein erklärtes Ziel für den Aufbau der Wirtschaft haben, um zum Beispiel Industriekombinate für Kupfer, Kokskohle, Uran, Seltene Erden, oder Erze wieder zu errichten. Wir sollten mehr veredelte Produkte exportieren, nicht nur Rohstoffe. Gegenwärtig besitzt die Mongolei etwa 40 bis 45 Prozent der Anteile der weltweiten Exporte von Kaschmirwolle. Produkte aus Kaschmirwolle könnten die Mongolen gezielt für die 7 Milliarden Weltbürger anfertigen und exportieren.

Natürlich sind dies noch keine detailliert ausgearbeiteten Pläne. Um solche zu erstellen, bedarf es viel Arbeit der besten Fachleute. Mir kommt es darauf an, nach langen Jahren der Resignation wieder darüber nachzudenken, dass die Mongolei selbstbewusst ihren Platz in der globalen Ökonomie einnehmen kann. Nicht als Bittsteller, sondern als wirtschaftlich starker Partner und Produzent. Wir müssen uns selbst wieder trauen, stark und gut zu sein, bevor wir von anderen erwarten können, so wahrgenommen zu werden.

Geographisch befindet sich die Mongolei zwischen zwei Großmächten, was naturgemäß Nachteile, aber auch Vorteile hat. Sie kann eine Eisenbahnstrecke und eine Autobahn zwischen diesen Nachbarn bauen und damit den Transitverkehr ermöglichen. Gemeinsam mit den Nachbarn könnte sie die Energiewirtschaft und -versorgung vernetzen und auch Erdgas- und Öl-Pipelines errichten. Wenn alle drei Länder diese Projekte, deren Vollzug zudem noch preiswert ist, realisieren, dann haben alle drei einen wirtschaftlichen Vorteil. Es spricht nichts dagegen, dass diese Ideen nicht bald Wirklichkeit werden könnten.

Ja, die Mongolei befindet sich zwischen den zwei Großmächten Russland und China und ist ein sehr dünn besiedeltes Land. Aber deshalb könnte man auch progressive Technologien hier leichter ansiedeln und umsetzen. Alleine mit Solarenergie könnte die Mongolei nicht nur ihren eigenen Strombedarf um ein Vielfaches decken, sondern auch China, Korea und Japan wären Abnehmer für ökologisch sauber erzeugten Strom. So wären mongolische Energie-Produkte nicht nur wirtschaftlich gefragt, sondern auch ein Schritt vorwärts für die nationale Sicherheit. Auch für die auf Wissen basierte Ökonomie könnte die Mongolei diese Technologie in großem Stil nutzen und ausbauen. Dabei wäre der mongolische Erfindergeist gefragt.

Die Historie ist kein Grund für Bedauern oder Betrübnis. Falls doch, gleicht sie diesem Bild: Inmitten der Wüste Gobi steht unter der sengenden Sonne ein an einem Pflock gebundenes Kamelfohlen. Das bedeutet, es kommt nicht vorwärts. Deswegen müssen die Mongolen aufwachen. Hört, ihr Mongolen! Auf die Pferde! Ein Erwachen, das die unsichtbare Mauer der Oligarchen auf friedliche Weise niederreißt.

»An der Brust von Asien« existiert die Mongolei als ein souveränes Land auf einer Fläche von 1,566 Millionen Quadratmetern. Dort zu leben bedeutet auch, den Hochmut der Mongolen herauszufordern. Im Grunde genommen erlebte dieselbe Menschheit über tausende Jahre lang ein ständiges Auf und Ab in diesem Gebiet. Und dieses Schicksal, auf der vorgegebenen Erde mit den vier Jahreszeiten samt der Temperaturschwankungen zwischen plus und minus 40 Grad Celsius zu leben, das mögen die Mongolen sehr. Im Umkehrschluss erwarben die Mongolen höchste Anpassungsfähigkeit, Tapferkeit und geistigen Edelmut gegenüber allen Ereignissen auf unserem Planeten und den Naturerscheinungen. Diese Eigenschaften sind Werte, deren Einhaltung und Wiedererlangung den Mongolen eine blühende Zukunft versprechen kann.

Unsere Vorfahren, Dschingis Khan und seine Nachkommen, haben die Mongolen im Gedächtnis der Menschheit verewigt. Aber es kommt nicht nur darauf an, in der Erinnerung weiterzuleben, sondern das Modell der Mongolei als ewiges Erbe der Menschheit zu erhalten, als ein tolerantes Land, das in friedlicher Entwicklung im Einklang mit der Natur lebt und sie so vor der Zerstörung bewahrt.

»Durch die Scheibe des Flugzeugs betrachtet, wirkt die Mongolei wie ein Gemälde, von dem höchsten Gott der Welt gemalt. Nicht viele Länder haben solche Gräser, Steine, Felsen, Gewässer und Bäche oder den Wind, die so ursprünglich und unberührt geblieben sind«, so die Notiz eines ausländischen Reisenden. Ja, meine Heimat, die Mongolei, erreicht den Zenit, der in sich die außergewöhnliche Ökologie und Einzigartigkeit des Menschenlebens trägt.

Vor zig Millionen Jahren belebten die Dinosaurier als Riesenechsen die Wüste Gobi. Sie sind versteinert, wurden aber in der Wüste erhalten.

Wie war es mit den Menschen der Urzeit bis vor rund 300 000 Jahren? Etliche Beweismittel fanden Forscher in der heutigen Mongolei. Die Zeugnisse aus der Steinzeit vertiefen unsere Erkenntnisse über unsere Herkunft.

Auf dem Territorium der heutigen Mongolei entstanden und verschwanden einige Staaten, darunter das Reich von Dschingis Khan. Es vervollständigt das Museum der Menschheit, wobei es schon immer das Vorrecht genoss, als ein Teil eines weltweiten Projekts mit dem Titel »Mongolisches Großreich« präsentiert werden zu können.

Wunderbare Reise zum Altai Tavan Bogd (max. Höhe 4374 m) mit ewigen Eis. Hinten erstrecken sich der Potanin- und Prschewalski-Gletscher mit 20 km. Bayan-Ulgii Aimak, Juli 2017

Denkmäler und Museen erbauen? Warum nicht? Aber eine viel faszinierendere Idee liegt in den Worten »Wunder brauchen keine Erklärung.« Wir können die moderne Mongolei, die starke Mongolei als ein lebendiges Denkmal der Gegenwart bauen: als ein souveränes Land, in dem auf dem Boden einer historischen Naturverbundenheit Freiheit und Recht für alle gelten und so die Herrschaft des Gesetzes ein leuchtendes Beispiel für die Zukunft aller Menschen sein könnte.

Ich habe keinen Zweifel daran, dass die einstige starke Mongolei zurückkehrt. Heute weht der »Wind der guten Zeit« zwar noch fern der Mongolei und gleicht bestenfalls dem Getrampel herannahender Pferde. Möge er wieder hier wehen, wo unsere Tradition geschätzt wird. Ein goldener Augenblick, der in seiner Ewigkeit die ungebrochene Lebendigkeit mongolischer Lebensfreude ausdrückt.

Mein Buch schließe ich daher mit einem innigen Wunsch ab: »Meinen glücklichen Mongolen sollen stets ihre Herrlichkeit und ihr Charisma erhalten bleiben.«

Das Soyombo-Zeichen, das hier in die Buddha-Darstellung integriert ist, dient seit 1911 als Staatszeichen der Mongolei. Entwickelt Ende des 17. Jahrhunderts vom buddhistischen Gelehrten Zanabazar als Teil einer mongolischen Schrift, symbolisiert es Wohlstand, Stärke, Harmonie und Stabilität; das Sanskrit-Wort »Soyombo« bedeutet zunächst »selbsternannter Heiliger«. Der Soyombo zeigt die Wurzelelemente von Luft, Feuer, Erde und Wasser, die als Quelle des Universums betrachtet werden, aber darüber hinaus haben die einzelnen Bestandteile des Soyombo-Zeichens auch eine philosophische, religiöse und politische Bedeutung: Sonne und Mond sollen das Mongolische Volk gedeihen lassen; das Feuer an der Spitze des Soyombo verbindet als ewige Flamme die Vergangenheit, Gegenwart und Zukunft und soll den Familien für immer leuchten. Die beiden sich ergänzenden Fische greifen alte Traditionen mongolischer Weisheitslehren auf, sie stehen für Aufmerksamkeit und dichte Zusammengehörigkeit. Die seitlichen Elemente symbolisieren Stärke und Standhaftigkeit, dazu kommen die Pfeile als Zeichen der Macht und Wehrhaftigkeit. Als Ganzes ist das Soyombo-Zeichen wie ein Baum aufgebaut, der fest verwurzelt die Symbole des östlichen Staates, der Nation und einer sie beglaubigenden Philosophie enthält: so sind die Elemente des Soyombo in unterschiedlichen politischen Kontexten verschieden gedeutet worden. Die Kombination mit der Buddha-Darstellung bringt hier sowohl die besondere Verehrung für den Staat, den Lehrer sowie die Weisheit – zusammengefasst in einem Buch – zum Ausdruck als auch die Hoffnung, mit einer Verbindung der staatlichen und religiösen Wertschätzung ein neues Kapitel in der mongolischen Geschichte aufschlagen zu können. Die traditionelle Hochachtung vor dem Wissen – vermittelt in der buddhistischen Tradition – ist dann die Grundlage für – eine moderne Mongolei.

Verehre den Staat
Verehre den Lehrer
Verehre das Buch

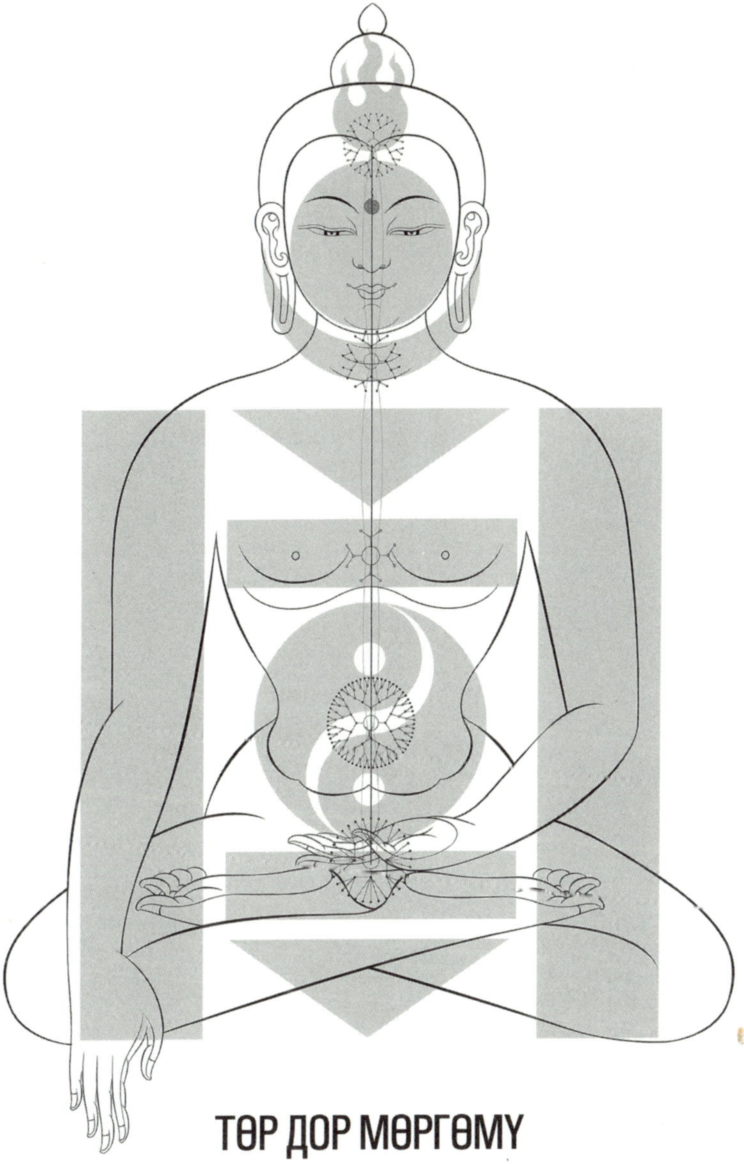

ТӨР ДОР МӨРГӨМҮ
БАГШ ДОР МӨРГӨМҮ
НОМ ДОР МӨРГӨМҮ

Danksagung

Beim Schreiben eines Buches, insbesondere einer Biografie, die mongolische Geschichte, Kultur, Bräuche und Traditionen und eine Lebensgeschichte berührt, geht es nicht nur darum, eine Sammlung eigener Erinnerungen zu präsentieren, sondern auch um ein Nachdenken, ein Bewerten und Vergleichen historisch-kultureller Bücher, den Besuch kulturhistorischer Stätten. Ich erkannte für mich selbst, dass es eine zeitaufwändige Aufgabe war, mich selbst neu zu entdecken und mit Wissenschaftlern aus verschiedenen Bereichen zu sprechen.

Wenn ich angefangen hätte, ein Buch zu schreiben und über die Vergangenheit nachzudenken, wären viele Dinge verblasst – als hätte ich mich verirrt und darauf gewartet, dass ich mich eines Tages an sie erinnere. Je mehr ich mich zu erinnern versuchte, desto näher rückte ich wieder an die vergangenen Ereignisse heran, und je klarer sie mir vor Augen traten, desto wohler fühlte ich mich. Die Gefühle von Freude, Stolz, Glück, Trauer, Vergänglichkeit sowie das Nachdenken darüber werden ihren Raum und ihre Zeit haben. An dieser Stelle ist vor allem Dank auszusprechen.

Vielen Dank an meine Eltern, die bereits den Platz im Himmel eingenommen haben, an meine Brüder und Schwestern, an die Heimatleute, an meine Freunde der Kindheit, an meine Freunde und Bekannten, die ich als Schüler, Student, Technologe, Betriebsdirektor, Dozent-Übersetzer, Unternehmer, Botschafter, Minister und Politiker in der Mongolei und in Deutschland kennengelernt habe.

Ich bin den berühmten Gelehrten und Forschern, die die Geschichte, Kultur und Bräuche der Welt und der Mongolei eingehend studiert haben, die sich die Zeit genommen haben, mit mir zu sprechen, mir viele gute Ideen und Informationen zu geben und an der Entstehung meines Buches mitzuwirken, aufrichtig dankbar.

Vielen Dank an die Schriftsteller und Journalisten D. Tsendjav, D. Chuluunbaatar, D. Dorjpagma und Ts. Oyun, die mir Ratschläge gaben, wie ich meine Biografie in literarische Form bringen kann. Vielen Dank an U. Erdenesanaa, B. Mandakhbileg, J. Enkhburd, P. Gangaamaa und meine

Tochter T. Odsuren, die für das Buch erste Übersetzungen ins Deutsche anfertigten, und an Frau R. Bauwe, die das Exposé übersetzte. Dank an N. Hegewisch, P. Schaller und B. Oyunsuren, die neben wertvollen inhaltlichen Ratschlägen auch Hilfe bei der Korrektur leisteten. Mein Dank geht auch für ihren herzlichen Rat an die Freunde Frau U. Kumpf, H. Wiese, D. Pfeil und die Kommilitonen K. Siebert und M. Fritzsch.

Ich möchte Dr. S. Lalla meinen tiefen Dank aussprechen, der an der deutschen Ausgabe meines Buches geholfen hat und mit mir zu besonderen archäologischen und paläontologischen Stätten in der Mongolei gereist ist.

Mein besonderer Dank gilt meiner Frau S. Baasankhuu, die seit vierzig Jahren mit mir verheiratet ist und mit mir Freuden und Sorgen gleichermaßen teilt. Es gibt viele Gründe, meiner Frau dankbar zu sein, die mir immer gezeigt hat, dass sie in allen Aspekten von Arbeit und Leben meine herzlichste Gefährtin ist. Aber es ist nicht einfach, ihren Beitrag zur Erstellung dieses Buches in wenigen Worten zu nennen. Sie hat nicht nur meine persönlichen Archive und Dokumente »bearbeitet« und organisiert, sondern auch viele Aufgaben als Herausgeberin, Beraterin und Rezensentin für dieses Buch gemeistert.

Meine Kinder sind nicht nur eine Quelle der Liebe für mich, sondern sie geben mir auch die Kraft, verantwortungsbewusster zu sein. Wenn ich denke, dass meine Ehre nicht nur meine, sondern auch der ewige Begleiter meiner Kinder ist, muss ich stets ein gute und vorbildliche Person sein.

Ich möchte auch dem Team und Herausgebern des Eulenspiegel Verlags, besonders Redakteur T. Heubner und Verleger M. Oehme, für die aufrichtige Zusammenarbeit und die Zeit und Mühe bei der Veröffentlichung meines Buches in Deutschland, meinem zweiten Heimatland, danken.

Leider kann ich nicht alle erwähnen, die zur Erstellung dieses Buches beigetragen haben, und ich will hiermit diese Worte der Dankbarkeit jenen widmen, die ihre Namen hier nicht gefunden haben.

Ich setzte mich bis zum Morgengrauen an meinen Schreibtisch, um dieses Buch zu schreiben, tauchte in das Buch ein, genoss es jedes Mal.

Ich beeilte mich, dieses Glück mit Ihnen, den Lesern in meiner zweiten Heimat, Deutschland, zu teilen, und verabschiede mich herzlich.

D. Terbishdagva

Bildquellen:
die archäologischen Bilder sind vom Archäologen Ts. Erdene-Ochir, alle anderen Bilder stammen aus dem Familienfotoarchiv.

Neues Leben –
eine Marke der Eulenspiegel Verlagsgruppe Buchverlage

ISBN 978-3-355-01897-5

1. Auflage 2020

Umschlaggestaltung: Verlag
unter Verwendung eines Fotos von S. Baasankhuu
Das Bild zeigt den Autor in seiner Heimat Erdenemandal, Februar 2017
Printed in EU

www.eulenspiegel.com

MARINID KINGDOM
ZAYANID KINGDOM
KHAFSID KINGDOM
KASTIL
FRANCE
Genoa
ITALY
HOLY ROMAN EPIRE
POLAND
TEUTONIC ORDER
LITHUANIA
Novgorod
NOVGOROD
Venice
Vienna
Cracow
Lublin
Rome
Naples
SICILY
Split
HUNGARY
SERBIA
Galich
Smolensk
Yaroslavlo
Chernigov
Kiev
Vladimir
Ryazan
Volga
Dnieper
Don
Kama
VLACHS
Danube
BULGARIA
BYZANTINE EMPIRE
KIPCHAK
GOLDEN HORDE KAN
BULGARIA
BASHGIR
Mediterranean Sea
Athens
Constantinople
Black Sea
Sodaia
Tanais
Ural
Berkhiin Sarai
Batiin Sarai
RUM
Konya
Kayseri
Trebizond
GEORGIA
ALAN
Sis
Aleppo
ARMENIA
Caspian Sea
Aral Sea
Yanggikent
Alexandria
Tripolio
Acre
SYRIA
Damascus
Euphrates
Mosul
Tabriz
Maragha
Jend
Lake Bal
Cairo
MAMLUK SULTANATE
MISR
Sygnako
Syr Darya
Chu
Baghdad
Qazvin
Hamadan
Qom
KHURASAN
Utrar
Talas
Bukhara
Samarkand
DOMINIC
Tigris
IRAQ
ILKHANATE
Isfahan
Nishapur
Merv
Amu Darya
Kharshi
CHAGHATAI KHANATE
Basra
Kashga
Nile
Yazd
Balkh
Shiraz
Kabul
Peshawar
Indus
Ghazni
NUBIA
ARABIA
PERS
Persian Gulf
Hormuz
KASHMIR
Red Sea
Indus
YEMEN
DELHI SULTANATE
Delhi
HABESH
Arabian Sea
Khambayat
Somnath
HINDU STATES
Godavari
ZINJ
HOYSALA
Qalqut
PANDA
Kollam
Madurai
INDIANO
30°
0°
Mongol Empire in 1294
Capital city
Other city
Trade routes
Grand canal
Author: B. Batsuren, Ch.Dashdavaa Editor:I.Tserennyam
© "GAZRYN ZURAG " Co.,Ltd